2012年 7 月 20 日，世界卫生组织总干事陈冯富珍到中国疾控中心视察

2012年 3 月 20 日，中国疾控中心与美国礼来基金会签署耐多药结核病防治合作项目谅解备忘录

2012年 3 月 22 日，“世界防治结核病日” 主题活动暨百千万志愿者结核病防治知识传播行动在北京启动

2012年 8 月 13 日，全国政协教科文卫体委员会委员到中国疾控中心考察

2012年 12 月 23 日，中国疾控中心与中科院全面战略合作框架协议签约仪式在北京举行

2012 年 6 月 16 日，寄生虫病所、瑞士热带病与公共卫生研究所和世界卫生组织联合举办“首届消除热带病监测应对体系论坛”

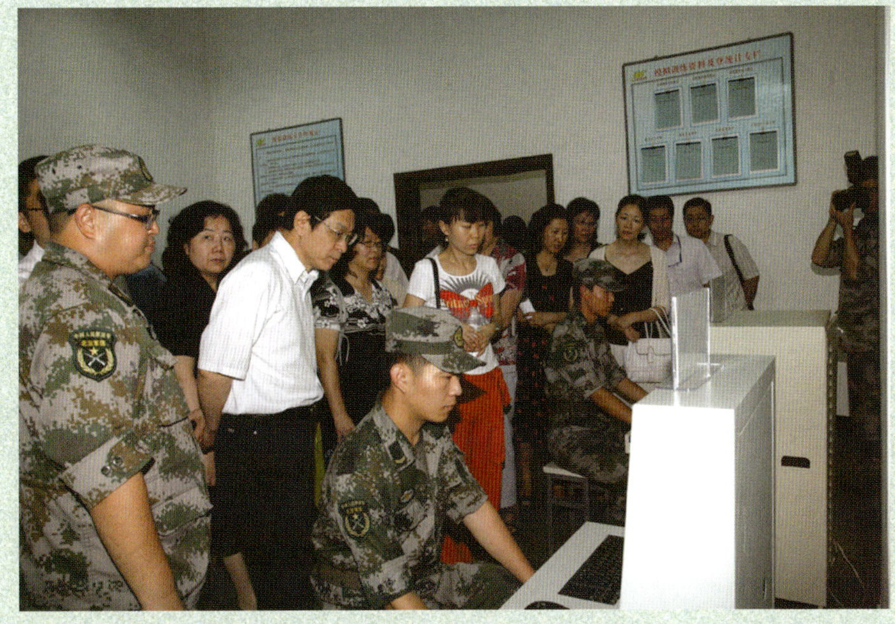

2012年 7 月 18 日,中国疾控中心党委开展建党 71 周年主题党日活动

2012年 11 月 15 日,中国疾控中心组织职工观看中国共产党第十八次全国代表大会盛况

2012年6月，寄生虫病所与复旦大学生命科学学院签署合作框架协议

2012年1月，中心组织安全督导检查

2012年2月23日，降低疾病负担提高期望寿命中澳美三方合作启动暨方法学研讨会在北京举办

2012年 9 月 17 日，中国疾控中心与美国密歇根大学签署合作协议

2012年 4 月 19 日，在病毒病所举办学雷锋志愿者队授旗仪式

2012 年 3 月 20 日，卫生部办公厅副主任、新闻发言人邓海华参加 12320 主题宣传活动

2012年 9 月，中国疾控中心专家在云南昭通地震灾区开展防病工作

2012 年 9 月，组织开展援藏包虫病流行情况调查

中国疾病预防控制中心年鉴

Year Book of Chinese Center for Disease Control and Prevention

2013

《中国疾病预防控制中心年鉴》编委会　编

中国协和医科大学出版社

图书在版编目(CIP)数据

中国疾病预防控制中心年鉴.2013/《中国疾病预防控制中心年鉴》编委会编—北京:中国协和医科大学出版社,2016.4

ISBN 978-7-5679-0506-1

Ⅰ.中… Ⅱ.①中… Ⅲ.①疾病-防治中心-中国-2013-年鉴②医疗保健事业-中国-2013-年鉴 Ⅳ.①R197.2-54

中国版本图书馆CIP数据核字(2016)第037796号

中国疾病预防控制中心年鉴(2013)

编　　者:《中国疾病预防控制中心年鉴》编委会
责任编辑:段江娟　周　莹
封面设计:吴　华
版式设计:吴　华

出版发行:中国协和医科大学出版社
(北京东单三条九号 邮编 100730 电话 65260343)
网　　址:www.pumcp.com
经　　销:新华书店总店北京发行所
印　　刷:中国电影出版社印刷厂
开　　本:787毫米×1092毫米　1/16开
印　　张:24.75　　彩页:4
字　　数:500千字
版　　次:2016年4月第1版　2016年4月第1次印刷
印　　数:1—1000册
定　　价:75.00元

ISBN 978-7-5679-0506-1

中国疾病预防控制中心年鉴
编　委　会

目录

十年磨砺　再创辉煌

重要会议及讲话

工作进展

目　录

直属单位工作概况

挂靠单位工作概况

人事人物

大事记

目　录

附　录

——中国疾控中心十年工作回顾

十年磨砺　再创辉煌
建设国际一流的疾控中心

2002年1月23日，中国疾病预防控制中心（简称“中国疾控中心”）正式组建成立，我国的公共卫生事业翻开了新的一页。经过十年的发展，在卫生部正确领导下，中国疾控中心强化能力体系建设，建立健全公共卫生应急体系，强化传染病防控体系，探索建立慢性病防控体系，不断完善健康危害因素监测与卫生监督技术体系，技术支撑能力日益增强，在创造健康环境、维护社会稳定、保障国家安全、促进人民健康等方面发展着越来越重要的作用。

中国疾控中心的组建，是党中央和国务院高瞻远瞩推动卫生事业科学发展的英明决策，是符合时代发展和广大人民群众健康需求的必然之举，是在原有防疫体系的转型和提升，是向新的公共卫生服务体系的全面建设和发展，是适应我国民众健康要求的体制保障，是承担卫生部疾控业务工作的主要载体。它的成立，从体制机制上确立了国家级疾病预防控制机构的主导地位，从发展方向上解决了国家公共卫生和疾病防控能力不足的问题，从体系建设上加大了对地方疾病预防控制工作的指导力度。

砥砺铸青虹，十年集大成。天将降大任于斯人也，必先苦其心志，劳其筋骨，中国疾控中心组建伊始，就不断面临各种重大突发公共卫生事件的严峻挑战。在实践磨砺中成长，凤凰涅槃，浴火重生，在认识和理念上有了质的飞跃。从科学战胜“非典”，到积极主动应对人感染高致病性禽流感、甲型H1N1流感等重大疫情；从营养与食品安全、环境与健康的技术支持，到职业病防治；从慢病防控到妇幼卫生保健，中国疾控中心在卫生部的直接领导和社会各界共同关心下，坚定地担负起保障人民群众生命健康的重要职责，时时将国家疾控中心的优先工作与国家的需求融合在一起，用大爱无疆的高尚情怀和科学严谨的务实精神谱写了感天动地的辉煌乐章。

中国疾控中心在党中央、国务院的重视和关怀下，在卫生部的正确领导下，全体干部职工积极开展各项工作，充分履行神圣职责，攻艰克难，奋力拼搏，开拓创新，锐意进取，为保障人民群众的健康做出了巨大努力，获得了广泛赞誉。十年来，累计获得省部级以上集体荣誉60余项，省部级以上个人荣誉210余项。特别是在汶川特大地震、玉树地震和舟曲泥石流等自然灾害的救灾防病工作中，为实现“大灾之后无大疫”的目标，疾控工作者不畏艰险、冲在一线、战胜困难，做出了突出贡献，受到党中央、国务院、中央军委的表彰。

一、中国公共卫生事业发展翻开新的篇章

(一)继往开来,开启疾控体系建设新格局

古往今来,维护和促进公众健康都是人们的根本需求和社会发展的重要保障。早在公元前四五世纪,《黄帝内经》中就提出了"圣人不治已病,治未病"预防优先的公共卫生方面的哲学论点。

新中国成立之初,国家制定了"面向工农兵,预防为主,团结中西医,卫生工作与群众运动相结合"的卫生工作方针,确立了"预防为主"的指导思想。其后卫生工作方针虽历经多次调整,但"预防为主"这一基本方针始终没有发生改变。在这样的指导思想下,从上世纪50年代初开始,我国在引进前苏联模式的防疫防病机制的基础上,开展了中国特色的爱国卫生运动,建立了食品、环境、学校、放射和劳动卫生五大公共卫生为主体的卫生服务模式,逐步建立起了新中国的卫生防疫防病体系。作为中国疾控中心前身的中国预防医学科学院,在其近20年的发展历程中,秉承"以科研为基础,全面完成五项任务"的方针,务实创新,不断进取,在科研、教育、国际合作等各方面都取得了卓越成绩,并研制出了一大批用于卫生、防疫实施过程的关键产品,获得了多项国际国内奖项,奠定了其国际国内的学术地位,完成了党和国家赋予的各项使命,为预防医学事业和惠及人民群众的疾病预防控制工作做出巨大贡献。

然而,随着我国改革开放的实施,经济社会快速发展,国民对健康需求的增加,原来以防疫站、预防医科院的体制、机制、工作取向已无法适应防疫防病的需要。社会经济发展、科学技术进步和人们生活方式、健康理念的转变,对公共卫生事业也提出了新的要求。随着全球化和工业化发展,慢性非传染性疾病对健康的危害日益严重;新发传染病不断出现,一些原已控制的传染病也死灰复燃;部分地区地方病、寄生虫病危害依然突出;生态环境变化导致的疾病有所增加;职业病、中毒以及突发公共卫生事件的危害呈上升趋势。这些都对我国疾病预防控制工作提出了新的挑战。形势在变化,社会在进步。尽管中国预防医学科学院在公共卫生领域取得了显著成就,但其关注基础研究的特点与侧重防控业务的地方防疫站从职能和实践上存在着较大差异,致使疾病预防控制工作没有一支真正意义上的国家队,使我国疾病预防控制体系建设缺少了重要一环,需要整合的,综合功能的,面向全体预防疾病、主动服务的综合体制。进入21世纪,在新的历史条件下,如何满足不断增长的健康需求,科学发展卫生事业、提高人民健康水平,成为摆在我们面前的迫切任务。

1997年,中共中央、国务院做出关于卫生改革与发展的决定,我国卫生体制改革的工作进入全面启动阶段。2001年,卫生部下发《关于疾病预防控制体制改革的指导意见》,提出建立国家级的疾病预防控制机构。正是基于这样的时代背景,在党中央、国务院的高度重视与关怀下,2002年1月23日,整合中国预防医学科学院、卫生部工业卫生实验所、

中国健康教育研究所、中国农村改水技术中心，正式组建成立了中国疾控中心。

（二）战胜“非典”，疾控中心的社会作用突显

2003 年突如其来的“非典”疫情，考验了刚刚组建的中国疾控中心，疾控体系力量薄弱，缺乏整合资源有效应对的能力。在迎战“非典”的过程中，显露了新生的中国疾控中心力量的薄弱，也是当时我国社会事业发展相对滞后的一个缩影。在全国防治“非典”工作会议上，胡锦涛总书记全面总结了抗击“非典”斗争的经验和从中获得的深层次理论认识，提出了协调、全面和可持续的科学发展观。可以说，抗击“非典”的斗争是科学发展观确立的一个重要社会因素。

科学发展观的确立，对疾病预防控制工作提出了更高的要求，明确其作为公共卫生工作中最重要的环节，疾控机构承担着保护广大群众身体健康和生命安全、维护社会稳定的重要职能。在中国疾控中心不断发展壮大的十年间，温家宝总理、李克强副总理、吴仪副总理等党和国家领导人先后 8 次到中心考察指导工作，为疾控事业的发展指明方向，鼓舞着广大疾控工作者奋发有为，再立新功。

随着国家对疾病预防控制事业的重视程度不断提高，中国疾控中心的业务领域进一步扩大，国际交往日益广泛，业务经费需求增加。十年间，中国疾控中心获得的国内外年度经费由成立时的 2.52 亿元，到 2010 年的 26.27 亿元，增长了近 10 倍。国家还启动了国债支持疾病预防控制项目和国家基本建设项目，支持全国疾控系统的基础设施建设，极大改善了疾控机构的工作条件，有力地推动了疾病预防控制体系的可持续发展。

为了改善中国疾控中心职工收入低、工作条件差的局面，国务院领导作出了“改善疾病控制专家待遇”和“对从事传染病预防控制工作的高健康风险岗位给予特殊补贴”的政策支持，分别以专家特殊补贴和高风险岗位特殊补贴的形式予以发放，在一定程度上改善了中心职工的待遇，有效地调动了干部职工的工作积极性。

（三）新址启用，为疾控中心发展奠定基础

中国疾控中心成立初期，部分直属单位工作地点分散，使用几十年的基础设施和技术装备均已老化，开展业务工作的条件与环境较差，远远不能适应国家和民众对公共卫生服务的新需求，亟待建设一所功能完备、设施先进、技术一流的国家级疾控中心。2003 年 1 月，国务院正式批准中国疾控中心进行集中建设，并提出了“总体规划，分期实施、逐步发展完善”的原则和方向；同年，国家发改委批复一期工程先行建设，一期工程建筑面积约为 7.7 万平方米，共计投资约 6.7 亿元。工程建设得到了卫生部领导的高度重视，专门成立以部领导为组长、有关司局领导和中国疾控中心领导为成员的工程建设领导小组。2004 年 8 月 31 日，时任国务院副总理的吴仪同志等领导亲临建设现场为一期工程奠基。在工程建设前期及建设中，卫生部、国家发改委、财政部、环保部、北京市政府的领导先后亲临

现场视察、指导,协调解决工程建设中的关键问题。2009 年 10 月,中国疾控中心昌平园区正式启用,科研、办公条件发生了显著改变,标志着中国疾控中心的建设与发展进入了新的阶段。

随着昌平园区的正式启用,配套的系统建设和整体环境也有了质的飞跃,信息网络系统、视频疫情会商系统等各种配套设施建设,为中心的快速反应创造了条件。

总面积 2100 平方米的 14 个 BSL - 3 实验室的集中建设及使用,大型先进科研仪器设备的不断添置,实验室能力得到加强,中心加大了重点实验室体系建设力度,拥有 1 个国家级重点实验室(传染病预防控制国家重点实验室),2 个卫生部重点实验室(微量元素营养、寄生虫病原与媒介生物学重点实验室),3 个中心重点实验室(化学污染与健康安全、辐射防护与核应急、传染病监测预警技术重点实验室),建立了传染病监测网络实验室、中国细菌性传染病分子分型实验室监测网络(PulseNet China)实验室,以及世界卫生组织流感研究合作实验室等多个世界卫生组织实验室网络、参比实验室等,为疾控工作提供了有力支撑。

二、与时俱进,不断探索中国疾控中心的准确定位与发展方向

(一)找准自身定位,明确疾控工作的公益性和专业性

随着我国以保障民生为主体的社会事业发展建设的加强,中国疾控中心的任务与职责在范围和层次上也随之扩增和提升。十年期间,中心的工作经历了从疲于应对到从容有序,从被动接受到主动出击,从各自为战到系统化网络化的演变过程。经过"非典"挑战、甲流防控、救灾防病、三鹿婴幼儿奶粉事件等一次次重大突发事件的洗礼与考验,和奥运会、世博会等各项重大卫生保障工作的砺练,我们在思索,认识在升华,从无数实践中体会凝练,明确了中心公益性和专业性的定位。使中心增强了自身生命力,对自身定位形成了特有的认识和思维模式,并在此基础上不断自我完善,以职责定位鞭策工作,并通过工作更好的履行职责。

在公益性方面,强调中心是政府公共卫生服务职责的技术实施主体,公益性事业单位,服务政府、服务社会、服务公众,取消了原来的一些营利性的收费项目,逐步退出市场化的企业投资与运营管理,将公共卫生技术与资源全部投入到面向社会的公益性服务之中。

在专业性方面,中心以专业技术队伍建设、专业技术能力提高为主线,紧紧围绕卫生部的业务需求,强化制度建设,明确了职责分工,强化应用与科研的关系,形成并完善专业技术体系;提高专业队伍能力,引进高技术人才,增加技术培训,扩大技术交流,使中心专业队伍始终保持活力和竞争力,保持技术的尖端性和前沿性,在关键时刻能够"一锤定音"并可持续发展;提高专业技术领域的广度和深度,主动搜索并积极参与重大公共卫生工

作，增强一线现场工作经验。随着医改的不断深入，社会和公众对于提高公共卫生服务均等化的需求不断增加，中心也积极参与到推进落实医改的各项工作之中，强化技术优势，发挥专家技术过硬作用。

（二）加快职能转变，构建高水平专业技术公共卫生服务机构

中国疾控中心的成立，初步整合了疾病预防控制和公共卫生技术管理和服务的职能，组建了集疾病预防与控制、监测检验与评价、健康教育与促进、应用研究与指导、技术管理与服务为一体的疾病预防控制机构。以促进健康为唯一目标，在不断的实践中从单一、分散的科研型、创收型机构向公益型、服务型转变。转变观念、转变职能、提高认识，通过自身能力建设，提高服务政府、社会和公众的能力。

经过十年的调整与发展，中心逐渐从有着优秀传统和业绩的单一职能科研单位，发展成涵盖传染病防控、慢性病防控和公共卫生三大业务单元的疾病防控体系，集疾病预防控制、疾控科学研究、疾控人才培养功能于一身的综合性公共卫生服务机构。中心服务型本质得以充分体现，正日益成为中国疾控事业和保障人民健康事业的中坚力量。

（三）加强专业指导，推动全国疾控体系建设

在党和政府的领导下，我国的公共卫生事业取得了举世瞩目的成就，尤其是在疾病预防控制体系建设方面，逐步形成了较为完善的国家、省、地、县四级疾病预防控制网络和农村三级医疗卫生保健网络，对我国公共卫生事业的发展起到积极的推动作用。

作为国家级疾控中心，一方面认真参与国家疾病预防控制能力体系建设，以适应和满足国家疾病预防控制、健康促进的需要，建立完善四级疾控工作网络，指导和协助地方完成重大疾控防治任务，为各级疾控工作创造和争取良好的政策环境和资源保障。另一方面，发挥人才和技术优势，在全国疾控体系中发挥技术指导和支撑作用，通过开展科研合作、人员培训、技术指导与援助等方式，加强全国疾控体系的能力。

随着疾控工作任务的不断增加，中国疾控中心与地方各级疾控机构的业务合作越来越密切，在救灾防病、突发公共卫生事件的处置、重大疾病的防控等工作中，树立全国一盘棋的观念，在信息共享、现场流行病学调查、标本采样、实验室检测等方面，互相配合，取长补短，并肩作战，共同解决工作中的难题。如在2008年汶川特大地震救灾防病中，全国疾控机构在艰苦的条件下，克服困难，团结互助，确保“大灾之后无大疫”目标的实现，中国疾控中心在工作中取得的成就是各级疾控机构共同努力的结果。

十年来，中心通过制定并开展疾病预防控制继续教育和人员培训，开展现场流行病学培训项目，接收省级疾控人员进修等多种形式，开展了对疾控人员的全面技术培训；在疾控工作中，在与各地各级疾控机构合作开展业务工作同时，通过大量专项和综合培训、学术研讨，把先进的疾控理念、科学技术、管理手段引入到疾控工作中，共同推动疾控事业的

发展。

同时,中心建立了与农业部、质检总局等有关部委的专业机构,解放军疾控中心、武警疾控中心的联系沟通机制;通过挂靠的形式,建立了与 7 个专业机构的合作机制,扩展了专业的覆盖;加强了与大学及科研单位的业务合作;加强了与非政府组织的合作与联系;初步形成了中国公共卫生网络,调动各方面的力量,共同开展疾病预防控制与公共卫生技术管理和服务工作,形成了大公共卫生理念。

在推动全国疾控体系建设的过程中,对于一些边远民族、贫困地区,中心给予了重点支持。十年来,按照卫生部的总体安排,中心以新疆、西藏、四川阿坝等地区卫生需求为出发点和落脚点,通过签署对口支援协议,派驻干部挂职,派出专家开展技术指导、技术评估、系统培训,突出以技术和人才支持边远地区疾控事业。2011 年,与西藏自治区疾控中心联合组织开展《西藏自治区公共卫生发展规划(2011 - 2020)》研究,为推动西藏地区下一个十年公共卫生事业的跨越式发展划定了技术线路图。

如今,全国的疾控网络体系已经逐步完善,各级疾病预防控制机构正不断在疾病预防控制和公共卫生工作中发挥更大影响,疾控机构的作用日益彰显,人民健康保障能力不断提高。

三、专业体系建设逐步完善,技术支撑能力不断提高

经过十年的发展,中心逐步建立了涵盖传染病防控、慢性病防控、公共卫生三大业务领域的疾病防控业务体系,不断完善卫生应急工作机制,信息化建设、健康教育与健康传播等技术支撑能力不断提高。

(一)卫生应急机制初步形成

中心积极探索公共卫生应急工作管理模式和思路,注重积累应急工作经验,在实施过程中及时发现不足,力求尽快改善。初步建立了行之有效的卫生应急工作机制,不断加强卫生应急技术和物资储备。在应对自然灾害、新发传染病、突发公共卫生事件和重大活动卫生保障工作中,应急反应能力不断加强,用实际行动履行了维护国家公共卫生安全,践行着保障人民健康的庄严承诺。

第一,组建卫生应急中心,应对日益增长的卫生应急需求

中心成立之初,在原疾控处的基础上成立了疾病控制与应急处理办公室。2003 年,在突发“非典”疫情处理中,凸显出中心在应急反应中存在的诸多不足。随后,中心通过从中心各单位抽调专业人员和引进人才等方式,充实了疾病控制与应急处理办公室,加强了传染病监测控制和卫生应急的技术准备与响应,同时积极完善中心卫生应急体系建设,各直属单位也建立了卫生应急部门和预案响应机制。2011 年,为全面加强卫生应急工作,中心组建成立了卫生应急中心。

中心通过积极完善沟通机制，加强了中心与省级疾控机构之间的工作协作和联系，不断推进应急工作整体水平。十年间，先后开展了“非典”、人感染猪链球菌病、人感染高致病性禽流感、甲型 H1N1 流感、手足口病、肺鼠疫、无形体和新型布尼亚病毒等重大、新发、突发疫情的处置；完成了汶川特大地震、玉树地震、盈江地震、舟曲泥石流、洪涝灾害、干旱和冰冻雨雪灾害以及印尼海啸国际救援等十余次重大自然灾害的救灾防病工作；同时参加了奥运会、世博会、大运会、民运会等数个重大活动的卫生保障。近几年来，还成功协助处置了数十次影响较大的食物中毒、化学污染、工业事故等事件。在各项应急工作的过程中，也协助卫生部开展了全国卫生应急体系和机制建设、应急技术准备、应急队伍建设、后勤保障及装备完善等各项工作。

第二，树立科学应急理念，增强卫生应急能力建设

多年来，中心在参与各类应急事件处理实践的同时，不断总结经验，树立科学应急理念，指导应急工作开展。参与制定各类卫生应急技术方案共 88 个，其中传染病防控类 54 个，其他应急相关工作方案 14 个，应急相关工作规划 2 个，应急预案 7 个，灾害应对类技术方案 7 个，综合处置类技术方案 4 个，促进了卫生应急工作的规范性和可操作性。

深入开展全国重点传染病监测、传染病疫情和突发公共卫生事件的信息报告、调查和处置，防控技术开发合作等综合性工作，自 2008 年北京奥运会期间启动网络媒体信息搜索工作起，探索媒体监测方法，引入用于发布和获取网络内容的咨询聚合（RSS）技术辅助开展日常媒体监测。制定中国疾控中心突发公共卫生事件风险评估工作方案，2011 年启动并定期召开月度公共卫生风险评估会议，形成风险评估报告，提出预警及措施建议。

引进先进科技手段，服务卫生应急工作。例如中心建成的国家化学中毒医疗救治基地建设项目远程会诊系统，运用计算机网络技术，图像采集、压缩和显示技术、语音压缩合成传输技术、网络存储技术等，将国家级和省市级化学中毒医疗救治基地及其他中毒救治相关单位联系起来，构建国家中毒控制中心—中毒事故现场—中毒救治基地之间的信息交流平台，促进全国中毒救治基地之间的信息沟通和远程医疗、现场应急处理等的信息资源共享，为突发中毒事件中病人救治搭建一个最便捷、有效的途径，先后在遵化市一氧化碳中毒事件、吉林省蛟河市实验小学课桌椅甲醛超标等多次突发中毒事件处置和技术指导中发挥了重要作用。

为解决应对突发事件时人力资源快速组建的困难，中心自 2005 年开始建立专家储备库，目前在库专家已有 14 种专业共 199 人。此外，中心还成立了传染病防控、中毒事件处置、核和辐射事件处置等三大类常备应急队伍，基本满足了应急人员梯队需求。中心辐射安全所承建的卫生部核事故医学应急中心还被指定为世界卫生组织辐射应急医学准备与救援网络的成员。

第三，以移动实验室为核心，提高综合性现场机动作战能力

2010 年 4 月，玉树地震发生后，为保证灾后人民的生命健康，按照卫生部的指示，中

心派出了 2004 年从法国引进的移动实验室,历经 3000 公里,在震后 15 天抵达玉树。在玉树州结古镇成立了由中国疾控中心和青海省地方病预防控制所共同组建的鼠疫监测工作队,并以移动实验室为基础,建立了鼠疫检测基地。玉树海拔高,气压低,昼夜温差巨大,队员们虽然高原反应严重,但仍坚持在气压更低的负压实验室中认真进行检测工作。

移动实验室在玉树投入使用,开创了在高海拔地区使用移动生物安全实验室的先河,收集了海拔 3600 米高原的各项实验室运转数据,为灾后鼠疫防控做出了突出贡献。为此,传染病所荣获中共中央、国务院、中央军委授予的"抗震救灾英雄集体"荣誉称号。

多年来,中心一直在努力探索公共卫生应急工作的思路与模式,初步建立了应急保障体系与卫生应急物资储备模式。为做好卫生应急基本装备和物资的储备工作,中心坚持国家储备与中心储备、地方储备互为补充的原则,将储备物资分类研究和统筹规划、物资储备与技术储备有机结合,利用一期应急能力建设物资储备项目,组织研发满足现场多种功能适用的个人携行装备,配备海事电话等先进应急设施。2010 年,完成通讯指挥、仓储运输和生活保障机动方舱等应急综合保障项目。其中,通讯指挥方舱可提供 20 人参加的会议场所,并通过卫星通讯与后方建立图像、语音数据的联系,生活保障方舱 2 小时可保障加工 100 人饮食,能够将地表三类水处理达到可饮用标准,处理能力可达到 500L/h,满足 4 人同时洗浴。目前,已初步建立起卫生应急保障体系,形成了由 12 台专业车辆组成的现场机动车队,大幅度提升了中心卫生应急队伍现场检测救援和通讯指挥能力。

第四,处置重大公共卫生应急事件,打造一支能打硬仗的应急队伍

随着公共卫生全球化和社会信息化发展,人们对公共健康的要求日益提高,中心的应急任务不断增加。多年来,中心一直以国家任务为己任,以为人民服务为最高宗旨,履行着保障人民健康的光荣使命,成为维护人民健康的忠诚卫士。

2008 年 5 月 12 日发生的汶川特大地震,成为每个中国人都难以忘却的伤痛。灾情发生后,中心紧急动员,无论是领导干部、业务骨干还是普通员工,每一个人都在尽最大的努力来加入这场战斗,所有的人都恪尽职守,随时待命,很多人都是通宵达旦地工作。面对这场突如其来的自然灾难,疾控人员与灾区人民的心紧紧联系在了一起,也是在这一刻,疾控人员更深刻感受到了自己责任的重大以及努力保障灾区人民健康的强烈愿望。正是在这种为人民奉献,为国家分忧的崇高职业精神的指引下,中心在灾情发生后,立刻组建了赴灾区的防疫应急队,在短时间内迅速完成前两批应急队伍集结、装备及后勤保障工作。在这史无前例的抗震救灾中,中心向 14 个重灾县派出 19 批 610 人次的应急队伍,历时 166 天,创造了数个"之最":中心的抗震救灾队伍是四川省外最先抵达灾区的卫生防疫队;人员数量以及高级专家比例最高;在卫生应急救援队伍中坚守时间最长;疾控队伍在灾区的分布最广。在救灾防病工作中,中心充分发挥自身技术和人才优势,结合灾区实际,为科学开展消杀工作等多项重大决策提供了有力的技术支撑;应急研制了手机应急报告系统替代损毁的系统,在震后第 10 天开始恢复疫情报告;积极实施现场卫生学评价和

传染病控制；指导开展强化免疫和专病防控等技术工作；创造条件在重灾区建立起多个“帐篷实验室”，在这场空前的自然灾难中，中心的应急体系和应急队伍经受住了考验，显示了国家队应有的素质，以自己的实际行动证明这是一支关键时刻能打硬仗的队伍，是一支在关键时刻特别能吃苦、特别能战斗的队伍。中心的工作也得到了上级领导和社会各界的广泛好评，党中央、国务院和中央军委联合授予中心“抗震救灾英雄集体”称号。

2009 年，面对突如其来的首发在国外的甲型 H1N1 流感疫情，基于充分的流感大流行技术准备，在技术应对工作中更加从容、有序、科学、有效。中心牵头迅速建立并扩大了全国监测网络，覆盖全部地级市，监测能力得到空前加强；加强国际沟通与合作；未雨绸缪，做好了科学的预案，制(修)订近 20 项甲流防控技术指南；与地方各级疾控中心形成密切合作的工作机制；随时组织专家研判疫情形势，提出对策建议，为政府防控策略的确定和调整提供了及时准确的技术支持；第一时间研制出技术最优的甲流病毒检测试剂，提供全国监测网络使用。在病例输入我国之前，即具备了甲流病毒检测能力，用于早期病例排查工作，为疫情早期输入病例的确证做出巨大贡献。中心组织、设计了全球规模最大的甲流疫苗临床试验，在国家食品药品监管部门大力支持、协助下，与新药技术监管机构密切合作，夜以继日，边研究、边审检，使我国成为全球第一个完成甲流疫苗研发和全球第一个大规模使用甲流疫苗的国家，并第一个向全球建议 1 剂次 15 微克无佐剂裂解疫苗可以有效预防甲流。这些技术成果为有效保障 60 周年国庆阅兵和全运会等重大活动的顺利举办，以及甲流最终在我国的有效控制起到了关键的技术支撑。中心在甲流疫苗的安全性监测和研究也为我国疫苗获得国际认定并走向国际市场奠定了基础。《中国青年报》调查显示，85.2%的公众满意中国防控甲型 H1N1 流感疫情举措，世界卫生组织驻华代表称“中国采取的措施十分有效”。正是全国疾控工作者的辛勤付出和科学应对，让甲流防控工作成为 2009 年度卫生领域群众满意度最高的一项工作。

在不断的进取、锻炼中，中心的专业水平和国际合作能力不断提升。2011 年 3 月，我中心国家流感中心成为世界卫生组织第五个流感参比和研究合作中心，这是发展中国家的首个流感参比和研究合作中心。

在实践中，应急工作的质量也不断提高，处理更加有效，应对更加从容，塑造了一支成熟、专业、高效的卫生应急队伍的形象。

(二)传染病防控体系不断加强

十年来，艾滋病、结核病、血吸虫病等重大传染病防控工作稳步推进，免疫规划工作实现跨越式发展，新发和再发传染病防控取得重大成就。

第一，实现传染病监测网络化系统化，预防控制能力得到巩固

传染病监测和预防控制体系不断完善，传染病防治能力得到了极大的提升和加强。为收集法定传染病报告所不能提供的其他传染病的防控信息，2004 年恢复和新建了全国

重点传染病和病媒生物国家级监测系统,形成了我国除法定传染病报告系统之外,最主要的传染病监测数据收集系统。目前,该系统共覆盖 25 种传染病及 4 类病媒生物。在 31 个省市自治区设立了 1548 个长期监测点,建立了霍乱、血吸虫、鼠疫、急性驰缓性麻痹(AFP)、不明原因肺炎等单病种网络直报,开发、实施了国家传染病自动预警系统。围绕法定传染病及突发公共卫生事件监测和报告管理等职责,建立传染病疫情及突发公共卫生事件常规报告制度、开展网络媒体信息搜索工作、将重点传染病疫情与突发公共卫生事件预测分析及专题分析纳入常规工作内容,并开展了风险评估工作。

新发传染病发现和研究能力明显提升。病原学的研究是传染病防治的基础之一,是应对新发传染病的基本技术条件,病原学研究水平是科研水平的重要标志。C 群流脑变异菌株和新布尼亚科病毒的发现等,为疫情的诊断与防控提供了科学依据。依托传染病重大科技专项平台及时开展了病人分离菌株携带多耐药基因情况的筛查工作,检测出 2 株 blaNDM - 1 耐药基因的细菌,首次证实"超级"耐药细菌在我国的存在。

从 2006 年起,在强化的人禽流感监测的实施过程中发现了河南、湖北、山东、安徽等省陆续报告了一些以发热伴血小板减少为主要表现的感染性疾病病例,很长时间内未能找到病因,中国疾控中心专家和海外引进的学者与相关省疾控中心通力合作,开展了多方面的研究,进行了大量的现场流行病学调查和实验室检测与确认工作。2009 年底,在湖北报告的病例中首先发现病毒感染的线索,随后根据对湖北、河南、山东、辽宁、安徽和江苏等 6 省的 241 例病例进行的流行病学调查、临床特征分析和病原学研究,最终从病例血液标本中发现了新的布尼亚科病毒,研究成果已在《新英格兰医学杂志》上发表。这是近年来全球范围内病原学研究领域重要的新发现和突破性进展,得到国际同行的高度评价和重视。

第二,重点传染病预防、治疗、干预工作多维度开展,逐步实现防控目标

为做好重点传染病预防控制工作,中心从团队建设、政策支持等多方面着手,精心组织,认真实施艾滋病、结核病和病毒性肝炎等重大传染病防治重大专项工作,有力地推动了重点传染病防控工作的进展。

艾滋病防治工作通过组织制定《国家免费艾滋病抗病毒治疗手册》、《全国艾滋病检测技术规范》、《艾滋病综合防治手册》等技术标准、规范和方案,指导和推动全国艾滋病防治工作的开展。从中心成立前的艾滋病病例报告、入境检测和少数重点人群的哨点监测,探索推广使用安全套和抗病毒治疗试点工作,发展到 2011 年涵盖艾滋病防治的科研、临床和公共卫生;病毒学、临床医学、社会医学、行为学和流行病学各领域工作的全面开展——包括指导全国实施艾滋病疫情网络直报、扩大的多人群哨点监测、开展自愿咨询检测、重点人群调查以及医疗机构临床病人检测、耐药监测、分子流行病学监测的综合监测和检测策略;2003 年与世界卫生组织和多个国际组织联合开展首次全国艾滋病流行病学调查,现每两年组织全国开展一次艾滋病疫情估计;在 2005 年全国艾滋病重点人群筛查和疫情估算中,中心克服压力,发布重新估算的现存活 HIV 感染者人数和艾滋病人数,较 2003

年估算感染者人数减少19万，为准确分析艾滋病流行状况和趋势、制定国家艾滋病防治政策和进行资源配置提供了科学依据。实施从检测发现感染者，到对其进行随访干预、CD4检测的感染者综合管理；实施包括推广安全套、美沙酮维持治疗、清洁针具交换、性病规范化治疗服务、孕妇筛查和抗病毒药物阻断母婴传播等在内的综合干预策略；实施全面的艾滋病抗病毒治疗；开展艾滋病疫苗研究等科研工作。

云南省德宏州、河南省驻马店市、四川省凉山州和新疆自治区伊犁州是全国艾滋病疫情最为严重的地区，也是卫生部的联系点。中心从2004年开始，承担着为这些联系点提供现场驻点技术支持工作，先后派驻30余名青年骨干在4个联系点支援当地艾滋病防治工作，派驻时间为半年至1年。如在伊犁地区的派驻点，沿途多是大片荒无人烟的沙丘，常常收不到手机讯号。派驻人员克服水土不服和生活习惯不适等困难，及时适应环境，以“创先争优、扎根基层、抗击艾滋、服务群众”为己任，在联系点夜以继日开展工作，结合当地民族特点制定工作方案，遍访艾滋病疫情较重的乡镇、街道开展流调，分析艾滋病疫情特点，开展抗病毒治疗和督导，获得了大量第一手资料。同时注重团结群众，根据自身优势和当地需要自发对基层疾控人员开展技术培训，用平凡的工作书写着不平凡的艾滋病防控事业。

在结核病预防控制方面，中心为全国结核病防治规划的实施提供了强有力的技术支持。不断探索符合我国实际情况的结核病防治模式，提前实现了联合国千年发展目标和《全国结核病防治规划(2001－2010年)》的目标。编写了《结核病防治规划实施工作指南》纲领性技术指南，以及《学校结核病防治工作手册》、《耐多药肺结核病防治管理工作方案》和《结核分枝杆菌/艾滋病病毒双重感防治工作技术指导手册》等系列技术规范，并对省级师资队伍进行了系统的培训。创建并实施了专题督导、规划督导以及国际合作伙伴联合督导相结合的综合督导模式，并指导基层开展督导工作。开发并推广了基于计算机网络实时报告的“结核病管理信息系统”。组织开展了流动人口结核病防治、结核病防治机构与医疗机构合作及耐多药结核病防治等领域的试点工作和应用性研究工作。组织开展了2010年全国第五次结核病流行病学抽样调查，为政府科学制定结核病防控策略提供了科学依据。

积极参与国际合作项目，筛选并系统评估了基因芯片、线性探针和荧光定量PCR(聚合酶链式反应)等11种结核病实验室诊断新技术，其中2项快速耐药结核病实验室诊断技术将传统方法所需的3个月的检测时间缩短到了2天，使得试点地区的耐多药患者及时得到了治疗，减少了死亡。这些新诊断技术的应用也提高了实验室诊断的自动化和规范化水平。通过以上的探索，建立起了结核病新诊断技术评估和验证工作机制，为在“十二五”期间推行适宜技术奠定了基础。开发了肺结核患者手机管理信息系统，以短信的方式提醒患者服药；研发了电子药盒，为文化程度不高的患者提醒服药。作为全新的督导管理模式，该方式既简便可行，又有效的保护了患者的隐私，对于开展健康教育和患者关怀，提高治疗依从性和治愈率进行了有益探索。

血吸虫病防治策略有了重大提升,从以消灭钉螺为主转为以控制传染源为主的策略。通过参与《血吸虫病防治条例》、《血吸虫病重大疫情处理预案》等法规、标准的起草,在 5 个国务院血防办试点上科学验证了以传染源控制为主的综合防治策略,根据卫生部与湖北省、湖南省人民政府签订的联合防治血吸虫病行动计划,中心领导与卫生部疾控局分管领导建立了分工负责重点流行县的"对口"支援模式,每年到联系点与当地商讨血吸虫病防治工作计划与方案,指导并资助建立血吸虫病监测预警机制,推广实施以控制传染源为主的综合防治策略与措施,同时帮助加强血吸虫病防治能力建设,促进了联系点达到血吸虫病传播控制标准的进程,并在全国起到了示范作用。土源性和食源性寄生虫病严重影响中西部儿童健康发育,中心在此类疾病高发地区启动了 10 个寄生虫病综合防治示范区项目,经 3 年的示范区工作,人群感染率下降了 40%以上。

第三,免疫规划工作实现跨越式发展

十年来,我国免疫规划工作实现了跨越式发展,国家免疫规划疫苗预防的传染病由 6 种增加到 15 种。中心在免疫规划实施过程中,充分发挥国家级技术支持和技术指导作用,先后制定、起草了《预防接种工作规范》、《扩大国家免疫规划实施方案》等 200 余个技术文件;培训全国免疫规划人员 1 万余人;积极科学应对免疫规划的重点工作和重大事件,如全国乙肝血清流行病学调查、扩大国家免疫规划、15 岁以下乙肝疫苗查漏补种、首次主持了世界上规模最大的甲流疫苗临床试验和群体性接种、麻疹强化免疫、山西和安徽泗县疫苗事件、国家疫苗监管系统评估、脊灰野病毒输入等;建立覆盖全国的免疫规划监测网络,包括疑似预防接种异常反应监测系统、常规免疫服务系统、AFP 监测系统、麻疹监测系统等。进一步指导全国疫苗接种率的提高和巩固。在地震灾区、水灾地区、泥石流灾区开展的群体性预防接种,为灾后无大疫提供了保障。

2010 年,在全国开展了麻疹强化免疫工作,这是为加速消除麻疹进程,全国疾控、医疗服务人员齐动员,史无前例的公共卫生干预行动。中心从 2009 年起,在技术、人员、后勤保障、协调、组织实施等方面做了充分准备,预测潜在风险,做好相关技术保障工作;汲取了甲流疫苗接种报告的经验教训,及早建立了专用信息报告系统。在麻疹强化免疫实施期间,面对社会上的流言和群众疑惑等突发干扰因素,能够沉着应对,在关键时刻为卫生部领导决策提供了重要技术支持。此次共接种 1.03 亿适龄儿童,未出现与疫苗接种相关的死亡病例,未发生群体性不良反应。

十年来,通过免疫规划实施,5 岁以下儿童乙肝病毒表面抗原携带率降至 1%以下,与免疫规划实施前相比,下降幅度高达 90%;麻疹、甲型肝炎、乙型脑炎、流脑、百日咳、白喉等疫苗可预防传染病的发病率和死亡率均降到了历史最低水平。

同时,中心积极做好疫苗国家监管机构职能评估相关准备工作,2011 年 12 月接受世界卫生组织对我国的正式评估,8 项大指标全部通过,25 项亚指标完成率 96%,以优异成绩完成了疫苗国家监管机构评估任务，为我国疫苗走向国际市场奠定基础。

2011 年 8 月 25 日，病毒病所脊灰室确认新疆发生输入性脊灰野病毒病例后，中心立即响应，按照卫生部统一部署，对新疆进行疫情研判，开展风险评估。积极协助新疆开展 AFP 病例监测，并加强了全国范围内的监测工作；积极开展标本检测和分析工作；协助新疆在全疆范围内开展了三轮儿童和两轮成人脊髓灰质炎减活疫苗（OPV）强化免疫活动；积极组织开展了脊灰疫苗接种率快速评估、脊灰疫苗衍生病毒（VDPV）病例调查处理，强化免疫督导、舆情监测和风险沟通以及维持无脊灰证实等工作，为脊灰疫情的控制发挥了强有力的技术支撑作用。

（三）慢性病疾病负担十年猛增，防控体系基本建成

随着我国社会经济的不断发展，人民生活水平的大幅提高，公众行为和生活方式的快速改变，以及人口老龄化进程的加速，慢性病对公众健康的危害日益加剧，社会经济负担日益加重。为应对慢性病严峻形势，中心着力加强慢性病防控体系建设，并将慢性病防控工作作为中心疾控工作的重要组成部分。

2002 年中心成立之初就设立了慢病中心。在起步阶段，克服了投入不足，人员短缺等困难，开展了死因监测、行为危险因素调查、糖尿病社区-医院一体化管理模式项目、道路安全项目等工作，但工作主要局限在慢病健康教育宣传上。经过十年发展，中心拓宽了慢病业务领域，相继成立了慢病社区处、控烟办公室等专职业务部门，整合营养食品所的营养及相关业务至慢病体系，加强与挂靠的学校卫生中心、老年保健中心、精神卫生中心等的协作，使慢病防控工作逐渐从分散走向系统，基本建设成较为完善的贯穿生命全周期的慢性病防控体系。

第一，重视和不断加强慢病监测工作

中心建成了覆盖全国 31 个省份共计 161 个县区的疾病监测点，组织开展居民死因监测和每 3 年 1 次的慢病及危险因素调查。中心始终将死因监测工作作为中心慢病领域的一项核心工作任务，十年来，中心结合我国人口流动及模式的变化，于 2003 年调整了监测点，监测人口数从覆盖国家总人口的 1%提升至 6%，并于 2008 年实现了死亡个案的网络报告，使死因监测工作发生了质的飞跃。中心还建立了烟草监测与评估框架，在 7 个省会城市组织开展国际烟草控制政策评估项目，在 29 个省份完成了全球成人烟草调查——中国部分。2010 年启动了重点慢性病发病监测与信息管理试点工作，利用电子病历和居民健康档案信息，采集慢性病病例发病信息和病例管理信息数据。在卫生部的领导下，组织开展医院门急诊伤害监测，启动全国产品伤害监测试点工作，探索伤害综合监测。这些数据为政府科学决策和开展综合防治提供了数据支持。

第二，以淮河流域癌症综合防治推进慢性病综合干预控制工作

中心成立初期，针对媒体报道沿淮地区癌症发病情况和国务院领导的批示精神，在卫

生部的领导下,中心以淮河流域癌症综合防治作为切入点,积极探索慢性病防治的突破口。2004-2005年,中心组织专业技术骨干冒着酷暑,不畏艰难,不辞辛苦,在现场蹲点数月,完成了淮河流域3个县30多万人的肿瘤流行病学专项调查工作,短期内获得了详实的调查数据,调查工作和结果报告得到国务院和卫生部领导高度重视。中心于2007年启动了覆盖4省14个县区的重点地区淮河流域癌症综合防治工作(2007-2020年),组织中心内9个部门和中心外5个单位,制订了淮河项目总技术方案和十余种专题技术方案,收集了涵盖居民死因监测、出生和出生缺陷监测、居民饮用水监测、局部区域环境医学调查、特征污染物检测等十余类数据,提出了癌症预防和干预的具体措施,开展了基层乡村医生培训和人群健康教育,促进了癌症患者的早期发现。目前已初步建成了环境与健康调查监测平台,开创了环境与健康研究的新领域,为创建淮河流域癌症综合防控示范区和建立人群队列奠定了良好基础,将为评价淮河流域综合治理中长期效果提供数据支持。多年来,中心积极探索我国人群慢病防控的有效途径和具体模式,开展糖尿病社区-医院一体化管理模式研究、以社区为基础的维持体重和血压管理试点项目等,组织编写了慢性病防控、社区综合防治有关的一系列技术指南。2005年,慢病中心被授予“WHO慢性非传染性疾病社区综合防治合作中心”。特别是2007年来,按照卫生部的统一部署,在全国范围内全面深入推进全民健康生活方式行动,中心制定了年度工作实施方案、专项技术指导方案、健康核心信息,开发了一系列适宜技术工具,并组织开展了省级师资培训,强化对各省的技术指导。截至2011年底,行动已覆盖全国40%的县(区),在全国完成创建示范单位、示范社区、示范食堂/餐厅3500余个,建设室外支持性环境2500余个。2010-2011年,中心还积极推进省部联合减盐防控高血压项目,向山东省提供强有力的技术支持,这是慢性病防控工作新模式的有益探索。项目建立了省部联合工作机制,通过完善减盐政策与措施、建立减盐环境支持体系、强化健康教育与健康促进、建立减盐效果监测与评价系统来降低山东省居民高盐饮食和高血压患病水平。通过不断总结将山东省的成功经验推广至全国。

持续推动控烟工作的开展。控烟工作涉及面广,涉及部门多,管理层面工作难度大,中心以此为重点,积极协调政府、非政府组织在控烟工作中的联系,点面结合,积极推进控烟工作。特别是中心在全国7城市组织实施无烟环境促进项目,搭建了中国控烟法律工作网络,促成了《哈尔滨市防止二手烟草烟雾危害条例》颁布,这也是我国制定的第一个符合世界卫生组织《烟草控制框架公约》的控烟法律。中心还围绕2009年卫生部等四部委发布的《从2011年起医疗卫生系统全面禁烟的决定》,协助卫生部在全国范围开展了无烟医疗卫生机构创建活动,包括制定标准、方案,开展培训、督导检查、组织媒体对医疗卫生系统进行监督等活动。

第三,积极开展慢性病防控政策研究与倡导工作,促进慢性病防控刚性保障

中心于2007年开始,系统研究国家慢病防控策略和措施、各级各类医疗卫生机构的

慢性病防控职责和定位，于 2011 年完成编制《全国慢性病预防控制工作规范（试行）》。于 2008 年制定了《慢病管理业务信息技术规范》，为基层医疗卫生机构开展慢性病防控工作提供指导。

定期编制慢性病相关技术报告。于 2006 和 2011 年发布《中国慢性病报告》，为了加大国际影响，编译了《中国慢性病报告 2011》英文版，并在健康生活方式与慢性病防控部长级会议上，和联合国预防和控制非传染性疾病高级别会议上发放。组织完成了《中华人民共和国实施世界卫生组织〈烟草控制框架公约〉第一次国家报告》。从 2007 年开始，组织编制并发布年度《中国控制吸烟报告》，在国内外引起了广泛影响。

第四，探索加强伤害预防、精神卫生和口腔卫生工作

中心于 2007 年组织编制并发布《中国伤害预防报告》，这是我国关于伤害预防工作的第一份国家级报告。自 2005 年起，在全国设立了 11 个为期三年的伤害干预试点项目，针对重点伤害进行干预研究与评价，探索各类伤害有效干预方法，并于 2011 年编制完成了《儿童溺水干预技术指南》、《儿童道路交通伤害干预技术指南》、《儿童跌倒干预技术指南》和《老年跌倒干预技术指南》，为指导全国疾控和基层医疗卫生机构开展伤害干预提供了技术支持。2010 年，组织开展了中国道路安全项目，研究探索我国道路安全工作新的工作模式和多部门合作机制。中心精神卫生和口腔卫生工作刚刚起步，近 2 年来，多次组织研究精神卫生立法相关文件并提出意见，开展心理健康宣传、灾后心理援助活动等工作。组织编写了《口腔疾病防治策略研究报告》，提出了口腔疾病防控策略和工作重点，依托全民健康生活方式行动平台，启动了“健康口腔，幸福家庭”项目，探索口腔疾病家庭干预模式。

第五，稳步发展妇幼卫生工作

中心不断探索推动妇幼卫生保健工作，为保障妇女、儿童健康提供技术支持。十年来，积极开展政策研究，探讨妇幼保健机构规范化建设，制定全国妇幼保健机构监测与考核标准，开展规范母婴法律证件管理工作等；起草出台相关行业标准、行业服务规范，加强妇幼卫生服务技术规范、指南制定工作和妇幼保健技术研究工作；积极开展妇幼卫生信息标准研究与信息化建设，制定《全国妇幼保健信息系统建设规划（2011 - 2015 年）》，推动全国妇幼卫生信息化建设；广泛开展全国妇幼保健技术指导及培训，提升各级妇幼保健机构人员能力；搭建各类学术、管理、信息交流平台，创办《中国妇幼卫生杂志》，带动妇幼保健行业发展，推动妇幼保健学科建设。

中心积极开发和推广适于基层使用的孕产期、儿童系统保健服务包；开展影响孕产妇及儿童死亡（产后出血和新生儿窒息）重大疾病防治项目；开展并积极推广预防艾滋病母婴传播工作，目前已覆盖至全国 31 个省份。积极参与医改国家重大公共卫生项目“农村孕产妇住院分娩”、“农村妇女孕前和孕早期补服叶酸”、“宫颈癌和乳腺癌筛查”，开展技术文件编制、培训、督导和评估等技术工作，妇幼工作稳步发展。

(四)提升健康危害因素监测和卫生监督的技术支持能力

第一,定位疾病防控,逐步明确公共卫生技术支撑职能

2001年,卫生部发布了《关于卫生监督体制改革实施的若干意见》和《关于疾病预防控制体制改革的指导意见》的通知,指导并推进全国卫生监督体制和疾病预防控制体制改革,实现了以五大卫生为主的防疫站体系向以应急、疾病控制等为主的疾病控制体系和以专业执法和监测为主的卫生监督体系的转变。为适应这一变革,中心对原有机构进行了精简整合并赋予新的职能,形成营养与食品安全所、环境与健康相关产品安全所、职业卫生与中毒控制所、辐射防护与核安全医学所、农村改水技术指导中心组成的公共卫生"四所一中心"的基本架构。

中心数年间一直承担着疾病控制和监督执法双重的技术支撑重任,在大量公共卫生技术工作和保障实践的基础上,技术支撑职能逐步深化和拓展。

十年间,中心始终坚持公益性原则,逐步明确职责,建立协调发展的工作平台,努力建设系统、完善并与经济和社会环境相适应的公共卫生体系。先后经历了改革初期职能不清,定位不准,职责交叉,公共职能不落实,社会效益大幅下降,为"养活自己抢饭吃"的阶段;经历了"非典"之后,疾病预防控制机构快速发展,技术支撑逐渐形成集防控、应急、保障为一体,为解决实际问题、满足公众需求为职能,实现支撑体系量的累积阶段;也经历了近几年食品安全、职业病危害、环境污染和放射损伤等防控形势严峻、群体事件频发,疾控机构面临新挑战,支撑体系需向科学化、法制化、规模化推进的质的飞越阶段。

十年来,中心围绕疾病预防控制与公共卫生技术管理和服务,与各级疾控机构团结协作、密切配合,为卫生监督提供了全方位的技术支持,各项工作取得显著成绩。

组织参与法规标准的制(修)订和宣贯工作。参与起草和修订《食品安全法》、《职业病防治法》、《使用有毒物品作业场所劳动保护条例》、《公共场所卫生管理条例》等国家法律法规,参与起草了《放射诊疗管理规定》、《放射工作人员健康管理办法》、《公共场所集中空调系统卫生管理办法》、《国家职业卫生标准管理办法》等十多个部门规章以及《国家环境与健康行动计划(2007-2015)》。牵头组织制(修)订与国家法规相配套的职业卫生、放射卫生、环境卫生及健康相关产品、生活饮用水等卫生标准510多项,进一步完善了相关公共卫生技术标准体系。同时,及时对颁布的法规和标准进行宣贯和培训,每年开展"食品安全法宣传周"、"职业病防治法宣传周"等各类宣传和培训活动。

利用强有力的实验室检测手段,调查与处置多起重大公共卫生事件。在化学污染事件的毒物检验,争议化妆品/食品中禁用物质的检测,以及卫生部的行政查处等工作提供关键技术支持;积极协助卫生部进行公共卫生监督抽检工作,承担重点监督检查方案的制定及结果汇总,组织全国检验质量控制和技术培训;关注食品安全、农民工职业病、环境污染等健康问题,主动开展危害因素监测、职业病试点和环境污染调查,积极开展循证模式下的应用基础研究；探索经济社会快速发展背景下，疾病预防控制机构如何履行公共服务职能、更好地推动医改，进行引领大众生活、树立健康理念等有益尝试。

十年的探索，中心已基本形成“支持疾控与监督、关注健康与发展”的公共卫生保障的服务宗旨和理念。

第二，面向服务社会发展，保护公众健康，逐步拓展综合性服务工作

十年来，围绕疾病预防控制与公共卫生技术管理和服务，与各级疾控机构团结协作、密切配合，积极为卫生监督执法提供技术支撑，为社会提供公共卫生系列综合性服务。

在日常工作实践基础上，积极开展检验出证和技术咨询、公共卫生监督抽检、建设项目卫生学评价等技术服务工作；逐步完善检测技术和方法，建立基本的实验室常规检测平台，完成化学毒物鉴定、产品质量检验、行政查处检测的基本任务；利用中心重大事件公共卫生处置机制，完善“领导挂帅、专家参与、处室合作、全国动员”的合作机制，建立包括北京、上海、江苏、浙江和广东等省级疾控中心为成员的网络实验平台，形成常规和应急兼备的公共卫生实验检测体系，明显提升了“一锤定音”能力和事件处置效率。

从维护社会稳定、保障公众安全的角度，逐步完善公共卫生应急保障体系：以平时与战时相结合、培训与演练相结合、专家与现场相结合、中央调控与地方工作相结合的体系策略，先后建立卫生部核事故医学应急中心和国家化学中毒救治中心，基本形成了三级应急救治体系。开展核和辐射应急演练及物资储备工作，建设核和辐射损伤救治基地，组建了首支国家核事故医学应急分队。规范建设项目职业病危害评价，先后完成多项核电站建设项目职业病危害相关评价报告。先后组织或参与了17起放射事故的调查；开展了朝核试验对我国边境地区环境影响监测和英国钋-210放射事件的应急监测，成功应对2011年日本福岛核危机等事件；以全国中毒救治基地远程会诊系统为基点，建立我国“重大急性职业中毒数据库”、“有毒动植物真菌标本库”和“化学毒物危害计算机辅助诊断系统”，开展中毒热线咨询和24小时中毒热线服务，处置多起职业卫生中毒事件。另外，还承担了南京毒鼠强中毒等重大中毒事件、三鹿婴幼儿奶粉事件、小龙虾横纹肌溶解事件等重大食品安全事件、葡萄籽抗敏平抚液晶等重大化妆品事件、河北白沟苯中毒等重大职业卫生事件的检测工作；积极应对尘肺等慢性职业中毒以及农民工职业健康等倍受社会关注的群体性问题。

三鹿婴幼儿奶粉事件发生后，中心紧急响应、积极应对，迅速成立了“应对婴幼儿配方奶粉重大安全事故处置工作办公室”，全力参与和配合国家处理三鹿婴幼儿奶粉事件的各项技术工作：派出专家组迅速开赴甘肃、河北两地现场，开展流行病学调查与现场卫生学处置工作；自主建立三聚氰胺及其类似物的检测方法并在第一时间展开检测；率先发现三鹿奶粉以外其他品牌乳制品中三聚氰胺污染的情况，为国家处置此次事件提供决策依据；向卫生部提供三聚氰胺风险评估关键数据，制定我国乳与乳制品中三聚氰胺的临时管理限量；发挥技术优势，开展并落实《乳品质量安全监督管理条例》，开展乳品质量安全标准

清理整顿;起草《食品中可能违法添加的非食用物质和易滥用的食品添加剂品种名单》,推动全国打击违法添加非食用物质和滥用食品添加剂专项整治工作。

第三,依托信息技术,实施和普及危害因素监测与干预工作

在十年间,基于疾病预防控制的信息化建设和国家疾病监测系统运行,公共卫生经过8年连续、动态的主动监测,逐渐形成了涵盖食品安全、职业卫生、环境与健康等专业的危害因素监测体系。

开展了基本职业卫生服务试点和重点职业病监测哨点工作,全国职业病危害因素监测网络和职业病报告系统已实现了网络管理和网络直报;医用辐射安全卫生监测体系已初步建立,启动放射工作人员健康管理国家信息网试点;抓住国家大力开展核电能源建设的机遇,开展建设项目职业病危害放射防护预评价和控制效果评价工作,在5个区域开展高氡暴露地区矿山放射性职业危害哨点监测;建立医用辐射安全卫生监测体系,逐步使放射工作人员个人剂量监测率超过85%、医疗机构放射诊疗防护检测率达到70%以上。围绕环境污染与健康,自2006年起逐步建立了涵盖100余个城市,包含空气污染与疾病监测、城市饮用水卫生监测、医院感染监测和化妆品皮肤不良反应监测的四个监测体系。开展农村饮水安全工程水质卫生监测,对农村集中式供水工程进行卫生学评价。开展农村健康危害因素监测试点,搭建农村健康危害因素监测网络和数据信息平台。农村饮用水水质卫生监测系统已覆盖全国25%的农村县区。这些工作的开展,也为健康危害因素的风险评估奠定了基础。

国家食品安全监测信息系统的建立,对有效控制食源性疾病、减少漏报、探索有效控制措施提供了技术保障,形成了覆盖17个省份的食品污染物监测网和覆盖22个省份的食源性疾病监测网。同时建立了疑似食源性异常病例/异常健康事件报告和食源性疾病报告系统,在31个省份的312家医院建立报告系统网络并实现网络直报。

第四,以健康为基础,逐渐确立公共卫生健康风险评估科研理念

自上世纪80年代以来,很多发达国家先后开展了健康危险度评估的研究,健康危险度评估逐渐成为公共卫生领域公认的科研理念。中心自2004年以来,逐步开展健康风险评估相关工作,先后完成了蒸馏酒中杂醇油、啤酒中甲醛等多项危险性评估,为政府决策和公众宣传提供了科学依据。随着理论与实践的不断深入发展,十年期间,中心风险评估工作已由单纯对国外方法和技术的跟踪与引进逐步形成了完备的健康风险评估技术体系,尤其在食品和饮水安全领域。

根据健康风险评估工作必要性、紧迫性的急速需求,在2008年我国颁布的食品安全法中明确规定:国家建立风险监测和风险评估制度。为此,作为国家食品安全风险评估专家委员会和食品安全国家标准审评委员会秘书处挂靠单位,中心制定了相关章程和组建方案,并积极组织协调对160余项乳品相关标准进行了清理整合,统一公布为70项食品安全国家标准,初步理顺了我国乳品质量安全标准体系。完成了《食品安全风险监测管理

规定(试行)》、《食品安全风险评估管理规定(试行)》等技术文件的起草,制定年度风险评估专家委员会工作计划和优先评估项目;与全国各级疾控中心一起组织开展食品安全风险监测,进一步加强食品安全国际合作交流。经过两年多的探索实践,食品安全领域健康风险评估体系逐渐成熟,为国家食品安全健康风险评估中心的成立奠定了技术和人才基础。

健康风险评估的理念也成为中心未来发展的重点和科研理念:职业卫生将健康风险评估作为职能调整后职业卫生研究的重点;环境卫生持续关注全球气候变化与健康影响,开展环境健康风险评估技术培训与推广工作,落实"我国重点环境化学污染健康危害监控技术研究",持续推进环境重金属污染健康危害监测和评估,建立危害评估体系;辐射安全以公众健康为出发点,将核电站周边居民健康本底调查、非铀矿山矿工氡的职业危害控制、医疗照射和公众照射质量控制方法和辐射防护作为目前科研攻关的重点;改水改厕以农村饮用水与环境卫生调查为抓手,全面提升我国农村地区饮水安全和环境卫生水平。

(五)持续开展健康教育,传播健康知识

中心以各个业务领域健康教育和健康促进工作为先导,建立了健康教育工作机制,在重大传染病防控、突发公共卫生事件处置、慢病防控等领域,组织全国开展了大量的健康教育及促进活动;积极落实《全国健康教育与健康促进工作规划纲要》、《全国亿万农民健康促进行动规划(2006－2010年)》等多项规划;配合重大公共卫生工作,编辑出版大量的公共卫生科普书籍,制作健康知识宣传材料,向社会宣传健康知识,提高国民健康素养。

随着卫生部对健康教育所归属的调整,在原公共卫生政策研究办公室的基础上成立了政策研究与健康传播中心,在加强医改公共卫生政策研究的同时,整合健康传播的工作职能,继续做好面向大众的健康知识传播与宣传工作,通过与传媒的沟通与交流,主动发布和传播健康信息,为全社会和大众媒体提供了准确、系统、科学、全面的健康传播材料。十年来,共安排媒体对中心专家的采访4300余人次,及时有效地向大众传播了科学知识,树立了良好的国家疾控中心形象。

2009年甲流发生后,中心第一时间建立了甲流防控媒体沟通专家库,及时主动编写和更新各个时期的关键信息,利用互联网平台主动开展风险沟通与健康传播,及时针对集中的问题开展媒体集中采访,与媒体合作开展甲流健康教育活动。在此期间,在全国42家媒体播出或刊登采访中心专家有关甲流防控的信息达298条,其中新华社发稿28篇,中央电视台播出信息56条(新闻联播14次)。宣传了我国防控甲流工作的技术进展,普及了流感防控的基本知识,减少了社会恐慌,指导科学防控甲流。

2011年3月11日,日本大地震引发了空前的核泄漏危机,也引起了国内公众的恐慌情绪。中心第一时间启动应急预案,成立日本大地震核和辐射事件应对领导小组,及时制定了一系列技术方案和文件;工作人员连续38天坚守岗位,夜以继日开展应对工作,表现

出高度的政治责任感、忘我的工作精神和专业的敏感性。在做好污染检测、技术指导、风险评估和国际救援准备等工作的同时,及时做好媒体沟通,明确媒体沟通专家,制定核心信息,科学开展科普宣传。为及时解除公众恐慌心理,中心共安排专家接受 20 余家新闻媒体的 150 余次访谈,针对公众的疑惑、顾虑、担心和恐慌,及时与科学普及出版社合作出版了《核事故公众防护问与答》一书,并在卫生部和中心网站积极开展公众宣传和答疑解惑,有效平息了"碘盐抢购"风波,平抑了公众对空气中和蔬菜表面极微量放射性污染的恐慌心理,在维护社会稳定和国家安全等方面起到了十分重要的作用。

为及时有效地传播健康知识,满足公众需求,2006 年,中心成立了全国 12320 公共卫生公益电话管理中心,积极协调全国公共卫生公益电话系统的建设,随着 12320 在更多城市的开通和公益电话管理体系的建立和完善,架起了公共卫生专家与社会公众的沟通桥梁。截至 2011 年,全国共计 19 个省份正式开通了"12320"热线,座席数累计 265 个,内容涵盖传染病、食物中毒、职业中毒、慢性病、营养和食品卫生、环境卫生、卫生法律法规等 18 个专题,社会服务效果显著。

(六)积极开展疾控政策研究和标准的制(修)订工作

在公共卫生政策研究方面,中心立足疾控工作的理论和信息资源优势,从单纯参与规章制度撰写到逐步理论化和系统化,结合社会经济大环境,依托医改大背景,主动搜索公共卫生挑战与热点。十年间,从国内和国外、国家和地方、社区与乡镇、临床与公卫等多维度开展宏观和微观政策研究,内容涉及公共卫生法规、机制、体制、经济、管理、培训、人才、健康教育、媒体沟通等领域,为提升中心发展的全局性、前瞻性和政策敏感性,为准确定位和全面推进疾控工作发挥了参谋建议、政策制定的基础作用。

在卫生标准的制(修)订工作方面,中心有 10 人是第六届卫生部卫生标准管理委员会委员,90 人分属 14 个标准专业委员会委员,占委员总数的 15%。在全部 20 个卫生标准委员会中,有 9 个标准委员会秘书处挂靠在中国疾控中心。2004 - 2011 年,中心共承担 486 个标准制(修)订项目,占同期卫生部卫生标准总数的 65%。

特别是在公共卫生领域,作为多个卫生标准专业委员会的挂靠单位,中心牵头或组织起草和修订国家法律法规、部门规章,建立了新管理体制下食品安全标准工作体系,对我国现存食品卫生、质量标准、食用农产品质量安全等多套标准进行全面整合,解决重点标准重复、交叉等问题,进一步完善了相关公共卫生技术标准体系。

在卫生部领导下,中心为我国成功申请国际食品添加剂法典委员会(CCFA)主持国、举办第 39 届 CCFA 会议等活动做了大量工作,推动我国全面参与国际食品标准工作。

(七)推动疾控信息化建设,提升业务现代化水平

2004 年 1 月 1 日,国家传染病与突发公共卫生事件网络直报系统试运行,标志我国疫情监测、报告手段和能力质的飞跃,逐步实现横向到边、纵向到底的疫情监测信息报告系统。

截至2011年12月31日，网络直报系统覆盖了全国所有县级及以上疾控机构，县级以上医疗机构报告率达98%，乡镇卫生院报告率达87%，与实施网络直报前相比，平均报告时间由5天缩短至0.8天。网络直报系统的建立，首次实现了全国统一的一站式传染病个案报告，即以个人基本传染病报告卡和重要传染病详细信息报告相结合的个案报告，代替原有的县以上报表格式汇总上报的方式，彻底改变了疫情信息管理工作的被动状态，实现了医疗机构直接报告，减少了人为干预，大大改善了报告的时效性，大幅提高了传染病监测的敏感性，使疫情资料分析利用更加深入，信息发布及时透明。疫情报告系统的使用，使传染病的早期预测预警成为可能。2005年，四川省资阳、内江、成都等地发生不明原因疫情后，当地第一时间通过网络报告了疫情，中心第一时间派出流行病学和实验室专家赴四川省协助当地调查处置，并迅速确诊此次疫情是由猪链球菌2型引起的人感染猪链球菌病，并配合卫生部制定下发了多个技术方案，确保各项防控措施取得实效，有效控制了疫情扩散和蔓延。

中心一直坚持传染病疫情分析日报制度，这些工作人员处在平凡的工作岗位，尽管工作非常的枯燥，但十年如一日，坚持每天撰写法定传染病疫情监测日报，监测和早期识别全国的传染病疫情和突发公共卫生事件，察觉可能的疾病暴发和流行，使全国不计其数的潜在疫情和突发事件消灭在萌芽之中。

传染病疫情报告系统作为世界上独一无二的能覆盖全国的传染病在线报告系统，2009年被评为“中国十佳电子政务优秀应用案例”，也得到了世界卫生组织助理总干事，德国、法国、美国卫生部长和美国疾控中心主任的高度赞赏。随着重点传染病和病媒生物监测、健康影响因素监测、慢病监测等监测体系的逐步建立，现在已经形成了以网络直报系统为平台，包括传染病、突发公共卫生事件监测为主导的十多个疾病监测管理信息系统和以出生、死亡、免疫为主的基础公共卫生信息系统，涵盖健康危险危害因素监测、重大疾病主动监测和国家重点控制疾病等专病监测业务应用，基本满足了传染病、慢性病和公共卫生业务单元各项工作的信息化需求。

以新址信息化建设为契机，按照信息资源规划的信息化建设统一规划、分步实施的策略，完成了国家级数据中心建设，形成了基础设施、应用系统和运维保障三位一体的疾控信息化综合服务体系。构建了数千个节点的“万兆核心、千兆骨干，百兆桌面”的新址园区网络。视频会议系统已连通172个地市级疾控机构、261个县区级疾控机构，基本形成覆盖全国的疾控信息网络。

随着医改信息化建设的深化，为进一步提升基本公共卫生服务能力，建立了公共卫生统一数据采集交换平台，实现了区域卫生信息平台、医院信息系统与公共卫生信息系统的集成应用，使信息“孤岛”互相连接；利用公共卫生科学数据共享门户实现了公共卫生数据资源的集成管理和数据的整合、挖掘及发布。利用信息网络平台，建立了国家免疫规划信息系统、传染病实验室监测信息系统、公共卫生舆情动态监测和预警系统、流行病学调查动态数据采集云平台等,实现了流动儿童预防接种信息数据共享和交换、传染病五大症候群监测的全过程信息管理,扩展了疫情监测范围,提升了监测和调查能力,使早期获得敏感信息成为可能。

四、加强自身能力建设,推进中心工作发展

(一)创新人才培养机制,打造一流疾控专业人员队伍

中国疾控中心历来重视人才队伍建设工作。中心成立以来,对内,培养、造就了一大批优秀的业务骨干,对外,积极引进人才,加强科研协作,以国际交流为纽带,积极参与公共卫生领域的国际化进程,为中国疾控中心的长足发展,奠定了坚实的基础。

第一,创新人才选拔机制,提高干部队伍素质

中心始终把人力资源作为第一资源,把人才队伍建设当成第一要务,自2005年以来,积极探索适合中心发展的公开招聘机制。目前,所有新进人员均通过严格的公开招聘程序选拔录用。中心大力拓宽选人用人渠道,积极争取政策支持,引进业务能力拔尖、学术水平领先、掌握关键技术的优秀人才,先后从国外引进高层次人才50名,从国内引进专业技术骨干近200名。

十年来,通过择优录用、吸引人才和在职培养相结合的方式,初步实现了中心人员队伍结构的合理化,并逐步向专业化、年轻化、高素质的方向发展。高级专业技术人员比中心成立之初增加了12个百分点,高、中、初级专业技术职务结构由31%、35%、34%变为目前的43%、38%、19%,博士、硕士等高学历人员由22%逐步增加到了近50%。

近十年来,中心通过国内外公开选拔和招聘的方式,共选拔任用处级干部45名。经过多年的努力,中心干部选拔任用逐步向视野国际化、专业多元化、队伍年轻化的方向发展。

第二,完善人才评价推荐机制,促进优秀专业人才脱颖而出

中心逐步建立完善人才评价和推荐机制,通过科学的评价和择优推荐的方式,选拔出一大批在专业领域成绩显著的优秀人才,形成了科学合理的人才梯队。目前中心拥有5名两院院士、13名中央直接联系专家、229名享受国务院政府特殊津贴专家、57名“突贡”专家、9名新世纪百千万人才工程专家等。初步形成了以专家为学术带头人,以大量中青年业务骨干和科研人员组成的专业技术人才队伍。

第三,实行岗位管理,促进人才优化配置和合理使用

2005年,在国务院和卫生部等有关部门的关怀下,中心以实施疾控专家特殊补贴为契机,试行岗位设置和聘任工作,实现了资源向优秀人员和关键岗位倾斜,保障了专家主要精力用于疾控工作和科研工作,一定程度上提高了职工的收入,调动了广大职工的积极性。2007年和2009年,中心作为国家事业单位改革试点单位,在卫生系统内率先实行岗

位设置和岗位聘任，建立了较为合理的岗位结构，通过公平竞争、择优竞聘，使中心人才队伍结构得到优化，增强了单位的生机和活力。

同时，通过组织职工进修、培训，选派、组织业务骨干出国学习深造，组织中青年专业人员到基层学习锻炼，选送处级干部到党校参加培训等形式，使中心的人才培养和干部队伍建设得到加强。

（二）开展教育培训，稳步推进人才队伍建设

中心始终以培养一流疾控人才、发展一流疾控事业为目标开展教育培训各项工作。不断健全制度，规范管理，扎实做好研究生教育、博士后培养和专业人员培训工作，努力提高人才培养质量。

中心研究生教育得到了长足的发展，一级学科博士、硕士学位授权点由 1 个增加为 2 个，涵盖基础医学 3 个二级学科（病原生物学、免疫学和放射医学）、公共卫生与预防医学 5 个二级学科（流行病与卫生统计学、劳动卫生与环境卫生学、营养与食品卫生学、儿少卫生与妇幼保健学、卫生毒理学）。2002 年和 2009 年分别被国务院学位委员会和教育部批准为在职公共卫生硕士专业学位（MPH）研究生培养试点单位和全日制 MPH 专业学位研究生培养单位。研究生培养类型从三类增加到五类，即学术型博士研究生、学术型硕士研究生、协和公共卫生学院硕士研究生、在职 MPH 和全日制 MPH 专业学位研究生。现有研究生导师 241 人，其中，博士生指导教师 64 人、硕士生指导教师 177 人。

十年间，中心共授予学位 1388 人，其中博士学位 434 人、学术型硕士学位 639 人、在职 MPH315 人。此外，与北京协和医学院联合培养硕士研究生 192 人、与澳大利亚格里菲斯大学联合培养在职 MPH 研究生 52 人。中心基础医学、公共卫生与预防医学 2 个博士后科研流动站共培养博士后科研人员 91 人。

在 2003－2004 年全国一级学科评估中，中心公共卫生与预防医学学科总体排名第三，基础医学学科总体排名第五；2008 年中心病原生物学学科被北京市教育委员会批准为北京市重点学科，并在 2010 年的重点学科评审中获优秀。

中心秉承疾控系统“传帮带”的优良传统，坚持将发挥资深专家作用和锻炼中青年专业技术人员、培养后备力量相结合，通过搭建多个国际、国内人才培育平台，利用多种途径为全国疾控机构培养适应疾控事业需要的实用型人才。与世界卫生组织、联合国儿童基金会及美国疾控中心合作开展了现场流行病学培训项目（CFETP），2001－2011 年已先后招收了 178 名学员，并在中国疾控中心和 19 个省及地方疾控中心建立了培训基地，通过教师指导下的大量现场流行病调查实践的锻炼，已成功为国家、省及地方疾控系统培养和输送了 110 名公共卫生应急适宜人才；通过实施公共卫生应急反应机制运行项目，对省级疾控人员开展进修培训，为省级疾控机构的 226 名专业骨干提供了进修培训的机会。2002 年以来，中心共举办国家级继续医学教育培训项目 406 项，学员 43 942 人次；自

2005年被全国继续医学教育委员会批准为传染病国家继续医学教育基地以来,共举办培训项目56项,培训人员8856人次。为广大基层疾控机构培养了大批专业人才,弥补了基层疾控人员能力的不足。

(三)增强科研能力,做好疾控工作的技术支撑

中心成立以来,就明确了以科研为依托的方针,始终秉承着预防医学科学院的科研传统,不断巩固相关基础研究,大力推进疾病预防控制的应用研究。

2006年中国疾控中心首次科技发展工作研讨会的召开,进一步明确了科研在中国疾控中心的定位和作用,确立了"一流的疾控依赖一流的科研,一流的科研推动一流的疾控"的科研工作目标,提出了"自主创新,能力提升,注重前沿,把握机遇"的科研工作方针。《中国疾控中心"十一五"科技发展规划》的编写,进一步明确了科技定位,确定了中心"十一五"期间工作的总体思路、指导方针、总体目标、37个重点研究领域(12个传染病方向和25个公共卫生方向)和关键技术(包括共性技术和领域特有技术),明确了一段时期内中心科技发展的主要任务。为了推动和鼓励青年科研工作者投身科研,2009年起,设立了青年科研基金,为中青年科研工作者提供了研究平台。

十年来,中心的科研工作取得了长足进步,从课题申报情况看,共获得课题781项,经费17.7亿元。其中传染病方向占60%,公共卫生方向占30%,其他(主要是慢病单元)占10%;从科研成果和产出看,共获得奖项91项。其中,国家奖3项:"全国主要HIV毒株的基因变异和流行特征研究及数据库建立"、"稀土铁共生矿矿工吸入钍尘对矿工健康影响与防治措施系列研究"2个项目获国家科学技术进步奖二等奖;"非侵入性艾滋病毒感染诊断新技术的引进和应用及艾滋病治疗的规范化"获得国际合作奖;省部级奖88项,其中中华医学奖36项(一等奖3项,二等奖16项,三等奖17项);中华预防医学会奖42项(一等奖5项,二等奖20项,三等奖17项);北京市科技奖10项(二等奖4项,三等奖6项)。共发表文章中文7976篇,英文1515篇。

(四)加强国际交流与合作,建设国际化的疾控平台

随着我国卫生事业的发展,公共卫生问题国际化趋势的加强,中国疾控中心积极建立和利用国际多双边合作机制和资金,与国际组织、双边政府机构以及非政府组织等开展了大量卓有成效的合作。通过全方位、多层次、宽领域的国际合作,引入国际新技术、新理念和先进管理经验,促进科研攻关和技术创新,推动政策倡导和策略实施,提升核心能力和国际影响力,初步实现了中国疾控中心成立之时制定的国际交流合作发展策略。

中心成功构建了以世界卫生组织、美国疾控中心等合作为核心,以周边国家合作为重点,以发展中国家合作为基础,探讨与非政府机构合作模式的国际交流合作平台。自中心成立以来,积极、适时地与世界卫生组织、美国、日韩、欧盟等疾控机构和区域网络间建立

并保持着密切的常规沟通合作机制；通过合作项目搭建国际化科研平台，引入先进科研理念和管理方法，培养多学科多梯队的科研带头人和管理队伍，大力促进科技创新学科建设，促进了诸如艾滋病防控等多部门合作、政策联动、以及国家规划、国内外项目和资源整合实施模式的建立；在中非合作论坛框架下与非洲国家开展技术援助和人才培训项目等；还与当今全球卫生发展中扮演日益重要角色的国际性非政府组织或联盟，如全球基金、盖茨基金会、国家级公共卫生机构联盟等通过项目合作或参与其创立和发展的形式积极开发资源，拓展与其他发展中国家的技术合作与援助。这些多双边国际交流平台有效推动了各方在疫情信息和资源分享、科研和应对能力建设、项目执行与管理等方面的协调发展和良性循环。

为了进一步提高中心的国际影响力，在国际公共卫生事务中发挥积极作用，2005 年，中心分别委派专家参加中国第四批医疗卫生救援队和世界卫生组织专家组，参与印度尼西亚和斯里兰卡的海啸救援工作。2006 - 2008 年，每年举办非洲国家传染病防治研修班；为贯彻落实中非合作论坛北京峰会（2006 年）上宣布的我国政府八项援非举措，完成我国政府援建喀麦隆和刚果（金）疟疾防治中心任务，受卫生部派遣，中心两位疟疾防治专家于 2009 年前往两国指导开展为期 3 个月的疟疾防治中心援建任务，传授我国疟疾防治经验，进行疟疾实验室诊断技能培训，指导青蒿素类抗疟药品使用，提高当地疟疾诊断、治疗、研究及预防控制等方面的综合能力。2011 年又选派 2 名青年业务骨干赴非洲支援当地的消灭脊灰活动，标志着中心迈出了主动参与国际公共卫生事务的第一步。

中心积极派员参与世界卫生组织等国际组织技术会议，参与技术文件的制定和审议；组团参加重大国际会议，分享中国经验，扩大影响力；先后推荐数十名资深专家和青年骨干赴国际组织任职或担任顾问，直接参与国际卫生事务管理和决策过程；与此同时，就流感大流行等时下公共卫生热点和难点问题牵头召开国际研讨会，推动国际科研协作；配合国家总体外交政策，组织开展对亚非拉地区国家的科研合作与培训项目 10 余个，落实中非合作论坛以及我国与亚太经济合作组织和东盟等在加强传染病防控领域合作的国家承诺；加入全球疫情警报与反应系统（GOARN）等全球和区域性应对网络；通过常规疫情信息通报、毒株共享、经费援助、技术培训和派遣短期顾问等形式参与全球的突发公共卫生事件应对，赢得国际社会的充分肯定和广泛赞誉。

中国疾控中心因公派出和来访量呈逐年增长趋势，每年出国（境）自 2002 年约 300 人次增至 2011 年的每年约 700 人次，派往国家（地区）数近 60 个；平均每年接待国（境）外来访 500 人次以上；共举办国际学术研讨会/培训班 90 多个，长期驻华专家已增至目前 20 余名；与多个国家疾控机构，以及世界卫生组织和联合国机构、欧盟疾控中心等建立正式合作伙伴关系；签订和执行多双边国际项目合作协议 735 项，其中 10 余个项目经费超过 1000 万美元，全球基金项目累计签约资金达 9.41 亿美元，成为我国最大的国际卫生合作项目。另一方面，项目设计从相对单纯的科研攻关和试点研究逐步深入，注重循证研究与政策倡导、以结果为基础的高效管理、以及多学科、多层面的整合协作。这些项目的实施对推进我国防控艾滋病和新发传染病等重要疾病的总体规划实施和能力建设发挥了重大作用。

五、完善制度，规范管理，保证科学有序开展疾控工作

(一)加强制度建设，推动科学民主决策

中国疾控中心成立后，立足于规范化的制度建设，把制度建设作为增强决策能力、提升运行效率和改进管理方式的重要手段，并采取多种形式大力保障各项制度的有效执行。十年来，中心制定、修改、完善了包括人事、财务、科研、党务等16大类210余项规章制度，增强了集体领导意识和决策能力，规范了各项日常工作，优化执行程序，降低行政成本。在管理手段上，中心大力推进了日常办公和管理的信息化建设，利用计算机网络建立了协同办公系统、实验室信息管理系统、合同管理系统等多种信息化管理系统，极大提高了工作效率和管理水平，规范了办公秩序。

中心大力健全和完善内部议事和决策机制，充分发扬民主，充分讨论，集体决策，制定了各种工作会议制度及议事规则，按照《中国疾控中心党委关于重大事项必须经集体讨论决定的实施意见(试行)》，做到“三重一大”事项都要在党委常委会或主任办公会等集体充分酝酿讨论的基础上决定，日常事务由分管领导决定，事后通报。在推动民主管理和参政议政方面，中心认真执行党的关于民主党派工作方针，认真听取民主党派人士对中心发展提出意见和建议，鼓励他们积极为中心的建设与发展建言献策。

(二)完善经费管理，加强监管力度

随着中国疾控中心职能的转变，在经费申请、使用和管理机制上也发生了很大变化。疾控业务经费投入的增加，经费来源的拓展，极大地推动了疾控事业的发展，但也对中心经费管理工作提出了更高的要求。十年来，中心建立健全了一系列的财务管理制度，涉及内部控制、财务管理、会计核算、资产管理、物资采购、审计规范等，加强了日常工作的程序控制，建立了督导检查内部审计机制，促进财务管理常规化、制度化，实现了财务管理规范化的格局。为做好经费预算管理，中心制定了预算执行制度和管理规定，强化监督制约机制，对各单位各部门以及各类项目工作逐月进行考核、通报，现在中心各级已经从预算编制工作开始，树立起科学预算观念，提高精细化管理水平，中心的预算执行率逐年提高，2011年达到96%以上。

为了加强物资采购和经费使用的监管，中心加强了采购管理，依照《政府采购法》、《卫生部政府采购工作实施细则(试行)》等法规，结合中心采购工作实际情况，编制了《中国疾控中心政府集中采购目录以外及限额标准以下采购工作管理办法(试行)》，规范了中心的

采购工作；加强了内部审计工作，在卫生部系统率先实行了基建工程过程跟踪审计和经济合同签订前的审计工作，并对国际项目资金、疾控专项资金等经费开展了事前、事中审计，在直属单位系统内开展内部审计负责人委派试点工作，促进各直属单位完善内部管理制约机制。

通过加强对项目经费的管理，规范了全国疾控机构的财务管理，标准化的财务管理制度、固定资产管理制度、以网络为基础的财务专报系统、内部审计方案等得以在全国31个省(市、自治区)及新疆建设兵团的近3000个项目单位实施，为项目开展奠定了坚实的基础。

中心以贯彻落实《建立健全惩治和预防腐败体系工作规划》为主线，通过开展反商业贿赂、清理整顿“小金库”等活动，加强监管、履行职能、夯实基础、构筑思想防线。

正是这些严格的管理制度和近乎苛刻监管机制，使中心在各级相关部门和机构的检查、审计中均得以顺利通过，保障了经费的合理使用和有效管理，得到了广泛认可。

（三）大力加强实验室安全管理

2004年4月，病毒病所实验室发生“非典”感染事件，暴露了中心实验室安全管理薄弱，安全意识有待加强等诸多问题。事件发生后，中心立即部署并落实实验室生物安全的自查和整改工作，并以此为戒，努力将实验室安全提升到更高的水平。当年，中心成立了生物安全管理委员会，负责对实验室生物安全工作进行技术咨询与指导。随后，中心成立了实验室管理处，以健全组织机构，加强对实验室安全工作的管理。

2005年起，在国内没有经验可借鉴的情况下，积极探索，创新机制，强化内部建设，完善了各项管理制度；建立了实验室监督检查队伍，形成了定期检查和飞行检查的模式；采用灵活多样的培训方式，开展专项培训，累计各类培训5000余人次；为了便于对工作人员随时进行培训和考核，组织编写了《实验室生物安全DVD教材》；创办年度实验室安全周活动；开展多项国家级实验室生物安全重大研究课题；组织专家收集国际上有记载的实验室感染案例，整理、分析并编辑出版了国内外首部《实验室感染事件案例集》；为解决各地BSL-3实验室认可申报的困难，编写出版了《高致病性病原微生物危害评估指南》；为指导开展实验室活动，编辑出版了《高致病性病原微生物材料安全数据单》等多部实验室安全培训教材及书籍；中心BSL-3实验室在疾控系统内率先通过国家实验室生物安全认可。

从2006年开始，针对我国感染性物质航空运输管理工作中存在相关配套措施不到位，工作不能落实开展的不利局面和空白，中心迅速展开调研，主动与国家民航总局、国家质检总局、航空公司等相关主管部门对接工作，反复沟通协调，逐步明确了感染性物质运输包装标准，解决了全国疾控系统乃至卫生系统内无人具有感染性物质航空运输托运人资质而无法运输难题，不断扩大具有运输感染性物质资质的航空公司和机场的数量，目前已实现全国绝大多数机场和国航、东航、南航三大航空公司的网络覆盖。经过几年的不懈努力和扎实工作,在中心积极推动下,从人感染高致病性禽流感疫情防控工作开始,我国已基本建立起了从感染性材料包装标准、到跨地区运输审批、航空交运等全国运检感染性标本的实验室生物安全运输管理体系和机制,保障了在突发公共卫生应急事件发生时从各地现场采集、输送、检测各工作环节的无缝对接和传输。在近年应对人感染高致病性禽流感、甲型 H1N1 流感等重大事件过程中,中心与民航部门建立了"特殊运输通道",形成了 24 小时连续工作制,无论何时,始终保持着及时审批、快速转运的工作状态,时常是通宵达旦,为重大公共卫生事件的有效处置和重点传染病的防治提供了有力保障。

目前,中心内部已建立了六级管理架构,实验室安全工作由原来的分散、薄弱管理发展为集中、科学管理,探索并建立了适合疾控机构的实验室安全管理模式,实验室安全意识已深入人心,工作人员对实验室安全管理工作从被动接受到主动参与,初步形成了中国疾控中心实验室安全文化氛围。2011 年实验室信息管理系统的建成,标志着中心在实验室安全管理与质量控制方面又迈上了一个新台阶。作为卫生部技术支持和有关专家委员会日常办事机构,积极推动全国 BSL - 3 实验室建设,带动全国疾控机构,甚至卫生行业实验室安全管理工作的稳步发展。

(四)依托昌平园区条件,建立新的管理体系和模式

机构的正常运转和疾控业务的开展离不开高效有力的后勤保障。中心突破原有的管理体制,逐步进行了后勤服务社会化改革,妥善解决了诸多历史遗留问题,并以昌平园区的建设为依托,科学规划设计了《总体运营管理方案》和 15 个独立专案等一整套管理方案,为中心后勤管理的科学化、规范化建设奠定了良好的基础。

同时,中心精心规划并不断调整昌平园区班车线路,保障了职工的日常通勤;采取多种措施,加强食堂管理,努力满足职工需求;加强了节能减排工作,规范了水、电、暖、污水处理、设备设施维护保养管理。通过开展创建"平安单位"活动,规范安全管理,定期开展消防、人防安全教育和演练,维护单位安全稳定;积极做好离退休人员管理和服务工作,在南纬路设医药报账处,方便离退休人员报销医药费;积极开展中心计划生育宣传教育工作,中心连续十年获卫生部计划生育先进单位;积极开展保密工作培训和检查,强化保密意识;坚持中心领导批阅重点信访事项,做好信访工作;做好国有资产保值增值和科研开发工作,保障了中心各项工作的正常运转。

六、充分发挥党组织的政治核心作用,为疾控业务工作发展保驾护航

(一)加强各级党组织建设,增强基层党组织凝聚力和战斗力

第一,加强思想理论武装,不断完善党的基层组织建设

坚持把强化领导干部的思想建设摆在突出位置。中心党委根据疾控业务拓展和任务

加重，大力进行思想引导，宣传树立爱岗敬业、无私奉献的事例。党员领导干部带头执行《党委中心组学习制度》，采取不同学习形式提高自身理论素养，基层党组织结合疾控工作实际，以及党员职工的思想状况，积极引导读书普及活动和专业知识学习。通过开展创建学习型党组织等载体，逐步形成“在工作中学习，在学习中工作”的氛围，使党建工作切实融入疾控业务之中。

坚持围绕中心，服务大局，发挥基层党组织的作用。中心党委根据疾控任务的变化和机构及处室党员分布，及时调整党支部设置，更好地发挥了党组织和党员在各项工作中的作用。2002 年，中心在京的 10 个直属单位中，有 6 个单位成立党委，2 个单位成立党总支，1 个单位成立党支部，共有基层党支部 50 个，党员 939 人。2003 年，中心召开第一次党代会，选举产生了由 7 名常委组成的中国共产党中国疾控中心第一届常委会和由 19 名委员组成的委员会，以及由 11 名委员组成的新一届纪律检查委员会。十年中，中心党委指导性艾中心、健教所建立党委，妇幼中心从成立党支部到建立党总支，慢病中心成立了党支部，调整组建了中心机关两个党总支。截至 2011 年底，中心及在京的直属单位共有 7 个党委，3 个党总支，2 个党支部，基层党支部 56 个，党员 1791 人。

第二，坚持党的干部工作方针，建设高质量的干部队伍

中心党委始终遵照党的干部工作方针，严格执行《党政领导干部选拔任用工作条例》，不断完善干部选拔任用程序，积极推进干部选拔任用的制度化、民主化，确保中心管理的干部在选任的每一环节，都经过党委常委会议集体讨论决定，坚持德才兼备，竞争择优，靠制度选人，不断扩大职工群众参与干部选任工作的参与面和话语权，增强了选任干部工作的透明度和公正性。同时，加强干部教育管理，引导和鼓励青年干部和专业干部到基层服务锻炼，在实践中磨练成长。不断探索“一报告两评议”和干部管理制度改革的新途径。

第三，制定完善“三重一大”制度，加强科学民主决策

2006 年初，围绕落实中纪委驻部纪检组领导首先提出的就中心“三重一大”问题制定一个制度性、程序性的文件，用制度保证党风廉政建设落实的指示，中心党委高度重视，专门成立起草小组着手制定《中国疾病预防控制中心党委关于重大事项必须经集体讨论决定的实施意见》(试行)(以下简称“实施意见”)，在卫生部范围没有先例可循的情况下，先后对 2 个省市 3 个单位有关做法进行了调研分析，多次向卫生部直属机关党委、驻卫生部纪检组监察局、人事司、规财司等司局汇报情况征求意见，就“三重一大”权力最为集中、最易发生问题的环节，遵循“集体领导、民主集中、个别酝酿、会议决定”十六字原则，建立起能够集中智慧和力量，共同负责的工作机制，使“三重一大”议事、决策规则更加具体化、程序化并得到有效落实。经过历时 8 个月细致的调研、多形式多渠道的广泛征求意见及反复修改，“实施意见”于 2006 年底提交中心党政联席会讨论通过，在卫生部系统率先印发执行，得到卫生部主要领导的高度重视和重要批示，以简报的形式向部直属单位进行介

绍,并安排在2007年卫生部直属单位纪检工作会上做经验介绍。

几年来,中心党政一把手带头坚持民主集中制原则,认真执行"实施意见",实行集体领导下的行政领导分工负责制,其他领导班子成员均做到分工不分家,除自己分管工作外关心中心全局,主动工作而不擅自决定重大问题,对于一把手或领导集体决策中的不足,努力进行弥补,强化了民主监督,减少了决策失误,实现了用制度管权、管事、管人。3年来按照"三重一大"制度甄选会议内容、选择会议形式、按程序进行了集体决策。中心本级共计召开会议108次,涉及"三重一大"事项415次。11个直属单位召开相关会议791次,涉及"三重一大"事项2258次。同时,针对制度运行过程中发现的新情况新问题,及时对现行"三重一大"制度进行修改完善和补充。根据驻部组局领导要求,依据《中共中央办公厅、国务院办公厅关于进一步推进国有企业贯彻落实"三重一大"决策制度的意见》、《卫生部领导班子工作规则》、《卫生部工作规则》和中心会议制度,以及各方面的意见进行全面修订。历时2年反复多次征求意见和修改,细化了"三重一大"事项的内容和形式,调整充实了事项的决策程序,补充了"监督检查和责任追究"内容,明确了相关部门的工作职责,经3次常委会和党委全委会讨论审议,最终于2011年10月完成了《中国疾病预防控制中心"三重一大"决策制度》,中心各直属单位根据这一制度也相继制订了本单位的"三重一大"制度。

第四,以思想教育为重点,推进党员培养与组织发展

在"坚持标准、保证质量、改善结构、慎重发展"的基础上,中心党委持续不断地改进组织发展工作,坚持党组织先进性和纯洁性的主旨,落实党员发展公示制度和入党积极分子培训制度,注重在疾控、科研工作第一线及高知识群体,特别是青年群体中培养和发展新党员,同时注重集中培训进行思想教育,为党组织增添了符合条件的新鲜血液。在汶川的抗震救灾防病工作中,中心党委制定了《中国疾控中心党委关于认真贯彻落实中组部做好在抗震救灾第一线发展党员的工作意见》和有关程序,指导抗震救灾一线党员发展工作,同时加强后续的教育和考察,这一工作得到卫生部和中组部的充分肯定。共有70名同志向一线临时党支部递交了入党申请书,有26名同志发展为预备党员。

(二)贴近疾控业务开展党建工作,发挥党员先锋模范作用

第一,结合疾控业务特点推动党建工作

中心党政领导高度重视党建工作,将党的工作纳入中心工作计划,统一进行部署,共同研究,党政相互促进。从提高全国疾控系统党务干部能力着眼,结合疾控工作面临的形势和任务,有计划、分步骤地适时选择专题和内容组织培训。鼓励干部职工参加各种讲座、学术交流、外出进修活动,同时聘请专家教授授课,分专题系统地讲授疾控业务知识,拓宽党务干部的知识面。中心党委先后就坚持科学发展观、构建和谐社会、建设学习型组织、提高中层干部素质与能力等内容安排讲座与研讨,还结合《艾滋病防治条例》的颁布、

扩大国家免疫规划的启动、我国职业病防治工作面临的新形势和挑战，以及在突发公共卫生事件发生时与媒体沟通的问题等内容举办相关培训。不仅有著名专家对党务干部进行培训，还有中心有关专家的疾控业务讲座，使党务干部了解疾控业务工作进展和医改政策，体察疾控人员辛苦、勤奋的工作情况，有针对性地开展思想政治工作，提高了党务干部贴近业务开展工作的能力。

第二，认真开展党内主题教育活动

十年来，按照卫生部直属机关党委的统一部署，先后组织开展了保持共产党员先进性教育、深入学习实践科学发展观和创先争优等主题教育活动。

一是扎实开展保持共产党员先进性教育活动。从2005年1月开始，组织12个直属党委、总支、支部的1284名党员圆满完成保持共产党员先进性教育活动，坚持了学习与工作两不误、两促进，实现了党的建设与业务工作的有机结合，整改了一些涉及职工切身利益的突出问题，促进了党组织的建设，提高了广大党员的党性观念和思想觉悟，保障了各项疾控任务的顺利完成，群众满意度测评达到92.36%。探索建立保持党的先进性长效工作机制，巩固和扩大了先进性教育成果，也为中国疾控中心建设与发展提供了可靠的政治保证。

二是圆满完成了深入学习实践科学发展观活动。从2008年9月开始，经历了3个阶段、11个环节，历时半年。在中心及各直属单位共制定整改落实措施314条，解决了一批群众反映比较集中的突出问题，制定和完善了加强内部管理、提高业务水平的规章制度，结合疾控工作实际交流了业务科学发展思路，调动了广大党员干部和职工群众的积极性，党内外职工群众的满意度均在88%以上。

三是积极开展创先争优活动，带动立足岗位为民服务。2010年6月以来，以"在疾控工作中践行科学发展观"为主题，以"落实医改任务，增强队伍能力，提高疾控水平，加强基层组织"为活动载体，在中心各项业务工作中实现创先争优，把载体的多样化与活动的实效性有机结合，引导广大党员把争创理念转化为岗位奉献的自觉行动，中心共有1055名党员提出了创先争优党员誓言或承诺。各基层党支部组织教育党员立足本岗为民服务，创造新的工作业绩，加强了党组织建设，使创先争优融入疾控工作，落实到每一个岗位上。

第三，在救灾防病任务中彰显党的先进性

汶川特大地震发生后，在中心党政班子带领下，广大党员干部积极参与抗震救灾防疫工作，在中心派出的600余人的工作队成员中，50%以上是中心专家，50%以上是党员，涵盖受灾县市的所有地方；为了更好的发挥党组织抗震救灾的战斗堡垒作用和党员的先锋模范作用，中心党委要求：一线工作队伍中凡有3名以上正式党员的要成立临时党支部，发挥党员勇于担当重任、经受考验、率先垂范的作用。作为疾控系统最早到达灾区的中心卫生防疫救援队于14日抵达当日成立临时党支部，并带领党员"豁得出来、冲得上去"地开展救灾防病工作，同时结合救灾防病实际开展学习研讨等战地支部活动，以实际行动实践“要让党旗不但在灾区的上空飘扬,也要永远飘扬在我们每一个人的心中”的誓言。使党员的先进性从概念具体到身边,影响和激励非党员队员以他们为榜样,主动工作,积极申请加入党组织。在一线共成立 16 个临时党支部,发挥了团结和鼓舞工作队员的重要作用。许多共产党员们带头冲锋在前,承担艰难险重的工作任务。在地震过后翻山越岭跋涉两天、近 100 公里到达汶川重灾区的第一支医疗防疫队,就是由我中心在阿坝州挂职的干部亲自带队;中心多名共产党员组成的专业队伍在青川承担手机发放和培训任务中,突然发生 6.4 级强烈余震,遭遇山体塌方、巨石滑落的险情,他们舍生忘死,坚持工作,出色地完成了任务;在堰塞湖危急形势下,北川工作队 2 位共产党员队长坚持最后撤离。前方共产党员的优秀事迹,影响和激励了中心的广大党员和许多党外同志,一方面坚守在救灾防病第一线,另一方面心系灾区,中心党员和职工积极向汶川捐款共计 60 余万元、交纳特殊党费 64 万余元,成为卫生部系统人均捐款数额最多的党组织。在其后的青海玉树地震、甘肃舟曲特大山洪泥石流灾害中,中心党员干部依然带头奋战在灾区,夜以继日的工作并为玉树、舟曲两地灾区捐款近 47 万元。

(三)加强思想政治工作,推动疾控文化建设

第一,搭建思想政治工作平台,凝聚疾控队伍的强大合力

2002 年中心原卫生防疫系统思想政治工作研究会更名为全国公共卫生系统思想政治工作研究会,在此基础上,于 2007 年 11 月 29 日,成立中国卫生思想政治工作促进会疾控分会,旨在通过搭建全国疾控战线思想政治工作交流的平台,采取培训、参观、调研、经验交流等形式,通过党的建设、精神文明建设、文化建设等载体,推动全国疾控系统思想政治工作加快转型。在与全国各级疾控机构共促医改深入、共谋事业发展中发挥了行业引领作用,也得到了中国卫生政促会领导的充分肯定,分会的凝聚力不断增强,队伍不断壮大,到 2011 年 10 月底,分会批准的会员单位已达到 94 个。

第二,发挥群众组织作用,营造稳定发展和谐氛围

中心党委十年来始终坚持党建带工建、团建和妇建,支持工会、共青团和妇女组织发挥各自的优势开展工作,规范民主管理,帮扶困难职工,引导青年成长,带领女职工岗位建功,举办寓教于乐的文体活动,展现疾控职工风采,为单位的稳定发展奠定了群众基础。

注重发挥工会组织桥梁纽带作用,积极引导职工岗位建功,创建优秀合格职工之家,创新各种活动载体,开展健康向上的文化体育生活;维护职工权益,化解内部矛盾,解决职工困难,及时掌握和反馈群众意见及呼声,真实反映社情民意。十年来,中心党群部门共收到职工群众来信 300 余封,接待来访人员近 500 人次,涉及职工住房补贴、医药费报销、体检、职工活动场所、班车、食堂伙食、职工集体户口、职工住房办理产权证困难、晋升、工资待遇、人际关系纠纷、成长烦恼等各种困难和问题;积极落实困难职工帮扶政策,关心老同志、困难党员和职工的工作及生活,尽力解决他们的实际困难,为 33 名困难职工的子女

申请 9.4 万元“阳光助学”补助，为多名患大病职工申请大病救助资金等。坚持党建带团建，服务青年成长。中心团委作为党组织的助手和后备军，围绕中心工作，不断拓展共青团活动范围。成功举办 5 届青年学术报告会，为 49 名青年骨干搭建学术交流平台；开展“走进基层疾控工作”等主题团日活动，有 15 名青年骨干参与基层疾控工作实践；共有 2000 余人次参加了具有青年特点的团员青年活动；推荐 37 名优秀团员加入党组织，有效发挥党组织的助手和突击队作用。

第三，坚持以人为本，推动疾控文化建设

中心党委将精神文明创建与中心业务工作紧密结合，积极开展群众性精神文明创建活动，使群众在参与中受到教育、得到提高。组织党员干部和职工群众向先进典型学习，强化理想信念教育，把党建工作融入精神文明建设实践中，促进了单位凝聚力的增强，中心有 9 个直属单位获得了中央国家机关工委授予的文明单位称号，其中传染病所和营养食品所连续十余年获得文明单位称号。

积极推动无烟疾控中心建设，在中心内部率先推广全民健康示范行动，进一步丰富和凝练疾控文化。把加强疾控中心的文化建设作为一项重要工作，不断探索疾控文化的内涵，打造和提炼疾控职业精神，尝试着把疾控人的奉献精神和疾控工作的公益性、专业性相结合，营造昂扬向上的清风正气，继承和发展中国疾控中心特有的文化理念。中心党委在落实好离退休老干部、老专家政治生活待遇的同时，注重发挥离退休老专家作用，编写了《以史为鉴、光照未来》丛书 1～8 册，弘扬老一辈疾控工作者无私奉献的精神。通过不断完善的规章制度，规范职工道德行为，努力打造一支专业、奉献、勤奋、优秀的团队。

（四）围绕中心，服务大局，重视并加强纪检监察工作

中心重视发挥纪检监察的保驾护航作用。2003 年，根据卫生部的工作部署，制定了《中国疾病预防控制中心党风廉政建设责任制实施办法》，并认真做到“两个坚持”，即坚持每年各级领导干部层层签订《党风廉政建设责任书》、坚持每年对党风廉政建设责任制贯彻执行情况进行检查。为使工作责任到人，履职落到实处，2006 年又出台了《党风廉政建设和纠风工作任务分工意见》。

中心认真开展惩治和预防腐败体系建设工作，坚持按照中央及卫生部的要求开展工作，为贯彻中央《2008－2012 年工作规划》和卫生部《实施办法》，中心成立了工作机构，制订了工作措施，坚持教育、宣传、制度、专项整治等多措并举，狠抓落实。采取在中心网及中心报开辟专栏、编写《〈中国共产党党员领导干部廉洁从政若干准则〉实施办法学习资料选编》、制作学习光盘和组织现场典型教育活动等形式，开展干部廉洁自律教育工作。

此外，为加强对干部选拔任用工作的监督，2004 年出台了《干部监督工作联席会议制度实施办法》；为加强对资金和项目的监管，2005 年出台了《基本建设、维修工程、设备物资采购监督管理规定》，并坚持对招标采购、开评标的监督；为强化干部廉洁从政意识，

2009年出台了《关于对中心管理干部进行任职廉政谈话的实施办法》。为贯彻落实卫生部《关于加强卫生部直属单位纪检监察组织建设的意见》,中心在重视加强中心本级纪检监察工作的同时,还积极推动直属单位纪检监察机构与队伍的建设工作,为进一步强化中心的惩防体系建设打下了良好的工作基础。

七、挑战与展望

我国改革开放的洪流、经济社会的发展有力地推动着我国公共卫生事业不断发展的步伐,但中国疾控中心在不断成长壮大的同时也面临着新的挑战。新发和再发传染病的不断威胁、慢性病负担的日益加重、环境对健康的影响、社会区域发展的不平衡等因素带来不同的公共卫生问题和需求。另外,受到不同资源短缺的局限,中心业务队伍的发展滞后于业务的需求,缺乏全学科覆盖的高水平综合专业队伍,职工的收入待遇等保障水平缺乏对高层次专业人员的吸引力,难以稳定和吸引高技术人才,建立有效的激励机制也依赖于较高的保障水平。从全国疾控体系发展看,各级疾控系统之间整体合力有待加强,这些都在一定程度上制约了中心各项工作的快速发展。

我们必须深刻认识面临的这些挑战,科学制定长期发展规划,明确发展目标,促进中国疾控中心全面健康发展。

(一)再绘疾控蓝图,建设国际一流疾控中心

加强基础建设,提升硬件条件,科学规划、优化结构,更好地满足疾病预防控制工作任务的需要,我们要抓住中国疾控中心二期工程建设的契机,全面加强实验室检验检测能力,更好地满足病原学诊断和健康危害因素监测的需要;要积极探索疾控信息集成平台与居民健康信息平台的对接,完善监测网络,服务公众健康管理信息化需求;要建立统一指挥、布局合理、反应灵敏、运转高效、保障有力的突发公共卫生事件应急指挥网络,实现预警信息汇总、分析、研判和发布功能,增强快速反应能力;完善卫生应急机制,提高卫生应急装备水平和正规化建设;要建起现场检测平台,研发现场处置技术与手段,全面提升现场处置能力;要把握发展趋势以不断提升综合实力,着力做好疾病防控和应急处置工作,积极扩展公共卫生服务领域,全面建设业务、管理、科教、文化全面协调发展,具有较高知名度和影响力的国际一流疾控中心。

(二)继续创造条件,打造高层次的人才队伍

建设国际一流的国家疾控中心,实现疾控事业的全面可持续发展,最关键的要靠人,要继续创造条件,完善配套措施,在积极培养现有人才队伍的基础上,大力引进海内外优秀的人才,引进一批具有国际影响力的科学家、领军人才和创新团队,打造一支专业化、高水平的人才队伍,确保未来在各个专业领域都能不断涌现出专业权威,充分发挥国家级疾

控中心的龙头作用；既要重点使用公共卫生专业人才，又要以开放、兼容并蓄的姿态吸引更多的跨专业人才，做到公共卫生专业领域全覆盖，并在各个专业领域都建立一支汇集流行病学、实验室科学、社会科学、经济学、信息沟通、临床医学、兽医学、评价科学等多学科专家队伍；要加强继续教育和培训，考虑教育与机会的公平，突出国际化"精英"培养模式，结合《医药卫生中长期人才发展规划(2011－2020年)》公共卫生人才队伍建设的工程计划，继续加强人才上下互派培养锻炼，积极参与国际公共卫生活动，努力探索建立符合疾控特色的、可持续的人才培养机制，形成兼具国际化视野和实际操作能力的精英人才队伍。

(三)构建广覆盖、高水平的疾控专业技术体系

随着我国经济社会的快速发展，人民群众对所涉及的健康问题的认识程度和需求也将越来越高，疾控中心在发展与建设中，要建立与经济社会发展相适应，与疾控技术进步相一致，与健康需求相呼应的专业体系。积极应对重大和突出的公共卫生问题；未雨绸缪，立足现实，瞄准国际，从生活方式、环境变化、人体心理健康三个层面，做好社会发展转型期的疾控专业的顶层设计；确保传染病、慢性病和公共卫生防控工作领域各学科全面均衡可持续发展；逐步构建成广覆盖、高水平的疾控专业技术体系。

(四)落实医改任务，更好地发挥疾控排头兵作用

要认真完成医改赋予的各项工作任务，主动深入学习医改、研究医改，要继续发挥技术优势，积极探索，主动融入医改，促进疾控事业的快速发展。要积极推动将影响人民群众健康的慢性病、传染病防控和公共卫生等纳入医改项目，保障人民群众享有全面优质的公共卫生服务。

中心作为疾控系统的"国家队"，要认真研究国家与地方疾控中心工作联动机制，发挥好国家疾控中心在全国疾控体系建设中的引领和推动作用，努力建设成为全国公共卫生领域的技术中心、人才中心和信息中心，担负起技术指导、培训和质量控制的职责；要站在全局的高度，与全国各级疾控机构一起，建立起上下联动、各司其职、能力整合的公共卫生服务机制，按照职能分工，完善实验室检测确认，现场调查与处置，政策的推动、形成、优化和落实等公共卫生工作的全套流程，保证各项公共卫生服务的质量；要继续拓展全国疾控人员培训和继续教育的模式，带动地方疾控体系的发展，积极争取相关政策支持和专项投入，切实推进全国疾控体系建设。

(五)坚持公益性定位，保障专业队伍待遇水平

疾控机构是由政府举办的实施疾病预防控制与公共卫生服务的公益性事业单位，要明确中国疾控中心的公益性定位，确保业务的经费保障，要积极争取事业单位改革的有关

政策,扎实有序地推进绩效工资改革,保障和改善中心职工的工资待遇,建立公平、高效的激励机制,积极利用相关政策,营造良好的环境,提升中国疾控中心的凝聚力和向心力,充分发挥专业技术人员的积极性和创造性,始终保持队伍的活力和竞争力。要通过争取政策支持,积极为职工提供更好的生活条件与工作环境。

(六)加强国际化发展,扩大自主品牌建设

随着公共卫生问题国际化趋势的加强,在今后的发展中,要继续深化国际交流与合作,不断拓展新的专业领域和空间,利用国际交流的平台,提高中心在国际上的地位,增加国际话语权;关注国际公共卫生领域难点、热点,并完善主动监测机制,在职责范围内做到信息公开、及时、透明,增强信息共享;积极建立和利用国际多双边合作机制,学习先进技术和管理经验,增强国际化意识与全球化视野,加强管理决策能力和跨文化沟通能力;注重引进国际先进技术和人才,利用项目培养国际型人才,跟上发达国家的步伐,促进中国公共卫生管理能力的提高;要加快实施“走出去”战略,拓展国际合作领域,注重与非洲发展中国家的合作,扩大自主品牌建设,完善相关支持政策,提升中心在国际事务中的参与度。

回顾中国疾控中心的发展历程,无论是建国初期为抵御细菌武器而建立流行病学研究所,到不断发展壮大的中国预防医学科学院,还是为满足人民日益增长的健康新需求而组建的中国疾控中心,我们的目标始终如一,那就是为保障人民安康和社会安定而恪尽职守,为中国的公共卫生事业不懈追求。

十年磨砺,铸就辉煌。展望未来,信心满怀。我们要继续秉承“公益性”和“专业性”的基本理念,发扬无私奉献的疾控精神,努力建设成拥有一流人才、一流水平、一流文化的国际化疾控机构,为人民健康和国家安全做出新的贡献!

中国疾控中心成立10周年重点事件

为展示中国疾控中心成立十年来的突出成就和开展的重点工作，中心组织开展了“疾控十年”重点事件评选活动。活动采取深入总结、广泛征集、共同参与的方式，通过对每年总结和大事记的整理、全中心重点事件征集，经全中心各直属单位、各部门和部分专家“四上四下”的评选，并征求了中心老领导意见，根据所得票数最终选定55件重点事件并列出，以期通过事件体现中心十年发展壮大的历程。

中国疾控中心2002－2011年重点事件列表

序号	事件主要内容
1	2002年1月23日，中国疾病预防控制中心（以下简称中心）成立大会在人民大会堂召开。它的成立是我国公共卫生史上一个重要的里程碑，从体制机制上确立了国家级疾病预防控制机构的主导地位，从发展方向上解决了国家公共卫生和疾病防控能力不足的问题，从体系建设上加大了对地方疾病预防控制工作的指导力度，标志着我国公共卫生事业发展进入了一个新的阶段。
2	中心作为全国首批在职公共卫生管理专业学位硕士（MPH）研究生教育试点单位之一，2002年开始招收和培养在职MPH研究生，2010年开始招收全日制MPH研究生。
3	2002年2月，中心结合职能转变和机构调整，全面推行干部人事制度改革，引入竞争机制，按岗聘用；实行党政领导干部、专业技术人员、职员和工勤人员等4类岗位管理；职能优先、以岗定酬，建立有利于优秀人才发展和稳定疾病预防控制队伍的激励机制。在以科研为依托、人才为根本、疾控为中心的宗旨指导下，经公开竞聘、民主推荐、考核公示等程序，二级单位、机关处室领导干部基本到位，各二级单位的中层干部和机关职工的竞聘工作逐步完成。
4	2002年8－12月，中心参与“中国居民营养与健康状况调查”，该调查覆盖全国31省份的132个县。该调查获得了我国人群膳食营养状况，阐明了改革开放三十年来居民营养状况改善情况；同时还发现了营养失衡和营养不足的双重挑战；获得了肥胖、高血压、糖尿病、血脂异常等慢性疾病患病率快速上升的信息，并证明膳食营养不平衡与体力活动不足是重要的危险因素。
5	2003年，中心积极开展“非典”疫情防控工作，提出早期防控策略、措施，提供科学规范防治的政策建议。4月28日，中共中央政治局进行第四次集体学习，中心专家受卫生部委托，就运用科学技术加强“非典”防治工作，向中央政治局进行了讲解，并提出了防治和研究建议。中心开展现场流调和实验室病原研究，制定各种技术方案，开展全国技术培训，提供现场防治技术指导与督导，完善国际合作交流，开展公众健康教育，制作完成7类35种425万余份健康教育传播材料，向全国各地及部队免费发放；承担了卫生部24小时“非典”防治热线

续表

序号	事件主要内容
5	的全部工作。2004 年,中心病毒病所实验室发生“非典”感染事件,中心根据暴露问题及时采取措施,全面部署实验室生物安全自查和整改工作,加强实验室生物安全保障,吸取教训建立长效管理机制。
6	2003 年,中国全球基金国家协调委员会确定中心为中国全球基金项目中央执行机构(中国PR)。1 月 24 日,该机构与全球基金签订结核病和疟疾最初 2 年的拨款协议。2004 年开始启动“中国全球基金艾滋病项目”。截至 2011 年,中心累计承担实施的全球基金项目达 16 个,涵盖艾滋病、结核病和疟疾的预防与控制,累计接受全球基金拨款 5.48 亿美元,占总签约资金的 58%。
7	2003 年 4 月 4-5 日,中心在北京召开第一次党员代表大会,选举产生了由 7 名常委组成的中国共产党中国疾控中心第一届常委会和由 19 名委员组成的委员会,以及由 11 名委员组成的新一届纪律检查委员会。
8	2003 年 3 月,中心启动首次全国艾滋病流行病学调查。通过本次调查,建立了全国艾滋病流行病学调查数据库,初步掌握了我国艾滋病疫情情况。
9	2004 年 1 月 1 日,国家传染病与突发公共卫生事件网络直报系统试运行,标志我国疫情监测、报告手段和能力质的飞跃,逐步实现横向到边、纵向到底的疫情监测信息报告系统。截至 2011 年 12 月 31 日,网络直报系统覆盖了全国所有县级及以上疾控机构,县级及以上医疗机构报告率达 98%,乡镇卫生院报告率达 87%,与网络直报前相比,平均报告时间由 5 天缩短至 0.8 天。
10	根据中央领导为落实“改善疾病控制专家待遇”和“对从事传染病预防控制工作的高健康风险岗位给予特殊补贴”的指示精神,中心制定了《中国疾病预防控制中心实施特殊补贴总体方案》,经批准后,于 2004 年 12 月正式实施,分别以专家特殊补贴和高风险岗位特殊补贴两部分发放。
11	2004 年 1 月 11-13 日,经世界卫生组织考察认证,卫生部核事故医学应急中心(中心辐射安全所)被指定为世界卫生组织辐射应急医学准备与救援网络(WHO/REMPAN)的成员,成为该网络在中国设立的联络机构单位。
12	2004 年 12 月,中心组织专家对沿淮地区肿瘤高发情况展开初步调查,并将调查情况汇报卫生部。2005 年 7 月,淮河流域重点地区居民健康状况的流行病学调查工作启动,在沿淮三个地区开展了恶性肿瘤流行病学调查,完成 30 多万人的危险因素、环境污染物等调查检测和追踪溯源工作。
13	2004 年 9 月成立 PulseNet China。PulseNet China 是病原菌分子分型技术和互联网技术结合的网络化实验室监测体系,目的在于发现和应对传染病暴发。经过 7 年建设和实践,目前有 18 个省/市疾控中心加入,在多次传染病暴发应对中发挥重要作用。该网络引领了我国细菌类传染病实验室监测工作,是我国疾控系统在病原菌监测方面深层次合作和技术进步的平台。

续表

序号	事件主要内容
14	2004年底至2005年初，安徽省局部多次暴发C群流脑疫情，中心检测证实该疫情由同一克隆的菌株引起，并发现我国流脑奈瑟菌发生了变异，形成了具有全球流行威胁的第七大克隆群，命名为ST4821序列群，研究结果在《柳叶刀》杂志发表。同时，中心在3个月的时间内为全国各地疾控中心提供流脑诊断试剂28 000余人份，诊断血清200余套，有力地支持了全国流脑防治工作。
15	2004年，中心对全国疾病监测点系统进行调整，并基于该系统开展全人群死因监测和每三年一轮的慢病及其危险因素监测。调整后的监测系统覆盖31个省份的161个监测点监测县(区)，覆盖近8000万人口，具有良好的全国代表性。
16	2004年底，中心完成为期4年的第二次全国人体重要寄生虫病现状调查，明确了我国人体重要寄生虫病的流行现状和态势，评估了近十年来的防治效果。
17	2004年2月，中心积极开展一系列人禽流感防控工作：成立工作组和专家组，建立防控机制，制定工作技术方案和工作简报，开展监测、流调和实验室检测，开展风险沟通、媒体宣传和健康教育，开展国内外技术合作和各项科研工作，发挥中心技术支撑的职能和作用。
18	2004年，中心积极协调推动在全国开展美沙酮维持治疗工作，短期内使我国成为社区美沙酮维持治疗覆盖阿片类药物成瘾人数最多的国家。国际社会对我国社区药物维持治疗在艾滋病预防控制工作中取得的成绩给予了高度评价。
19	2005年3月22日，科技部批准“传染病预防控制国家重点实验室”立项，该实验室在卫生部医学分子细菌学重点实验室的基础上，以中心为依托单位，整合并涵盖了传染病所、病毒病所和性艾中心相关专业领域。其总体定位为紧密围绕我国传染病预防控制工作的重大需求，以严重威胁我国人民生命健康的重要传染病为主要研究对象，从传染病预防控制现场工作存在的关键科学问题和技术难点入手，密切结合现场，开展应用基础研究，发展技术平台和网络化技术；研究方向为重要传染病病原体进化和变异研究，新发传染病的发生机理研究，重要传染病预防控制的支撑技术研究，未知病原体检测、鉴定技术体系研究。
20	2005年1月25日，中心组织专家参加中国第四批医疗卫生救援队，奔赴印度尼西亚的班达亚齐参加救援工作。26日，中心委派专家参加世界卫生组织专家组，赴斯里兰卡进行海啸救援工作。在此次救援活动中，中心荣获中国科教文卫体工会全国委员会授予的“人性关爱爱心救助”先进集体光荣称号和北京市总工会颁发的“首都劳动奖状”。
21	2005年1月，全国各级结核病防治机构全面启动了结核病网络专报系统，首次实现了我国结核病疫情监测从手工的季度和年度报表监测提升到计算机网络化的、实时的监测，从以县为单位的报表统计管理到每个患者个案信息的网络电子化管理。系统启用以来，每年平均登记各种类型的肺结核患者记录约100万余条，包括人口学基本信息、实验室检查信息、诊断和治疗转归等约50个核心变量。利用该信息，及时为我国结核病流行病学监测、结核病防治效果评价和防治策略的制定提供了重要依据。目前，该系统已经成为我国乃至全球最大的结核病网络监测系统，在全球结核病监测与控制中产生了很大的影响。

续表

序号	事件主要内容
22	2005 年 12 月,中心被世界卫生组织批准成为“世界卫生组织慢性非传染性疾病社区综合防治合作中心”。该合作中心的任务是与世界卫生组织紧密合作,开展以社区为基础的慢病干预项目,促进适宜干预措施的开发和应用,加强慢病防治相关政策与指南的制订,提高中国以及西太地区的慢性病防治能力。2010 年 3 月,该合作中心成功续任,新的任期是 2010 年 3 月 30 日-2014 年 3 月 30 日。
23	世界卫生组织《烟草控制框架公约》规定缔约方应采取和实行有效措施以公开披露烟草制品有毒成分和它们可能产生的释放信息。根据该要求,中心于 2005 年 4 月加入了由世界卫生组织建立的烟草实验室网络(TobLabNet)并建立了烟草测试实验室,通过参加该网络组织的相关工作,逐步建立全球统一的烟草制品成分和释放物标准测试方法,为中国履约提供技术支撑,该实验室是目前国内唯一加入世界卫生组织烟草测试网络的实验室。
24	2005 年 6 - 8 月,四川省资阳、内江、成都等地发生不明原因疫情,当地第一时间通过网络报告了疫情。7 月 18 日,中心第一时间派出流行病学和实验室专家赴四川省协助当地调查处置,迅速确诊病原,并配合卫生部制定下发了多个技术方案,确保各项防控措施取得实效,有效控制了疫情扩散和蔓延。实验室研究证实引起此次严重暴发疫情的病原为 ST7 型高致病性猪链球菌,比国外报道的其他血清 2 型菌株毒力强,该型猪链球菌仅在中国发现。
25	2005 年起,为针对监测病种开展强化监测,收集法定传染病报告所不能满足的防控信息,中心组织 31 个省份疾控机构针对 20 种传染病(鼠疫、霍乱等)和 4 类病媒生物恢复或新建了重点传染病和病媒生物监测系统,该系统共覆盖 25 种传染病及 4 类病媒生物。
26	2006 年,中心成立全国 12320 公共卫生公益电话管理中心,与卫生部 12320 工作领导小组办公室合署办公,负责指导、管理和推进全国 12320 卫生热线服务体系的建立。目前 12320 服务内容已随着群众健康需求的不断增加而覆盖至医疗卫生全行业,承担了向公众传播卫生法律、法规和政策信息,普及健康知识与技能,接受公众咨询、投诉和举报,逐步引导公众科学就医,实施突发公共卫生事件舆情监测、分析与反馈等重要职责,成为卫生系统面向公众的形象和窗口,是卫生系统创新社会管理、推进卫生政务公开、促进医疗卫生体制改革、构建和谐医患关系、转变卫生政府职能、创建和谐社会的重要抓手。
27	2006 年 5 月,中心召开了第一届“中国疾病预防控制中心科学技术大会”,明确了科研在中心的定位和作用,提出了“一流的疾控依赖一流的科研,一流的科研推动一流的疾控”口号,并在会中通过了《中国疾病预防控制中心“十一五”科技发展规划》,确定了中心“十一五”期间工作的总体思路、指导方针、总体目标、37 个重点研究领域和关键技术,明确了一段时期内中心科技发展的主要任务。
28	2006 年 7 月,中心在全国 31 个省份和新疆生产建设兵团的 657 个县开展了“全国农村饮用水与环境卫生现状调查”工作,主要目的是掌握我国农村饮用水、改厕和粪便处理现状,了解农村垃圾污水治理情况,为今后制定农村饮用水安全发展规划、提出农村改厕与粪便无害化处理,垃圾污水治理策略提供科学依据。该调查是我国自 1986 年以来,首次开展全国范围的农村饮用水与环境卫生状况调查和研究工作。此次调查之后,全国农村饮用水水质监测网络进一步完善,监测点扩展约 700 多个,实现了对全国所有省份和新疆生产建设兵团的全面覆盖。

续表

序号	事件主要内容
29	2006年8月1日，中心BSL-3实验室取得中国实验室国家认可委员会认可证书。这是中国疾控系统第一家经国家认可委员会认可的BSL-3实验室，为今后进行高致病病原微生物的疾病预防控制和科学研究奠定了坚实的基础。
30	2006年3月，中心专家出席在斐济召开的全球第四届消除丝虫病联盟大会，向世界卫生组织递交中国消除丝虫病国家报告。2007年5月，世界卫生组织审核批准中国为全球第一个消除丝虫病的国家。
31	2006年12月13日，中国卫生部副部长黄洁夫与美国卫生与公众服务部部长迈克尔·莱维特在中心为中美新发和再发传染病合作项目办公室揭牌，标志着中美新发和再发传染病合作项目进入正式实施阶段。
32	2001年6月-2006年6月，中心积极参与青藏铁路建设卫生保障工作，开展了一系列鼠疫防治工作：共同制定了《青藏铁路建设鼠疫防治技术方案》等管理办法和技术方案；参与组织"青藏铁路鼠疫防控应急处置演练"等重要会议及演练；深入建设工地对鼠疫防治工作进行现场指导；协助青藏两省区有关专业人员制作鼠疫宣传用品，开展沿线群众及铁路施工人员的健康教育工作；指导青藏两省区在部分铁路沿线设立鼠疫监测点，开展鼠疫监测工作，及时发现和处理动物鼠疫疫情，确保了青藏铁路安全施工和运营。
33	2007年3月，根据温家宝总理在第十届全国人大五次会议上提出"扩大国家免疫规划范围，将甲肝、流脑等15种可以通过接种疫苗有效预防的传染病纳入国家免疫规划"的要求，中心组织专家，采用循证医学的方法，检索疫苗的相关文献18333篇，制订扩大国家免疫规划各苗的免疫程序，报请免疫规划咨询委员会审批并通过，协助卫生部制定了扩大免疫规划资金的分配计划和实施方案，并完成扩大免疫规划师资培训教材。
34	2007年3月，中心启动了淮河流域重点地区癌症综合防治项目，组织江苏、安徽、山东、河南等省14个项目县区开展癌症综合防治工作。该项工作从2007年持续到2020年，将在淮河流域建立癌症综合防治协作机制，做好淮河流域部分地区居民癌症综合防治工作。到2010年已初步建立淮河流域环境与健康调查监测体系。
35	2007年，"全国主要HIV毒株的基因变异和流行特征研究及数据库建立"项目获得2007年度国家科学技术进步二等奖。
36	2008年，汶川特大地震发生后，中心开展一系列抗震救灾工作：建立抗震救灾工作机制，立刻组建赴灾区的防疫应急队，在短时间内迅速完成前两批应急队伍集结、装备及后勤保障工作，共向14个重灾县派出19批610人次的应急队伍；结合灾区实际为科学开展消杀工作等多项重大决策提供技术支撑；研制了手机应急报告系统替代损毁的系统，在震后第10天开始恢复疫情报告；积极实施现场卫生学评价和传染病控制；指导开展强化免疫和专病防控等技术工作；建立灾区临时实验室，创造条件在重灾区建立起多个"帐篷实验室"，开展健康教育和风险沟通，编印抗震救灾防病大众宣传材料651万份并发往灾区，制定各项技术报告和工作简报；指导开展灾区强化免疫工作，共接种乙脑疫苗65.6万人份、甲肝疫苗79.7万人份，确保了大灾之后无大疫。中心荣获中共中央、国务院、中央军委授予的"全国抗震救灾英雄集体"称号，李黎同志获中共中央、国务院、中央军委授予的"全国抗震救灾模范"称号。中心党委获中央国家机关"抗震救灾先进基层党组织"称号。

续表

序号	事件主要内容
37	2008 年,针对三鹿婴幼儿奶粉事件,中心紧急响应,迅速成立了"应对婴幼儿配方奶粉重大安全事故处置工作办公室",参与和配合国家处理三鹿婴幼儿奶粉事件的各项工作;派出专家组迅速开赴甘肃、河北两地现场,开展流行病学调查与现场卫生学处置工作;自主建立三聚氰胺及其类似物的检测方法并在第一时间展开检测;率先发现三鹿奶粉以外其他品牌乳制品中三聚氰胺污染的情况,做好卫生部食品安全综合协调的技术支持工作,为国家处置此次事件提供决策依据。截至 2009 年 1 月底,中心检测三聚氰胺相关样品近 700 份,获得数据 1100 多个;先后派出了专家 5 批 18 人次参加现场处置和流调工作;制作了《含三聚氰胺奶粉的食品安全知识问答》宣传折页 50 万份并下发重点省区。
38	2008 年 7－12 月,在"健康中国 2020"战略规划公共卫生专题研究中,中心作为召集单位,组织 20 余家单位的 200 余名公共卫生领域专家,完成编制公共卫生专题研究报告。通过问题分析和策略分析,提出政策建议,包括总目标、20 个核心指标、公共卫生体系建设要点、支撑体系建设要点、20 个重大行动计划和 50 个专项。
39	2008 年,"艾滋病和病毒性肝炎等重大传染病防治"重大专项正式启动并实施。12 月 16 日,为加强对中心承担和参加的重大专项课题管理,保障其各项任务的顺利实施,中心成立"中国疾病预防控制中心国家科技重大专项领导小组"、"专项专家咨询委员会"和"专项管理办公室",并明确了其职责和分工。"十一五"期间,中心共承担 25 项牵头课题,获批经费约 5.17 亿(其中 2008 年第一批项目牵头 13 项,牵头课题获批经费约 3.98 亿;2009 年第二批项目牵头 12 项,牵头课题获批经费约 1.19 亿)。
40	2008 年 4 月,安徽阜阳发生多起婴幼儿不明原因死亡,中心派遣专家组赴现场开展疫情调查处置工作,查明为手足口病疫情,纠正治疗偏差,提高了救治成功率。同时制定技术指南指导全国手足口病防控,开展疫情监测与分析,加强国际交流与合作。
41	2009 年 10 月 9 日,中心机关部分处室及传染病所、病毒病所和性艾中心等陆续搬迁至昌平园区,该项目于 2001 年 1 月 8 日由卫生部批准建设,2004 年 8 月,一期工程奠基,一期工程被国家工程建设质量奖审定委员会评为"2010 年度国家优质工程银质奖"。
42	2009 年,面对甲型 H1N1 流感疫情,中心建立并扩大了全国监测网络,覆盖全部地级市;做好科学预案,制(修)订近 20 项甲流防控技术指南;与地方各级疾控中心形成合作机制,加强国际沟通与合作,随时组织专家研判疫情形势,提出对策建议;第一时间研制出技术最优的甲流病毒检测试剂,提供全国监测网络使用,达到在病例输入我国之前即具备甲流病毒检测能力的目标;首次作为疫苗试验的组织单位,协调 7 省疾控中心动员 13 000 多名志愿者同时参与甲流疫苗临床试验,使我国成为全球第一个完成甲流疫苗研发和全球第一个大规模使用甲流疫苗的国家,并第一个向全球建议 1 剂次 15 微克无佐剂裂解疫苗可以有效预防甲流;开展了甲流疫苗接种信息和 AEFI 的监测和评价,保证了疫苗群体性接种的顺利进行;组织面向全国的防控和监测技术培训,建立以"流感重症病例和死亡病例"为重点的信息管理系统;积极开展风险沟通。

续表

序号	事件主要内容
43	在强化的人禽流感监测的实施过程中，发现了河南、湖北、山东、安徽等省陆续报告了一些以发热伴血小板减少为主要表现的感染性疾病病例，很长时间内未能找到病因。中心专家和海外引进的学者与相关省疾控中心通力合作，开展了多方面的研究，进行了大量的现场流行病学调查和实验室检测与确认工作。2009 年底，在湖北报告的病例中首先发现病毒感染的线索，随后根据对湖北、河南、山东、辽宁、安徽和江苏等 6 省的 241 例病例进行的流行病学调查、临床特征分析和病原学研究，最终从病例血液标本中发现了新的布尼亚科病毒，研究成果已在《新英格兰医学杂志》上发表。这是近年来全球范围内病原学研究领域新的重要的发现和突破性进展，得到国际同行的高度评价和重视。
44	2010 年 4 月 14 日，青海玉树发生 7.1 级地震，中心迅速启动应急响应机制，全程参加卫生部前后方的救灾防病工作，累计派遣 109 人次赴玉树灾区协助开展救灾防病工作，在灾后第 4 天就恢复了灾区疾病监测信息系统；协助青海省制定了灾区鼠疫防治工作方案等；在地震灾区建立以移动实验室为技术支持的鼠疫防治基地，紧急启动移动实验室保养转运，并成功投入使用，开创了在高海拔地区应用移动生物安全实验室的国际先例，积累了高原地区开展实验室检测工作经验。当年共检测标本 97 份，分离到 2 株鼠疫菌，及时发现并妥善处理了动物间鼠疫疫情。中心传染病所获中共中央、国务院、中央军委授予“全国抗震救灾英雄集体”称号，李群同志获中共中央、国务院、中央军委授予“全国抗震救灾模范”称号，中心党委获中共中央组织部授予的“抗震救灾先进基层党组织”称号。
45	2010 年，全国开展麻疹强化免疫工作。中心从 2009 年起在技术、人员、后勤保障、协调、组织实施等方面做了充分准备，预测潜在风险，组织开展监测评估，做好相关技术保障工作；汲取了甲流疫苗接种报告的经验教训，及早建立了专用信息报告系统，组织专家现场调查督导。在麻疹强化免疫实施期间，中心监测实施过程，完善报告系统，处理突发事件，保障强化免疫工作顺利开展。共接种 10 343 万适龄儿童，没有与疫苗接种相关的死亡病例发生，没有群体性不良反应发生。
46	2010 年 8 月 8 日，甘肃舟曲发生特大山洪泥石流灾害，中心第一时间派遣专家作为卫生部灾害医学救援组成员赶赴灾区，发挥优势，做好各项服务，针对灾区存在的公共卫生风险和技术难点给予指导，积极协助当地做好救灾防病工作，共派出 15 人次、现场工作近 30 天，圆满完成卫生部交办的各项任务。
47	2010 年 9 - 12 月，中心与西藏自治区疾控中心联合组织开展《西藏自治区公共卫生发展规划(2011 - 2020)》研究，系统分析西藏自治区公共卫生的成绩、挑战、策略、行动。并提出下个十年重点：实施四个工程，公共卫生机构基本建设工程、西藏自治区公共卫生人才队伍建设工程、公共卫生信息网络建设工程、妇幼保健与营养改善工程；两个行动，免疫规划行动、健康教育与健康促进行动；三个专项，鼠疫、结核、艾滋病等传染病重大专项、高血压等慢性病重大专项、地方性疾病重大专项。
48	2010 年 3 - 10 月，中心作为全国流调办公室组织完成了全国第五次结核病流行病学抽样调查。本次调查在全国 31 个省份 176 个抽样点的 25 万人中开展。调查结果显示：我国 15 岁及以上人群的传染性肺结核的患病率为 119/10 万，与 2000 年比下降了 44.9%，反映了《全国结核病防治规划(2001 - 2010 年)》取得了显著成效。同时还对所有调查对象进行了结核病防治知识知晓率调查，对肺结核患者进行了社会经济学调查。本次调查为《全国结核病防治规划(2011 - 2015 年)》的制定提供了科学依据。

续表

序号	事件主要内容
49	中心积极做好疫苗国家监管机构职能评估相关准备工作,2010 年 12 月 13－15 日接受世界卫生组织对我国的正式评估,根据世界卫生组织对审评的反馈结果,疑似预防接种异常反应(AEFI)监测板块中,8 项大指标全部通过,25 项亚指标完成率 96%,以优异成绩完成了疫苗国家监管机构(NRA)评估任务,为我国疫苗走向国际市场奠定基础。
50	2010 年,中心先后建立了中心级重点实验室 3 个,分别是:中心化学污染与健康安全重点实验室(营养食品所和职业卫生所共建);中心辐射防护与核应急重点实验室(辐射安全所为依托单位);中心传染病监测预警技术重点实验室(中心为依托单位)。
51	2011 年 8 月 25 日,中心病毒病所确认新疆发生输入性脊灰野病毒病例后,中心立即制定响应计划,按照卫生部统一部署,前往新疆进行疫情研判,开展风险评估。积极协助新疆开展 AFP 病例监测,并加强了全国范围内的监测工作;积极开展标本检测和分析工作;协助新疆在全疆范围内开展了 3 轮儿童和 2 轮成人脊髓灰质炎减活疫苗强化免疫活动;积极组织开展了脊灰疫苗接种率快速评估、脊灰疫苗衍生病毒(VDPV)病例调查处理,强化免疫督导、舆情监测和风险沟通以及维持无脊灰证实等工作,为脊灰疫情的控制发挥了强有力的技术支撑作用。
52	2011 年,国务院学位委员会批准中心基础医学为一级学科博士、硕士学位授予点。
53	中心工作得到党中央国务院领导关怀与重视。2003 年 4 月 1 日,国务院副总理吴仪一行到中心视察"非典"防控工作,4 月 6 日,中共中央政治局常委、国务院总理温家宝一行来中心视察"非典"防控工作。2003 年 12 月 12 日,时任国务院副总理吴仪同志在中心传染病所昌平现场办公,专题研究中心建设问题。2004 年 8 月 31 日,吴仪副总理出席中心一期工程奠基仪式。2009 年 4 月 29 日,中共中央政治局常委、国务院副总理李克强在中共中央政治局委员、北京市委书记刘淇的陪同下来中心考察甲流防控工作。2009 年 5 月 17 日,中共中央政治局常委、国务院总理温家宝一行来中心考察甲流防控工作。2010 年 11 月 22 日,李克强副总理一行来中心考察艾滋病防控工作,并在中心昌平园区主持召开了国务院防治艾滋病工作委员会全体会议。2011 年 12 月 1 日,即第 24 个世界艾滋病日,中共中央政治局常委、国务院总理温家宝一行来中心考察艾滋病防治工作,与科研人员、医务工作者、志愿者代表和感染者及国际组织代表座谈,并专门听取外地来京上访群众的意见。
54	中心参与多项重大活动卫生保障工作,组织参与 2008 年奥运会、2009 年建国 60 周年国庆、2010 年上海世博会、2010 年亚运会等重大事件与活动的公共卫生保障工作,圆满完成各项保障任务。
55	中心积极开展对非洲的卫生援助工作。2006 年 10 月、2007 年 6 月,中心在上海举办两届非洲国家传染病防治研修班,在 2007 年的培训班中,来自非洲 22 个国家的 39 位官员参加了培训。2008 年 10 月 13 日－11 月 1 日,中心承办"国际传染病防治研修班",17 个非洲国家 30 名卫生官员参加培训。2010 年 11 月,中心流行病专家赴非洲加纳和利比里亚参与中美对非洲卫生援助和支持技术可行性考察和评估工作。2011 年 10 月 2 日和 8 日,中心选派 2 名免疫专家作为世界卫生组织遏制脊灰传播(STOP)项目短期专家,分别启程前往纳米比亚和尼日利亚,成为中心首批援助非洲专家,开辟了中心国际化的新领域,对提高中心开展对外合作与交流,特别是推广我国疾病监测和预防控制的经验、将专家队伍推向全球有重要意义,并对我国在公共卫生领域向非洲国家进行援助和开展合作有重要的推动作用。

重要会议及讲话

创先争优　与时俱进
不断推进中心党的工作取得
新突破、新发展、新胜利

——梁东明书记在2012年中国疾控中心党的工作会议上的报告

同志们：

今天我们召开2012年中心党的工作会，深刻总结和回顾2011年中心党的各项工作，认真分析和研究新形势下党建工作的新要求，部署2012年中心党的工作，具体内容如下：

一、2011年工作回顾

2011年，中国疾病预防控制中心党委（以下简称：中心党委）始终坚持以邓小平理论和"三个代表"重要思想为指导，深入贯彻落实科学发展观，全面贯彻党的十七大和十七届三中、四中、五中、六中全会精神，在卫生部党组和部直属机关党委的正确领导下，团结带领中心各级党组织和全体党员，围绕中心、服务大局，深入开展创先争优活动，隆重庆祝中国共产党成立90周年，全面推进学习型党组织建设，党的各项工作取得新进展，为有效促进深化医改任务落实，有力保障中心疾控业务工作顺利开展提供了组织保障和精神动力。

（一）深入开展创先争优活动，大力营造争优秀、做表率的良好氛围

2011年，中心党委严格按照中央精神和卫生部直属机关党委的总体部署，在2010年创先争优活动普遍开展的基础上，以庆祝建党90周年为契机，组织各单位和基层党支部系统地开展了一系列创争活动，积极做好先进典型的培养和选树工作，在全中心涌现出一批群众认可、事迹感人的先进典范和优秀楷模。

一是结合各项创争活动有效巩固阶段性成果。在领导干部点评创先争优工作中，中心共有80名各级党组织负责人进行了点评工作，90%以上的党员受到了点评，基本做到书记全点评、党员全覆盖的活动要求。中心党委紧紧围绕落实医改任务、提高疾控水平、改进工作作风、加强基层组织的总体要求，组织中心在职党员和学生党员100%参与了党员公开承诺活动。在开展"为民服务创先争优"活动中，中心党委引领中心广大党员干部走基层、转作风，提升为民服务意识，提高为民服务水平，中心病毒病所、性艾中心等直属单位和机关处室的青年党员深入边远地区开展帮扶工作，将争创活动与业务工作紧密结

合,并取得实效。中心党委还积极在全中心深入开展"质量好、服务好、品德好、服务对象满意"的"三好一满意"活动,制定了活动方案,进行了动员部署,向中心服务对象和地方疾控机构发放征求意见函,广泛征求意见,加强整改落实,以"三好一满意"活动的具体成果检验"为民服务创先争优"活动的实际成效。为不断推动中心创先争优活动逐步走向深入,巩固和扩大中心创先争优活动所取得的阶段性成果,中心党委先后两次召开创先争优活动阶段性工作汇报会,总结争创经验,交流典型做法,研究部署下一步工作,中心党委书记结合工作实际讲党课,并邀请卫生部有关领导进行了党务培训。

二是结合庆祝建党 90 周年活动构建浓厚创争氛围。中心党委以"创建先进基层党组织、争做优秀共产党员"为主题,组织中心各级党组织开展了一系列主题党日活动隆重庆祝中国共产党成立 90 周年。6 月 24 日,中心党委组织全中心专兼职党务干部和党员骨干 160 人,到中国共产党早期领导的震惊中外的"二七"革命斗争的主要发源地之一——北京二七轨道交通装备有限责任公司(下简称二七厂),开展"承先辈光荣传统,做创先争优模范"主题党日活动,参加活动人员参观纪念馆、走访生产车间,重温入党誓词、接受党课教育,引导党员在工作和学习中发扬党的光荣传统,学习"二七"精神,立足本职,发挥党员的先锋模范作用,用卓有成效的工作业绩彰显疾控卫士的革命情怀。中心各级党组织结合自身实际,开展了涵盖红色教育、党史学习、党建研讨、红歌竞唱、文化建设、专业培训、专题讲座、志愿服务、奉献爱心等九大类别的主题党日活动共计 57 次,彰显了中心各级党组织的生机与活力,强化了党组织的战斗力和凝聚力,在全中心形成"立足本职创先争优"的良好氛围。

三是结合学习宣传先进典型积极开展选树工作。中心深入开展创先争优活动以来,开展学习"青山不倒松"杨善洲、"人民健康好卫士"蓝云同志等先进典型。有计划、有组织的开展了张贴"党员光荣榜"和树立学习"群众心中好党员"活动,搜集并挖掘群众身边无私奉献的共产党员感人事迹,制作《中国疾控中心党员风采》的短片、展现疾控中心党员的精神风貌。为了大力宣传身边的好党员、好事例,中心党委将退休老党员张春梅同志上缴特殊党费 1000 元的事例进行宣传报道,把张春梅同志的事迹整理成文字材料上报卫生部直属机关党委,并向中组部上交了张春梅同志的特殊党费。同时,通过创先争优简报、疾控中心报等载体大力宣传张春梅同志等优秀党员的先进事迹,激励广大党员立足本职创先争优。通过丰富的争创活动,在全中心逐步形成学习先进、争当先进的良好氛围,涌现出一批立足本职创先争优的先进典型,中国疾控中心党委等 5 个中心党组织荣获"卫生部直属机关先进基层党组织"称号,夏连续等 29 名同志荣获"卫生部直属机关优秀共产党员"称号,边志强等 13 名同志荣获"卫生部直属机关优秀党务工作者"称号。

(二)深化学习型党组织建设,扎实推进思想理论武装

2011 年,中心党委认真按照中央精神和上级党组织要求,结合理论热点和形势需要,

以中心组学习为龙头、以干部培训为重点、以党员教育为主体，带领中心各级党组织和广大党员干部，积极开展党的十七届六中全会精神等一系列重要学习活动，抓住有利契机，深化学习内涵，加强舆论引导，形成浓厚氛围，逐步深化中心学习型党组织建设，不断推进中心党员干部的思想理论武装。

一是全面深化学习型党组织建设。中心党委理论学习中心组制定了学习计划，明确了学习主题，并结合疾控工作特点，采取自学推荐书目和学习资料，通过党委常委会集中学习1小时，举办培训班、干部会、辅导讲座、中心组成员重点发言等多种形式开展互动式学习研讨，全年集中学习超过12天。中心党委积极举办中层干部理论培训，邀请中央党校教授作“中国特色社会主义道路的开创和拓展”专题辅导讲座，邀请卫生部疾控局领导作疾控形势报告，邀请清华大学的专家学者作“领导力与执行力”、“领导科学与艺术”等专题辅导讲座，并有计划的组织安排党员干部参加中央党校中央国家机关分校卫生部处级干部进修班学习，定期组织中心中层以上干部参加卫生部“每月一讲”活动。中心党委坚持以支部为主体，着力提升中心党员的政治觉悟和理论素养，切实做好党员的培养教育工作，全年推荐新版《中国共产党历史》(第一、二卷)、《论党的群众工作——重要论述摘编》、《马列主义经典著作选编(党员干部读本)》以及《马列主义经典著作选编学习导读》等重要书目十余本，组织党员群众参观甘肃舟曲特大山洪泥石流灾害抢险救援主题展览等。

二是大力强化理论武装工作。中心党委坚持将党中央号召的学习内容和最新的理论热点作为中心各级干部和党员的重要学习和培养内容，充分利用培训、讲座、研讨和自学等有效形式，在全中心相继开展了以深入学习贯彻党的十七届六中全会精神等为主要内容的重大学习活动，取得了实际效果，得到了上级肯定。中心党委在全中心乃至全国疾控系统开展深入学习贯彻党的十七届六中全会精神培训教育工作，并积极尝试凝练疾控职业精神，稳步推进疾控文化建设，运用工作简报、《中国疾控中心报》以及中心网站等多种舆论载体加强学习宣传，深入阐释中华文化的内涵和精髓，及时报道中心广大党员、干部的学习情况和切身感受，把学习贯彻党的十七届六中全会精神逐步引向深入。中心各级理论学习中心组把胡锦涛同志在庆祝中国共产党成立90周年大会上重要讲话精神作为学习的重要内容，有计划、有针对性的开展讨论研究，并结合实际加深理解，中心各级党员领导干部还以身作则，先学一步，在深入领会讲话精神的基础上带头讲党课、讲体会，鼓舞和激励基层党员干部和职工学以致用、以用促学。中心各级党员领导干部以民主生活会为契机，带头学习杨善洲同志先进事迹，紧密结合中心工作，深入挖掘个人在立足本职争优秀、率先垂范做表率上存在的不足，积极提出建议，认真整改落实，并积极组织广大党员参加杨善洲同志先进事迹报告会。中心党委全面开展社会主义法制教育，在认真总结“五五”普法经验的基础上制定了《中国疾病预防控制中心法制宣传教育第六个五年规划(2011－2015年)实施方案》，着力提升中心广大党员群众的法制意识和法律素质，不断提高疾控工作法治化水平。

三是广泛开展党史教育活动。为隆重庆祝中国共产党成立 90 周年，中心党委认真开展“学党史·读经典”活动，组织中心广大党员干部认真学习党史著作和红色经典，参观革命遗址和纪念场馆，大力宣传革命先烈和英模人物，开展了读书、征文、寄语、交流等各具特色的实践活动。中心党委组织全体党员前往中国国家博物馆参观全面展示中华民族近代以来不懈奋斗的大型主题展览——《复兴之路》，组织全体党员和入党积极分子参加了分别由中央党史研究室等单位主办的和中央国家机关工委宣传部等单位主办的庆祝中国共产党成立 90 周年党史知识竞赛活动，组织中心青年党员开展“讲党史、强党性”演讲比赛培养了一批“党史小教员”，中心各级党组织还把《中国共产党历史》(第二卷)作为重要学习内容，纳入本单位建设学习型党组织活动中，组织党员干部认真学习，继承和发扬党的光荣传统。

(三)坚持强化抓基层打基础工作，切实加强基层党组织建设

2011 年，中心党委紧密围绕创先争优这一主题，紧抓基层党组织建设，切实做好抓基层打基础工作，不断强化中心基层党组织的战斗堡垒作用，为推进中心工作任务顺利开展提供了坚强的组织保障。

一是切实加强领导班子建设。根据中央精神和上级党组织的部署，中心党委坚持以民主生活会为抓手，以制度建设为依托，切实加强中心各级领导班子建设。中心党委坚持以民主生活会作为收集社情民意、团结协作前进的有效途径，在专题民主生活会前，通过各种形式广泛征求群众意见 34 条，党委班子成员针对意见和工作实际，进行了深刻的批评和自我批评，深入思考和谋划了中心未来改革与发展大局。中心党委根据驻部组局领导要求，在对中心《关于重大事项必须经集体讨论决定的实施办法(试行)》进行认真总结的基础上，经广泛征求意见，依据中央有关文件精神，历时 2 年的修改、细化、调整和充实，最终于 2011 年 10 月中心党委修订印发了《中国疾病预防控制中心“三重一大”决策制度》，使中心班子集体决策的科学化、民主化又迈出了坚实的一步。中心党委结合中心班子得到充实的实际情况，对党委常委党建工作联系点进行及时调整，各位常委按照各自分工，经常深入党建联系单位基层一线，切实发挥关注党建、联系党建、参与党建的示范和指导作用，积极参加基层单位民主生活会、指导换届选举、开展党建调研和中心组学习等，积极在督促检查、沟通情况、协调工作、解决问题等方面发挥重要作用，在指导基层单位加强党建工作上取得实效，有力推动中心基层党建工作规范化、制度化和科学化。

二是有效加强基层党组织建设。依据中心党建实际，中心党委以换届选举为重点，以干部队伍建设为中心，以党员发展为基础，切实加强中心各级党组织建设。2009 年以来，中心各级党组织换届选举工作稳步推进，中心 58 个基层党支部已有 38 个完成换届工作。2011 年，中心党委直属改水中心党支部按照规定程序完成换届，其他直属单位党组织基本都已进入换届程序并加紧实施。中心党委在干部选拔任用和管理工作中遵照党的干部

工作方针，始终把《党政领导干部选拔任用工作条例》和中心“三重一大”制度作为基本标准和重要依据，不断增强干部选拔任用工作透明度，确保中心管理的干部在选任的每一环节，都经过集体研究、集体决策。2011 年，中心党委按照“干部选拔任用工作四项监督制度”的要求，结合干部年度考核开展了“一报告两评议”工作，向党委全委会报告了 2010 年干部选拔任用工作，对存在的问题进行了分析，对今后的工作提出了要求。中心党委严格按照人事制度和组织程序，全年向上级部门推荐直属单位领导和中心主任助理候选人共计 7 人，全年新选拔聘用干部 20 人，新纳入卫生部党组管理的干部 4 人。中心管理的处级干部有 9 人参加了卫生部司局和其他直属单位领导职务的公开选拔。中心党委始终遵循“坚持标准、保证质量、改善结构、慎重发展”的发展方针扎实做好党员的培养和发展工作，注重在疾控、科研工作的第一线和高知识群体、优秀青年中培养和发展党员，及时把符合党员条件的同志吸收到党组织中。2011 年，中心发展预备党员 23 名，按期转正预备党员 32 名，组织 15 名入党积极分子参加卫生部直属机关入党积极分子培训班。

三是扎实做好党员管理和服务工作。认真做好 2011 年度中心各级党组织党费的收缴工作，按时向卫生部直属机关党委上缴党费，通报党费收缴使用和管理情况，结合庆祝建党 90 周年，下拨党费支持基层党支部活动，2011 年中心党费收入 214 296.62 元、支出 174 706.43 元，共结存 368 279.93 元。中心党委十分注重做好党员的人文关怀工作，全年共走访慰问老党员 230 人次、困难党员 50 人次，慰问总金额达 16 万元，中心党委还组织领导干部走访慰问中青年科技骨干 20 余人，进一步加大人文关怀力度，调动他们发挥骨干作用的积极性。中心党委高度重视党内统计工作对党建工作的推动作用，提供专门设备、指派专门人员、安排学习培训，下大力气做好党内统计的各项工作，中心党内统计报表连续第七年被评为“卫生部直属单位全优报表”。据统计，截至到 2011 年 12 月 31 日，中心党委下设党委 7 个、党总支 3 个、党支部 60 个，共有党员 1852 名，其中在职党员 998 名、学生党员 180 名、离退休党员 524 名、其他党员 150 名。

（四）有序推进惩防体系建设，认真做好纪检监察工作

中心纪检监察工作在中央纪委监察部驻卫生部纪检组监察局、卫生部直属机关纪委和中心党委的领导下，全面贯彻十七届中央纪委第六次全会精神，继续落实《建立健全惩治和预防腐败体系 2008 - 2012 年工作规划》（以下简称《工作规划》），深入开展党风廉政宣传教育，坚持党风廉政长效机制建设，稳步推进中心党风廉政建设和反腐败工作深入发展。

一是严格落实党风廉政建设责任制，有序推进惩防体系建设。中心党委始终把落实党风廉政建设责任制作为一项重点工作来抓。中心领导利用各种会议反复强调，不断强化单位“一把手”党风廉政建设“第一责任人”意识，组织学习胡锦涛同志在中央纪委十七届六次全会上的重要讲话和贺国强同志的工作报告，组织学习陈竺同志在 2011 年全国卫

生系统纪检监察暨纠风工作会议上的讲话以及李熙同志的工作报告，中心各直属单位坚持逐级签订党风廉政建设《廉政责任书》或《廉政承诺书》，做到党风廉政建设与业务工作同部署、同落实、同检查、同考核。

二是大力开展反腐倡廉宣传教育，筑牢拒腐防变思想防线。按照"关口前移，教育在先"的要求，以党员领导干部学习教育为重点，坚持重点教育与全员教育相结合，通过开展多种形式的宣传教育活动，不断强化广大党员干部、特别是党员领导干部的廉洁从政和主动接受监督的意识，使党风廉政教育更具系统性，时效性。在中心协同办公平台(内网)开设廉政视频教育窗口，上传《每月一课》宣传教育影片，便于中心干部职工观看；坚持办好《中国疾控中心报》"廉政之窗"栏目，开辟《〈中国共产党党员领导干部廉洁从政若干准则〉实施办法》学习专栏，并在中心公共场所张贴反腐倡廉宣传图片等。

三是认真开展权力运行监控机制建设试点工作。根据部党组的要求，认真开展了对A级权力运行进行网上监控工作，以中心协同办公平台作为实施网上监控的载体，开设了"权力监控"栏目，下发文件明确中心实施网上监控的范围、形式、信息发布和组织实施等要求。组织中心及各直属单位党委书记、纪委书记、试点办主任参加了卫生部召开的加强廉政风险防控规范权力运行工作会议，转发张茅书记在会议上的重要讲话，要求各直属单位认真组织学习，明确下一阶段中心试点工作的任务与要求。

四是贯彻落实《中国共产党党员领导干部廉洁从政若干准则》。根据上级党组织部署，制定并印发《中国疾控中心贯彻执行〈中国共产党党员领导干部廉洁从政若干准则〉情况专项检查工作方案》(以下简称《中心工作方案》)，在全中心开展《廉政准则》学习活动。为副处级以上领导干部发了《〈廉政准则〉实施办法》单行本，编写《〈中国共产党党员领导干部廉洁从政若干准则〉实施办法学习使用文件选编》，起草了《中国疾控中心专业技术人员行为规范》，组织中心机关副处级以上干部、各直属单位领导班子成员共计 112 人，结合各自工作岗位和分管工作的实际，对照"八个禁止"、"52 个不准"和《关于领导干部报告个人有关事项的规定》，逐条进行了对照自查，并提交了书面自查报告。

(五)全面强化群团组织建设，深入推进精神文明建设

中心党委注重发挥群团组织的桥梁纽带作用，以开展创先争优活动为契机，带动工会、共青团、妇女组织创先争优；以工青妇组织建设为抓手，服务干部职工岗位建功；以丰富多彩的活动为载体，活跃职工文化体育生活，达到了聚人心、构和谐、促发展的活动效果。

一是工会工作取得新突破。在卫生部直属机关党委的支持和帮助下，在全中心先后发放阳光助学金 40 000 元，困难职工补助金 59 000 元，帮扶慰问人员 35 人次。开展中心"合格职工之家"创建活动挂牌验收活动，促进工会组织自身建设，推荐性艾中心工会创建"职工之家"获全国总工会教科文卫体委员会优秀"职工之家"称号，推荐王宇主任获得全

国模范职工之友称号。举办中心工会干部培训班和十七届六中全会精神学习培训班，全面提升工会干部工作能力和理论水平。积极参与职工班车、食堂用餐问卷调查等工作，关心职工切身利益，反馈社情民意。组织召开全国疾控系统工会主席会议，共同研讨疾控文化建设，27 个省市级疾控中心，43 名代表参加。举办全国疾控系统羽毛球邀请赛，28 个省、市、自治区疾控中心选派 33 支队伍参赛，参与人数 180 人。征集全国疾控系统文艺演出作品、书画作品 200 余个，参与人数 800 余人次，多层次满足干部职工的文化体育生活。在女职工中开展“巾帼建功”、巾帼展风采创建活动，20 名女职工参与征文活动，获得多项奖项，中国疾控中心获优秀组织奖。传染病所和营养食品所先后获得全国“三八红旗”集体和全国“巾帼建功”先进集体称号，获得卫生部直属机关巾帼建功先进集体 3 个，先进个人 4 人，优秀女干部 2 人，对促进女干部、职工投身疾控事业做贡献发挥了积极作用。完成卫生部直属机关工会交派的各项工作，如代表卫生部组队参加中央国家机关健步走比赛，获得优秀组织奖，完成工会年度统计报表工作，征集中心职工书画、摄影诗歌作品参加卫生部、中央国家机关比赛。积极参与对中国教科文卫体工会全国委员会《关于进一步加强医疗卫生单位职工民主管理的意见》(征求意见稿)的修改建议。

二是共青团工作取得新进步。坚持党建带团建，紧密围绕党政中心任务，以青年文明“号、手”创建为抓手，立足本职创先争优。推荐营养食品所标准室获全国卫生系统青年文明号称号，推荐职业卫生所胡伟江获全国卫生系统岗位能手称号；通过举办青年读书交流会、建青年书屋活动，健康时尚思想引领年轻人；组织参加道路伤害宣传、中国健康宣传大会等业务会议，扩大青年内部学习与交流；加强自身组织建设，指导直属单位团组织换届工作，保障团组织正常开展工作；注重与外界交流，接待北京师范大学夏令营师生，参加万人长走大会、组织郊区踏青春游等活动，磨练意志、锻炼成长；组建中心飞信群，增加信息传递的时效性，搭建团员青年学习交流平台。

三是精神文明建设取得新进展。中心党委坚持两手抓两手都要硬，不断加强精神文明健身。根据中心实际情况，及时调整中心精神文明建设领导小组成员。按照卫生部直属机关党委的统一部署，组织传染病所等 9 个获得“中央国家机关文明单位称号”的直属单位通过了中央国家机关文明单位复查工作。

中心党委认真贯彻落实《卫生部党组关于卫生系统加强和改进思想政治工作的意见》，不断强化在疾控行业的引领作用，充分发挥疾控分会平台作用，积极开展理论培训、经验交流和革命传统教育，鼓励在做好思想政治工作中创先争优，在党建工作中创新发展，在全国疾控系统提供探索研究新形势下思想政治工作的舞台，引领全国疾控系统扎实做好思想政治工作，弘扬疾控文化。

四是舆论阵地建设取得新发展。中心党委充分发挥《中国疾控中心报》对内交流、对外宣传的窗口作用，围绕中心全局工作和重要举措，积极开展宣传报道，保证稿件质量，做好印发工作，全年共编辑出版报纸 15 期，其中创先争优专刊 4 期，共计 104 个版面约 52

万余字。中心党委结合网络信息量大、更新及时的优点,继续做好中心网站创先争优专栏建设,发挥舆论宣传工作正面导向作用,全年共上传学习资料、工作进展情况等共计89 篇。

五是统战工作取得新成绩。积极做好民主党派党员考核推荐工作,组织民主党派和无党派人士为疾控事业的发展建言献策。完成北京市区县政协人大代表换届推荐选举工作,1 名职工当选区人大代表、3 名职工当选区政协委员。同志们,回顾 2011 年中心党的工作,我们认真完成了上级交给的各项工作任务,取得了较好成绩,积累了一定经验,为中心的和谐稳定和疾控事业的发展进步作出了重要贡献。在此,我代表中心党委向关心和支持我们工作的各级领导、干部职工和广大党员表示衷心的感谢,对一直奋战在疾控党务战线的各级党务工作者表示衷心的感谢,希望我们能够再接再厉,在新的一年取得更多、更好的成绩。

在面对成绩的同时,我们还要清醒的认识到,在当今世情、国情、民情发生深刻变化的新形势下,中心党的工作还存在着不适应时代发展、不能满足形势需要的不足之处,这需要我们积极探索解决。一是日常事务较多,难以开展理论研究工作。当前,中心理论研究工作基本处于空白,各级党组织在强化务实能力的同时要加强务虚能力,将理论研究作为一项长期性工作始终坚持下去。二是基层党组织换届工作因各种原因进展缓慢,个别单位基层党支部还未开展换届工作,这需要我们对症下药,解决存在的实际问题,积极推动各级党组织的换届选举工作,从而推动中心党委顺利换届。三是基层党组织专职党务干部配备不足、一人多职、工作效率较低,且年龄偏大,青黄不接,亟待我们在优秀的中青年中选拔人员加入党务干部队伍。四是基层党组织兼职党务干部实际工作水平参差不齐,党务工作业务能力亟待提高,一岗双责压力较大,这就需要我们进一步加强基层党支部书记人选的考察和使用,抓住换届选举的有利时机,加快基层党支部班子的新陈代谢,鼓励中青年骨干承担更多的组织任务,并加强党务知识的培训和教育。

工作进展

疾病控制与应急处理

一、新型冠状病毒感染应对

2012 年 9 月 23 日，WHO 公布了英国发现的新型冠状病毒感染病例后，开展了一系列应对工作。主要包括：在中心网站发布“新型冠状病毒感染问答”；协助卫生部制定了“加强不明原因肺炎监测工作的通知”的草稿，部署全国疾控机构、医疗机构和卫生行政部门的加强监测工作安排；起草了《新型冠状病毒实验室检测技术指南》；组织翻译了《欧盟疾控中心关于新型冠状病毒的快速风险评估报告》和英国健康防护中心《新型冠状病毒疑似或确诊病例感染控制措施建议》等技术文件；组织制定了新型冠状病毒感染疫情防控方案；组织开展了针对全国各省级疾控中心和部分口岸检疫机构技术人员的“新型冠状病毒感染流行病和实验室检测技术培训班”；参与了新型冠状病毒输入性疫情应急演练方案制订及实施；组织开展了对有朝觐入境口岸的 6 省区（新疆、青海、甘肃、宁夏、云南、北京）疾控中心的实验室检测能力督导和评估。

二、西尼罗病毒病和埃博拉出血热应对

2012 年 8 月，病毒病所从新疆喀什地区 2011 年采集的尖音库蚊标本中首次分离和鉴定出西尼罗病毒。同时，非洲部分国家的埃博拉疫情也持续报告。为加强技术准备和人员培训，应急中心组织编写西尼罗病毒病和埃博拉出血热的科普材料，详细介绍了疾病的临床表现、传播途径、易感人群及防控措施，发布在中心网站上，并对两种病毒所致疾病进行风险评估。

三、不明原因肺炎监测的现场调研和方案修改

2012 年 3 - 7 月，中心多次召开组织不明原因肺炎监测方案讨论会。2012 年 7 月 4 - 6 日，应急中心工作人员实地考察了南宁、防城港市、东兴市的疾病预防控制和医疗机构，对不明原因肺炎监测、排查和管理方案的实施情况进行调研，并与各级相关部门负责人员和工作人员进行交流，听取各方面的意见和建议。新型冠状病毒疫情出现后，2012 年 11 月 29 日，再次重新修改不明原因肺炎监测、排查和管理方案的有关内容。

四、国家卫生应急队伍建设

按照卫生部要求，中国疾控中心在国家卫生应急队建设工作中，将承建突发急性传染病防控队、突发中毒事件应急处置队、核和辐射突发事件卫生应急队三支国家卫生应急队，卫生部为此提供了 1672 万元建设补助经费。

2012 年 3 月 5 日，应急中心组织召开中心卫生部国家卫生应急队建设的首次研讨会，确定了中心国家卫生应急队的建设工作及补助经费使用原则。3 月 14 日，完成《中国疾控中心国家卫生应急队伍建设方案》并正式上报卫生部应急办。

在卫生部国家卫生应急队伍(90 人)的基础上，中心决定建设一支规模更大、功能更齐全、能力更强的中心卫生应急队伍。经过反复征求中心各部门意见并多次进行论证，确定了中心应急队伍的基本构架(约 200 人)、应急队员分类和职责划分等，10 月 22 日中国疾病预防控制中心卫生部国家卫生应急队伍成立。

在应急队伍车辆与装备方面，中心计划为应急队配备车辆 8 辆(先导处置与采样车、现场工作平台、后勤保障)，目前已完成前期调研、技术文件编写；现场处置设备，12 台套，已完成招标文件编写，1 月中旬挂网招标；编制了通用保障物资目录，如帐篷、卫星电话等 9 大类，共 100 余种；完成了 450 余套服装与携行装备的招标、合同签订及量体裁衣工作。

五、云南彝良地震救灾防病

9 月 7 日云南彝良发生地震后，中心领导高度重视，应急中心迅速启动应急响应，当晚紧急派出 2 名专家随卫生部抗震救灾工作组赴现场开展工作。次日，中心副主任杨维中与改水中心主任陶勇陪同卫生部陈竺部长、梁万年主任赶赴地震灾区。9 日，中心派出由卫生应急中心副主任李群为队长共 9 名专家组成的第一批卫生应急工作队赶赴云南地震灾区。同时组织各有关部门召开专题会议，研究部署救灾防病工作，制定了《中国疾控中心云南彝良地震卫生应急作业组织工作方案》，启动云贵交界地震救灾防病应急作业。组织人员对现有的地震救灾防病的技术指导性文件进行了梳理，结合云南彝良地震灾区的实际情况，及时制(修)订了各项技术文件。地震期间，应急中心累计协调派出了 18 人次的专业人员前往灾区，有力的指导各防疫力量在灾区及时和持续开展了传染病防治、安置点公共卫生状况快速评估、疾病监测和报告系统恢复、食品安全、饮水卫生、环境卫生和媒介生物监测、免疫规划工作恢复及大众健康教育等多项防病工作，促进了灾区应急期和过渡期各项公共卫生工作的顺利开展。

六、柬埔寨重症手足口病疫情

柬埔寨发生不明原因疾病后，7 月 5 日，应急中心组织中心各领域专家召开了“柬埔寨婴幼儿不明原因疾病的专题研讨会”。随后，中心各有关部门即着手做好人员和设备相关准备。在接到卫生部要求派往现场的命令后，中心迅速排出3名专家与临床专家一同组成工作组赶赴柬埔寨，并于当天启动了应急作业，迅速制定了《中国疾控中心赴柬技术援助应急作业组织工作方案》，成立了领导小组及应急作业工作组。在各应急作业工作组的共同努力和支持下，前方专家组顺利完成了对当地疫情处置工作的技术指导。赴柬专家组返京后，应急中心和专家组就此次应急工作向卫生部做了专门汇报，并组织开展了卫生应急事后评估工作。

七、十八大卫生保障

为做好十八大卫生保障工作，应急中心专门组织召开了“十八大卫生保障工作会议”，还多次召集各有关部门共同研究和落实有关工作，下发了《关于做好十八大期间反恐工作的要求》、《关于做好2012年中秋国庆节日期间及近期卫生应急准备工作的通知》等相关文件。要求中心各有关单位强化值班备勤制度，对应急反恐相关实验室有关仪器设备进行重点检查，并提前做好了现场和实验室专家的安排。期间应急中心还加强了对北京、天津、河北等地区的传染病和突发公共卫生事件监测，并在每日风险评估中提高信息筛检的敏感性。

八、2012年“两会”卫生保障工作

为做好2012年“两会”的卫生保障工作，应急中心下发了《中国疾病预防控制中心关于做好2012年“两会”卫生保障准备工作的通知》，要求中心各相关部门加强领导，做好准备。加强了“两会”期间的疫情、舆情及相关信息的监测和收集。

九、第二届亚欧博览会保障工作

8月29日-9月7日，应急中心派员作为卫生部工作组成员赴新疆乌鲁木齐，开展2012年第二届亚欧博览会的驻点卫生保障工作，指导开展博览会期间的传染病和突发事件监测、突发事件调查处置。

十、卫生应急示范县

按照卫生部要求，应急中心设置了“卫生应急示范县管理办公室”，组织协调和具体负责卫生应急示范县评估相关工作。

2012年3月，应急中心有关专家参加了卫生部组织的专家研讨会，对评估指标提出改进意见。随后，组织专家制定了评估复核工作手册，并于4月份在西安对评估复核专家库成员进行了培训。

在对各省提交的示范县申报材料进行认真复核后，2012年8月21日-11月7日，国家卫生应急综合示范县(市、区)管理办公室共分3轮派出专家组，对具备国家级复核条件

的申报县(市、区)开展现场复核工作,累计派出工作组14个,选调专家66人,派出专家76人次。经专家评估,推荐白下区等58个县(市、区)成为国家卫生应急综合示范县(市、区)。

现场评估结束后,向卫生部提交了2012年卫生应急综合示范县(市、区)复核评估工作结果报告,并设计制作了国家卫生应急示范县牌匾。目前上述区县已通过网上公示程序,被卫生部正式授予称号。

十一、卫生应急分会

应急中心承担中华预防医学会卫生应急分会秘书处工作。2012年6月26日,中华预防医学会卫生应急分会在国家民政部获得正式注册登记,成为社会团体分支机构。

2012年9月3日,卫生应急分会组建工作第一次筹备会议召开。会议通过成立了筹备工作组,初步确定了分会成立大会时间,并通过了分会第一届委员会委员的提名方案。

按照中华预防医学会有关规定,秘书处提出了分会第一届委员的提名委员建议名单并上报预防医学会。最终确定了第一届委员会由来自全国31个省份的74名委员组成。

2012年11月27日,秘书处组织召开了中华预防医学会卫生应急分会第一届委员会第一次全体委员会议。会议经选举产生了卫生应急分会第一届委员会主任委员杨维中,4名副主任委员(冯子健、刘晓光、曹务春和吴群红)及16名常务委员。主任委员杨维中在11月28日的首届中国卫生应急学术论坛上接受了由中华预防医学会会长王陇德颁发的卫生应急分会牌匾。

(李群　张彦平　张必科　孙辉　金连梅　李树萍)

传染病预防控制

一、部门组建与队伍建设

2012 年，中心原疾控应急办拆分为卫生应急中心和传染病预防控制处两个部门。根据中心的职能定位，传防处重新梳理与调整了工作布局及人员安排，内部设立了动物源性和媒介传染病室、呼吸道传染病室、肠道传染病室、寄生虫病室、传染病综合业务室（含重大专项“传染病监测技术平台”项目管理执行办公室）和综合室共 6 个科室。并通过各种途径不断培养与发展人才队伍，规范内部管理和制度建设，紧密围绕传染病监测与防控主要工作任务，顺利推进各项工作任务的落实。

二、积极应对传染病暴发疫情

2012 年，传防处共组织 12 批次专家赴各地协助和指导开展传染病暴发疫情的应对与处置，包括：赴贵州指导人禽流感病例的调查和疫情处理工作；参与卫生部组织的对海南省 EV71 病毒引起手足口病暴发疫情的督导工作；及时分析云南省 5.7 级地震后彝良、威宁当地传染病疫情形势，为前方救灾防病工作提供信息支撑；参与西藏首起实验室诊断犬间狂犬病疫情的调查核实；指导江苏连云港市赣榆皮肤炭疽疫情的调查处理；联合甘肃省疾控中心对舟曲县灾后黑热病疫情进行有效控制；协助包头市开展输入性疟疾病例救治和调查处置工作；赴湖北黄石协助当地卫生部门开展霍乱暴发疫情调查处置工作等。

三、持续推动重点传染病监测与防控工作有序开展

（一）传染病常规监测管理

完成全国传染病及突发公共卫生事件监测周报、月报及疫情新闻稿的审核工作，参与传染病月度风险评估工作，落实第七届传染病标准委员会秘书处的各项任务。

（二）重点传染病和病媒生物监测项目组织实施

完成 2012 年度任务委托书签订及经费拨付工作，组织编印 2011 年监测报告白皮书，完成 2012 年全国重点传染病监测与预警项目督导调研工作。

（三）动物源性和媒介传染病业务工作

3 月底，组织专家对鼠布基地的布病监测用试剂进行质控，确定合格后，向各监测点发放试剂，并继续推进布病临床与监测用诊断试剂商品化进程，组织专家对部分国家级布病监测点进行了督导和考评。9 月，在内蒙古自治区组织召开 2012 年全国布鲁氏菌病监测工作会，研究部署布病监测与防控工作。参与制定《全国布鲁氏菌病防治计划（2012－2020）》和《布鲁氏菌病诊疗指南（试行）》；编制《中央财政转移支付布鲁氏菌病防治项目技术方案》；组织专家为世界银行中国布病项目提供技术支持。

收集、整理 1950 年以来狂犬病法定报告数据与重点监测数据，对 2005－2011 年的个案进行了地理定位，完成我国狂犬病时空扩散流行病学分析。积极倡导中国 2020 消除狂犬病的目标，研究消除策略与措施，积极参加交流与合作，提出中国消除狂犬病方案，并与农业部门研究制定狂犬病防治规划。创建和维护中心网站狂犬病专题，接受多家媒体采访，并与北京大学人民医院联合拍摄狂犬病宣传片。与预医会、兽医学会联合主办 2012 年狂犬病年会；组织完成狂犬病监测方案的初步修订工作；参与修订《狂犬病暴露预防处置规范（2012 年版）》。

9 月，组织召开全国克雅病监测总结会；参与修订《基孔肯雅热预防控制技术指南（2012 年版）》；参与《炭疽疫情处置工作规范》以及《炭疽防治手册》技术文件的撰写或审核；参与扩大免疫规划项目（出血热、炭疽和钩体疫苗）方案和预算的制定；参与狂犬病、出血热、登革热、布病中转项目预算和方案调整。

（四）呼吸道传染病业务工作

根据新发布的《流感样病例暴发疫情处置指南（2012 版）》，协调国家流感中心、信息中心、中科软调整流感样病例暴发监测系统；参与《省级流感参比中心工作管理方案》修订；向卫生部上报《省级流感参比中心评估管理方案》；11－12 月，参加卫生部组织的 2012 年全国流感监测督导工作。

参与不明原因肺炎、人禽流感监测与防控相关技术文件的修订；参与卫生部组织的人感染高致病性禽流感疫情趋势会商会，以及卫生部组织的人禽流感疫苗储备比例讨论。1－10 月，顺利完成中美基于人群的住院严重急性呼吸道感染病例和侵袭性肺炎球菌病监测项目 2011－2012 年度工作。截至 9 月底，监测病例近 25 000 例，开展鼻咽拭子 PCR 流感病毒检测近 23 000 份，血培养完成 4000 余份。

（五）肠道传染病业务工作

2 月，组织专家编写《手足口病预防控制指南（2012 版）》；5 月，完成《手足口病疫情调查处置工作规范(2012 年版)》的编写;5-6 月赴五省进行手足口病防治工作督导和现场指导;7-12 月,组织信息中心和部分省份完成手足口病网络直报信息系统的变更和测试。

7 月,接到卫生部向柬埔寨派遣专家组进行重症手足口病防治技术援助的指示后,为柬埔寨手足口病国际技术援助工作提供技术支持,包括手足口病疫情分析、预防控制指南和临床救治指南以及相应研究结果等,并对前方调查组的防控建议提供技术支持。组织人员撰写完成中国—东盟手足口病防治技术培训班项目建议书。

完成《轮状病毒腹泻疾病负担监测研究方案》,并于 6 月启动为期一年的现场实施工作;组织专家修订并下发《全国霍乱监测方案(2005 年版)》;9 月,举办全国霍乱防治工作培训班。

(六)寄生虫病业务工作

支持湖北公安、监利和湖南华容、君山四个血防联系点,开展电话预约在血吸虫病查治工作中的应用、垸退耕区回迁及流动人群血吸虫病调查、荣宝沿涨(落)水线布药灭螺灭蚴研究、压碎逸蚴法装置研制等专项调查与研究,并申请压碎逸蚴法装置专利一项;4 月,在湖南岳阳举办血吸虫病防治理论与技能竞赛。

组织制订并印发《全国消除疟疾监测工作方案》;5-6 月组织专家开展 10 个寄生虫病综合示范区现场评估工作;6 月,与 WHO 联合举办以血吸虫病为主的输入性寄生虫病培训班;8 月,在济南举办全国疾控丝虫病防治人员培训班。

四、深入开展传染病应用性研究工作

(一)调整完善全国传染病自动预警系统功能

对系统中疟疾的预警策略进行调整,调整疟疾预警方法分为单病例预警、聚集性疫情预警和疑似事件提示 3 个功能。在系统中增加急性血吸虫病预警功能,实现了急性血吸虫病预警试运行工作。9 月,中心承担的“突发公共事件预测预警与智能决策技术研究——预测预警和模拟仿真技术研究(卫生部)”课题和“传染病暴发早期探测与自动预警适宜技术研究”课题,通过了验收。11-12 月,课题调研组分别走访了 10 余家医疗卫生机构,完成预警系统现场调研工作。

(二)国家科技重大专项“传染病监测技术平台”项目

组织各课题承担单位进一步归纳成果、整理总结材料,报送任务和财务验收材料。6-7月,积极配合完成了课题的经费审计工作,顺利通过了验收。6 月,卫生部正式批复将“传染病监测技术平台”项目 10 个课题列入 2012 年传染病防治重大专项,另外 4 个课题将于 2013 年启动。8 月，在云南召开“十二五”工作部署会，就项目“十二五”工作重点进行部署。

组织制定《传染病症候群病原体变异研究方案(2012 版)》和《重点传染病病原深入研究实施方案》；针对国外发生的新型冠状病毒疫情，组织项目单位积极开展相关研究与应对准备工作。此外，项目新版信息系统正式上线投入使用，全年完成了五大症候群数据录入、历史数据迁移、统计分析和变异分型信息管理等功能的开发与完善。

(三)动物源性和媒介传染病防治的相关应用性研究

编制《人间布氏菌病综合防治方法与实践——布氏菌病预防控制示范基地研究项目(2007-2010)》上册并出版发行。完成与 WHO 的合作项目“发热伴血小板减少综合征危险因素调查”总结报告；申报国家科技支撑计划课题“虫媒和自然疫源性疾病综合防治技术与装备研究”子课题“黑热病、疟疾与病毒性出血热综合防治技术研究”；参与“十一五”重大专项“鼠疫信息集成分析与传播风险预测研究”项目结题后续审计等工作。

(四)呼吸道传染病防治的相关应用性研究

启动“我国季节性流感疫苗接种的卫生经济学评价”研究，7-9 月完成方案设计，10-12月收集汇总老年人群流感疫苗接种卫生经济学评价所需的大量数据，并初步构建了模型的基本框架。完成“基于医院的流感疫苗效果评价研究”项目方案前期的设计、项目选点等筹备工作。开展中国流感季节性特点研究。对人禽流感 H5N1 密切接触者的血清学研究和医院感染监测系统评估，并完成数据分析和报告撰写。

(五)肠道传染病防治的相关应用性研究

为做好中国 2013-2016 年儿童 EV71 和 CV-A16 感染的血清流行病学前瞻性研究，2012 年下半年多次邀请国际专家对调查方案的设计、实施进行讨论、修改，并对湖南安化进行前期现场调研、参加人员的意愿调查以及预调查，12 月完成该研究项目的伦理评审工作。

(六)三峡人群健康监测项目工作

按照合同要求完成《三峡工程生态与环境监测系统人群健康监测系统技术报告》和年度监测季报的撰写，并通过国务院三峡办组织的项目验收。4 月，组织对三峡后续规划进行研讨，并提出今后监测系统调整的思路；参与国务院三峡办组织的 175 米试验性蓄水巡库工作；起草完成《三峡工程 2008-2012 年试验室性蓄水期间卫生保障工作总结》，并上报卫生部和国务院；起草《三峡工程环保验收人群健康专题调查实施方案》，12 月 8 日通过专家组审查。

（七）中美新发再发传染病国际合作项目工作

子项目6加强了省级感染性腹泻的实验室监测及暴发应对能力建设，在3个项目省持续推进以实验室为基础的感染性腹泻多病原综合监测、国家级和省级参比实验室的质量管理、暴发调查和流行病学应用研究，重视对西部省份的能力建设，2012年在新疆举办了感染性腹泻监测和暴发调查技术培训班。

子项目1组织与开展了专业能力建设、不明原因肺炎和人禽流感暴发现场调查与处置、大流行预案制定与风险沟通、流感超额死亡估测、基于人群的严重急性呼吸道感染(SARI)和侵袭性肺炎球菌病(IPD)监测、全国SARI哨点监测、流感疫苗使用率及影响因素调查等工作。

（王丽萍　周航　殷文武　冯录召　廖巧红　张静
孙军玲　郑灿军　赖圣杰　许真　李中杰　余宏杰）

结核病预防控制

一、《全国结核病防治工作规划》指标完成情况

2012 年全国医疗卫生机构网络报告肺结核和疑似病例 1 098 123 例，2011 年报告 1 034 371 例，较 2011 年增长 6.2%；2012 年医疗机构报告肺结核患者总体到位率为 87.97%，2011 年为 89.12%，与 2011 年基本持平；2012 年全国结核病防治机构登记管理肺结核患者 900 644 例，与 2011 年基本持平；2012 年全国发现新涂阳肺结核患者 316 360 例，去年同期相比下降 16.1%。2011 年新涂阳肺结核患者治愈率保持在 90% 以上。

二、技术规范、文件及专题报告

正式出版《耐多药肺结核防治管理工作方案》、《中国结核病感染控制标准操作程序》等 9 本业务规范书籍；完成《结核分枝杆菌药物敏感性试验标准化操作程序及质量保证手册》、《结核病预防控制综合模式试点实施方案》等 14 份技术手册、方案的撰写工作；上报卫生部“抗结核固定剂量复合制剂质量控制研究的报告”、“耐多药肺结核规范化治疗管理培训计划的报告”等 4 份专项报告；撰写重大专项“结核病预警模式的研究”验收报告、“结核病管理信息系统耐多药结核病检测子系统终验评审报告”等 22 份各类报告。

三、培训工作

为配合耐多药防治工作的推广，组织相关专家策划举办了系列耐多药结核病防治培训班，从耐多药患者诊疗、管理，感染控制、健康促进等方面进行全面培训。由中国疾控中心结核病预防控制中心、世界卫生组织驻华代表处、国际防痨与肺部疾病联盟共同组织的第十期和第十一期耐多药肺结核临床管理培训班分别在北京和陕西西安举办。针对性举办实验室诊疗培训班，提高基层人员实验室工作能力；开展实施性研究培训班，提高省级人员科研能力。累计自主组织举办 40 期全国性各类培训班，累计受训人数达到 3070 人次。

四、规划管理

成功召开中国结核病防治策略高层研讨会，此次会议邀请政府部门、专业委员会、科

研学术机构和国际组织等50余名领导、专家参会，共同探讨、梳理中国特色的结核病防治策略，动员全社会共同参与结核病防控工作。

组织召开全国结核病防治工作会议，来自全国各省、自治区、直辖市及新疆生产建设兵团结核病防治机构和卫生厅疾控处，计划单列市结核病防治机构和卫生局疾控处的领导，以及中国防痨协会、中华医学会结核学科分会、比利时达米恩基金会、比尔梅琳达．盖茨基金会和世卫组织驻华代表处的190多名代表参加了会议，会上总结2011年的全国结核病防治工作，讨论2012年全国结核病防治工作计划。

中国结核病、艾滋病诊断技术国际研讨会于2012年9月25－26日在上海召开。此次会议由中国疾病预防控制中心、中国生物技术发展中心和比尔及梅琳达·盖茨基金会联合举办，会议旨在为分享并交流全球结核病和艾滋病诊断领域工作经验，展望新诊断技术的开发与临床应用前景，推动结核病和艾滋病预防控制新诊断技术的研究与开发。

协助卫生部完成季度通报方案制订并完成季度通报报告，修订《结核病管理办法》，开展2013年中央转移支付地方结核病项目的申请工作，完成全国经费测算分析报告，举办全国结核病防治规划培训班。起草高危人群结核病防治策略，制订系列结核病防治技术文件，完成8个国家结核病防治策略调查，完成全国各级独立结核病防治所能力进行调查及《独立结防所“十二五”期间能力建设规划》。

五、耐多药防治

在耐多药工作推广前期，及时总结试点经验，出版《耐多药肺结核防治管理工作方案》，并下发至全国31个省及所辖地市。召开6省耐药工作经验交流会，总结耐药防治工作经验，并指导全国各省制定耐多药结核病防治工作计划。

完成耐多药防治培训梳理工作，并向卫生部上报《耐多药肺结核规范化治疗管理培训计划的报告》。同时为卫生部提供中国全球基金结核病项目结束后2013－2015年耐多药结核病防治工作经费的测算。

积极推进耐多药肺结核防治工作，扩大覆盖范围。截至2012年12月31日，全国已在30个省份80个地市开展了耐多药肺结核防治管理工作。同时积极推进全球基金耐多药新启动地区启动，完成盖茨项目医防合作子项目总结评估及MLE报告撰写。开展项目督导，加强规范化治疗管理工作。

在首都医科大学附属北京胸科医院正式启动耐多药肺结核远程咨询及培训平台，该平台计划在两年时间内逐步覆盖15个省（区、市），主要用于帮助我国各地区医务人员解决结核病，尤其是耐多药肺结核诊疗过程中遇到的疑难问题，提高结核病防治人员的临床诊疗技能。

六、结核菌/艾滋病病毒双重感染防治工作

2012年12月出版《结核分枝杆菌/艾滋病病毒双重感染防治工作技术指导手册》,针对294个重点艾滋病中高疫情县区举办系列TB/HIV双重感染诊断治疗培训。进一步完善TB/HIV数据的登记报告。

在3省开展异烟肼预防性治疗试点工作,在5省10个地市开展HIV/AIDS患者结核菌液体培养研究试点工作。开展全国第四次结核病患者中HIV/AIDS感染现状调查,完成全球基金项目TB/HIV防治领域各项工作收尾。

七、特殊人群及定点医院人群防治

加强特殊人群如流动人口、监狱人群中结核病防治工作,制订监管场所结核病防治工作指南,组织开展流动人口、监狱及定点医院领域相关培训,及时组织完成全球基金结核病项目流动人口、定点医院领域总结收尾工作。

八、监控与评价

按阶段配合信息中心完成结核病管理信息系统的三期改造工作以及结核病管理信息系统功能的升级工作;举办召开全国结核病监测培训班;完成了《结核病监测信息分析工作手册》及《十年结核病监测报告》编写工作;整理了结核病疫情介绍的简要材料,在中国结核病网站的知识交流窗共享使用。配合卫生部于2012年下半年组织开展全国结核病防治规划联合评估的工作。

组织开展各项工作的督导调研共计46次。组织对黑龙江、内蒙古和安徽三省进行结核病防治规划督导;针对山西学校疫情暴发现况,中心组织专家进行专题督导及调研,指导当地疫情处置;参加卫生部疾控局组织的针对10省的疾病预防控制工作督导。

九、实验室工作

实验室开展培养和药敏实验能力得到了加强。本年度向全国省级实验室及部分地市级实验室下发药敏熟练度测试菌株,并通报测试结果;国家结核病参比实验室完成新诊断技术应用建议(LED、LPA、基因芯片),并将《结核病新诊断技术的应用报告》上,新型结核病实验室诊断技术已经被列入《全国医疗服务价格项目规范》中;完成分子生物学诊断技术的质量保证体系方案初稿,向各省发放涂片、培养和药敏试验以及新技术的操作流程图,发放染色棒和接种环;编制并下发了实验室操作(涂片、培养、药物敏感试验和个人防护等)的音像资料和教学片;完成《分枝杆菌培养标准操作程序和质量保证手册》和《结核分枝杆菌抗结核药敏试验标准操作程序和质量保证手册》编写;9月份完成全国结核病耐药性监测实施方案培训工作。配合全球基金及盖茨项目完成相关实验室工作,并参与针

对耐药及实验室人员的相关培训。

十、药品供应与管理

就结核病药品管理策略提出合理化建议，并向卫生部及药监局进行专题汇报，受到领导好评及重视。开展 FDC 使用调研活动，规范 FDC 的使用及管理。完成科技部重大专项“结核病治疗新剂型研究”课题，对国内上市的抗结核固定剂量复合制剂进行了疗效、安全性及生物等效情况观察，并向卫生部单独上报《抗结核固定剂量复合制剂质量控制研究报告》。

定期分析药品管理数据，加强药品管理工作的培训和督导，制作完成抗结核药品管理软件，规范、提高药品管理水平。协助做好全球基金耐药结核病防治项目二线抗结核药的管理工作，包括：药品的测算、项目点培训、药品管理日常督导等。

组织举办全国抗结核药品固定剂量复合制剂推广使用和药品管理软件培训班，全面推广使用抗结核药品固定剂量复合制剂，加强药品管理。

十一、健康促进活动

成功改版“中国结核网”，新增诸多板块，清新的风格、详实的内容受到了各方的广泛好评，《功夫结核》防结核科普片制作上网。本年度在中国疾控中心网站发布信息稿件 517 件，在中心 32 个直属单位和部门中位居第 1。

积极探索利用新媒体开展结核病健康促进工作，与新浪、腾讯、人人网等网络开展合作，开通了官方微博，开通 7 个月以来，粉丝人数达到了 113 万，并仍在持续增长中。此外，中心还指导及协助各省开通了省级的官方微博，从而形成了结核病知识传播的网络结构，通过网络使得结核病知识的传播范围更加广泛。

协助卫生部组织开展了 2012 年“3.24”结核病日现场活动暨百千万志愿者活动启动仪式等系列活动，通过网友的评选，在“2012 新浪健康中国年度盛典”中结控中心荣获最有影响力组织机构奖。

加强多部门合作工作，与铁道部进一步合作，在全国开展针对一般人群、流动人口等不同受众的多种多样的健康促进活动，如播放电视广播宣传材料、发放宣传单/册等。

组织专家更新《健康促进手册》并出版下发。完成了社区结核病防治健康促进试点及总结工作。举办了全国结核病防治健康促进骨干培训班暨年会，进一步培养了全国健康促进骨干力量。

十二、内部管理

进一步完善内部管理制度，制定了《结控中心考勤管理规定》等管理办法，建立并运行例会与集体议事机制，强化人员职责分工、细化流程，推动各项业务活动规范、高效地开展。以制度规范行为,促进结控中心综合管理工作再上新台阶。组织召开4次全体会暨培训班,组织召开13次中心主任办公会及部门主任办公会,及时就中心工作进行布置和安排,强化思想建设,加强团队凝聚力。

建立并运行活动监控体系,开展实时跟踪、按期汇总、定期通报制度,督促各部门按《职工工作手册》要求开展各项活动。结控中心建立了质量监控与部门及个人的年度考评、评优相结合的工作机制。

协同办公平台系统高效稳定运行,截至12月31日,结控中心通过协同办公平台系统流转公文总量2378份,办公室适时跟踪公文办理情况,并督促相关部门及时办理落实各类收文,公文请示差错率较2011年有明显降低。

进一步完善经费使用管理规范,运行防范"小金库"及其他财务违规行为的承诺机制,建立了经费使用进度的监控机制,并与工作计划相衔接,科学分配预算、及时掌握每一项活动支出,定期通报经费使用率及使用进度,保证活动开展有规划、经费使用有计划。2012年结控中心中央财政结核病防治经费到位730万元,其中结核病防治经费450万元,实验室设备采购280万元,截至2012年12月31日中央级经费使用率达到96.4%,较2011年85.6%的经费使用率有明显提高。

结控中心2012年度新增6名在职人员、5名项目聘用人员,并借调省级骨干7人,现有员工总数76人(在职人员49人、省级借调骨干7人、各类项目聘用人员20人)。其中副高及以上职称在职人员19人,中级人员13人。博士学位8人、硕士学位23人,1人博士在读。不断完善内部人力资源发展规划,积极创造机会,搭建发展平台。通过内部培训、进修、基层锻炼、出国学习、学历再教育、学术讲座、互访交流等形式,提高员工综合素质。重视人文环境建设,营造团结、向上、和谐的工作氛围,关注职工思想、关心职工生活。

积极拓展对外技术交流与支持,有17人分别在中国防痨协会、中华医学会结核病学分会、卫生部疾病预防控制专家委员会、国际防痨与肺部联合会等担任相关职务及兼职专家

十三、科学研究与论文发表

国家"艾滋病和病毒性肝炎等重大传染病防治"科技重大专项"结核病发病模式研究"等4项课题,以及科技部科技支撑计划课题"结核病发病与死亡建模及分析技术研究"完成总结验收、审计工作,"重大新药创制"科技重大专项"结核病治疗新剂型研究"课题已进入收尾阶段。积极进行中心"十二五"艾滋病和病毒性肝炎等重大传染病防治科技重大专项"结核病流行与干预模式研究"课题的申请工作,现已完成课题申报书和预算书的编制提交。

积极申请全球基金实施性研究课题,中心共计承担6个课题,累计课题支持经费达到220万元。

本年度在各类杂志累计发表文章63篇，其中SCI文章10篇。2012年度结控中心共计在读研究生14人，其中2人为2012年度新招学生，本年度毕业4人。

十四、国际合作与交流

（一）国际交流

出访学习交流共计29批56人次，其中42人次参与23次国际结核病防治相关会议/培训班。接待来自美国、英国、意大利、比利时、荷兰、朝鲜等国家和地区的专家来访20批53人次。其中朝鲜卫生部结核病防控负责人带队一行4人专程来我国学习结核病防控经验。

（二）国际合作项目

中国全球基金结核病各级项目工作逐渐恢复常态，项目活动正有序开展。截至2012年底，基本DOTS、流动人口、结核菌/艾滋病病毒（TB/HIV）双重感染、定点医院等四个领域已经结束，正在开展总结评估和关账等收尾工作。为进一步提高耐多药肺结核患者的发现和诊治能力，对耐多药防治领域部分工作计划进行了调整，涉及经费1772万美元。为确保结核病防治工作从全球基金项目向国家防治规划的平稳过渡，项目办积极筹备，拟申请延期执行一年。

中盖结核病防治项目一期包括新诊断工具验证评估、患者管理及FDC质量保证及供应管理的工作已全部结束，已完成各子项目的总结及评估报告。一期项目的成果已通过政策建议推荐给卫生部，并体现在了“十二五”结核病防治规划中。项目二期正处于结核病预防控制综合模式试点启动的设计准备阶段，东部江苏镇江、中部湖北宜昌、西部陕西汉中3个试点及宁夏项目试点已确定，中央层面组织制定了综合模式实施方案、实施细则、基线调查和评估计划、筹资指导意见等技术文件。项目二期国产新检测技术的验证评估及其他各项工作进展顺利。

卫生部—梅里埃基金会第二轮结核病防治合作项目启动会于2012年10月30日在湖北武汉召开。达米恩项目基本按计划完成了本年度的各项现场督导与培训等项目实施工作。

2011年中美结核感染控制合作项目总结会暨2012年项目启动会于2012年6月6日在内蒙古自治区呼和浩特市召开。该项目完成了内蒙古自治区结核病项目的随访追踪、内蒙古地区村医结核感染调查以及耐多药结核病患者家庭成员密切接触者感染调查项目在2011－2012年度的各项现场调查与总结验收，继续开展2012－2013年度加强中国结核病感染控制合作项目的现场工作。

2012年3月20日，中国疾病预防控制中心与美国礼来基金会在北京签署了耐多药结核病防治合作项目谅解备忘录,这标志着“礼来耐多药结核病全球合作项目”(Lilly MDR - TB Partnership)第三阶段正式在中国启动。

卫生部—杨森耐多药结核病防治合作项目中耐多药肺结核防治筹资机制课题研究已完成前期各项准备工作,即将正式开展现场;公共健康教育部分顺利进展中。

十五、援疆援藏工作

组织开展了多项技术支持活动,援疆、援藏工作成果卓著。共有 1 人赴新疆协助新疆完成第五次流调社会经济学的分析和报告;在伊犁地区举办 1 期结核菌液体培养诊断培训班,组织新疆相关人员进行流行病学资料分析,并在喀什地区举办专题统计监测培训班,2 次培训班共培训人员 160 余名;同时邀请新疆疾控中心人员来京接受流调工作辅导培训。3 人次赴西藏督导调研并参与耐药授课。国家参比实验室本年度接收新疆 1 人进行实验室短期进修。本年度援疆、援藏累计资助金额达 30 余万元。

十六、荣誉与奖励

结控中心获得在新浪健康中国 2012 年年度盛典中被评为最有影响力机构。王黎霞获得中国科学技术委员会颁发的“2012 年度全国优秀科技工作者”称号。

(王黎霞　陈明亭　方群)

免 疫 规 划

一、扩大国家免疫规划工作

2012 年扩大国家免疫规划项目儿童常规免疫疫苗继续按照免疫程序对 0～6 岁儿童实现全覆盖，在既往安排麻疹、脊灰疫苗强化免疫以及麻疹监测工作经费的基础上，2012 年新增了 AEFI 和针对疾病监测等项目经费。

2012 年全国以县为单位常规接种率监测数据报告完整率为 97.74%(34 718/35 520)，以乡镇为单位报告完整率为 97.57%(483 579/495 600)。2012 年全国共报告接种常规免疫疫苗 387 683 777 剂次，全国 1 岁内儿童国家免疫规划疫苗报告接种率分别为，卡介苗 99.78%、脊灰 99.70%、百白破 99.67%、含麻疹类疫苗(麻风、麻腮风、麻腮)99.54%、乙肝 99.67%、流脑 A 群 99.54%、乙脑 99.59%。全国乙肝疫苗出生后 24 小时内及时接种率为 95.74%。

免疫规划中心抽调 10 名专业人员参加对国家基本公共卫生服务项目现场考核工作。考核结果显示，全国以乡为单位接种率报告完整率 96.29%，2011 年全国麻疹疫苗第二剂次接种率为 99.47%。本次现场考核调查儿童含麻疹疫苗第二剂次接种率为 99.58%。

为了解《条例》实施以来的执行现况和成效、出现的新问题、提出《条例》修订建议，免疫中心参加了卫生部疾控局开展的系列调研及报告起草工作。对调研中收集的问题进行了汇总分析。形成了调研报告，提出修订建议。

二、免疫规划相关重点传染病防控工作

(一)继续维持无脊髓灰质炎(脊灰)工作

继续做好应对新疆输入性脊灰野病毒疫情工作。新疆采用两种类型的脊灰疫苗(单价和三价)开展了儿童 5 轮、成人开展 4 轮的大规模的强化免疫，接种 4300 余万人；非脊灰 AFP 报告发病率＞2/10 万。

2012 年 11 月 28 日召开的西太区维持无脊灰证实会议，通过了中国 2012 年度维持无脊灰证实报告。西太区消灭脊灰证实委员会认为，中国在出色应对新疆地区疫情后，成功保持了无脊灰状态，中国开展的疫情调查和应对行动将成为全球应对其他输入疫情的典范。

加强全国急性弛缓性(AFP)病例监测工作。建立完善了“急性弛缓性麻痹病例监测信息报告管理系统”。全国具有网络直报能力的医疗机构和县级疾控中心均已能够对AFP 病例进行网络直报,各省均能够对 AFP 病例信息进行实时管理和分析,AFP 监测系统各项主要监测指标均达到卫生部和 WHO 的要求。

继续开展脊灰疫苗强化免疫活动。2011 年冬至 2012 年春,除新疆外,全国共有 26 个省份开展了不同程度的强化免疫活动;共有 10 个省份开展了集中查漏补种工作。两轮强化免疫分别接种适龄儿童 3883.7 万人、3954.3 万,接种率均超过 97%。积极应对处置脊灰疫苗病毒衍生株事件,及时给予技术指导,研讨制定防控策略。

加强边境地区维持无脊灰工作。2012 年 10 月,免疫规划中心在西藏自治区拉萨市举办加强边境地区维持无脊灰工作项目总结会。通过开展加强边境地区维持无脊灰工作项目,提高了边境地区疾控人员技术水平、工作能力,同时促进当地常规免疫规划工作发展,建议卫生部和中国疾控中心继续在边境地区组织开展维持无脊灰工作项目。

召开 2012 年度中国消灭脊灰证实专家委员会会议。一致认为目前的证据表明我国已成功阻断脊灰野病毒的传播,并在我国维持无脊灰进展报告上签字。同时,对进一步完善我国维持无脊灰工作进展报告及下阶段我国维持无脊灰工作提出了建议。

(二)消除麻疹工作

及时做好监测分析及信息反馈工作。每月分析麻疹疫情,撰写疫情简报并通过“免疫规划工作简报”反馈各级。

及时处置疫情多发调查。对上海、广东、黑龙江、山东和云南等省份麻疹监测工作调研。对云南省输入性麻疹开展疫情调查处置和风险评估工作。

做好消除麻疹认证准备工作。启动了《全国麻疹监测方案》修订前期工作。

继续实施国家麻疹监测点工作。着重加强《全国麻疹监测方案》的全面落实、加强麻疹疫情控制、麻疹监测工作考核、评估消除麻疹考核等方面的工作。

(三)乙型肝炎防控工作

开展全国乙型肝炎监测试点工作。下发了《2012 年乙型肝炎监测项目技术方案》,并对全国省级承担乙肝监测的流行病学和实验室专业人员进行了培训。在“疾病监测报告信息管理系统”和“突发公共卫生事件报告管理信息系统”中,对乙肝病例报告增加“附卡”信息。要求全国乙肝哨点监测地区在报告乙肝病例时,同时填报病例流行病学信息和实验室检测结果等信息。增加的信息将为进一步深入分析乙肝病例诊断、报告情况,校正乙肝发病率起到重要作用。

完成“WHO 西太区乙肝控制目标验证”工作。2012 年,免疫中心协助卫生部于 3 月份向 WHO 西太区提交了申请，要求对其实现乙肝控制目标进行验证。验证专家组对中国提交的出版物和原始文件进行了审评。通过审评，验证专家组达成一致结论：1999 年后出生儿童的 HBsAg 血清携带率（2006 年调查数据）已降至 1%或以下。因此，中国已成功实现将 5 岁以下儿童慢性 HBV 感染率降至<1%的地区目标。

继续做好 WHO 合作乙肝监测试点等国际合作项目工作，加强对临床医生的乙肝诊断标准和报告标准的培训工作。利用 GAVI 项目结余资金，开展了 GAVI 项目地区乙肝监测工作。

（四）其他国家免疫规划疫苗可预防传染病防控工作

进一步加强了风疹和流行性腮腺炎疫情分析，并将疫情分析以免疫规划工作快报形式发送卫生部并反馈各省。指导基层开展流行性腮腺炎疫苗效果调查。为麻疹、风疹、流行性腮腺炎疫苗免疫策略论证提供技术支持。

开展全国甲肝常规监测，参与了广西、河南、宁夏等省、自治区甲肝疫情的调查处置。为评估我国现阶段县级单位发生甲肝暴发疫情的潜在风险，并为制定有针对性的应急预案和工作方案提供基础资料和理论依据，撰写完成了“甲肝疫情传播风险评估方案（讨论稿）”。撰写了“云南彝良地震灾区甲肝风险评估报告”，为地震灾区提供技术支持。

继续在辽宁、甘肃等 11 省份的监测点，开展流行性脑脊髓膜炎（流脑）病例监测工作。监测结果显示，检出的流脑病例中，仍以 C 群病例构成为主，其次是未分群、B 群及 W135 群，A 群病例构成最少。A 群、B 群和 C 群菌株均对磺胺类药物耐药。

继续在河北、山西等 13 省份设立国家级监测点，开展加强乙脑病例监测、标本采集和运送、实验室检测，提高病例的实验室确诊率等工作。

三、免疫规划信息系统建设

GAVI 项目免疫规划信息管理系统建设。完成了《GAVI 项目免疫规划信息管理系统接口标准 V1.0》。制订了用户测试方案和测试大纲，组织专家对预防接种管理、冷链管理、疫苗管理和综合权限等对系统进行了全面测试。

完成儿童预防接种信息管理系统客户端软件升级。实现了跨省异地预防接种数据交换和基于个案的客户端软件报表向国家平台的直报。

四、疑似预防接种异常反应（AEFI）监测

2012 年全国 AEFI 信息管理系统共收到 AEFI 审核个案 104 617 例，比去年同期报告审核总例数增加 29 239 例（38.79%）。一般反应占 91.47%。定期举办 AEFI 监测沟通月例会，参加药品不良反应监测机构举办的沟通月例会。参加甲肝减毒活疫苗事件等 AEFI 应急事件的处理工作，对发现的严重病例和聚集病例及时进行分析和跟踪监测。

五、国际合作

全面执行中澳项目“疫苗上市后评价体系建立和应用及新疫苗免疫策略研究”,2012年10月,通过中澳项目办有关专家和内部专家的评审。同期召开了中澳项目成果推广交流会,100余名专家和专业人员参加会议。免疫规划中心获得了中澳项目研究荣誉证书。

在WHO的合作框架下,中国疾控中心对全国各省、自治区、直辖市以及新疆生产建设兵团,中国疾控中心国际合作处、公共卫生监测与信息服务中心、传染病预防控制处、病毒病预防控制所、免疫规划中心的公共卫生、媒体沟通、数据分析领域约80多名专家进行了消灭脊灰的技术培训。其中12人通过面试,10名专家于6月赴巴基斯坦开展现场工作,为巴消灭脊灰提供技术援助。

2012年9月,接待了来自朝鲜的10名研究生,主要研修领域为免疫规划管理和病毒性肝炎防治以及疫苗研发。安排专家介绍了中国免疫规划工作进展,组织参观了疫苗生产企业,赴浙江、河南省疾控中心,考察我国规范化门诊管理及病毒性肝炎防治等工作。

中日专家在中日免疫规划策略研讨会上分别介绍了中日免疫规划工作的现状及展望、麻疹疾病控制现状、预防接种风险沟通工作情况、疑似预防接种异常反应监测与补偿制度、新疫苗引入制度,中国维持无脊灰工作进展,日本灭活脊灰疫苗纳入免疫规划历程等内容。

受卫生部委托,5月召开了卫生部/UNICEF合作项目工作会议。项目地区分别进行了数据分析与利用、团队建设、贵州省实施黄牌警告制度、和田地区脊灰防控宣传工作情况等专题报告。

邀请世界卫生组织驻中国代表处医学官员、免疫规划组组长Dr. Lance Rodewald对全体免疫规划中心人员进行了“美国免疫规划政策的制定”专题讲座。

继续做好卫生部—WHO风疹CRS项目、开展消除麻疹进展报告撰写试点项目、麻疹传播因素流行病学调查项目等合作项目工作。

六、健康促进与宣传工作

利用微博等社会化媒体开展4·25预防接种宣传周活动,及时向大众传播健康信息。与搜狐网站合作,在搜狐微博开展题目为“为宝宝撑起疾病保护伞”的微访谈。设计了5种主题为“接种疫苗,家庭有责”的宣传海报和2种宣传折页,为各省实施宣传提供资料。组织参加了北京市预防接种宣传周启动仪式。

7·28“世界肝炎日”宣传活动中,中国疾控中心与北京市疾控中心联合在北京召开了学术研讨会议。在研讨会上,中国疾控中心王宇主任作了“我国病毒性肝炎的防控形势和面临的挑战”主旨报告,深刻分析了我国乙肝流行态势和在乙肝防控中取得的成绩,呼吁全社会都来关注病毒性肝炎、关注肝炎患者。

2012 年 12 月 3 日中国疫苗和免疫网站正式上线。更新后的网站设置兼顾公众、专业人员和其他等三大群体。面向公众的内容包括知识天地、互动天地和温馨提示等栏目，面向专业人员的内容包括会议培训、技术文件、学习园地等栏目，面向其他的内容包括机构信息、政策法规、调查报告、科研动态等。

七、开展重大专项等科学研究工作

完成“十一五”科技重大专项“我国乙型病毒性肝炎免疫预防策略研究”及“疫苗临床试验评价技术平台构建的研究”课题验收工作。

启动“十二五”科技重大专项“乙型肝炎病毒免疫预防新策略的研究”及“疫苗临床试验评价技术平台构建的研究”课题。

完成 EV71 灭活疫苗临床试验前手足口病流行病学和 EV71 一般人群抗体水平的横断面资料分析，为手足口病(EV71)灭活疫苗临床试验研究工作提供技术支持。

八、抗震救灾及应急工作

按照卫生部统一部署，立即组建卫生应急工作队紧急赴云南彝良县灾区开展卫生防病工作。免疫规划中心积极响应中心号召，全体职工积极报名参加，先后派出免疫中心张国民、殷大鹏、李黎、刘大卫四位同志，先后赶赴灾区，开展卫生防病工作。在充分做好风险评估的基础上，开展甲肝疫苗应急免疫接种及常规免疫查漏补种工作。

（李黎　王华庆　罗会明　崔富强）

公共卫生政策研究

一、结合医改各项任务的落实,开展疾控领域的相关政策研究

(一)参与卫生部有关公共卫生政策研究

全面梳理和总结中国疾控中心参与新医改五项重点改革任务的主要工作,提出各个工作领域和项目下一步工作计划。2012 年参与了卫生部疾控局组织的关于深化医改重大问题的研究,参与对《专业公共卫生机构实施基本公共卫生服务项目的职能及保障措施的研究》、《专业防治站所的管理与运行机制研究》的讨论。此外,还参与了卫生部疾病预防控制绩效考核评估指标修订、疾控机构岗位设置、疾控机构实验室设备配置研讨等工作。

(二)开展医疗机构公共卫生职责及岗位设置研究

针对我国医疗机构的公共卫生职责及岗位设置尚缺乏统一的标准和科学的测定这一情况,政研中心开展了《医疗机构公共卫生职责及岗位设置研究》项目。该项目委托江西省疾控中心具体实施。项目组两次赴江西调研,通过座谈、现场走访等方式,先后对江西省疾控中心、南昌市疾控中心、南昌市第三人民医院、萍乡市疾控中心、萍乡市第二人民医院、安源镇卫生院等 6 个单位进行了调研和交流,初步完成项目研究报告。

(三)开展疾控机构绩效工资实施情况研究

为进一步了解全国各级疾控机构人员编制状况和绩效工资实施情况,开展了疾控中心实施绩效工资情况研究,先后以问卷形式调查了 15 个副省级城市疾控中心和 32 个省级疾控中心的基本情况、绩效工资和绩效考核等基本情况,并赴天津市疾控中心进行现场调研,形成初步研究报告。

(四)国外公共卫生政策收集、监测工作

2012 年组织翻译了《英国医学期刊》(British Medical Journal,简称 BMJ)的《展望欧洲》系列文章,并与既往对荷兰、德国、法国、英国、瑞典和西班牙等 6 个欧洲国家的卫生系统,特别是公共卫生体制研究结果一起,整理完成《欧洲六国公共卫生服务系统介绍》

一书。

二、媒体沟通工作

(一)主动开展媒体沟通

2012 年全年共受理记者采访申请 178 人次,主动发布和安排集中采访 13 次,信源来自中国疾控中心相关报道共 1100 篇。

全年先后开展了诺如病毒、新型冠状病毒(类非典)、西尼罗病毒、美洲锥虫病(类艾滋)、炭疽、阪琦肠杆菌、铬超标(毒胶囊)等 7 个方面的热点答问。针对社会对儿童伤害等慢病防控的关注,制作核心知识要点,有重点、有计划的开展宣传工作。

(二)重点工作和公共卫生事件中的媒体沟通

9 月 14 - 16 日,组织中央电视台、新华社、《健康报》及湖北当地媒体记者对血防联系点作法和成效进行现场采访和报道。6 月 12 - 17 日,与性艾中心协作,邀请《健康报》记者一起深入四川省凉山州,实际体验艾滋病防治工作,《健康报》连续刊登反映凉山州艾滋病防治工作的深度报道。4 月 26 日是第五个“全国疟疾日”,邀请《人民日报》、中央人民广播电台等媒体就输入性疟疾防控工作与专家进行了交流。此外,积极协调专家接受饮用水宣传周媒体采访;认真组织援非工作媒体座谈会;配合免疫中心组织召开新疆脊髓灰质炎控制工作媒体座谈会;及时向媒体发布《新英格兰杂志》中心结核病耐药性调查结果;组织媒体报道第一届中国健康生活方式大会、中国卫生专家赴柬开展技术援助等重要活动。

(三)继续利用“两会”平台宣传疾控事业的发展

结合中国疾控中心疾控十年工作,2012 年“两会”特刊主题为“中国疾控中心成立 10 周年”专辑,以图文并茂形式反映了中国疾控中心十年发展历程。

(四)开展“疾控工作者-记者角色互换”活动

在卫生部新闻办“医卫-记者角色互换项目”的支持下,中国疾控中心作为该项目的首个执行单位,于 3 - 5 月开展了“疾控工作者-记者角色互换”走基层深度报道活动。新华社、新华视频、中央电视台、中国国际广播电台、《中国日报》、《健康报》、《健康时报》等媒体派出记者 33 人次走访了中国疾控中心 8 个单位和部门。同时,传染病所等 11 个单位和部门的 16 名专业人员分两批前往《健康报》、《健康时报》等媒体进行了体验,累计发稿 31 篇。

(五)“黄金大米”事件中的媒体沟通及舆情监测

8月30日媒体报道“黄金大米”试验有关情况后,政研中心及时关注媒体动态,全程参与中国疾控中心“黄金大米”试验调查工作组的相关工作,承担媒体沟通及舆情监测和分析任务。从9月6日-12月11日,共编发舆情报告26期,搜索到相关报道218篇,及时提交舆情分析及下一步舆情走向分析,向社会公布事实和处理结果,回应社会关注,引导舆论。同时,积极邀请有关机构分析在本次事件处置过程中的经验教训,进行典型案例分析。

(六)开展全国疾控机构媒体沟通工作评估

为全面评价全国疾控系统媒体沟通工作能力,进一步提高疾控机构媒体沟通工作水平,更好地利用媒体开展健康传播活动,政研中心与清华大学国际传播研究中心对2012年省级疾控系统媒体沟通工作进行全面评估,此次评估工作的开展将对整个疾控系统的媒体沟通工作起到重要的促进作用。

三、摸清中国疾控中心健康传播工作基础,协同开展健康教育工作

(一)健康传播工作调查研究

2012年,政研中心对中国疾控中心各业务领域的健康传播工作进行了较系统、完整和准确的调查研究。初步掌握了中心健康传播机构、人员、经费、设备等基本情况;全面了解2011年1月-2012年6月期间政研中心健康传播工作开展情况;为建立完善健康传播工作机制,制定相关工作制度,进一步推进健康传播工作提供理论依据。在政研中心健康传播工作会议上,对调查结果进行了分析和讨论。

(二)开展健康教育

及时结合社会关注的热点,利用中心网站开展健康教育活动,丰富健康知识栏目内容,先后设立了健康吃元宵、考前饮食安排、中秋月饼挑选、秋季营养补充、吃动两平衡5个专题;拍摄手足口病、流感、结核、乙肝、丙肝、麻疹6部科普宣传片;与中央电视台合作完成《科学食用小龙虾》及《科学食用福寿螺》两部科普宣传片;公共卫生领域热点话题信息库顺利在中心门户网站上线;编印完成《抗震防病严防大疫》、《震后常见外伤急救知识》、《正视震后反应做好心理调适》、《地震后常见传染病预防》等4种地震后健康教育宣传折页,以备应急使用。

(三)开展疾病防控知识宣传专家在线访谈

利用中心网站举行了控烟在线访谈;协助免疫中心在腾讯微博开展计划免疫日微访

谈；积极与中央人民广播电台央广之声合作，协调相关专家参与节目录制5期，访谈主题涉及肺结核、脊髓灰质炎、食物中毒、一氧化碳中毒、艾滋病等领域，同时将播出的内容上传中心网站，扩大宣传效果。

（四）省市健康教育调研工作

2012年，政研中心组织人员到江西、浙江、天津等地疾控机构和中心寄生虫病所、改水中心等单位进行调研，了解和讨论疾控机构开展健康教育工作的做法与体会，借鉴各地健康教育工作的经验，为进一步做好健康教育工作提供第一手资料。

四、疾控文化建设

（一）全国省级疾控文化建设调查

8－12月，组织对全国省级疾控机构疾控文化建设工作情况进行调查，涉及各省级疾控中心，以及结核病、皮肤病、职业病、血吸虫病等专病防治机构，新疆生产建设兵团疾控中心，各计划单列市疾控中心共79个单位。起草完成《全国省级疾控文化建设工作调查报告》。该工作是第一次对疾控系统文化建设开展全国性调查，对了解全国疾控体系文化建设现状及对以后发展发挥重要意义。

（二）开展疾控职业精神大讨论

根据卫生部2012年在全国医疗卫生系统开展职业精神大讨论活动的要求和具体部署，在全国疾控系统中广泛发动、积极引导职工投身于职业精神大讨论。政研中心与党办在山西忻州共同筹办了疾控职业精神研讨会，并深入考察湖北、上海、江西、浙江等省市疾控系统在总结疾控精神或内部文化建设的新经验。在取得基本共识的基础上形成10条疾控职业精神的初步表述形式，为思考和凝炼疾控职业精神提供了很好的借鉴与参考。

五、中心内部的宣传工作

与中心办、实验室处、保卫处、控烟办、群工处等部门合作，制作和展出展板104块，宣传疾控十年、中生杯摄影作品展、疾控记者角色互换、实验室安全、防震、控烟、“三八”妇女节活动等内容。

2012年，政研中心协助各单位和处室，进行各项活动摄影150余次。以中心门户网站新闻图片专栏为平台，启动了中心工作照片整理工作，共编辑2012年度新闻图片62组，照片320幅。

六、《中国疾控中心报》的交接和编辑

根据中心研究决定，10月起，《中国疾控中心报》的编辑和管理工作统一由党办移交

给政研中心。

七、筹备“疾控十年”系列活动

在“疾控十年”回顾总结活动筹备工作中，牵头完成了 4 万余字《十年磨砺再创辉煌——中国疾控中心十年工作回顾》总结报告的编写；中心成立以来 55 件重点事件的评选以及中心成立十年回顾画册《磨砺》的编制等工作。积极与卫生部新闻办协调，筹划了中心成立十年新闻发布会；举办“中生杯—疾控十年”主题摄影比赛以及 2012 年卫生纪实摄影研讨班。此外，与信息中心合作在中心门户网站开辟“疾控十年”专栏，与《健康报》、《中国卫生画报》等合作，制作“疾控十年”专版、专刊。

八、各类卫生法规和标准的制(修)订工作

推动中心卫生标准工作的落实，督促逾期项目尽快完成。参与《传染病防治法修正案》、《中医药法(草案送审稿)》、《残疾预防和残疾人康复条例》、《卫生部办公厅关于进一步规范卫生热点问题对外答问工作的通知(征求意见稿)》、《卫生部办公厅关于进一步加强卫生系统微博客运用和管理的通知(征求意见稿)》等政策法规、管理制度征求意见和修订研讨工作。

九、各专业学会的管理工作

作为中华预防医学会旅行卫生专业委员会秘书处，申报 2012 年学会继续医学教育项目，成功申请了“流动人群艾滋病防治新进展培训班”和“新形势下食品安全监督与风险监测研讨会”2 个继续教育项目。

在中华医学会公共卫生信息传播学组秘书处工作中，针对技术性和政策性强的突发公共卫生事件，建立了专家信息解读和信息传播机制。开展了“媒体关注的中国公共卫生十大热点”和“中国公共卫生新视角新闻奖”评选活动，受到社会的关注和好评。

继续做好中国卫生摄影协会卫生纪实摄影分会秘书处工作，做好《中国卫生画报》稿件提供和疾控机构的发行工作。

(王园)

公共卫生监测与信息服务

一、综合管理

1. 内部组织机构调整工作　3月中旬开展内部组织机构调整工作,调整后设11个科室,共聘任科室主任、副主任17人。

2. 建立规章制度　制定了会议室管理制度、机房出入制度、系统运维保障值班制度、办公用品需求单和办公用品审批制度、库房出入库管理制度、信息中心印章使用管理规定。

3. 固定资产管理　完成了3578件固定资产的清查和整理工作,共入库各类设备762件,办理新增固定资产259件,报废设备111件。

4. 公文办理　共处理协同办公平台流转文件2326件。其中信息中心发文293份、收文1068份;报送中心领导签批文件221份。

二、信息管理与服务

(一)监测信息管理

截至12月底,共编发全国传染病与突发公共卫生事件监测日报365期、周报54期、月报12期,协助卫生部拟定全国传染病疫情信息新闻发布稿12期。组织中心相关业务部门编写了2011年《中国法定传染病发病与死亡报告》,完成了《2011年全国传染病网络直报质量评价结果报告》并上报卫生部。

在综合考虑全国各级用户反馈意见与建议基础上,细化了网络直报质量综合评价指标"机构网络报告率"。

完成了《2012年全国死因监测年报》,完成了《2011年全国疾病监测系统死因数据集》。与卫生部统计信息中心商讨统一死因监测系统的相关事项,已完成了三部委发文初稿、死因登记信息报告管理规定初稿、省级死因监测点抽样方案等相关文件。

(二)网络和业务应用系统运维与服务

全年共处置重大网络接入中断故障4起;处置应用系统故障38次。

完成通过SDH接入卫生部政务外网工作;完成新址办公上网与直报系统2条线路的

整合;新增昌平园区数据中心到动物实验楼办公区上网用交换机及通讯线路;完成动物实验楼48个终端节点的线路接入。

完成中国疾控中心域名及免疫中心、病毒病所、GAVI项目等二级域名的委派和IP解析变更;完成193台服务器用途的重新统计与登记造册;完成协同办公系统通过SDH、SSLVPN、IPSECVPN及政务网4种方式同时访问的方案设计、规划、部署与实施、运维;完成中国疾病预防控制信息系统通过公网、SDH、VPN和政务网4种方式同时访问的实施工作。为鼠布基地等6部门提供VPN设备6台,培训6人次,完成3部门VPN遂道连通方案及连通操作。管理南纬路有效上网账户960个,承担近400人的桌面维护。向南纬路办公区的10余个部门提供桌面维护服务708次。

管理中国疾病预防控制信息系统用户169 357人,其中有效用户8760人;处理17次需求变更申请;制订了新的系统变更规范、系统发布规范和用户管理规范,其中系统变更规范已正式下发,系统发布规范已执行,用户管理规范已完成初稿。

管理和维护2290个中心邮箱用户,其中2012年新增160个用户;为慢病中心、病毒病所建立了独立域名邮箱;短信平台共发送短信息90余万条。维护更新数字证书1631张,新办311张,吊销13张,补办14张,同时完成了协同办公各省级节点数字证书(共64张)的发放、管理及技术支持工作。

(三)协同办公平台和网站工作

处置协同办公平台故障25次。有效活跃用户数2289人,1－11月删除和调整用户155人,新增用户183人。协同办公省级节点建设工作已顺利完成,31个省级疾控中心及新疆生产建设兵团疾控中心协同办公系统已全部开通运行。

制定了《中国疾病预防控制中心网站管理办法》,中心门户网站共更新新闻5569条,新建栏目57个,模板8个,组织在线访谈1次。

(四)信息安全工作

8月,接受了由公安部信息安全检查小组对昌平园区的网络与信息安全现场抽查工作,配合检查小组完成了对中心重要网络和信息系统、网络设备、安全设备、服务器、终端、密码设备、业务应用系统的现场测试。

举办了全国省级信息安全管理及应用培训班;组织召开了全国疾控信息网络安全应急机制研讨会;制订完成《中国疾病预防控制信息系统电子认证服务技术指导方案(初稿)》;下发了《关于加强中国疾病预防控制信息系统信息安全等级保护建设工作的通知》、《关于加强网络直报系统省级用户虚拟专网(VPN)管理使用的通知》和《疾控信息系统安全等级保护与安全网络接入建设(讨论稿)》、《中国疾控中心信息系统安全等级保护需求示例》等技术文件。

(五)科技文献服务及出版编辑工作

完成2012年度科技文献资源采购,新引进JCR数据库及EndNote Web软件并开展使用培训;为中心职工提供SCI数据库免费试用1个月;完成10个查新、28个查引工作;完成12期《世界卫生组织简报》编辑发行工作;完成《2011年中国疾病预防控制中心科技成果及论著汇编》的编辑、出版、发行。

《生物医学与环境科学》(BES)杂志全年出版6期,页码从80页增至128页,在SCI中的影响因子达到1.345,再创历史新高;杂志申办月刊已获批准;来稿量方面,截至2012年12月初的来稿量比2009年增长超过100%,审稿专家队伍超过500人。

(六)数据管理工作

完成了2011年度网络直报基础编码和人口资料维护工作;完成了基础编码手册的出版印刷和邮寄分发工作;完成了2011年度GIS系统中地图数据的更新;召开了2012年基础编码和人口资料维护工作会议,维护工作已基本完成;2012年度GIS数据更新整理工作已基本完成;完成了乡镇面地图数据的采购。

开展了数据交换系统升级改造工作,将数据交换方式改为由中心向外自动推送的方式,本年度已完成平台测试;建立完善了数据服务审批机制和工作流程;完成了中国统计数据应用支持系统的部署,并在中心内推广使用。

开展了公共卫生数据资源规划管理和基本信息系统培训,组织编写了《2011年疾控基本信息统计分析报告》,完成了基本信息系统升级与改造验收。

(七)教学工作

完成MPH、协和公卫、科研型硕士研究生卫生统计学教学,完成博士研究生医学研究统计方法和科研型硕士研究生医学现场调查技术教学,满意率均在80%以上。完成MPH、协和公卫、科研型硕士研究生信息技术及应用课程教学。完成生物医学信息课程的教学、实习等工作。

编写《卫生统计学》讲义,并在2012级科研型硕士研究生卫生统计学教学中试用。

三、新址信息系统建设项目工作

(一)建立项目管理规章制度

制定了新址信息系统项目每日跟踪管理制度、工作例会制度、制定《新址信息系统建设项目验收工作规范(试行)》、建立并完善新址信息系统项目周交流会制度、文档管理制度、建立文件交接和借阅制度。

(二)建设进展

2012 年建设内容中,健康危险因素监测信息系统升级改造和预防艾滋病、梅毒和乙肝母婴传播管理信息系统已完成需求说明书确认。信息安全等级保护、新址服务器硬件扩容 2 个项目均已签署合同,按计划推进。

2011 年建设的五大业务系统改造和容灾中心项目进展顺利,统一数据采集平台和重点慢病患病监测示范信息管理系统、生命登记信息管理系统、结核病监测信息管理系统、艾滋病监测信息管理系统正在修改完善。已召开慢病监测系统试点应用工作启动和技术培训会议。

2010 年建设的应用平台总体集成项目已组织完成应用平台用户测试,系统初验、集成、试运行及终验,开展了门户培训及推广工作。

四、科研工作与技术支持服务

(一)在研课题

1. “973”项目子课题四“不同区域气候敏感疾病的响应和适应机制研究” 主要负责信息共享平台的建设。已完成系统硬件环境搭建,目前共享平台已正式运行。

2. 高分疾病预防控制遥感信息服务系统先期攻关 收集和整理前期疾病监测点死亡数据、慢性病和行为危险因素数据、病例地址匹配、道路交通图层数据、空气污染数据等。对数据进行前期处理,同时协助中科院地理所现场环境采样。

3. 疾病负担研究 已完成了理论方法学习、文献复习、数据收集整理等工作。已利用全国行为危险因素调查的数据,根据比较风险评估(CRA)的方法计算出 7 大危险因素所造成的相关疾病死亡的人群归因分值(PAF)。

4. 淮河流域重点地区恶性肿瘤流行病学调查工作 淮河肿瘤项目中的死因调查和死因监测以及病例对照研究现场调查工作已完成常规死因监测质量评估,定期产出淮河流域死因监测质量分析报告,发布在淮河项目专刊上;2012 年度淮河流域重点地区死因监测年报,已完成 14 个项目县死因数据集的产出工作。

5. “十一五”科技支撑项目“淮河流域水污染与肿瘤的相关性评估研究” 主要负责“淮河流域水环境与癌症死亡图集”癌症相关的地图绘制,已完成淮河流域上消化道肿瘤死亡与环境污染空间模式研究。

6. 环境健康风险评估基本数据集与信息共享关键技术研究项目 完成了相关数据集编写的基础工作和元数据管理信息系统需求整理。

7. 公共卫生科学数据中心建设 完成了需求整理、招标、工作组织等网站运行服务与升级改造工作;开展专题服务需求整理和招标;完成网站的常规维护和数据服务,保障系统的正常运行,接受235次在线数据申请。

8. 中国卫生信息化人才队伍现况研究　受卫生部人才交流服务中心委托,参与公共卫生信息人才调查问卷的前期准备与测试,组织实施了全国31个省级疾控中心和地市级卫生信息化人才现况调查,利用流行病学动态数据采集平台(EDDC)平台完成数据收集,开展了详尽的数据分析,撰写了《中国公共卫生信息化人才队伍现状与发展策略研究报告》。

(二)申报课题

完成了国家科技重大专项艾滋病和病毒性肝炎等重大传染病防治"传染病监测技术平台"项目中"自然疫源性传染病病原谱流行规律及变异研究"课题的任务书编写及上报;联合相关部门申报"十二五"国家科技重大专项艾滋病和病毒性肝炎等重大传染病防治项目中"中国医学病原微生物资源网络体系建立"课题;联合其他部门共同申报国家科技重大专项艾滋病和病毒性肝炎等重大传染病防治项目中综合示范区信息平台建设课题。

(三)课题结题验收

完成"十一五"国家科技支撑计划课题"疾病预防控制信息集成适宜技术开发与应用"的结题验收工作;完成"疟疾时空分布变化及传播风险预测研究"和"传染病发病的五运六气特征研究"两项横向合作重大专项接受审计与结题工作;完成重大专项课题"艾滋病和病毒性肝炎等信息化技术平台"、传染病监测技术平台项目"自然疫源性传染病病原谱流行规律及变异研究"课题中"项目信息系统规划设计"子课题的结题审计与结题验收材料准备和上报。

(四)技术支持与服务

1. 统计咨询服务　完成了全国职业健康状况调查资料数据分析和全国重点职业病发病推算工作,并完成了全国职业健康状况调查—煤工尘肺、矽肺、铅中毒、镉中毒、苯中毒和正己烷中毒发病情况估算报告。向卫生部医政司、中国药品生物制品检定所等机构提供了统计咨询服务。

2. 信息技术支持服务　协助中国疾控中心教育培训处、结控中心、职业卫生所等部门完成信息系统建设方面的有关技术支持工作;维护管理中心合同登记系统;维护管理中心招聘系统;完成慢病处全民健康生活方式行动工作信息管理系统、全球基金管理系统、中盖结核项目管理系统的服务器迁移部署;协助完成实验室信息管理系统服务器硬件验收；协助开通军事医学科学院到中心的视频会议联调。对多个使用EDDC的疾控机构进行技术支持，利用EDDC实现了《卫生信息化人才队伍调研》、《全国传染病网络直报质量督导调查》及《2012年疾控机构建设情况调查》的调查系统定制工作。

3. 数据服务　完善数据服务审批流程，全年对中心和外部机构的250项需求提供了数据服务。

五、培训与技术指导

（一）全国传染病与突发公共卫生事件网络直报管理技术培训

组织完成了全国传染病与突发公共卫生事件管理技术省级师资培训和地市培训。全国32个省级疾控中心近90名专业技术人员接受了培训。

在全国分9个片区开展了传染病与突发公共卫生事件管理技术地市级培训。全国27个省、自治区和新疆生产建设兵团所属各地市级疾控中心，4个直辖市所属各县区疾控中心的专业技术人员近1000人参加了培训。

（二）三级卫生信息平台公共卫生综合试点应用工作启动

在全国东、中、西部各选择一个省级疾控中心和一个地市疾控中心作为试点单位，建立省级、地市级两级疾控数据分中心，并依托国家电子政务外网与国家疾控中心数据中心连接，试点应用统一标准的分布式业务系统，实现三级数据中心互联互通。为促进试点工作，于2012年12月召开了国家三级卫生信息平台公共卫生综合试点应用工作启动会。

（三）全国省级疾控中心数据中心网络管理技术和信息安全培训

开展全国省级疾控中心数据中心网络管理技术和信息安全培训，各省级疾控中心的信息技术人员60余人接受培训。

（四）全国传染病报告质量督导检查

受卫生部疾控局委托，组织完成5个省份的传染病网络直报质量督导检查。

（五）全国疾病监测系统死因漏报调查省级专家培训

开展全国疾病监测系统死因漏报调查省级专家培训，31个省（市）疾控中心的50余名业务人员参加。

六、援疆、援藏工作

（一）技术指导

配合克拉玛依市公共卫生信息化建设工作，开展新疆克拉玛依市公共卫生信息化工作调研，形成《克拉玛依市公共卫生信息化调研工作的报告》，编写完成《克拉玛依市数字疾控公共卫生信息化综合示范区建设试点技术指导方案（讨论稿）》。现场指导新疆喀什市疾控中心及部分县级疾控中心信息化建设。派员参加了中国疾控中心 2012 年援藏工作座谈会，形成信息中心援藏工作方案。

（二）人员培训

开展了西藏自治区传染病网络直报业务管理培训，自治区疾控中心、17 个地市级疾控中心传染病网络直报相关业务人员以及疾病监测信息管理室相关技术人员参加培训。目前西藏自治区及 7 个地市疾控中心均能正确使用数字证书通过 SSL－VPN 方式登陆网络直报系统。

接受新疆疾控中心、新疆生产建设兵团疾控中心 5 人在信息中心学习进修。

（三）设备支持

为西藏自治区疾控中心提供一台 SSL－VPN 设备，完成设备部署和近 200 个 SSL－VPN 用户的设置工作。全年信息中心援疆援藏工作累计投入 45.7 万元。

七、组织学术交流

组织召开了中华预防医学会预防医学情报专业委员会第二十三届学术交流会议。承担了 2012 中国公共卫生信息学术年会的筹备工作。积极组织人员参加 2012 中国卫生信息技术交流大会，并主持其中公共卫生信息化分论坛。与中国卫生信息学会、澳大利亚昆士兰大学联合举办了空间流行病学交流培训班，来自全国各省、市级疾控中心，医学院校的教师和研究生等 100 余人参加培训交流。举行了降低疾病负担，提高期望寿命中美澳三方合作启动暨方法学研讨会。

（马家奇　苏雪梅　傅罡）

公共卫生管理

一、公共卫生技术支撑工作

(一)首届卫生监督技能竞赛

2012年卫生部与中华全国总工会联合举办了以“执法为民、护卫健康”为主题的首届全国卫生监督技能竞赛活动。中心作为竞赛活动的协办单位,承担卫生监督技术支撑组工作。具体负责职业病诊断鉴定类试题命题、实验室饮用水盲样考核及放射工作人员个人剂量监测盲样考核工作,公卫处作为本项工作的组织协调单位,及时组织环境所、职业卫生所、辐射安全所有关人员推进竞赛组委会布置的相关业务工作,并强调以科学、严谨、公正的态度落实出题及考核工作。

此次竞赛于8月30日-9月1日在北京举行了复赛和决赛,并取得了圆满成功,我中心在组织生活饮用水、放射卫生个人剂量监测实验室盲样考核以及职业病诊断与鉴定专业竞赛题库组建、竞赛专家组工作等方面发挥了重要作用,为大赛的圆满成功奠定了坚实的专业技术基础,受到了卫生部直属机关党委、卫生部食品安全与卫生监督局的书面表扬。

(二)《农村饮用水监督监测规范》编制工作

为加强农村饮用水卫生监督监测工作,保障农村居民饮用水卫生安全,受卫生部食品安全综合协调与卫生监督局委托,于2012年4月7-9日在浙江省杭州市组织召开了农村饮用水卫生监督监测规范编制工作会,《农村饮用水监督监测规范》编制工作正式启动。来自中国疾控中心、浙江省疾控中心、湖北省疾控中心、河南省疾控中心、贵州省卫生监督局、浙江省卫生监督所、广东省卫生监督所等单位的专家参加了会议。

(三)成立饮用水卫生安全保障工作组

为完善饮用水卫生安全保障工作机制,切实做好饮用水卫生标准实施、管理和技术支撑工作,防范因饮用水不合格引发的各类公共卫生问题,维护公众健康。成立了由领导组、综合协调组、专家技术组、媒体沟通组组成的饮用水卫生安全保障工作组,并制定了《饮用水卫生安全保障工作方案》。

(四)全国省、市、县级疾病预防控制中心公共卫生工作规范制订

受卫生部卫生监督局委托于2010年5月,启动了《环境卫生工作规范》、《食品安全工作规范》和《放射卫生工作规范》的编制工作,2011年8月启动了《职业卫生工作规范》编制工作,经过反复讨论和修改,2012年5月完成征求意见稿,上报卫生部卫生监督局,待进一步征求意见修改完善后下发。

(五)《疾病预防控制60年》编制工作

为配合卫生部疾控局做好卫生防疫工作体系建立60周年和党中央、国务院提出健全完善疾控体系建设10周年纪念活动,根据卫生部疾控局的部署,组织环境所、职业卫生所、辐射安全所有关专家撰写《疾病预防控制60年》相关内容。公卫处为各专业拟定了编写提纲,目前已完成初稿并征求了业内资深专家对初稿编写内容的意见。

二、公共卫生专项工作

(一)开展全国重点地区环境与健康专项调查

自2011年7月开始,该项调查在试点地区经过调研筹备(实地考察、分类指导)和设计论证(实施方案起草论证)两阶段工作的基础上,于2012年进入全面协调实施阶段。

1. 2012年初组织各试点区县参与调查的部门和机构,对调查工作进行了任务对接和职责分工　2012年2月9－10日,组织进行专项调查点实施方案修订会,推动技术衔接(研究队伍的衔接、技术方法的衔接、数据指标的衔接)和行政工作两个结合(中央和地方的结合、政府和机构的结合、专家和试点的结合)。同时,依据各调查点机构的工作量,对环保卫生双方工作经费重新评估与划分,消除了因经费分配不公而造成的合作单位间的矛盾。另外,与当地政府做好沟通,做好协调支持和政策保障、突发事件应急、保密及伦理学审查等工作。2月29日典型地区8个试点地区调查正式启动。

2. 确定技术培训原则　资源整合、领域合作、综合实施、分步分级。将培训分为省级管理和技术骨干的一级培训及省级技术执行组、调查点工作组相关人员的二级培训。到目前为止,共进行全国性调查综合技术培训3次,数据编码技术培训3次,数据整理与统计分析培训2次,有力推动了调查工作的开展。

3. 建立了全程质控网络体系和信息数据共享平台　确定了以国家环境分析测试中心、中国环境监测总站、环境保护部华南环境科学研究所、中国疾病预防控制中心等8个机构的实验室作为“专项调查”参比实验室,分别负责各试点地区实验室实施质控工作;并于4月组织对各试点地区承担样品检测工作的实验室进行检测能力核查。各参

比实验室于2012年3-9月期间，组织开展“专项调查”试点地区实验室质控工作，主体工作于2012年8月31日前完成。同时，经过近一年的试点，卫生与环保信息数据共享平台也已经成熟，经过双方专家多次讨论，于2012年11月颁布，双方正式下载并交流调查数据。

4. 对各试点地区调查的方案审核、现场督导和技术指导实施指导　自2012年3月开始，8个试点区县相继启动专项调查。公卫处组织总体技术组专家于4月7日再次对各点的实施方案进行最终审核，及时解决了部分方案调查内容、指标减少和环保卫生工作衔接不足等问题。同时，为充分了解各调查点的准备和实施情况，公卫处派员与总体技术组相关专家、环保部科技标准司有关领导分别前往云南会泽、山西洪洞、江西大余、山东淄博各试点地区参加项目启动，帮助试点区县完善方案、解决技术难题、推动工作进程；特别一提的是总体技术组专家帮助山西重新明确了调查区域和范围，协调并调整了合作对象、制定并完善实施方案，为该省调查工作的顺利开展奠定了基础。至2012年8月中旬，除浙江和广西两点之外，专项调查卫生部门现场工作均已基本完成，实验室检测也于11月完成，相关的数据上报进展顺利。

5. 2013年度调查点位的筛选和相关工作的安排　自2012年6月开始，总体技术组专家着手开始2013-2014年调查点位的筛选，本次筛选除坚持原有的筛选原则外，把关注的重点仍放在针对重金属（铬、汞、铅、砷、镉）、有机污染物及复合污染等三大类型，特别将调查点的区域代表性、当地政府的支持情况及已有工作基础作为备选点确定的前提条件。2012年7月23日-8月10日期间，“专项调查”国家项目管理办公室组织总体技术组专家，分五组赴23个省市、自治区三大类污染的33个点位进行实地考察。最终确定24个点作为下一步调查的备选点。同时，针对下一步工作重点，对参与工作的部分卫生领域专家（环境所和职卫所）的任务进行了协商与安排。

6. 调查工作的初步总结和试点地区统计分析方案的编制　2012年8月，公卫处组织召开2012全国重点地区环境与健康专项调查进展汇报会，邀请卫生部监督局领导及8个试点地区卫生专业专家参会，各试点地区专业人员汇报了专项调查准备、组织、实施的进展情况；并分组讨论调查工作过程中的经验、教训及存在问题；交流各试点调查工作技术培训、质控及项目管理工作经验，并提出下一步工作安排及设想。

随着各试点现场调查工作的完成，数据上报汇总、统计分析工作成为工作的主要技术环节。为此，总体技术组经过讨论决定，根据各省实施方案制定统计分析计划书，根据统计分析计划书开展数据分析，完成各项目省的统计分析报告，并在各省分析报告的基础上，编制总体技术性统计报告。公卫处牵头组织技术组相关专家自2012年8月开始先后4次讨论，基本完成各省统计分析计划书初稿，并于9月26-28日与各点调查人员及专家进行讨论和对接，使其更趋完善。下一步，准备各试点开展统计分析培训班，组织各试点省和专业统计专家分别对现有的数据进行统计分析，在此基础上完成各试点专项调查报告。

（二）公共卫生骨干技术培训量化管理和效果评估

2012 年 11－12 月期间，根据本年公共卫生管理的工作重点，围绕青年基金项目——“公共卫生骨干技术培训量化管理和效果评估”的主要内容，公卫处对江苏、天津、黑龙江、重庆和云南 5 个省级疾控中心公共卫生人力资源配置、机构设置和技术能力现状进行了调研。初步了解上述省级疾控中心这两年职能调整后，专业机构设置、人力资源配置和技术能力建设等方面的变化，着重了解人力资源情况和技术能力现状，掌握基层机构人才队伍、技术能力与实际工作的差距和存在的主要问题，在此基础上进行全国范围的摸底调查，以期确定公共卫生培训的规模与方向。

三、公共卫生能力建设工作

（一）2011 年度全国重点地方病统计年报汇总工作

2012 年 2 月 28 日－3 月 2 日，中国疾控中心公卫处委托地方病控制中心（地病中心）在广西自治区桂林市召开了“2011 年度全国重点地方病统计年报汇总工作会议”，全国 31 个省（市、自治区）及新疆生产建设兵团的 51 名代表参加了会议。会议就我国卫生统计调查表修订要求及相关卫生统计学知识；地方性氟中毒病区判定划分、病情诊断及防治新进展；大骨节病诊断、控制与考核验收办法；2011 年度全国地方病统计年报分析报告等地方病相关专业知识进行了培训。

（二）农村集中式供水工程卫生学评价技术培训

建设适度规模的农村集中式供水工程是解决我国农村饮用水安全的有效措施之一。自“十一五”规划实施以来，新建农村集中式供水工程 22.5 万处，监测结果显示，截至 2011 年，农村集中式供水覆盖率已达到 55.1％。供水工程卫生学评价是从规划、设计、建设和运行管理各阶段确保供水工程符合卫生要求的有效手段，为此，2012 年 5 月 20－24 日，公卫处、改水中心在北京共同主办了第四期农村集中式供水工程卫生学评价技术培训班。学员来自县级以上疾控中心、卫生监督等部门参与农村集中式供水工程卫生学评价的专业技术人员，共 40 余人。

培训人员评估结果显示，基层卫生专业技术人员在饮用水卫生管理和农村供水工程卫生学评价方面的专业知识不足，缺乏现场操作经验，亟需此类培训；此次培训内容针对基层需求，强调理论和实践的结合，效果良好，对提高基层技术人员在饮用水安全和水质卫生方面的技术和管理水平具有积极作用。

(三)全国碘缺乏病实验室网络外质控考核结果总结会暨实验室技术培训

为总结2012年度全国碘缺乏病实验室外质控考核结果,开展相关技术培训,公卫处委托国家碘缺乏病参照实验室(NRL)于2012年7月2-5日在北戴河举办了全国碘缺乏病实验室网络外质控考核结果总结会暨实验室技术培训班,来自全国各省(自治区、直辖市)疾控中心、地方病防治所及部分地市级疾控中心的90位代表参加了会议。

本年度有32个省级单位(自治区、直辖市、新疆生产建设兵团)、天津医科大学、347个地市级和101个县级实验室获得尿碘考核合格证书;28个省级单位(自治区、直辖市、新疆生产建设兵团)、313个地市级、1641个县级实验室获得盐碘考核合格证书。

(四)克山病相关卫生标准培训

2012年8月28日-9月1日中国疾控中心公卫处委托地病中心在黑龙江省黑河市举办了国家级继续教育项目"全国克山病相关卫生标准"培训班。参加培训36人,包括来自河北、河南、山东、黑龙江、吉林、辽宁、陕西、山西、内蒙古、湖北、四川、重庆、云南、甘肃、贵州15个省市的全国克山病防治工作一线人员。

(五)全国职业病信息报告人员培训

职业病专业自2006年启动网络直报以来,公卫处于2007年、2008年两度对西部地市级用户进行直报系统使用方法的培训。由于近年来人员流动较大,且省级业务机构经费有限,难以对基层单位进行复训,为加强直报系统网底人员业务能力,公卫处于2012年10月10-12日再次对职业病诊断机构的报告员开展培训。共有37位来自省、市级职业病报告单位的代表参加了培训。由于培训内容广泛,包含了常用操作和常见错误、业务管理知识、职业病报告工作的历史沿革、职业流行病学和职业病诊断相关保障制度等相关知识。各代表对培训会给予充分肯定,并希望定期举办类似培训。

(六)举办年度职业病防治机构检测能力考核工作总结与交流

职业病防治机构实验室检测能力考核是卫生部监督局委托职业卫生所每年进行的常规工作,为提高全国疾病预防控制机构和职业病防治机构应对铅、镉中毒事件的检测技术能力,对职业病防治机构检测能力考核过程中发现的问题进行探讨,公卫处于11月19-22日在北京组织召开了2012年度职业病防治机构检测能力考核工作总结与交流会。共有43名检验人员参会,其中有40名来自省、市级职业病防治机构,有3名来自浙江省医学科学院和中国民用航空局民用航空医学中心民用航空医学研究所。公卫处在全部交流内容结束后对参会代表进行问卷调查,结果显示半数以上参会代表为中级职称,本科学历,从事检测工作的时间最短为1年,最长为41年;参与调查者对会议内容普遍满意。

五、卫生应急工作

(一)药品胶囊中铬含量检测工作

2012年4月21日下午,根据卫生部领导关于中国疾控中心和有关省市疾控中心积极配合国家食品药品监管部门开展药品流通环节胶囊剂药品专项监督抽验工作,检验药品胶囊中铬含量的指示,中国疾控中心组织北京、天津、辽宁、上海、江苏、山东、安徽、湖北、广东省(市)疾控中心和环境所、职业卫生所开展了相关检测。经过48小时紧张工作,各承检单位按照国家食品药品监管局的技术方案和规定时限,对卫生部分配的1000批次样品(药检机构2600批)进行了检测,圆满完成了检测任务。

(二)居民饮水不安全问题调查

2012年8月31日-9月1日,根据卫生监督局的部署,组织环境所专家对湖南省湘乡市五矿湖铁铬渣引起的周边居民饮水不安全问题进行调查并撰写调查报告。20万吨地面上堆积的铬渣已于2011年底全部处理完毕,剩余的受铬污染严重的地下土壤(称为含铬渣土)6.3万吨计划于2012年底处理完毕。目前,政府正对厂区周边居民家中自来水管道进行改造替换,预计于2012年11月完成,届时,厂区周边居民可全部用上合格的市政管网自来水。

2012年7月22-24日,根据卫生监督局的部署,组织环境所专家对媒体反映的广西合浦县农村师生饮水不安全问题进行调查并撰写调查报告。查看了学校供水,水质监督监测、学生病假记录等有关资料,现场取样及近年当地疾控中心检测结果表明,寄宿制和非寄宿制学校自来水合格率较高,而自备水源水合格率较低,主要问题是pH值、菌落总数和大肠杆菌不达标。

六、援疆援藏工作

(一)援疆工作

为贯彻落实中央新疆工作座谈会精神和卫生部的援疆工作部署,受中国疾控中心选派,公卫处雷苏文研究员作为卫生部第七批援疆干部,于2011年8月-2012年8月,在新疆自治区疾控中心承担了挂职援疆工作任务。依托中心相关部门的支持,在发挥“桥头堡”作用、开展业务分管工作、脊灰疫情防控工作、建言献策、传帮带和扶贫帮困等方面,得到了自治区党委组织部、自治区卫生厅党组和自治区疾控中心领导和同事的肯定。援疆工作顺利通过了中心和新疆自治区卫生厅及自治区疾控中心的考核,被自治区党委组织部授予创先争优先进个人,被自治区疾控中心党委授予优秀援疆干部。雷苏文同志援疆结束回到中心后,受中心团委委托,与中心团委委员、各直属单位团总支书记、委员及团员代表等团员青年交流了援疆工作体会,使团员干部更深刻的认识到援疆工作的重要意义。

(二)饮茶型氟中毒流行现况调查工作

为准确掌握西藏自治区饮茶型地方性氟中毒流行现状,推动饮茶型地方性氟中毒防治工作,公卫处委托地方病控制中心组织专家组,于2012年9月2-29日赴西藏自治区开展了饮茶型氟中毒流行现况调查工作。

通过本次现场调查,不仅初步掌握了西藏自治区饮茶型氟中毒流行情况,同时还为西藏自治区疾控中心培训了4名饮茶型氟中毒防治技术骨干,超过20名地区级及县级业务人员接受指导并掌握了饮茶型氟中毒的诊断及流行病学调查技术。

现场调查工作得到了卫生部疾控局的大力支持,同时也得到了西藏自治区疾病预防控制中心、各调查地区及各调查县卫生局、疾病预防控制中心的大力支持与配合。

(刘东山)

慢性病防治与社区卫生

一、承担世界银行贷款“中国经济改革的实施项目——医改框架下慢性病防控策略研究”

在财政部的领导和支持下，卫生部疾控局委托慢病处承担世界银行贷款“中国经济改革的实施（技援五期）项目”中的子项目“医改框架下慢性病防控策略研究”。该研究旨在落实医改政策，并为科学制定慢性病相关公共卫生服务措施提出建议。在前期其他单位开展的“我国慢性病的疾病负担研究”、“主要慢性病卫生服务提供情况及费用现状调查研究”、“国内外案例对比分析研究”等3个研究的基础上，综合分析了我国国情发展、慢性病防控体系发展、现行医改重大慢性病防控项目执行情况、基本公共卫生服务项目执行情况、慢性病防控医疗保险需求等医改面临的重要问题，提出慢性病防控的近期和中长期发展目标、防控策略和政策建议等。

二、配合《中国慢性病防治工作规划(2012－2015年)》的出台及宣贯

受卫生部疾控局委托，慢病处承担组织制订慢性病规划的有关工作。历经两年时间，经多轮专家研讨、各级卫生行政部门和疾控系统征求意见，卫生部内和多部委征求意见，对规划进行多次修改，于2012年5月由卫生部等15部委联合印发《中国慢性病防治工作规划(2012－2015年)》(以下简称《慢病规划》)。慢病处主动加强了对《慢病规划》的宣传和培训工作，组织专家接受媒体的采访，并召开了中国疾控中心慢性病防控工作媒体交流会，积极扩大《慢病规划》影响，促进《慢病规划》落地。为了指导各地切实落实《慢病规划》有关工作，受卫生部疾控局委托，慢病处承担《中国慢性病防治工作规划(2012－2015年)实施方案》制订。组织和协调国家癌症中心、国家心血管病中心、全国脑防办、北京医院、北大口腔医院，以及中国疾控中心慢病中心和控烟办等有关部门专家联合开展实施方案制订工作。先后完成国内外慢性病相关文件、文献的收集与梳理、分领域目标与重点工作编写与论证、组织多次专家咨询与讨论会完善实施方案。

三、完成《全国慢性病防治体系与工作机制研究报告》

卫生部医改办于2011年11月确定了17项医改亟需研究的课题，其中第10项为“慢性病防治体系和工作机制研究”。慢病处采用文献回顾、专家咨询、部门走访、现场调研和

现有数据分析等研究方法,开展研究工作。期间组织相关专家实地调研了浙江、上海、北京和辽宁等多个地区,了解我国慢性病防治体系与工作机制现状;查阅相关文献,系统回顾了我国慢性病防治策略转变和防治体系发展过程,梳理了慢性病防控领域中医改重点任务和常规工作任务需求,并结合 2008 年和 2009 年两次全国慢性病防控能力调查等现有数据资料,发现并分析了在体系发展和工作机制方面存在的问题,提出了未来我国慢性病防控体系发展和工作机制建立的相关建议。最终形成《全国慢性病防治体系与工作机制研究报告》。

四、启动重点慢性病监测与信息管理试点

为了探索脑卒中、急性心梗和癌症发病报告工作在全国铺开的可行性、评估国家基本公共卫生服务中高血压和糖尿病患者管理效果，慢病处组织开展了重点慢性病监测与信息管理试点工作。在充分调研的基础上，确定了江苏省、浙江省、福建省、重庆市和新疆维吾尔自治区的 9 个县区作为 2012 年的试点地区。2012 年 4 月，慢病处完成《重点慢性病监测与信息管理试点工作方案》制定，并组织召开重点慢性病监测与信息管理试点工作部署会。8 月，慢病处与信息中心一同开展重点慢性病监测与信息管理试点工作的业务培训，各省相继启动试点工作。8 月和 11 月，分别赴新疆克拉玛依市和江苏省苏州市开展工作督导和调研。12 月，在总结各省工作进展和存在问题的基础上，协调信息中心和中科软公司加快统一数据采集平台在国家、省、市三级的部署与集成测试等工作。

五、组织完成 2012 年全国慢性病防控能力调查

2012 年，在总结 2009 年全国慢性病防控能力调查工作的基础上，组织相关人员对全国慢性病防控能力调查方案和调查表进行了修改，并通过专家论证。依据 2012 年全国慢性病防控能力调查表的内容，完成网络在线调查系统业务需求说明，并委托中科软公司制作在线调查填报系统，经过多次会议和内部系统测试，于 2012 年 8 月上旬完成 2012 年全国慢性病防控能力调查网报系统建设工作。2012 年 8 月中旬，组织召开全国慢性病防控能力调查视频培训会，全国 31 个省（直辖市、自治区）以及新疆生产建设兵团省、市、县三级疾控中心近 200 名相关工作人员参加了此次培训会议。培训会议之后 2012 年全国慢性病防控能力调查的现场工作正式启动。之后经过用户核实、预调查、系统调整、正式调查和逐级审核等工作环节，完成了 2012 年全国慢性病防控能力网络系统调查工作。

六、修订完成淮河流域癌症综合防治技术实施方案(2013－2015)

2012 年,中国疾控中心慢病社区处组织协调淮河项目成员单位及有关专家修订《淮

河流域癌症综合防治技术方案》,经过多次讨论、修改和专家论证,完成并正式印发《淮河流域癌症综合防治技术实施方案(2013-2015)》。新方案将重点巩固国务院和沿淮四省有关部门在淮河流域癌症综合防治工作中的协作机制,完善环境与健康综合监测体系,加强癌症防治的综合措施。

七、召开 2012 年淮河流域癌症综合防治工作年会

2012 年 8 月 3-4 日,中国疾控中心和国家癌症中心共同组织召开 2012 年淮河流域癌症综合防治工作会议。卫生部疾控局、中国疾控中心、国家癌症中心以及江苏、安徽、山东和河南省卫生厅、省疾控中心和项目市县(区)的领导及专家共计 200 余人参加了会议。此次大会系统回顾和总结了淮河项目 2007-2012 年的工作进展,对先进项目单位和个人进行了表彰,并在充分研讨的基础上,对下一阶段的工作进行了部署。

八、大力推进全民健康生活方式行动

2012 年是全民健康生活方式行动开展第五年,卫生部疾控局联合中国疾控中心在全国范围内组织开展了多项活动:组织评估全民健康生活方式行动的效果,开展行动县区的行动知晓率、健康生活方式知晓率和各健康行为的比例与未开展行动县区相比显著提高;编写《中国居民健康生活方式报告》,召开第一届中国健康生活方式大会;组织全国各省(市、区)于 9 月 1 日全民健康生活方式日前后,开展形式多样的宣传活动。截至 12 月底,全国开展全民健康生活方式行动的县(区)数达到 1870 个,县区覆盖率达 62.6%,完成示范单位、社区、食堂/餐厅等示范创建 9091 个;建设健康步道、健康主题公园、健康小屋等健康支持性环境 5212 个;2012 年全年开展现场活动与讲座 13 294 次,媒体报道 4233 次;累计创建无烟环境 15 558 个,开展快乐十分钟活动学校数 1491 个,培训健康生活方式指导员 35 320 人。全民健康生活方式行动的覆盖范围不断扩大,内涵不断提升。

九、第一届中国健康生活方式大会召开

2012 年 8 月 21-22 日,中国疾病预防控制中心在北京召开第一届中国健康生活方式大会,大会主题为营养与慢性病。来自国内外的领导和专家、媒体代表、企业代表,共计 200 余人参加会议。会议邀请来自世界卫生组织、联合国儿基会等国际组织,美国、加拿大、英国、新加坡等国家和中国香港地区的专家作大会交流,搭建起国内外学术交流与合作平台,进一步推动了全民健康生活方式行动的深入开展。

十、组织实施国家基本公共卫生服务高血压、糖尿病管理评价项目

中国疾控中心慢病处于 2012 年 6-8 月在江苏淮安、江西南昌、广西南宁、四川绵阳、湖北孝感、云南玉溪、新疆乌鲁木齐、浙江上虞组织开展了国家基本公共卫生服务高血压、

糖尿病管理评价项目。共调查全国 8 个省 15 个区县县级疾控机构 15 个,基层医疗卫生机构 45 个,基层医务人员 406 人,高血压患者 5200 人,糖尿病患者 3800 人。通过调查获得了基本公共卫生服务高血压、糖尿病管理现状的大量数据,为探索县级疾控机构指导基层开展慢性病管理工作提供了依据,也为完善基本公共卫生服务慢性病管理项目提出了针对性政策建议。

十一、完成《中国儿童伤害报告》

在 2011 年工作的基础上,慢病社区处于 2012 年 2－9 月组织疾控中心及高校伤害领域专家先后召开 4 次《中国儿童伤害报告》专家研讨、论证会和通稿会,对报告中数据、结构、文字等进行了进一步完善。

十二、完成中国老年健康跟踪年度调查

2012 年,中国疾控中心与北京大学合作,在前期调查的基础上,在 8 个长寿地区开展老年人生物医学研究。中国老年健康影响因素第六轮跟踪调查(CLHLS)于 2011 年 6 月至 2012 年 2 月开展并获得圆满成功,共计 7328 位 65 岁以上老人参加了调查,并有 4918 位死亡老人的家属参加了调查。2012 年 5－10 月份,共计 725 名死亡老人的家属和 2862 名中老年人参加了在长寿地区开展的老年健康追踪调查项目,项目收集血浆样品 2753 份,尿样 2639 份,红细胞 2753 份。该项目的实施为建立老年健康状况数据库奠定了坚实的基础,也为积极应对人口老龄化,为老年人群疾病预防和卫生保健提供依据。

十三、组织召开 2012 年全国疾控系统慢性病防控与营养工作年会

2012 年全国疾控系统慢性病防控与营养工作会议于 4 月 6－7 日在云南省昆明市召开。卫生部疾控局慢病营养处、口腔卫生和精神卫生处以及来自部分省(市、区)卫生厅(局)疾控处领导、各省(市、区)、新疆生产建设兵团和计划单列市疾控中心分管主任、慢病科所长、营养科所长与中国疾控中心领导和专家,共计 160 人。会议还特邀请中国健康教育中心毛群安主任、中国疾控中心营养所杨晓光研究员、美国疾控中心慢病专家 Michael Engelgau 博士和中国乔治健康研究所阎丽静研究员参加会议。本次会议回顾了 2011 年工作进展,学习卫生部慢病、营养、精卫、口腔等相关工作精神,交流工作经验,讨论和部署 2012 年重点工作,研讨营养工作发展方向。

十四、妥善处理“黄金大米”事件调查

2012 年 8 月 30 日媒体报道“黄金大米”试验有关情况后,卫生部高度重视,部领导多次主持召开专题会议,研究部署调查工作,协调有关部门积极配合,明确提出调查工作具体要求,并指派疾控局牵头加强指导。中国疾控中心成立了由主要负责同志牵头的“黄金

大米”试验调查工作组和多位专家参加的科学审查委员会，认真开展调查处置工作。调查组紧抓“黄金大米”试验项目中的主要问题和关键环节，核查中国疾控中心营养食品所、浙江省医学科学院、湖南省疾控中心等国内相关机构科研管理档案，调查和询问荫士安、王茵等项目主要当事人，参与卫生部—湖南省“黄金大米”联合调查组，赴湖南省长沙市和衡南县现场调查核实有关情况，多方查找现场试验有关证据，查清事实真相。在国际合作司和驻美使领馆的协助下，派出专家专程赴美国，与美国塔夫茨大学及老年营养研究中心、美国国立卫生研究院进行了交流，通报情况，查看了试验有关文件，查清了一些关键事实。调查期间多次向卫生部报告调查工作进展。现场调查结束后，中国疾控中心及时向卫生部上报了调查报告，并在卫生部有关司局的组织下，与有关各方积极协商起草向社会公布的通报稿，如期向社会公布事实和处理结果，回应社会关注，引导舆论，妥善处理了“黄金大米”事件。

（翟屹　司向　朱晓磊　李园　张娟　高欣　殷召雪　石文惠　施小明）

流行病学应用与实践

一、开展流行病学应用型研究

(一)开发预期寿命分析工具及培训材料

平均预期寿命是衡量人口健康状况、社会发展水平及医疗卫生服务水平的综合指标。如何利用现有人口和死亡资料,准确调整漏报率并估计预期寿命是当前疾控系统工作的重点和难点。2012 年,流行病学办公室参与了中心“人均预期寿命提高 1 岁”项目工作,承担并完成了“中国疾控中心预期寿命分析工具”的开发,该工具已在海南省海口市和浙江省杭州市进行了试用评估。

不同经济发展水平的地区人口、死亡数据来源和质量差别较大,针对预期寿命计算的需求也不尽相同。流行病学办公室先后在北京、山西、浙江和海南进行了预期寿命计算方法需求调研,初步掌握了我国不同经济发展水平地区死亡登记现状和关于预期寿命计算的培训需求,并针对性编制了预算寿命分析适宜技术培训材料。

(二)气候变化与健康研究

流行病学办公室承担了科技部国家重大科学研究计划项目“不同区域气候敏感疾病响应和适应机制的研究”。根据项目要求,办公室组织科研人员前往西藏进行高温对人群健康影响的调研,并联合国家气候中心与 2012 年 10 月在海南省海口市和定安、昌江县开展了人群高温认知的现场调查工作调查;同时与武汉大学、国家气候中心、中科院地理所联合进行人群高温脆弱性研究。

此外,流行病学办公室同时承担了世界自然基金会、美国能源基金会项目“气候变化对中国人群健康影响的系统分析”。根据项目要求,办公室联合传染病所、寄生虫所、环境所、国家气候中心共同完成了气候变化对中国人群健康影响的系统分析。

(三)开展农业伤害研究

农业伤害是重要的公共卫生问题之一,中国从事农业生产的人口较大,但当前针对农业伤害的研究较少。2012 年,流行病学办公室完成了中国农业伤害数据资源现状分析,初步提出中国农业伤害的定义,完成了农业伤害研究进展综合分析工作。并于 2012 年

8月在山东省寿光市开展了大棚工作者健康状况调查及农村地区急救系统现状数据收集工作。

二、开展中国疾控中心流行病学学科建设和教育工作

(一)规划和实施中心研究生的《流行病学》教学和管理工作

流行病学办公室承担中心研究生流行病学教学管理工作，完成151名研究生流行病学授课和考核，推行流行病学教学、考核改革，讨论并修订中心《流行病学教学大纲》。

(二)承担中心学位评定委员会第八分委会的职责

流行病学办公室承担中心学位评定委员会第八分委会职责，完成所辖单位38名研究生学位申请审核和中心机关19名导师资格遴选审核工作。

(三)举办全国流行病学应用与实践系列培训班

为促进全国疾控系统流行病学的发展，2012年5月，流行病学办公室举办第六届全国流行病学应用与实践系列培训班，培训的主题为"流行病学常用的评估方法及其应用"，侧重于现代评估技术在公共卫生实践中的应用，全国各省级疾控中心共44名青年业务骨干参加了培训。本次培训开阔了学员的流行病学视野，提升了流行病学理论和实践水平，取得了良好培训效果。

三、开展流行病学学术交流和传播工作

(一)举办中心"流行病学社区"学术交流活动

为促进中国疾控中心流行病学能力的发展，流行病学办公室在2012年继续开展"流行病学社区"活动，邀请国内外知名专家做学术交流。分别于10月和11月邀请来自瑞典斯德哥尔摩大学、卡洛琳斯卡学院的老年性疾病专家仇成轩教授和美国哥伦比亚大学伤害流行病学与预防研究中心主任李国华教授做专题报告。报告题目为"用人群流行病学方法研究衰老与健康问题"和"The Role of Alcohol and Other Drugs in Injury"。

(二)编印《流行病学通讯》，传播流行病学研究进展

为传播流行病学研究最新进展，流行病学办公室先后筹备并组织专家撰写了三期《流行病学通讯》，分别是《癌症专刊——胰腺癌》、《出生缺陷专刊》和《伤害专刊——农业伤害》。每期通讯主要发送各省级疾控中心、中国疾控中心内部各科室和直属单位、卫生部

和相关部委以及相关领域专家,实现了上述领域流行病学专业知识和研究进展的交流和传播。

(三)策划中心流行病学信息化网络交流平台

为进一步发挥中国疾控中心在公共卫生领域的技术引领作用,加强我国卫生系统流行病学人才队伍的专业技能建设,流行病学办公室拟建立面向全国流行病学专业人员及爱好者的"流行病学理论应用与实践"网络交流平台。2012 年,办公室组织召开了中心流行病学信息化网络交流平台建设研讨会。会议确定了以"流行病学方法"为重点,以"提供学术交流平台、促进流行病学能力建设"为目的,利用中心网站的专题项目和协同办公系统的学习园地两个平台,开展流行病学方法的知识传播、经验交流和资源共享的工作思路。完成了中心流行病学信息化建设需求评估报告,并制定了网络平台的建设计划。

(四)开展流行病学国际交流

2012 年,流行病学办公室代表中国疾控中心与美国密歇根大学洽谈合作交流相关事务,并于 9 月 17 日在中国疾控中心主持签署《密歇根大学董事会代表公共卫生学院和中国疾控中心学术和科研合作谅解备忘录》及《美国密歇根大学与中国疾控中心学者交换协议》。

流行病学办公室多次接待国外相关机构及人员的来访,如美国癌症研究院、美国 Berkeley 大学、瑞典卡洛琳斯卡学院、美国哥伦比亚大学等,开展学术交流活动并探讨双方研究工作和可能的合作领域。

流行病学办公室多次受邀参加国际科研机构举办的学术交流活动,如受邀参加瑞典斯德哥尔摩大学资助的"中瑞老龄与健康研讨会"并做大会交流报告;应澳大利亚格里菲斯大学邀请,赴澳大利亚参加气候变化与健康适应——知识共享和国际合作研讨全球大会并做大会交流报告;参加中美肿瘤流行病学方法培训班等。

四、开展流行病学方法应用和技术支持工作

(一)淮河流域环境治理与癌症防治工作项目

流行病学办公室参加淮河流域环境治理与癌症防治工作,日常工作中与各个工作组保持联系和沟通,与相关专题领域的研究专家保持交流与联系,2012 年度主要工作包括:

1. 根据淮河流域癌症综合防治工作需求,召开了胰腺癌专家咨询会,就胰腺癌的流行病学研究和人群监测方法、临床诊断治疗和预后、综合防治策略与措施、胰腺癌防治有关经典案例等进行了交流。

2. 联合妇幼中心,召开出生缺陷专家咨询会,就出生缺陷的危险因素、流行特征和监

测方法、综合防治策略与措施、世界防控经典案例等进行学术交流。

3. 为淮河项目技术方案修订、淮河流域局部医学环境调查组、慢病中心人群前瞻性队列研究、淮河项目数据分析等提供专家技术支持。

(二)技术支持与咨询工作

作为中国疾控中心流行病学工作领域的组织、协调、实施和指导部门,流行病学办公室多次为公共卫生各个专业领域的研究提供技术支持。慢性病方面,参与中心慢病社区处的基本公共卫生服务高血压、糖尿病病人管理评价项目实施方案和全民健康生活方式的评估方案讨论,慢病中心的中国儿童伤害报告修改,山东省部级合作社区居民减盐项目探讨等;传染病方面,参与中国结核病防控策略研讨、中国疫苗使用情况分析讨论、疫苗相关疾病负担研究方案探讨等;职业卫生方面,参与全国职业卫生健康调查方案制订;环境卫生方面,参与环保部全国重点地区环境与健康专项调查数据分析讨论和局部环境医学调查方案制定;食品卫生方面,参与食品安全风险评估中心的年度报告和食品安全及模型预测项目探讨;此外,还参与了 WHO 驻华代表处组织实施的西部地区卫生创举联合项目、联合国社会发展研究所中国项目"移民(流动人口)和健康"的部分研究工作和技术支持。

流行病学办公室作为师资承担了中华医学会"公共卫生事件的流行病学调查"培训班、中国健康教育中心全国 8 省市"公共卫生突发事件风险沟通培训"、全国职业卫生健康调查和"全国人均预期寿命提高 1 岁"省级师资培训等授课任务。

流行病学办公室承担了国家执业医师资格考试部分出题、审题任务,国家卫生人员职称考试审题任务,同时承担了《中国防痨杂志》、《医学伤害》、《疾病监测》等多份杂志的审稿任务。

五、CFETP 工作

(一)CFETP 学员毕业与招生情况

2012 年,CFETP 招收了 31 名新学员,其中 18 人来自 10 个省市级疾控中心,12 人来自中国疾控中心,1 人来自武警部队。第 10 期 30 名学员毕业,其中首次包括慢病培训方向 3 名毕业生。2001 - 2012 年,CFETP 已累计招收了 12 期共 210 名学员,覆盖中国内地所有省份。目前已毕业学员 141 人,分布在国家及 28 个省和地方疾控中心。

2012 年,CFETP 指导学员开展了 612 项各类活动,其中应急调查 131 项、专题调查 83 项、疾病监测 134 项、灾害应对 3 项、其他 261 项。2001 - 2012 年,CFETP 已累计开展 2480 项各类活动,其中应急调查 790 项、专题调查 360 项、疾病监测 591 项、灾害应对 32 项、其他 707 项。

(二)重点调查研究工作取得进展

1. 2012年CFETP和清华大学共同完成了卫生部交付的我国内地甲型H1N1流感防控工作专家综合评估　该项工作为2010年5月开始接受的原国家甲型H1N1流感联防联控工作机制牵头单位卫生部的委托,CFETP参与了由多学科专家组成的甲型H1N1流感(以下简称甲流感)防控工作专家评估组(以下简称评估组)。2012年上报卫生部和国务院。该项评估为我国第一次在重大公共卫生事件发生后,由专家对政府应对策略和效果开展的综合性评估,将会对我国今后应对重大公共卫生事件产生重要影响。

2. 在国际重要刊物发表了一系列关于云南不明原因猝死病因学研究成果　参加了四川省不明原因猝死事件调查,在云南省之外首次确认毒沟褶菌(Trogia venenata)导致猝死事件。CFETP前期在云南开展的云南不明原因猝死病因学研究成果在本次事件调查处理过程中发挥了重要作用。

(三)培训基地建设取得进展

CFETP依靠中国疾控中心相关处室和省市级疾控中心建立了不同级别的现场培训基地,以达到贴近公共卫生第一现场,共同提高公共卫生监测和反应能力的要求。

2012年,CFETP进一步加强了对省市级培训基地的管理和建设,与各省市级基地保持紧密合作和沟通,能第一时间得知公共卫生事件发生,并派遣学员尽快到达现场开展工作提供支持。经历11年的探索和发展,CFETP已拥有20个省市级现场培训基地,在此基础上帮助省市级提高疾病监测和公共卫生事件反应能力。

(四)省市级FETP建设

为了适应各级短期内对现场流行病学人才的大量需求,在具备现场培训基地和拥有FETP毕业生资源的基础上,帮助地方发展当地FETP,CFETP指导老师参与指导培训,鼓励培养适用的公共卫生人才满足地方需要。目前有广东、浙江、天津、山东、河南、贵州、上海、湖南以及深圳、杭州、宁波、厦门、苏州等在内的8个省级和多个市级分别开办或开办过FETP项目。

(五)流行病学技术培训和编发《现场报告》简报

1. 开展基地指导教师培训　2012年,CFETP聘有103位包括毕业生和技术骨干的国家和省市级基地指导教师,提供有针对性的技术培训一直是我们的重要工作之一。2012年4月9-10日CFETP召开了基地指导教师培训班,共有约90名来自基地与各省市的指导教师及毕业生接受培训。

2. 举办全国流行病学短期培训班 CFETP分别于2012年6、8、11月在广西、内蒙古、福建三省举办全国流行病学短期培训班，学员了解了公共卫生现场流行病学调查的理论与实践的最新进展，更新了现场流行病学与疾病预防控制知识。三期培训班为国家级继续医学教育培训项目。

3. 第七届中国现场流行病学培训项目年会 CFETP年会是全国范围内开展流行病学领域交流的平台，参会人员达300余人，包括往届CFETP的毕业生、在训生、基地指导老师，还有各省市疾控中心的疾控人员，以及医学院校和医院的医护人员也积极参加年会和学术交流。

2012年10月31日-11月2日，中国现场流行病学培训项目第七届年会在北京召开，本届年会邀请了来自世界卫生组织、美国疾控中心、香港的FETP、农业部FETP、TEPHINET等参加年会交流。

年会分专题讲座和调查报告发言以及展板展示三部分，专题讲座11项，口头报告41篇，展板展示30篇。内容涉及呼吸道传播、水源和食源性疾病、流感、人畜共患疾病、非传染病、监测系统、疫苗接种、慢性病、肠道和性传播疾病、食物中毒等。香港FETP参会人员在大会上做了调查报告的口头演讲，广东省FETP、河南省FETP、浙江省FETP和贵州省的FETP带领学员集体参加大会交流并有学员做了调查报告的口头演讲。

4. 中国现场流行病学培训项目《现场报告》编制和发放 《现场报告》是最新公共卫生事件的调查和流行病学动态的窗口，把在训学员依据现场调查得出的最新调查结果，及时以高专业水准发表出来，为公共卫生决策者和有关专业机构在最快的时间了解这些信息和建议，以提高我国公共卫生实践水平。《现场报告》从2010年6月创刊至今，CFETP已经编制和发放了51期，2012年编辑了14期。

（六）参加国际合作交流活动

(1) 2012年2月3-5日，曾光教授作为南亚现场流行病学技术网络(SAFETYNET)理事会成员，赴菲律宾出席在马尼拉举办的SAFETYNET年度主任会议。帮助亚洲国家加强现场流行病学在区域间的交流，分享专业知识，促进各国的合作和应对能力。

(2) 2012年7月23-24日，CFETP主任曾光应俄罗斯联邦科学院流行病学中央研究所的邀请，对该所进行了访问，参加俄方主办的流行病学诊断和组织培训项目的国际研讨会，中心议题是介绍中国和国际开展现场流行病学培训的经验，为俄罗斯今后开展FETP提供咨询意见。

(3) 2012年7月3-4日，在泰国普吉岛，曾光教授作为指导委员会成员国的成员受邀出席东盟+3现场流行病学培训网络第二次指导委员会会议。

(4) 2012年8月来自美国疾控中心的长期国际顾问Robert Fontaine博士结束为期8年的CFETP工作离开中国。2012年10月底，另一位来自美国疾控中心的专家

Conway George博士开始在中国 CFETP 的顾问工作。

(5) 2012 年 9 月 17 - 21 日,CFETP 指导老师裴迎新、申涛赴越南胡志明市出席卫生研究中的流行病学方法培训会议,在研讨会上学习交流了流行病学统计软件如 open epi, epi data, excel 等工具的使用方法,分享了关于暴发调查开展的时机、病例对照等方面的经验。

(6) 2012 年 11 月 10 - 15 日,第七届全球 TEPHINET 科学大会在约旦首都安曼召开。CFETP 共有 29 篇摘要被大会选中,其中参加大会口头发言 14 篇、展板 15 篇, CFETP 选派 15 人参加大会交流和讨论。

(7) 2012 年 11 月 28 - 30 日,第四届西太区现场流行病学培训项目研讨会在老挝万象举办,世界卫生组织西太区主席 Shin Young - Soo 博士邀请曾光教授作为世界卫生组织的临时顾问出席会议,为西太区国家提供技术指导。

(8) 2012 年 12 月 14 - 15 日,CFETP 与中欧项目、联合国粮农组织、农业部 FETPV 共同合作开展人畜共患病流行病学——动物卫生与公共卫生联合研讨会,分别从人类和动物健康角度对人畜共患疾病控制在中国情况、需求和挑战进行研讨。中国现场流行病学培训项目与农业部兽医现场流行病学培训项目的学员和指导老师、伦敦兽医学院、中欧项目、联合国粮农组织共 90 余人参加会议。此次研讨会为以后开展更多的合作尤其是现场合作创造机会。

(七)获奖

2012 年 6 月 7 日,在北京国际会议中心举办的中国医药卫生事业发展基金会医药卫生科技创新项目表彰会上,“对疑似艾滋病恐惧症的探索性干预研究”课题荣获中国医药卫生事业发展基金会医药卫生科技创新项目突出贡献奖,总体评分排名第一。这是中国医药卫生事业发展基金会首次颁发的奖项,对 CFETP 今后发展产生了重要影响,为继续获得该基金会经费支持奠定了基础。

(八)重要文章发表

2012 年 CFETP 学员和教师共发表文章 23 篇,其中国内杂志发表 12 篇,国外期刊发表 11 篇。

(王琦琦　幺鸿雁)

12320 全国公共卫生公益电话建设与管理

一、明确定位，推进服务体系建设

截至 2012 年 12 月底，全国已有 26 个省(市、自治区)、205 个城市开通了 12320 卫生热线，2012 年指导四川、黑龙江、广东、新疆、辽宁、山西、天津 7 个省(市、自治区)开通了 12320，新开通的城市比去年同期增加了 19 个，各地 12320 卫生热线全年受理量约 129 万人次，比去年增长了 87.6%。

12320 卫生热线自 2006 年启用以来，历经 6 年试点，已从启用之初的公共卫生领域拓展至医疗卫生全行业，面临重新定位、结束试点进入全面推开阶段的新考验。2012 年 3 月，起草了《卫生部关于进一步加强 12320 公共卫生公益电话建设工作的通知》(卫办发〔2012〕14 号)，明确了 12320 卫生热线的定位和职能，要求各地卫生行政部门在公共卫生体系和卫生信息化建设总体规划，统筹规划，抓紧实施，赋予 12320 卫生行政部门政务服务保障职能，提出了在 2012 年底前建立覆盖全国的 12320 服务体系的阶段性目标和“十二五”期间 12320 卫生热线的建设目标。在《卫生部关于深化卫生政务公开加强卫生政务服务的意见》(卫办发〔2012〕18 号)文件中，也提出了加快 12320 卫生热线建设的要求。

为深入贯彻落实 14 号和 18 号文件精神，推动 12320 卫生热线建设和利用 12320 卫生热线平台推进卫生政务公开、政务服务工作，5 月 12320 管理中心召开了 2012 年卫生政务公开工作交流暨全国 12320 卫生热线工作推进会议，会议明确了加强领导，落实措施，加强长远规划发展，加快推进 12320 卫生热线服务体系建设的主要目标。

为重新审视 12320 的职能定位，完善管理制度，拓宽服务方式，组织召开了 10 余次专题研讨会，专题研究 12320 卫生热线规范化管理、人员培训、服务内容、服务方式等问题，这些研讨会主题明确，结合工作中的实际案例，研究和展望深化医改大环境下 12320 的发展，取得了显著的实效。

二、建立健全服务体系

1. 重点调研分类指导，促进 12320 卫生热线均衡发展　2012 年陆续对 15 个省进行了实地调研，了解 12320 建设和运转情况。其中对宁夏、海南、湖南、青海、江西、吉林、江苏(南通、苏州)、安徽、河北、福建、上海 11 个已开展 12320 卫生热线的地区开展深入调研，实地了解 12320 工作现状，深入挖掘存在问题；对今年新开通的四川、广东(广州、珠

海、深圳、佛山、顺德)、天津和新疆4个省(市、区)12320工作进行重点指导,促其整合资源,完善服务体系;前往尚未开通的贵州,了解建设12320存在的困难,听取意见和建议。

2. 深入开展现状调查,为统一规范12320卫生热线服务奠定基础　11月,开展了全国12320卫生热线信息化建设调查,梳理、汇总近几年各地12320卫生热线的信息化建设情况,包括现有网络结构及相关接入、硬件设备及利用、业务应用软件及使用、信息安全建设、数据资源库建设以及呼叫中心建设等各方面情况,为制定全国12320卫生热线信息平台提供基础依据。

12月,开展了第三次全国12320卫生热线现状问卷调查,从组织管理、人员建设、系统建设、服务能力等方面开展系统而全面的调查,全面了解新形势、新机遇下全国各地的建设与发展现状,了解全国12320建设动态情况及变化,为全面推动全国12320服务体系建设奠定基础。

三、加强队伍建设,努力创建和谐医患关系的稳压器

按照工作计划,针对咨询员和管理人员的不同需求,举办了两次全国培训。在开展全国培训的同时,着重发挥培训基地的作用,为新开通12320卫生热线的地区提供咨询员和管理人员的基本业务培训工作。

为进一步规范全国12320卫生热线服务标准,提高热线的服务能力和水平,在前期充分了解了各地咨询员的需求及咨询热点、难点问题后,组织编写了《12320卫生热线咨询员参与式培训手册》,并于2012年8月举办了全国12320卫生热线咨询员业务培训班,采用了参与式教学方法,以实际案例研讨的方式选取了各地12320日常咨询热点问题进行有针对性地培训。在培训过程中,学员们一方面学到了有关业务的理论知识,讨论并演练了如何将这些理论知识应用到日常工作中;另一方面学习了如何更好地与其他学员和12320的其他工作人员建立联系、沟通信息、互相磋商、开展合作和传播健康知识。同时,还增强了学员个人开展参与式活动的能力。

为进一步提升各地12320管理人员的能力水平,推动全国12320卫生热线的规范化和科学化管理,我们于10月举办了全国12320卫生热线管理人员培训班。从沟通的技巧、微政时代公共服务创新、贫困地区儿童营养改善试点项目介绍、政务"微文化"建设、公共服务热线的高效运营等方面进行了授课,培训评估显示效果显著。

四、创新服务模式,多方位满足公众需求

在开通了12320短信服务的基础上,为多方位满足公众需求,拓展新媒体技术在12320服务中的应用,将12320逐步发展为集电话、语音、网站、短信、微博、手机平台和自助终端为一体的综合立体服务平台,于3月20日在新浪、腾讯开设了"@全国卫生12320"官方微博,人民网官方微博也已经进入试运行。12320微博作为推进医改、服务医

改、宣传卫生政策的平台，积极开展健康知识传播，拓宽了卫生系统与公众的联系渠道，拉近了 12320 与公众的沟通距离，提高了 12320 服务水平。截至 2012 年底，微博粉丝总数约 191.5 万(新浪微博 138 万、腾讯微博 52.5 万、人民微博 1 万)，发布原创微博、转发微博共近 4000 条，微访谈 4 次，微直播 15 次，分享视频 10 个。同时，为加强与各省微博的互联互动，建立了全国 12320 微群。在云南彝良、宁夏银川地震等突发事件发生时，12320 微博第一时间发布地震救灾相关知识信息，积极应对突发事件。2012 年，新浪和腾讯官方微博均获得最具影响力组织奖；腾讯微博以 83.44 分荣居腾讯各卫生系统机构微博之首，获得全国十大卫生系统机构微博第一名。

10 月，为庆祝新浪官方微博粉丝突破 100 万，加强与粉丝的互动，开展了“百万力量伴我行”——@全国卫生 12320 新浪官方微博百万粉丝有奖知识问答互动活动，粉丝们积极踊跃参与，扩大了 12320 影响力。

五、不断拓展服务内容，探索 12320 服务新形式

1. *开展戒烟咨询合作*　按照《卫生部妇社司关于开展 12320 公共卫生公益电话戒烟干预试点项目的通知》(卫妇社健教便函〔2012〕31 号)要求，今年与控烟办合作共同启动了 12320 卫生热线戒烟干预试点项目。在制定了详细的项目实施方案后，召开了项目启动会，组织各试点城市举办了 3 次培训活动，并在项目中期联合控烟办与美国加州戒烟热线 2 个项目合作单位对 4 个项目城市的工作进展进行了中期督导。目前项目进展顺利，已完成基线调查 5000 份，预干预 218 例，将于 2013 年初开始正式干预阶段。期间 12320 管理中心还加强国际交流，组织试点项目城市赴香港、韩国和美国学习国际戒烟热线运行情况和戒烟咨询技巧，培养中国戒烟热线骨干力量，为今后以点带面提升 12320 戒烟咨询能力奠定基础。

2. *开展 2012 年公众艾滋病防控知识知晓率和获取途径电话调查*　为了解公众对艾滋病基本知识和政策的知晓情况和获取途径，增加公众对 12320 卫生热线的认识，为百姓提供更多获取艾滋病防控知识的渠道，受卫生部新闻办委托，在全国 19 个省份开展了 2012 年公众艾滋病防控知识知晓率和获取途径电话调查，调查内容涉及人口学特征和艾滋病防控相关知识，艾滋病基本知识采用《中国艾滋病防治督导与评估框架使用手册(试用)》中的 8 个问题。本次调查的结果，在卫生部 11 月 28 日艾滋病防控工作进展媒体通气会上正式发布。

六、完善舆情监测机制，逐渐成为应对突发事件的预警器

1. *日常监测*　建立舆情月报机制，每月按时收集、整理、分析数据信息，完成《全国 12320 卫生舆情月报》报送卫生部办公厅，作为每月固定栏目用于卫生部《每日卫生舆情》。同时，该舆情还发放至中国疾控中心相关处室和直属单位。

2. *法定节假日监测* 建立法定节假日舆情报送机制，在“春节”、“清明”、“劳动节”等法定节假日期间，监测汇总各地 12320 舆情数据信息，完成《全国 12320 卫生热线法定节假日舆情专报》24 期，报送卫生部办公厅及疾控中心。

3. *应急监测* “黄金大米”事件发生后，我们迅速启动了应急响应机制，配合相关部门开展工作。要求各地收集整理公众热点咨询问题，同时，对微博舆论进行监测，从 8 月 31 日起，定期汇总分析微博舆情变化，分析公众关心的热点问题，形成《黄金大米微博数据分析报告》交相关部门，共计编发舆情报告 13 期，为应对大众风险沟通提供了基础性依据。9 月，云南彝良地区发生地震后，迅速做出反应，联系云南省 12320 卫生热线，要求其做好抗震救灾知识传播及灾后心理咨询工作，同时根据地震发生不同阶段的特点，制定分阶段宣传计划，震后 72 小时内重点宣传逃生和自救方法，震后 4～10 天主要宣传灾后常见疾病及次生灾害的预防，震后 10～15 天则侧重灾后心理疾病预防等，利用微博和官方网站开展针对性宣传。

七、树立 12320 品牌

2012 年，12320 宣传工作采用重点宣传与常规宣传相结合的方式，增强宣传力度，提高宣传效率，广泛提升公众知晓率，使公众全面了解 12320，使 12320 逐渐成为公众的咨询台、倾诉台。

1. *重点宣传活动* 组织开展全国 12320 主题宣传活动。借 2012 年 3 月 20 日这个和 12320 号码重合的特殊时间，创建 12320 品牌，服务百姓，使 12320 卫生热线深入人心，我们首次在全国开展 12320 主题宣传活动。活动包括北京 12320 卫生热线市民一日体验活动，正式开通“@全国卫生 12320”官方微博并邀请卫生部新闻发言人宋树立主任做客微访谈介绍 12320 相关工作，在《健康报》专版刊登题为“‘12320’百姓身边的健康顾问”进行宣传推介，6 个开通 12320 短信平台的省市开展短信宣传及全国各地张贴宣传海报活动等。与此同时，组织全国已开通的省市开展了丰富多彩、形式多样的宣传活动，如媒体推介、广场活动、志愿者服务等。新华社、中央国际广播电台、新华视频、中国新闻社、光明日报、经济日报、法制日报、北京晚报、健康报、健康时报、京华时报、北京电视台等众多媒体报道了此次活动。

开展全国 12320 卫生热线演讲比赛。为迎接党的十八大胜利召开，深化医疗卫生体制改革，深入开展创先争优活动，9 月我们举办了全国 12320 卫生热线演讲比赛，32 名来自全国各地的 12320 卫生热线工作者以鲜活生动的故事，讲述了真人、真事、真心话，揭示了 12320 好听声音背后的故事。此次比赛为长期从事 12320 卫生热线工作的管理者及咨询员搭建了一个施展才华的舞台，让他们的“好声音”不仅能够通过电线传递，还能成为舞台上美好的旋律。一个个发生在 12320 的“小事”，从不同侧面反映着 12320 以人为本的宗旨，映射出 12320 全心全意服务百姓的精神风貌，也描绘出了 12320 卫生热线的美好前景。同时反映了 12320 卫生热线正在成为为民务实的答疑线、为民解难的帮困线、政府群众的连心线。

2. *其他宣传活动*　开展 12320 市民一日体验系列活动。为促进公众了解 12320,尤其是卫生系统人员首先要了解 12320,我们先后组织了北京市民、疾控工作人员、疾控离退休干部、卫生部各司局青年党员、卫生部政法司党支部共 5 次 90 余人到 12320 卫生热线参加体验活动。在体验活动中,我们安排了体验者们体验咨询员接话、督办协调岗及后台班长等岗位的工作,并就咨询难点问题与咨询员进行交流讨论。通过组织开展一日体验活动,让大家了解了热线的工作职能及相关工作环节,感受到了咨询员热心解答百姓问题、悉心处理投诉举报的工作态度,同时也了解了咨询员面对公众的焦躁情绪所承受的心理压力与不易,达到了宣传 12320 卫生热线的目的。

组织筹划开展多种形式的媒体宣传。积极争取各种机会宣传 12320,在 3 月 9 日“两会”特别节目“小崔会客”访谈卫生部党组书记张茅的节目中,策划了主持人崔永元现场拨通 12320 卫生热线的场景,在主要媒体宣传 12320 卫生热线在公立医院改革中为百姓做实事、谋实惠。在央视艾滋病日专题节目时,我们策划和编制了有关 12320 卫生热线的相关内容。此外,我们还在《健康报》、《京华时报》刊登了整版宣传,帮助公众全面了解 12320 卫生热线。截至 2012 年底,通过电视媒体宣传 2 次、报纸整版宣传 2 次,报纸、网络、广播等媒体报道新闻 25 条。此外,在 12320 官方网站登载新闻 94 条,在中国疾控中心网站登载新闻 42 次,《中国疾控中心报》投稿 7 次。

制作多种宣传资料。为丰富宣传方式,多途径宣传 12320,塑造 12320 品牌,我们制作了多种宣传资料。年初,制作了宣传海报 2 版,要求各省在各级医疗卫生单位、社区的宣传栏等醒目位置张贴;结合今年新生儿出生较多的现象,我们制作了约 40 分钟的《0～1 岁母婴健康基本知识与技能》电视短片,用以规范指导科学育儿,促进母婴健康。审定后的短片拟在 12320 官方网站及微博上播放,向公众传授科学育儿的基本知识和技能的同时,创 12320 精品服务。

为了向各相关机构宣传 12320,设计印制了中英文宣传折页各版,介绍 12320 的职责、工作进展和工作能力;同时,设计了 4 块宣传展板在疾控中心展出,让更多的人了解 12320 在卫生系统与公众之间所发挥的沟通渠道作用。

（蒋燕）

控烟工作

一、控烟政策倡导

(一)编写《2012 年中国新闻两会特刊——控烟工作专辑》

与中国新闻社合作编写和出版了《2012 年中国新闻两会特刊—控烟工作专辑》,在两会期间送到了全国两会委员和代表手中。专刊从为什么中国控烟绩效如此低?7 亿多二手烟受害者何时得到保护?为什么烟包上没有警示图形?减害降焦:科学还是骗局,减害还是促销?谁在提倡新风,谁在鼓吹陋习?5 个方面论述和分析了中国的控烟现状和政策建议,为推进中国的控烟工作起到了积极的作用。

(二)协助两会委员和代表准备控烟相关提案和议案

为两会代表提供技术支持,根据《烟草控制框架公约》各项要求,协助人大和政协委员完成“关于制定中华人民共和国《防止二手烟草烟雾危害法》的建议”、《中国防止二手烟草烟雾危害法》、《尽快改善烟盒健康警示》,《提高烟草税率,实施税价联动》,《加大对控烟的投入》等建议稿。

(三)推动地方控烟执法

2012 年 5 月 31 日天津、哈尔滨控烟立法生效。为了使法律得到良好的实施,围绕着生效日,开展了系列活动,包括组织和参与《哈尔滨市防止二手烟草烟雾危害条例》生效前 100 天倒计时活动。参与制定哈尔滨条例执法计划和宣传计划的制定。组织专家撰写和讨论《哈尔滨市防止二手烟草烟雾危害条例实施细则》。参与哈尔滨市条例生效前的培训工作。天津条例生效前,参与天津条例的执法计划和宣传计划的制定。参与组织《天津市控制吸烟条例》的启动。

(四)推动地方控烟立法

积极指导项目城市立法工作,参与济南市控烟立法多部门研讨会,积极推进济南市控烟立法纳入济南市 2012 年立法调研计划。帮助济南市修改《济南市防止二手烟草烟雾危害条例》,使之更接近公约的要求。参与了《广东省控制吸烟条例》的撰写和修改工作。为推动《兰州市控制吸烟条例》顺利通过兰州市人大常委会的第二次审议，协助组织了兰州市无烟环境促进项目高层研讨会，兰州市人大胡康生副主任和兰州市戈银生副市长及中国疾控中心梁晓峰副主任参加了会议。修改了兰州市条例，使之更接近《公约》第 8 条及其实施准则的要求。2012 年初，组织哈尔滨、天津城市法制办领导、国家法律专家赴深圳进行研讨，会议对深圳市下一步工作计划等进行了充分讨论。通过此次会议和督导，深圳市政府法制办制定《深圳特区控制吸烟条例》有了更加深入的认识，积极推进条例的立法进程，使条例于 2012 年 11 月通过了深圳市政府常务会的审议，正式列入深圳市政府的立法计划。2012 年 7 月和 9 月，参与两次由沈阳市人大组织的沈阳市立法高层研讨会，提出了可行性的建议，推动 2012 年 11 月《沈阳市控制吸烟条例》通过市政府常务会的审议。

（五）政策研究和报告撰写

与清华大学、上海政法学院和中国体制改革委员会合作，完成了以下三个报告。

1. *借鉴其他领域执法经验，推进无烟环境法律有效实施研究*　该报告基于多元化的思路，采取类比的方法，从道路交通执法、城管执法、献血法、婚姻法等领域借鉴成功经验；在明确执法主体的同时，加强部门之间的合作；将执法程序规范化，不仅约束执法主体，同时畅通公众参与的渠道；扩大公众参与的范围，寻求不同领域公众参与的有效性；保留行政处罚、行政强制等执法手段的同时，探索多种多样的柔性执法手段。该报告由清华大学余凌云教授牵头组织完成。

2. *促进我国地方无烟立法研究报告*　该报告通过对我国地方控烟立法概况、代表性城市控烟立法比较等方面进行了研究，对我国地方控烟立法的现存问题进行了分析，最后提出了促进我国地方无烟立法的建议。

该报告由上海政法学院杨寅教授牵头组织完成。

3. *中国烟草业经济和财政效益再评估*

（1）烟草行业对烟草种植者以及整个宏观经济而言，其全国平均经济利润为负，且烟草制造业为高度资本密集型行业，如果其资本可以无损失的转入其他同类行业例如农副食品加工业，则可多吸纳近 9 倍的劳动力。

（2）中央财政对烟草行业的依赖性很大，烟草行业中央税收占中央税总额的 8.32%；就全国平均而言，地方财政对烟草行业的依赖性较小，但是由于烟草行业的地域集中性，导致某些地区例如云南、湖南、贵州等地，地方财政对烟草行业的依赖性极高。

该报告由中国经济体制改革研究会公共政策研究中心主任，中国社会科学院工业经济研究所研究员余晖、中国人民大学经济学院郑新业副教授和李芳华博士完成。

二、控烟干预工作

(一)2011 年中央补助地方烟草控制项目总结

为进一步更好的履行卫生部、国家中医药管理局、总后勤卫生部和武警部队后勤部联合印发的《关于 2011 年起全国医疗卫生系统全面禁烟的决定》(《决定》)精神,2011 年中央补助地方烟草控制项目继续通过在地市级城市创建无烟医疗卫生系统培训指导基地。为推动实现《决定》中 2011 年所有卫生行政部门和医疗卫生机构全面禁烟的要求,2012 年,控烟办通过加强督导和检查评估、明察暗访等多种形式督促各地落实无烟医疗卫生机构创建工作;同时,积极进行 2011 年中央补助地方烟草控制项目总结,于 2012 年初完成中央转移支付控烟项目总结并上报卫生部。

(二)开展 2012 年中央补助地方烟草控制项目工作

卫生部 2012 年中央补助地方烟草控制项目继续实施暗访、交叉督导及自查自评工作,并将各省(区、市)交叉督导成绩计入当地创建无烟医疗卫生系统综合评分。控烟办受卫生部委托,制定并下发中央补助地方烟草控制项目工作方案,组织实施,并在项目实施过程中向各省提供技术支持与指导。

7 月对各省控烟工作者、戒烟门诊医生及戒烟工作人员开展简短戒烟干预师资培训班,邀请美国控烟领域专家 Mike 介绍了国际控烟工作进展以及多种戒烟模式,和参会代表讨论探索在中国可行的多种戒烟服务模式。10 - 11 月针对创建无烟医疗卫生系统工作落后的省市,选择江西省南昌市和黑龙江省哈尔滨市举办全省范围内的卫生管理部门干部控烟能力培训班。12 月完成督导检查报告并上报卫生部。根据各省(区、市)自查自评、交叉督导和暗访评估结果,按照自查自评 10%、交叉督导 10%、暗访评估 80%的比例换算为百分制,确定各省(区、市)最终得分。

(三)开展中澳卫生与艾滋病“戒烟网站及 12320 戒烟热线”项目

“戒烟网站及 12320 戒烟服务”项目由中澳卫生与艾滋病项目资助,项目于 2012 年期间开展了多项活动,极大地推动了中国戒烟网站的建立和 12320 戒烟咨询服务的发展。

在项目开展期间,控烟办与澳大利亚维多利亚癌症研究所密切合作,共同将澳大利亚 Quit Coach 戒烟网站开发出符合中国文化和吸烟人群特点的中文版,目前正在内部测试阶段。此外,通过项目活动,在北京和上海开通了 12320 公益卫生热线戒烟咨询服务系统,为吸烟者寻求戒烟帮助提供了一个方便的途径。

项目于 2012 年期间开展了 5 次培训活动,分别针对全国戒烟门诊的医生和四城市 12320 戒烟咨询人员;完成了开发 Quit Coach 戒烟网站中文版的工作,并进行网站平台搭建工作；开发了《12320热线工作手册（合订本）》；对北京和上海的12320戒烟咨询服务效果进行了评价，形成了评估报告；此外，开展中澳双方交流活动，促进中澳双方长远合作关系的发展。

（四）12320公共卫生公益电话戒烟干预试点项目

在"戒烟网站及12320戒烟服务"项目工作的推动下，卫生部妇社司下发《卫生部妇社司关于开展12320公共卫生公益电话戒烟干预试点项目的通知》，将北京、上海、南京和石家庄定为全国12320公益卫生热线戒烟咨询服务干预试点，旨在利用各地12320公益卫生热线的平台尝试开通戒烟咨询服务，提供电话戒烟干预。项目由中国疾控中心控烟办公室和全国12320管理中心合作开展。

2-4月期间，控烟办通过学习美国加州戒烟热线经验，负责开发了电话戒烟干预方案及流程；5月项目正式启动，控烟办通过多次研讨培训，下发了项目方案，并培训了一批具备戒烟干预技能的咨询员，培训期间，控烟办还邀请国外专家通过网络视频课程进行讲座，丰富了咨询员的认知水平和咨询能力。7月对各项目城市进行工作督导和评估，通过实地考察，听取项目城市工作汇报，详细了解项目试点城市活动开展情况，并再次进行强化培训。10-12月对项目进行阶段性总结，收集项目数据，整理项目资料，并开展阶段性评估。

（五）烟草包装警示图片设计

完成烟盒包装警示图片设计，共计10张，参考了卫生部控烟白皮书内容，包含了吸烟和二手烟的危害等相关信息。在2012年世界无烟日之际，与中国控烟协会联合发布10张吸烟警示图片，并在社会上进行了广泛传播。

（六）中美无烟企业项目

在卫生部领导下，开展中美无烟企业项目。完成了方案设计、人员聘用、企业招募，召开了项目启动会及企业培训会，对部分项目材料进行了标准化。目前在部分企业内开展现况调查，帮助部分企业进行无烟环境创建。到2012年底，有68家中美企业报名参加了项目。

（七）联合北京市爱卫会，共同申请创建百家无烟党政机关项目

2012年控烟办公室和北京市爱卫会联合向红十字会申请创建百家无烟党政机关、推进北京市无烟政策立法项目。项目计划通过两年的时间，在北京市创建100家符合标准的无烟中央政府机关，并通过在党政机关系统中进行高层领导倡导，促进北京市无烟

政策建议递交两会代表，推进无烟立法程序。中国疾控中心控烟办公室在项目中提供技术支持与指导。

三、控烟监测工作

(一)国际烟草控制政策评估项目(ITC项目)

1. 家庭登记工作　自2011年4月起,在北京、上海、广州、沈阳、银川、长沙六城市开展家庭登记工作,其主要目的是了解六城市人群吸烟率,并为今后的调查准备补充样本。按照研究方案,每城市完成4000户家庭登记。到2012年4月,六城市均完成了家庭登记现场调查。

2. 第四轮现场调查工作　自2011年9月起,在北京、上海、广州、沈阳、昆明、银川、长沙七城市开展ITC第四轮现场调查工作。调查中对完成了第三轮调查的人员进行随访,对失访样本进行补充,每城市样本量均为800名吸烟者及200名非吸烟者。到2012年11月,各城市均完成了现场调查工作。

3. 生物标记物收集　在第四轮现场调查期间,每城市选择50名吸烟者进行生物标记物的收集。要求每位吸烟者提供2份唾液,5个吸完的烟头以及1盒未吸过的卷烟。各城市均已完成样本收集,并将样本快递到控烟办保存。

4. 卷烟零售价格调查　2012年3月及7月，在七城市开展卷烟零售价格调查。每个城市选择3家卷烟零售店，记录店内所有卷烟价格，目的是了解卷烟零售价变化趋势。

5. ITC中国报告出版印刷　与加拿大滑铁卢大学共同完成ITC前三轮调查报告，已完成出版印刷。

6. ITC跨国比较报告印刷　翻译了加拿大滑铁卢大学撰写的3份ITC跨国比较报告。

(二)无烟环境促进项目

1. 一期项目终末评估调查　主要目标是评估一期项目干预的效果。调查包括控烟能力调查、场所内吸烟状况观察、PM2.5监测以及人群电话调查。2012年1月完成了终末评估的方案设计。2012年2月,在济南召开了终末调查培训工作。3－9月,完成了七城市现场调查。5月委托第三方完成了七城市电话调查。目前已完成数据录入工作,正在进行数据清理。

2. 哈尔滨、天津立法后快速效果评估　主要目标是评估哈尔滨、天津立法后3个月的效果。调查包括场所内吸烟状况观察、PM2.5监测、室内空气尼古丁浓度监测以及人群电话调查。2012年5月完成了方案设计,2012年8月对哈尔滨市现场调查员开展了培训,10 月对天津市现场调查员进行了培训。2012 年 9 月委托第三方调查公司完成了电话调查。

3. 媒体有关烟草活动及控烟报道监测　委托第三方公司对七城市媒体有关烟草业活动以及控烟的报道进行了监测,完成每日监测以及月报。

(三)四城市医生吸烟状况调查项目

在哈尔滨、天津、广州、兰州四城市开展医务人员吸烟状况及控烟能力调查,目的是了解四城市医务人员吸烟率的变化趋势以及戒烟服务能力。监测组于 6 月完成方案设计,10 月开展了调查员培训。

(四)中央转移支付项目

协助卫生部开展中央转移支付项目健康素养与重点人群吸烟状况调查。监测组承担了重点人群吸烟状况调查的方案设计以及健康素养调查的抽样设计。2012 年 8 月赴呼和浩特完成了现场调查培训,协助各项目省完成抽样。

(五)全球青少年吸烟调查

与北京大学公共卫生学院联合申请了全球青少年吸烟调查项目。完成方案设计、问卷翻译。该调查预计 2013 年开展。

(六)全球成人烟草调查

全球成人烟草调查中国报告已于 2011 年 12 月发布。2012 年,监测组与美国疾控中心共同对报告内数字进行了审核,发现部分统计数字存在问题。2012 年 7 - 10 月,对报告进行了修订与勘误。目前正在申请 2013 年 12 个城市吸烟流行病学调查和 2014 年全国成人烟草调查项目。

(七)烟草业监测项目

监测组与新探健康发展研究中心合作,向美国无烟草青少年运动申请了烟草业监测项目。完成了方案设计提交,预计该项目于 2013 年启动。

(八)餐饮业及住宿业控烟调查

监测组与卫生监督中心合作,开展餐饮业及住宿业控烟调查。完成方案设计、现场调查培训、录入数据库设计等工作。

四、控烟网络能力建设

(一)戒烟工作人员开展控烟及戒烟能力培训

2012 年 10 月 29－31 日,控烟办组织项目城市控烟相关人员及四个 12320 试点城市的戒烟咨询人员召开了控烟及戒烟能力培训。培训班分为两个部分,首先邀请了澳大利亚维多利亚癌症研究所的 Ron Borland 教授、Luke Atkin 教授和李林教授,分别介绍了澳大利亚控烟工作进展,亚洲戒烟热线发展,戒烟咨询技巧等内容,并和参会代表就控烟工作成效和戒烟咨询过程中的问题进行了探讨。第二部分则分为两项内容,一是对项目城市人员开展无烟场所创建工作培训和研讨,二是对四个 12320 试点城市的戒烟咨询人员进行戒烟热线相关文献的学习和交流。

(二)组织无烟环境促进项目工作会议

无烟环境促进项目一期历时 2 年多的时间,取得了积极进展。2012 年 3 月 29 日,组织了“无烟环境促进项目”一期总结会,来自卫生部、国际防痨与肺部疾病联合会、中国控烟协会、无烟草青少年运动,以及项目城市的领导和专家参加了会议。会议对一期项目成功经验进行总结,特别是哈尔滨和天津,这两个城市成功出台了最接近公约的控烟条例,他们在会上介绍了各自的控烟立法进程,并与其他城市分享了成功立法的经验。

会议还对二期项目计划工作进行了充分讨论。二期项目即将于 2012 年 4 月 1 日启动,持续两年时间,在天津、沈阳、哈尔滨、南昌、兰州和深圳继续推动立法和执法,降低人群二手烟的暴露水平。

(三)举办了中国法律专家控烟知识培训班

为促进法律界人员积极参与控烟,加强控烟能力建设,推进我国控烟立法进程和城市出台符合世界卫生组织《烟草控制框架公约》要求的无烟环境立法并有效实施。于 2012 年 5 月 27－28 日在北京举办了“中国法律专家控烟知识培训班”,对来至于重庆、沈阳、哈尔滨、南昌、兰州、济南、广州和洛阳 8 个城市的政府法制办、人大、卫生局、政府法律顾问以及大学的 20 名法律专家进行了控烟知识培训。为中国控烟法律专家工作组提供新鲜血液。

培训内容按照学员的特点做了精心设计,既有烟草危害健康、烟草业干扰控烟和世界卫生组织《烟草控制框架公约》等知识方面的内容,也有 MPOWER 系列控烟政策的讲解。聘请的教师都是各领域的领军人物,既有积极控烟的公共卫生和临床方面的专家,又有来自政府、大学的法律专家。邀请了著名的美国加州大学旧金山分校的 Stan Glants 教授和原美国司法部官员、律师 Sharon Eubanks 女士,通过视频给学员讲解了美国加州无烟环境立法和执法经验对中国的启示及美国的烟草诉讼。

培训班的教师以客观、科学和中立的态度对控烟知识、烟草业的干扰进行了讲解，得到了所有学员的一致肯定。学员一致认为，此次培训满足了目前城市控烟立法的需求，对下一步工作具有指导作用。

梁晓峰副主任对培训班做了总结并给学员颁发了结业证书。

（四）举行中国控烟法律专家工作组研讨会

2012年5月31日，是世界卫生组织第25个“世界无烟日”，主题是：警惕烟草业干扰控烟，也是中国控烟法律专家工作组成立两周年。5月29日，举办了主题为推动履行公约，法律界的责任和使命！的中国控烟法律专家工作组研讨会。希望通过此次活动使越来越多的法律工作者参与到控烟立法，履行烟草控制框架公约之中，共同推动中国的控烟事业发展，促进人民健康。

中国疾控中心副主任、控烟办公室主任梁晓峰、卫生部妇社司健康教育处处长石琦、国际防痨和肺部疾病联合会中国办公室主任林岩和中国疾病预防控制中心原副主任杨功焕教授，中国控烟法律专家工作组的部分成员，天津、哈尔滨、重庆、沈阳、南昌、兰州、深圳、济南、广州等城市的政府法制办、人大、卫生局及部分城市的政府法律顾问，国际防痨和肺部疾病联合会、无烟草青少运动、肺健基金会、盖茨基金会等国际组织和媒体记者等约近100人参加了研讨会。

研讨会针对“如何避免烟草业干扰控烟”和“如何推动无烟环境立法并有效实施”进行了研讨，中国社会科学院工业经济研究所余晖研究员做了中国烟草业经济和财政效益再评估的报告，明确提出烟草经济不利于我国的经济发展，但有利于政府的财政收入，特别是中央政府的财政收入。烟草制造业为高度资本密集型行业，如果将其资本可以无损失的转入其他同类行业例如农副食品加工业，则可吸纳多于原来近9倍的劳动力。无烟草青少年运动法律顾问于秀艳介绍了避免烟草业干扰国外相关研究进展，杨功焕教授作了关于避免烟草业干扰国内相关研究进展报告。

在如何推动无烟环境立法并有效实施的专题讨论中，天津市政府法制办公室副主任李建华、哈尔滨市政府法制办公室行政执法监督局局长王忠民、南昌市人大法制委主任廖南萍、兰州大学法学院副院长刘光华、中国政法大学王敬波教授等就北京、天津、哈尔滨等城市无烟环境立法及实施等问题作了专题发言，与会者进行了热烈的讨论。

（五）烟草监测培训

控烟办与美国疾控中心合作开展了CFETP烟草监测培训。培训的内容包括《烟草控制框架公约》，MPOWER控烟政策，项目申请书撰写等内容。

(六)省级领导控烟能力建设

在卫生部组织下,完成了江西、吉林、黑龙江省、西藏自治区的卫生系统领导干部的培训,重点讨论《烟草控制框架公约》及其第八条实施准则,推进无烟医疗卫生系统的创建。

五、科学研究及发表论文

完成了科技部科技支撑课题:尼古丁及其代谢产物的实验室检测技术研究与推广项目的推广和结题验收工作,科技部给予了充分的肯定。

发表论文6篇,其中中文4篇、英文2篇;出版专著2部。

六、办公室能力建设及人才培养

控烟办目前有正式员工12人,项目聘用人员6人,其中包括2012年新增的2名正式员工及4名项目聘用人员。

2012年送部门职工出国学习5人次,每批1~3个月,学习国际控烟相关知识,参加国际会议10人次。

目前在读硕士生1名,MPH3名。

(杨杰　杨焱　肖琳)

人力资源管理

一、中心人员基本情况

截至2012年12月底，中心共有正式职工2042人，其中专业技术人员1703人，管理人员182人，工勤人员157人。专业技术人员中取得正高级资格占18%，副高级资格占28%，中级资格占35%，初级资格占19%。全体职工中大学及以上学历占75%，其中研究生以上学历占52%。

二、干部队伍建设

（一）2012年选拔任用干部总体情况

(1) 2012年，中心共有直属单位领导班子成员、机关处级干部104人，其中2012年新提拔任用干部5人，平级调整交流干部6人，获批的新纳入卫生部党组管理干部2人，试用期满的处级干部9人。

(2) 2012年人资处先后3次发布了13个处级干部岗位公开选拔和竞争上岗的通知，报名人数共计136人，其中有96人符合岗位申报条件，组织2次笔试初选，有38人参加。另有2个处级干部岗位因报名人员或符合报名条件的人员只有1人，未实施竞争上岗。全年共组织开展11个干部岗位、51名申报人选的公开面试。

（二）落实中心党委加强直属单位领导班子建设工作

1. 继续开展直属单位党政主要领导纳入卫生部党组管理工作　按照中心党委常委会要求，及时上报直属单位党政主要领导纳入卫生部党组管理的请示及相关材料，2012年完成性艾中心党政主要领导以考察任命方式纳入卫生部党组管理工作。

2. 做好选派中心机关干部到直属单位任职工作　2012年中心选派教育培训处处长刘开泰同志到营养食品所担任党委副书记和提任法定代表人，科技处处长董小平同志调任病毒病所任副所长（正处级）。

3. 开展环境所、营养食品所所长选拔　在中国卫生人才网、北京市公招网、卫生部网站、中心网站、科技日报、健康报等网站和报刊上发布招聘通知，对申报人员进行初审，报卫生部人事司。

(三)组织、开展干部培训,提高管理意识

(1)人资处与党办按照中心党委意见,在卫生部党校组织为期 1.5 天的管理知识培训班,70 余名处级干部参加培训,两位主要领导与 20 名新选拔任用干部集体谈话和讨论学习,同时发放干部培训调查问卷,了解干部对培训的诉求和建议。

(2)选派 4 名干部到延安、井冈山参加中组部的专家理论研修班,2 名专业人员到基层单位挂职锻炼。

(四)推动干部选任工作的监督管理

(1) 2012 年,人资处与纪监室达成一致意见,实行干部任免前须由纪监部门出具书面廉洁自律证明的规定。

(2)在中心惩防体系建设中,干部选拔任用工作被列入中心廉政风险防控的 A 级目录,干部选拔任用程序中的文件全部放在 OA 平台专栏中公布,由全体职工进行民主监督。2012 年未接到干部选任工作的投诉和举报,新选任的干部没有发生违法违纪现象。

三、加强人才队伍建设,服务中心事业发展

(一)坚持公开择优原则,继续推行公开招聘

注重外部引进人才与内部培养人才的有效结合,促进人才队伍的基础建设。

(1)对毕业生招聘全部实行公开发布信息,全程网上报名、审核、筛选,共有 4421 名毕业生报名,筛选出 850 名毕业生参加统一笔试,再按照面试、心理测试、体检、政审等程序,招录毕业生 84 名(京外 65 名),其中本科生 14 名,硕士生 50 名,博士生 20 名。

(2)为中心本级 11 个部门办理工作人员和留学人员招聘,组织 104 人次参加笔试、面试,共录用 29 人。

(二)争取政策支持,丰富人才引进渠道

(1)争取政策支持,从京外引进高层次人才,分别为营养食品所和环境所申报京外高层次人才引进各 1 名。

(2)首次通过“青年千人计划”为寄生虫病所申请引进日本鸟取大学包虫病免疫学及疫苗防治方面博士后到该单位工作。

(三)积极组织人才及相关推荐,提高中心各类人才和专家的影响力

组织各类推荐评选 11 次,上报推荐个人 106 人次,先进集体 5 个,包括卫生部有突出贡献中青年专家,享受政府特殊津贴人员,全国卫生系统先进集体、先进工作者,五洲女子

科技奖候选人,“国家特支计划”百千万工程领军人才等。12 月份,人资处还组织完成第十二届全国政协委员候选人的推荐等一系列工作。

(四)开展人才上下互派,形成人才培养制度化

2012 年,受中组部、人社部委托,接收西部之光访问学者 4 人,各省级疾控中心推荐专业骨干进修 35 人,新疆特培人员 2 人,西藏特培人员 1 人;安排中心专业技术骨干下派锻炼 3 人。

(五)组织专业技术资格申报,为专业人员职业发展打牢基础

2012 年有 156 人申报专业技术资格(申报破格 3 人),其中申报正高 30 人,副高 82 人,中级 44 人。通过评审 139 人,总通过率为 89%,正高、副高、中级的通过率分别为 97%、83%、95%。

(六)继续开展新职工岗前培训工作

2012 年人资处组织新职工岗前培训班,参加培训 100 余人,中心两位主要领导为新职工讲授入职第一课。培训内容包括课堂培训和户外拓展,取得良好效果。

四、开展关注民生、凝聚人心的服务工作,维护职工切身利益

(一)开展深入调查研究,稳妥实施岗位聘任

人资处用 3 个月时间做好摸底调研、分析预测、核定指标、征求意见、修订条件等准备工作,在中心第四季度例会上,王宇主任对实施岗位聘任进行了动员工作。2012 年 11 月岗位聘任工作全面实施,12 月份基本完成。在此次岗位聘任中,人资处共组织 7 次评审会,历时 5.5 天,邀请 42 名领导和专家担任评委。聘任后中心专业技术人员高、中、初级岗位比例为 39%∶40%∶21%,低聘率 3%。

(二)做好相关服务,体现人文关怀

帮助符合条件职工解决两地分居问题,切实解除青年骨干的后顾之忧,2012 年上报解决 26 人夫妻分居问题材料,较多于往年。为南纬路办公区 81 名职工办理昌平园区饭卡,补发 14 个月餐补近 25 万元。解决 25 名聘干人员养老保险缴纳问题,明确身份和退休政策,让他们安心工作。为 105 名外聘人员增上生育险。主动跟踪绩效工资、特殊补贴的进展,积极与卫生部、人社部、财政部等部委联系,配合三部委进行上报方案数据及有关问题的复核,上报各类补充说明和材料,力求两项工作得到较快批复执行。

五、其他重要常规和综合性工作

(一)劳资和人事档案管理工作

2012 年人资处调整工资 490 人次;完成机关人员调配 63 人次;开具鉴定、证明等 100 余份;填报人事部、卫生部、国家统计局等相关单位人事统计报表 20 余套/份;审核批复 10 名高级专家提高退休费比例,6 名高级专家延缓退休。负责中心本级职工、直属领导班子成员、中心在校研究生的档案管理工作。

(二)加强对直属单位管理工作

(1)在营养食品所再建阶段发挥积极作用。牵头组织该所毕业生招聘工作,组织 6 个评审组,对 228 名毕业生进行面试,并对后期接收录用工作给予相应指导;办理该所法人变更手续,经过征求卫生部有关司局意见,多次修订、补充材料,上报营养食品所更名和职能调整请示。

(2)与卫生部人事司多次沟通,补充材料,上报寄生虫病所加挂热带病所牌子的请示。

(三)紧急组织完成中心及直属各单位编制计划撰写工作

认真研究布置中心本级及直属各单位编制规划起草工作,完成了整体规划初稿的起草、申报。

(四)社会保险基数核定和缴纳工作

承担中心本级在编职工缴纳社会保险工作,2012 年共为中心本级 396 人核定失业和工伤保险基数,按月上缴社保费用,为退休和调出人员办理社保减少手续。

(五)出国(境)政审手续办理

共办理出国(境)政审 582 人次,其中初审 178 人次,再审 404 人次。

(周猷)

基础设施建设

一、一期工程情况

（一）工程完成情况

1．实验室检测与验收

5 月，BSL－3 实验室排风高效过滤系统完成安装施工、竣工验收，并取得第三方检测合格报告。

10 月，BSL－3 实验室、生物安全柜、生物安全柜过滤器通过并取得第三方检测合格报告。

12 月，国家认证认可委完成对性艾中心 BSL－3 实验室现场评定工作。

2．培训与移交

7 月，实验污水处理设备由美国 PRI 公司工程师启动检修、调试，对三所管理人员再次进行操作使用培训。

8 月，BSL－3 实验室工程对病毒病所、传染病所、性艾中心人员完成再培训。

9 月，完成 BSL－3 实验室专用设备原位消毒检漏设备、压紧式密闭门、污水管道过滤器培训。

10 月，BSL－3 实验室高压灭菌器启动检修、调试并进行再培训。

4 月，分别对实验室管理处和新址管理办公室人员进行动物实验楼纯水设备及空压机使用操作培训。

8 月，实验污水处理设备（含配件）、资料与三所和实验室管理处办理移交手续。

11 月，BSL－3 实验室工程及其专用设备与三所正式办理移交手续，以此次为结点，管理维护工作开始由三所负责。

1 月，动物实验楼高压灭菌器使用培训完成后正式移交实验室管理处。

6 月，动物实验楼设施设备全面培训工作结束，并完成与相关处室的管理移交工作：其中纯水设备移交实验室管理处；消防工程移交保卫处；水暖电、通风空调、自控系统、空压机等移交新址办。

（二）招投标与合同签订情况

（1）3 月，与天津昌特净化工程公司签订中国疾控中心排风高效过滤系统采购安装合同,合同额为350余万元。

(2)11月,与国家建筑工程质量监督检验中心(中国建筑科学研究院)签署《P3实验室复检及安全柜检测合同》,合同金额15万元。

(3)5月,与北京世纪盛通公司签订动物实验楼传递窗更换采购及安装合同(一次更换),合同额为23 222.00元,同月完成改造工作。

(4)6月,与中建八局签订《一期工程绿化土方平整成形及土方平衡工程施工合同》之《补充协议》,本协议为原合同条款调整补充协议。

(5)6月,与中建八局签订一期工程食堂临时燃气站土建工程施工协议书,本协议为原合同条款调整补充协议。

(6)6月,卫生学控制评价单位通过中心内部招标程序选定,中心职业卫生所中标,中标金额为48万元。并于同年7月与中心职业卫生所签订《一期工程职业病危害控制效果评价合同》。

(7)7月,一期工程概算调整编制单位通过中心内部招标程序选定,北京金马威工程咨询公司中标,中标金额为13.8万元。8月,与该公司签订一期工程调整概算编制合同。并于同年12月完成编制一期工程概算调整报告书,正式上报卫生部,调概金额为69 090.45万元,调增1977.33万元,调增比例2.95%。

(三)工程结算与投资完成情况

4月,完成一期工程建安工程费、设备工具购置费和其他待摊费用的统计工作。

11月,完成甲方直接发包76项工程的结算工作。初步汇总工程投资总额为686 255 722.00元,为工程结算概算调整和工程决算奠定了基础。

截至12月,本年度共计执行预算326 703 735.00元,尚余7 387 865.00元未完成。

(四)工程资料移交情况

10月,向中心档案室移交工程前期资料、工程施工资料共计345卷。

12月,一期工程档案资料经北京市城建档案馆审核,同意接收备案。

(五)上级部门指导工作

5月,国家审计署对一期工程进行简要审计。

10月,国家发改委委托北京市工程咨询公司完成对一期工程的后评价工作,并将评价报告正式上报国家发改委,报告对一期工程建设结果予以较高评价。

二、车库工程

(一)相关文件批复情况

7 月，取得北京市昌平水务局关于中国疾病预防控制中心车库工程水土保持方案报告表的批复（昌水行许字〔2012〕50 号）。

8 月，取得北京市环保局关于中国疾病预防控制中心车库工程项目环境影响登记表的批复（京环审〔2012〕326 号）。

11 月，取得卫生部关于中国疾病预防控制中心车库项目可行性研究报告（代项目建议书）的批复（卫规财函〔2012〕337 号）。

（二）招标情况

12 月，经中心内部招标程序选定中国标准设计院为车库工程设计单位。

三、二期工程筹建

二期工程建设取得突破性进展，促成市政府主持召开二期建设协调会，明确了土地问题不再作为二期建设可研报送的前提条件，并先后取得市规委规划意见和市建委建设项目选址意见；完成建设用地勘界；形成了可研报告初稿；完成环评报告中周围公众调查和现场检测。

（薄珊珊　张利民）

科 研 管 理

一、科研项目及经费情况

2012 年度列入中心科研计划管理的总课题数 234 项,本年度实际获得科研经费 28 292.71 万元。经费来源渠道:国家级课题 177 项,经费 26 128.39 万元;部委级课题:57 项,经费 2164.32 万元。

2012 年度获准课题 132 项,争取经费 52 713.1 万元。经费来源渠道:国家级课题 98 项,52 062.51 万元;卫生部及其他省、部级课题 34 项,经费 650.59 万元。

二、科技成果申报、获奖及鉴定情况

(1)组织科技成果鉴定 4 项,进行科技成果登记 5 项。

(2)组织申报国家科学技术奖特等奖 1 项。

(3)组织申报中华医学奖 6 项,获奖 4 项,其中二等奖 1 项、三等奖 3 项。

(4)截至 2012 年 12 月底,共发表论文 1290 篇,其中中文 895 篇、英文 395 篇(SCI 收录 369 篇);出版专著 78 本(主编 58 本、参编 20 本)。

(5) 2012 年度获得专利 34 项。

三、重点科技任务与重点科研项目管理工作

(一)加强管理,促进交流

2011 年 3 月 11 - 12 日,科技处在京召开 2010 年度科技处年会。11 个直属单位进行了科技工作汇报与交流,布置了“疾控 10 年”工作任务,交流了 2012 年度工作重点。中心机关各处室负责人、中心直属各单位相关所领导及相关业务处室的负责人和管理人员等近 60 人参加了会议。

(二)“疾控十年”大型学术活动

(1)为配合“疾控十年”的回顾发展活动,认真梳理了中心 10 年来的科研数据,包括科研项目、经费、获奖成果、论文和论著、专利等,积极配合、很好地完成了国际评估团对中心“疾控十年”科技评估任务。

(2) 2012 年 2 月 9 日在北京国际会议中心召开了疾控十年学术会议。此次会议由中心科技处和各直属单位科技处共同承办。大会共设四个分会场:细菌与寄生虫病分会场、病毒与艾滋病分会场、公共卫生分会场、妇幼保健与慢性病分会场。大会共做了 57 个报告,报告内容涵盖预防医学和公共卫生各个领域。大家对预防医学和公共卫生各领域科研现况及进展情况进行了深入的交流和讨论。共有约 940 人参加大会,来自全国各省疾控中心、妇幼保健院、职业病防治院、联合国儿童基金会的相关领导和专家受邀参加了本次大会,中心高福副主任、刘剑君副主任及中心机关相关处室和各直属单位领导、职工和部分学生参加了会议。

(三) HEV71 疫苗及免疫研讨会

为促进疫苗质量控制和评价水平的提高,加快我国 HEV71 疫苗及相关研究的研发进展,2012 年 3 月 9 日,中心科技处组织中心与中科院上海巴斯德研究所联合召开了 HEV71 疫苗与免疫研讨会。中国疾控中心科技处、传染病预防控制处、病毒病预防控制所、中科院上海巴斯德研究所及复旦大学儿科医院等相关单位的领导和专家共 18 人参加了会议。研讨会中,双方报告了相关研究进展,并进行了热烈的讨论,探讨了双方合作机制及前景。

(四)刘谦副部长来中心视察工作

2012 年 4 月 13 日下午,卫生部副部长刘谦同志一行 6 人来中心调研科研及实验室生物安全工作。陪同刘谦副部长来中心的有卫生部科教司何维司长、刘登峰副司长、刘晓波副巡视员等。中心王宇主任、梁东明书记、高福副主任,各直属单位领导、中心机关相关处室负责人和相关科研人员,共计 60 余人参加了调研活动。

刘谦副部长一行首先视察了病毒病所菌毒种保藏库和新建 P3 实验室,视察了传染病预防控制国家重点实验室以及信息中心会商室。王宇主任代表中国疾控中心向卫生部各位领导的到来表示欢迎和感谢。高福副主任代表中心重点汇报介绍了疾控中心成立 10 年来的科研概况、传染病重大专项实施概况和实验室生物安全工作情况,并阐述了中心面临的主要问题和相关建议。传染病所所长徐建国院士、应急中心李中杰副主任、性艾中心吴尊友主任、慢病中心王临虹主任、营养所马冠生副所长分别对重大专项能力建设、重大专项监测平台项目、HIV 疫苗/艾滋病防控、慢病防控、营养卫生工作的主要成绩和存在的问题及建议进行了简要的汇报。

刘谦副部长在听取专家汇报后发表了重要讲话。他首先充分肯定中国疾控中心在我国疾病防控和科研领域的贡献,对疾控中心领导和全体职工付出的辛勤努力表示感谢。对于提出的问题和建议,刘谦副部长进行了回应,并要求卫生部科教司会同中心相关部门认真研究。在讲话中,强调中国疾病预防控制中心不仅在疾控方面是主力军,同时也是科研方面的一支重要力量。指出疾控中心的科研工作应更加突出自身的特点,更加注重研究的针对性、实用性和基础性。他期望疾控中心在今后的疾控和科研工作中要有更加开放和合作的理念,高度重视实验室生物安全工作,加快新址的 BSL-3 实验室的认证认可工作,从而更好地发挥国家队的作用。刘谦副部长表示卫生部和他本人会一如既往支持中国疾控中心的工作。

(五)中国疾控中心与中国科学院生命科学与生物技术局全面战略合作框架协议签约仪式暨新发突发重大传染病联合研讨会

2012年12月2日中国疾控中心与中国科学院生命科学与生物技术局全面战略合作框架协议签约仪式暨新发突发重大传染病联合研讨会在国家会议中心召开。卫生部副部长刘谦、中科院副院长张亚平出席签约仪式并讲话。中国疾控中心主任王宇与中科院生物局局长张知彬代表双方签署协议。来自卫生部、中科院、中国疾控中心、中科院生物局以及双方相关研究院所的领导和专家见证了签约仪式。

在签约仪式后的新发突发重大传染病联合研讨会上,传染病重大专项技术总师侯云德院士和中科院植生生态所赵国屏院士等5位专家做了精彩的大会特邀报告。来自双方的30余位专家学者围绕我国新发传染病研究进展、分子流行病学、病原分子生物学与致病机制、传染病预防与治疗策略、传染病研究技术进展等专题做了学术报告和交流。

(六)编辑出版《疾控科研简报》

在中心领导的指示和支持下,经反复调研中心内部各种简报以及相关兄弟研究院所的科研简报,决定编制"疾控科研进展",科技处负责从内容征集、编辑、排版、校对、到印刷、发放的全部工作。7月份,召开"疾控科研进展"简报编制研讨会。8月份,与各所沟通意见,并征集第一期内容。9月份,出版第一期,现已出版4期。"疾控科研简报"发往科技部、卫生部、各省市疾控中心、相关科研机构以及中心各单位,受到上级主管部门和广大科研工作者好评。

(七)"黄金大米"事件

9月份,中心成立"黄金大米"事件工作组,并于9月5日成立了中心"科学审查委员会"。科技处作为"科学审查委员会"秘书处,配合完成了荫士安研究员承担所有课题的科研档案、研究生论文、发表文章梳理和审核等工作,积极配合中心完成了"黄金大米"事件的调查报告。

（八）强化内部管理，加强诚信与道德建设

科技处开展了加强科研诚信道德建设讲座，召开了加强医学伦理审查工作研讨会，并且编制了“科研管理文件汇编”和“科研诚信汇编”，下发各直属单位，要求广泛宣传和学习。

（九）重大专项管理工作

(1)配合国家审计署完成我中心“十一五”课题审计工作，并根据国家审计报告，配合中心规财处对部分课题进行认真整改，保证课题顺利结题验收。

(2)为加强我中心“十一五”传染病防治科技重大专项课题中后期管理，总结经验教训，也为“十二五”顺利衔接做好全面铺垫，中心科技处与中心规财处在7月3日召开加强传染病防治科技重大专项课题经费使用管理和落实审计整改意见的会议。中心机关、相关所的主管主任，规财处、审计处、纪检监察室、科技处领导和相关职工参会，传染病防治科技重大专项课题部分负责人及课题组成员共75人参加了会议。会议由中心科技处董小平处长主持，传达了6月14日卫生部科教司和规财司联合召开的关于对传染病防治科技重大专项有关课题经费使用情况进行调查核实的会议精神，通报了科技部、发改委和财政部(三部门)会议发布的审计署《重要信息要目》中关于科技重大专项组织实施的有关问题及国务院领导的批示，要求中心相关单位及重大专项各课题组高度重视，并认真落实整改措施。

中心重大专项管理办公室针对重大专项课题经费使用管理提出了五方面具体要求。

(3)配合卫生部做好中心“十一五”课题的总结和验收工作，包括课题验收和财务审计验收，协调和解决出现的问题，历时3个月。

(4)组织“十一五”传染病防治科技重大专项课题的申报工作，中心申报21项，病毒病所9项，传染病4项，寄生虫病所4项，性艾中心3项，中心机关1项。共5项立项，报中央财政尚未最后批复。其中结核病领域1项，能力建设领域4项（病毒病所2项，传染病所2项）。中心列入“十二五”滚动支持重大专项12项，获准经费33 088.98万元。

(5)组织病毒病所完成传染病防治重大专项“中国艾滋病患者的免疫治疗”等课题任务验收抽查工作。2012年8月15日科技部重大专项办公室组织专家对病毒病所承担的“中国艾滋病患者的免疫治疗”和“未知病原体筛查体系和罕见病原体检测技术”课题进行了任务验收情况的抽查工作，中国疾控中心领导、病毒病所领导和相关课题负责人和部分课题组成员出席验收抽查工作会议。专家组组长介绍了此次抽查工作的意义和目的，主要是对项目(课题)任务验收工作的程序、内容、质量和结论进行检查。根据科技部工作人员现场核查相关材料,科技部领导和专家根据核查材料中的情况进行了提问与交流,并反馈了专家组的意见。此次传染病重大专项课题任务验收抽查工作的圆满完成,为“十二五”课题的实施与管理奠定了良好的基础。

(6)“转基因生物的食用和饲用安全评价技术”项目督导检查工作会议在京召开,卫生部科教司副司长在会上介绍了开展此次重大专项督导检查的意义,以及现场听取汇报,实地考察的督导方式,要求督导内容包括组织管理,课题进展情况,协调配合情况,经费管理情况,验收复核,实地考察等方面。专家组认真听取了责任单位对项目的组织管理及支撑条件落实情况、经费使用情况和项目组完成情况的汇报,对课题进行了验收复核并提出了一些合理建议。专家组经过研究讨论,提出了督导检查报告,一致同意通过验收。

(十)国家科技支撑项目管理

(1)组织、协调完成了中心承担的“十一五”国家科技支撑计划项目“疾病控制适宜技术研发和应用”、“营养膳食对健康影响的研究”、“环境对健康影响的评估与控制技术研究”三个项目的15个课题的结题验收工作。

(2)协助卫生部科技司完成了“疾病控制适宜技术研发和应用”、“营养膳食对健康影响的研究”、“环境对健康影响的评估与控制技术研究”三个项目的项目验收工作。

(十一)“973”计划相关管理工作

(1)国家重大科学研究计划项目“气候变化对人类健康的影响与适应机制研究”完成2012年度总结,进展顺利。

(2)组织2014年度重大需求建议9项,按照分配名额要求,上报卫生部2项。

(十二)“863”计划相关管理工作

“863”计划“十一五”重点项目“环境污染的健康风险评价和关键控制技术”项目中课题四“环境遗传毒性物质暴露和效应评估关键技术”(课题编号:2008AA062504)由中心作为承担单位,2012年顺利完成结题验收工作。

(十三)科研院所技术开发专项

组织申报1项,名称:早期儿童营养补充品关键技术研究,申报单位:中国疾控中心营养与食品安全所。

（十四）科技基础性工作项目

组织职业卫生所牵头，环境所、辐射所、营养食品所参加申报重点项目1项，已通过答辩。

（十五）卫生公益性行业科研专项经费

（1）立项4项，其中包括我国重要原虫疾病的诊断与防治技术研究（课题负责人：周晓农）；卫生应急准备和处置关键技术研究与推广（课题负责人：杨维中）；鼠疫流行病学新技术研究与应用（课题负责人：海荣）；控制微量营养元素缺乏的关键技术研究及应用（课题负责人：杨晓光）。

（2）根据《卫生部办公厅关于征集卫生公益性行业科研专项经费项目需求建议的通知》（卫办科教函〔2012〕256号）要求，我单位认真组织填报，共上报项目建议46项到卫生部科教司。

（3）组织召开2013年卫生公益性行业科研专项经费项目饮用水安全关键技术研究方向，组织协调会。

（4）配合完成卫生部组织的行业专项中期检查工作。2012年10月31日，卫生部科教司组织专家对中心2011年卫生行业专项辐射所承担的“辐射危害控制与核辐射卫生应急处置关键技术研究及其应用”项目和环境所承担的“环境重点污染物健康危害的监测评价与控制”项目进行了中期检查评估。卫生部科教司刘登峰副司长、中国疾控中心高福副主任等领导出席了会议，会议由卫生部科教司李晔同志主持。辐射所项目完成较好，通过中期检查；环境所通过整改完成中期检查。

（十五）国家自然科学基金管理工作

2012年国家自然科学基金的申报继续保持往年平稳的势头，全中心共立项44项，资助经费4836万元。其中，

（十六）教育部留学回国人员科研启动基金

2012年无申报。完成一项课题负责人调动涉及问题的解决。

（十七）中国疾控中心青年科研基金（以下简称“青年基金”）

（1）组织青年基金2009年度的4项延期课题验收，其全部通过验收顺利结题。

（2）3月组织青年基金2010年度的11项课题验收，其中10项通过验收顺利结题，1项延期一年。

(3)3月组织青年基金2012年度课题申报和评审。全中心共申报17项课题,传染病组11项,公共卫生组6项。经评审,专家组建议资助,传染病组得分排名前八名、公共卫生组得分排名前三名的共计11项课题。每项课题经费9万元,执行期限2年。为减少任务书预算编制中出现的问题,正式签订2012年度青年基金任务书前召开青年基金课题管理研讨会,请财务人员介绍预算编制注意事项。

(4)完成了2011年度课题年度执行情况报告的审查工作。

(5)为优化青年基金的管理,科技处于10月底发布招标指南,开始组织2013年度青年基金的申报和评审工作。全中心评审会共评审申报课题21项,传染病组9项,公共卫生组12项。经评审,专家组建议资助,传染病组得分排名前五名、公共卫生组得分排名前六名的共计11项课题。每项课题经费9万元,执行期限2年。目前已发布青年基金2013年度课题评审结果的通知书。

四、重点实验室及平台建设管理

1. 国家重点实验室　①下拨2012年度传染病预防控制国家重点实验室运行管理经费800万,并督促其完成预算执行。②9-12月组织协调传染病预防控制国家重点实验室申请采购进口仪器设备,与卫生部、重点实验室、规财处、设备条件处多次协调,拟采购多模式活体成像系统、流式细胞分选仪、高通量高内涵活细胞共聚焦成像系统,预算1030万元,由“2012年生物科学领域和医学科学领域国家重点实验室科研仪器设备”购置项目中支付。

2. 卫生部重点实验室　2012年5月31日卫生部科技教育司组织专家在中心病毒病所召开了卫生部重点实验室立项评审会。专家评审组由多位院士和著名专家组成。卫生部科技教育司刘晓波副巡视员,中国疾病预防控制中心高福副主任,科技处董小平处长等领导和相关人员参加了会议。经过2次专家论证修改和申报,12月5日已获得卫生部批复同意建设“卫生部医学病毒和病毒病重点实验室”。

3. 中心重点实验室　辐射防护与核应急中国疾病预防控制中心重点实验室会议暨第一次学术委员会会议于2012年2月16日在北京召开。学术委员会每位委员认真听取了重点实验室的汇报后,从实验室的研究方向定位与发展、国家任务与科研关系、重点研究方向、人才培养、建设目标、开放与沟通等方面提出了许多很好的建设性建议和意见,为重点实验室研究重点领域以及建立良好的研究与协作机制奠定了基础,潘自强院士也对重点实验室的建设提出了更高的目标,希望该重点实验室能够组织我国该领域各方面的力量,在辐射防护与核应急方面做出更大的贡献。

五、伦理审查管理工作

科技处作为中国疾病预防控制中心伦理审查委员会的秘书处,负责中心伦理工作的各项事务安排和具体工作。

(一)完成注册更新及项目审查

中心伦理审查委员会已在美国 OHRP 注册过,并于 2006 年 7 月 3、2009 年 9 月、2012 年 11 月在 OHRP 注册更新,获得了 IRB 号 00005183 和 ORG0004368。

2012 年中心伦理审查委员会共接收项目审查 25 项,会议审查 14 项,函审 11 项。

(二)组织召开中国疾病预防控制中心伦理审查管理工作研讨会

为加强和完善中心伦理审查管理工作,中心科技处于 2012 年 11 月 23 日在北京组织召开伦理审查管理工作研讨会。病毒病所等 9 个直属单位和中心科技处分别介绍了本单位及大中心的伦理审查工作情况,包括成立时间、伦理委员会成员名单、伦理审查管理办法、近年来的主要工作情况、存在的问题、需求和意见等。

六、人类遗传资源出入境管理

2012 年度办理人类遗传资源出口申请 3 项:中心机关 1 项、病毒病所 2 项。

七、科技讲座

(1) 5 月 23 日特邀美国马里兰大学的 Patrik Michel Bavoil 教授进行了“Publishing in English - Language Journals and An Introduction to Pathogens and Disease” 公开讲座。Bavoil 教授讲解了如何撰写和发表英文论文,并介绍了 4 个英文杂志。讲解精辟、独到、生动,实用性强,听者、讲者上下互动有问有答,气氛活跃。中心机关和各直属单位的科研工作人员和研究生约 180 人参加。

(2)为保持中心良好的科研秩序和学风,保证科研工作的科学性和严肃性,为加强科研道德与诚信建设,提高中国疾控中心广大从事科学研究工作的员工和学生的学术自律意识,2012 年 10 月 26 日,中心特邀国家自然基金委纪检监察审计局陈越副局长进行了“弘扬科学道德反对学术不端”公开讲座。中心党委副书记宫新生、主管科研副主任高福,科技处、教育培训处等相关处室领导及中心广大科技人员与研究生共 160 余人聆听了讲座。

陈越副局长在讲座中,剖析了我国科研诚信现状以及国际科研诚信情况,提出我们与发达国家在科研诚信方面存在着很大差距。陈局长以生动的案例向大家介绍了各种学术造假、科研不端行为,并当场赠与了“科研诚信”书籍 50 本。

七、其他工作

(1)完成了科技部开展的 2011 年度全国科普工作统计。

(2)完成了 2011 年度中心科研课题、成果奖励及论文专著等统计工作。

(3)完成了 2011 每年度科技统计年报调查工作。

(4)为进一步加强科技保密工作,召开了科技保密研讨会。

(5)负责中心科研项目、成果管理权力运行,执行良好。

(6)积极配合信息中心做好中心网站科技处部分维护工作。充分利用中心网站平台,实时发布工作信息及通知通告,使直属单位能及时掌握工作动态。

(董小平　黄辉　陈亮　王吉春　王敏　张莹)

国际合作与交流

一、对外交流基本情况

（一）因公出国（境）统计

2012 年共办理因公派出任务共计 354 批 613 人次（含港澳台 16 人次），与 2011 年 424 批 690 人次（含港澳台 45 人次）相比总出访量缩减 11%（减少 70 批次，77 人次），其中短期派出为 333 批 592 人次，长期派出 21 批 21 人次。出访国家/地区为 43 个，以美国最多，达 161 人次。

按任务分类统计：参加会议为 423 人次；访问、交流、考察为 139 人次；合作、工作为 68 人次；进修、学习、培训为 9 人次。按出国境费用来源统计：全部由对方支付费用的为 215 人次（35%）；部分费用（如国际旅费或住宿费）需派员单位支付的为 53 人次（9%）；全部费用由派员单位支付的为 345 人次（56%）。

（二）接待来访

据不完全统计，2012 年办理国（境）外来宾访华手续 152 批次 528 人次，办理 82 批外宾在华访问接待函。

（三）国际合作项目

1. 正在执行的国际合作项目　2012 年中心执行国际合作项目 131 项：正在执行的 87 项，已完工 19 项，新启动项目 25 项，新申请项目外方经费最高的为 5 年期 220 万美元。

2. 合作协议及谅解备忘录签署　①2 月 7 日，中国疾控中心性艾中心与吉联亚公司签署药品捐赠谅解备忘录。②3 月 20 日，中国疾控中心与美国礼来基金会在北京签署了耐多药结核病防治合作项目谅解备忘录，标志着“礼来耐多药结核病全球合作项目”第三阶段正式在中国启动。③6 月，与日本国立感染症研究所（NIID）签署“亚洲以实验室为基础的传染病网络”项目 2012 年度项目书和合作协议。日方资助经费 1 千万日元（约合人民币 79 万元），项目截止时间为 2013 年 3 月底。④ 9 月 17 日上午，中国疾控中心与美国密歇根大学在中国疾控中心昌平新址签署了学术和科研合作谅解备忘录，旨在有效促进双方公共卫生教育和科研合作,并提高双方公共卫生人才能力建设。

(四)国际会议

(1)传染病所举办传染病应对团山论坛第五届学术年会(1 月 12-13 日,北京);

(2)病毒病所承办第四届世界卫生组织(WHO)西太区乙脑参比实验室非正式会议(5 月27-29 日,成都);

(3)寄生虫病所承办 WHO 大湄公河次区域疟疾治疗效果研究(TES)回顾与计划研讨会(6 月 11-14 日,昆明);

(4)寄生虫病所承办首届消除热带病监测应对体系上海论坛(6 月 16-17 日,上海);

(5)传染病处与 WHO 联合举办输入性寄生虫病防治培训班(6 月 29 日,北京);

(6)慢病处承办 WHO 西太区强化初级卫生保健中慢性病预防与控制磋商会(8 月 14-17 日,北京);

(7)国家流感中心承办 WHO 2013 年南半球流感疫苗成分协商会议(9 月 17-21 日,北京);

(8)结核中心举办结核病和艾滋病诊断技术国际研讨会(9 月 25-26 日,上海);

(9)寄生虫病所与日本旭川医科大学共同举办人兽共患绦虫病防控国际研讨会(10 月 28-31 日,上海);

(10)性艾中心与中国微生物学会联合主办“HIV 治愈”高层研讨会。总结中外艾滋病治疗的现状,讨论艾滋病治愈的科学研究、国际合作及经费来源等(12 月 16-17 日,北京);

(11)传染病所主办第四届媒介生物可持续控制国际论坛(11 月 25-29 日,海口)。

(五)外专局项目

(1) 2012 年,办理 5 位外国专家来华工作证和外国专家证。

(2) 2012 年申请出国(境)培训项目共 10 项,包括 7 项审批类,3 项审核类。

二、与世界卫生组织(WHO)的合作

(一)中国/WHO 2012-2013 正规预算项目执行与管理项目

(1)组织完成中国/WHO 2012-2013 度正规预算项目的启动会、2012 年 WHO 在华合作中心主任会(2 月 9-10 日,北京)。

(2)受卫生部国际司和 WHO 驻华代表处组织委托,组织召开 WHO 西部卫生行动专家会(5 月 3 日,北京)。

(3)协助中国医学科学院信息研究所开发 WHO 在华活动管理系统项目管理模块。

(4)组织完成中国/WHO 2012－2013 年度正规预算项目中期督导,完成督导评估报告(11 月 19－23 日,北京、上海、苏州、南宁、成都、西宁)。

(二)WHO 合作中心

10 月 23 日,WHO 正式命名中国疾控中心传染病预防控制所为“世界卫生组织媒介生物监测与管理合作中心”,任期 4 年。

中心目前有现任 WHO 合作中心增至 7 个(其他为职业卫生、慢性非传染性疾病社区综合防治、流感参比和研究、疟疾、血吸虫病和丝虫病、食品污染物监测、人畜共患病)。

(三)接待 WHO 进修生来华学习

(1)6 月,协助结控中心接待 5 名 WHO 朝鲜进修生来华学习结核病防控项目相关内容,为期两周。

(2)9 月,协助免疫规划中心接待两批共 9 名 WHO 朝鲜进修生来华学习免疫规划与管理、肝炎防控与管理内容,为期各两周。

三、双边合作

(一)美国疾控中心

1. 中美全球艾滋病防治项目(GAP 项目)　审核上报 GAP 项目执行手册(2 月);审核上报中美 GAP 项目 2012－2013 年度工作计划。

2. 中美新发和再发传染病合作项目(EID 项目)　提交 2012－2013 年度合作协议;派员参加 EID 项目对部分项目执行单位的督导(6 月);支持项目办召开合作委员会会议和工作年会(12 月);审核上报项目执行手册(中英文修订版);2007－2012 年五年进展报告、2012－2013 年度工作计划;支持美国疾控中心新任中国现场流行病学培训项目(CFETP)长期顾问来华相关事宜,资助其来华进行 1 个月的工作交接活动。

3. 中美疾控中心主任年会　组织筹备第九次中美疾控中心主任年会(推迟至 2013 年 1 月在北京举行),双方在山东减盐防控高血压项目等慢病防控策略实践以及探索全球性卫生技术援助方面深入探讨合作。

(二)中日韩合作

组团赴日本东京参加了第六届中日韩传染病论坛。就扩大免疫规划、肠道传染病、生物威胁应对及新发/现有传染病防控等三个主题进行了交流。

(三)中荷合作

1. 传染病所和结控中心与荷兰国家公共卫生和环境研究院(RIVM)进行了专家互访和在结核病防控方面的技术合作与培训。

2. 与 RIVM 及荷兰驻华使馆共同完成《中荷卫生合作进展报告(2005 - 2011 年》;参加中国卫生部与荷兰王国卫生、福利和体育部中荷卫生合作行动计划签署仪式(9 月 18 日)。

(四)中新(加坡)合作

根据卫生部要求制定中国疾控中心与新加坡卫生部人员交流计划(短期)、互换人员工作职责以及第一批互派专家的选拔工作。

四、参与全球卫生行动

与美国疾控中心和 WHO 合作,建立了中国遏制脊灰传播项目(STOP 项目):组织两批专家 13 人分别于 2 - 4 月、7 - 9 月赴巴基斯坦和埃塞俄比亚执行为期 3 个月的现场技术援助任务,圆满完成任务;召集中国 STOP 项目援外专家举行座谈会,总结援外经验,探讨对外进行公共卫生援助的适宜模式和管理机制;积极回报和沟通,促进商务部将援助巴基斯坦开展脊灰消灭项目列入 2013 年援外计划中。

五、与港澳台合作交流

组织专家并派员参加海峡两岸医药卫生合作 2012 年传染病防治工作组会议,并落实和上报卫生部相关合作事宜,包括联系窗口,疫情通报内容、通报机制、两岸传染病标本共享机制和运送操作流程,以及合作研究计划等。

六、申报科学奖

经推荐,辐射所苏旭教授获"第十三届吴杨医学药学奖"(10 月)。

(王晓琪)

教育培训

一、研究生管理工作

（一）招生管理

（1）2012年共录取各类研究生191人，其中博士生50人、统招学术型硕士生62人（其中2人放弃入学资格、未报到）、全日制MPH硕士生31人（其中1人放弃入学资格、未报到）、在职MPH硕士生38人、协和公卫硕士生10人。

（2）开展2013年研究生招生工作：博士生招生报名人数214人；统招硕士生报名人数250人；在职MPH招生报名人数90人。经各单位选拔、面试，2013年中心拟接收推免硕士生3人。

（3）2012年底，在读研究生共566人，其中博士生164人、统招学术型硕士生192人、全日制MPH硕士生75人、在职MPH硕士生89人、协和公卫硕士生46人。

（4）为中心各研究生培养单位统一订购登录研招网用“数字证书”，保障研究生招生信息安全。

（二）培养管理

（1）2012年中心集中开设了43门课程，包括：博士公共英语和卫生统计学2门；统招学术型硕士课程18门；应用型硕士课程23门。

（2）召开中心研究生卫生统计学教学工作会，系统总结了2011－2012学年中心卫生统计学、高级卫生统计学、医学研究统计方法和医学现场调查技术等课程教学工作，分析当前卫生统计面临的问题和解决方法，探讨卫生统计学教学与公共卫生实践结合的方式，审议卫生统计学讲义初稿等。

（3）组织落实了2011级协和公卫硕士生15人、2012级在职MPH硕士生32人的研究生导师和课题，并安排研究生到各二级培养单位开展课题研究工作。

（4）2012年10－11月，组织潘家园教学区2012级研究生英语演讲比赛。

（5）根据应用型研究生的培养特点和要求，2012年12月中旬邀请来自卫生部、北京市卫生局、北京市丰台区疾控中心、北京协和医学院以及中心等机构的专家学者，为MPH和协和公卫硕士生开设科研选题设计与伦理、国家疾控应急、控烟与反控烟博弈、重大传染病防治、新疆脊灰处置、重大灾害公共卫生处置以及省市级疾控工作职能、特点和进展等系列实践讲座。

(6)统一印制中心研究生卫生统计学教学资料和专业英语教学参考资料,免费提供给一年级硕士研究生学习使用。

(三)学籍、学位管理

1. 学籍与学历管理工作　完成2012年夏季毕业生学历电子注册工作(博士43人、硕士71人);发放博、硕士毕业证书116份;开展2012级研究生新生审核备案(博士50人,硕士90人)及日常学籍信息系统维护工作,完成2011级博士1人学籍补报备案工作;办理学术型博(硕)士延期毕业15人、退学1人。

收集、整理中心研究生学籍档案159卷,整理协和公卫学院硕士生学籍档案、人事档案45卷。

2. 学位管理工作　组织召开中心学位评定委员会会议等,审定通过了授予46人博士学位、71人硕士学位、42人MPH学位。

组织召开协和公卫学院学位分委会会议,21名协和公共卫生学院硕士生通过了分委会的学位初审。

3. 优秀博士学位论文评审　组织中心2012年优秀博士学位论文评选,共评出7篇中心优秀博士学位论文(其中一等奖2名、二等奖2名、三等奖3名)。

4. 建立中心学位及导师审核系统　编制应用软件,初步实现中心及协和公卫学院学委会评审研究生学位和增选导师工作的电脑数字化操作,提高工作效率。

5. 组织完成中心学委会及协和公卫学院分委会换届工作　组织完成中心学委会换届工作,成立第四届学位评定委员会,共有学位委员24人,下设9个学位分委会。组织完成协和公卫学院分委会换届工作。

6. 通报国务院学位办博士学位论文抽检通讯评议结果　2010－2011年,中心连续两年共8篇博士学位论文全部通过国务院学位办随机抽检,充分表明中心研究生培养质量得到了国家教育行政主管部门和同行专家的认可。

(四)日常管理

(1)加强学生安全教育,对学生宿舍进行安全检查,发现隐患及时整改,并要求各研究生培养单位加强对课题阶段学生的安全教育与管理。

(2)对2012级全体新生进行保密安全基本知识教育。

(3)加强学生纪律、学风、考风教育,积极引导、支持学生开展有益身心健康的文体活动。

(4)组织开展研究生党团活动,参加中心党委第二总支党委改选活动等。

(5)及时、妥善处理研究生日常管理工作中出现的各种问题。

(6)组织开展研究生评优工作,评选优秀研究生 14 名,优秀学生干部 7 名。

(五)办学条件建设

1. 加强研究生后勤服务保障　拨付后勤服务中心潘家园教学区管理费 27 万、潘家园食堂运营费 20 万元、南纬路 2 号院研究生宿舍费用 23 万,拨付改水中心研究生教室、宿舍、办公室费用 70 余万(房费,管理费,水电费),保证研究生后勤服务工作顺利开展。

2. 改善办学条件　2012 年 3 月,购置更新了昌平教学区机房用路由器。2012 年 6 月,购置学位委员会评定研究生学位用笔记本电脑 30 台。

(六)导师队伍建设

(1)开展 2012 - 2013 年研究生导师增选工作,已组织开展了专家评审工作,增选结果由中心学位评定委员会审定。

(2)完成“中心审核、选聘博士研究生指导教师条件及实施细则”修订工作。

(七)病原生物学重点学科建设

2012 年继续获得北京市教委 20 万元重点学科建设经费。

二、博士后管理

(1)办理进站 14 人(其中非洲项目博士后 5 人,与博士后工作站联合招收 2 人)、出站 12 人。截至 2012 年 12 月 31 日,中心在站博士后 31 人。

(2)组织申请中国博士后科学基金第 51、52 批面上资助,经全国博士后管委会评审,共 5 人获 28 万元。

(3)有 1 名博士后获中国博士后科学基金第 5 批 15 万元特别资助。

三、继续医学教育项目管理

(1) 2012 年中心获批国家级继续医学教育培训项目共 39 项,备案 13 项;传染病预防控制国家级继续医学教育基地备案项目 18 项。

(2)派出 7 批 8 人次开展现场督导和检查,组织项目单位进行 2012 年举办情况网上汇报工作,开展继教学分证书发放情况网上公示,规范管理。

(3)组织申报 2013 年国家继续医学教育项目 43 项。

四、国际合作

继续与澳大利亚格里菲斯大学联合向澳大利亚政府申请“中国疾病预防控制精英培养(CDCLP)”奖学金资助项目，推进公共卫生人才培养工作。

2012年2月，第五批ALAF-CDCLP项目4名学员赴澳学习，并于2012年8月返回国内工作。

2012年6月，ALAF-CDCLP项目第十一轮申请成功，4名学员获得批准资助，将于2013年2月赴澳学习。

五、综合管理

(一)积极推进中心研究生院建设

2011年10月，第13次中心主任办公会同意加挂中心研究生院的牌子；2012年，研究制定研究生院职能、内部机构设置、人员编制计划等，积极筹备研究生院成立及揭牌仪式等各项工作，推进研究生院建设。

(二)召开研究生应急事件处置和管理交流会

召开了研究生突发事件处置与管理工作会议，对提高中心研究生突发事件处置能力和管理水平起到了积极的推动作用。

(三)加强研究生、博士后安全保障工作

加强研究生、博士后思想政治、法治安全、身心健康和网络安全文明教育，落实研究生、博士后安全措施管理，开展研究生、博士后信息摸底调查工作，做到防患于未然，做好突发事件的预判及处理工作。

(四)加强研究生管理人员队伍建设

招聘两名员工到岗工作，另有两名员工经人资处考核批准后，短期内到岗。

(五)研究生开学典礼暨入学教育

分别举行在职MPH和统招研究生开学典礼暨入学教育，就中心的工作任务、我国公共卫生发展史、公共卫生面临的挑战等方面进行介绍，同时进行安全防火教育、社会责任感教育、职业责任感教育及保密教育等，中心党、团组织对党、团员提出相关要求。

(六)举办中心 2012 届研究生毕业典礼暨学位授予仪式

2012 年 6 月 29 日,在中心昌平园区举办了 2012 届研究生毕业典礼暨学位授予仪式。中心领导、各直属单位领导、导师代表、2012 届毕业研究生等共 200 余人参加了典礼。

(七)组织在读研究生参加全国大学生暑期医疗扶贫服务学习活动

2012 年 7 月 25 日至 8 月 1 日,组织中心和协和公共卫生学院共 8 名研究生赴山东省参加了为期一周的“李嘉诚基金会 2012 年全国大学生暑期医疗扶贫服务学习社会实践活动”。

(八)2012/2013 学年初教育事业统计报表报送工作

按照北京市教委要求,报送中心 2012/2013 学年初教育统计数据报表。完成了中心博(硕)士研究生分专业情况、生源情况、学生变动情况、在校生年龄情况等和指导教师情况的数据采集、整理和录入工作,会同中心办公室、人资处、科技处、保卫处等有关部门,填报了中心基本情况。

(九)推进研究生教育管理信息系统建设进程

2012 年 11 月,组织专家开展了研究生教育管理信息系统初验工作,目前系统进入试运行阶段。

(刘开泰　戴政)

编辑出版

一、期刊管理工作

(一)开展调研,掌握中心学术期刊历史与现况

为全面了解中心主办及承办学术期刊的发展历史和现况,为学术科学发展提供依据,2012 年上旬,学术出版部设计了调查表进行了调查,掌握了各期刊的基本情况、创刊时间、刊期与网站、发行量、影响因子和编辑队伍现状等。此外,还分别组织召开了编辑部主任座谈会,听取了意见和建议。

(二)召开工作会,探讨中心学术期刊发展方向

1. 组织召开“2012 年中国疾控中心学术出版工作会议” 2012 年 3 月,组织召开了“2012 年中国疾控中心学术出版工作会议”。中心分管领导高福副主任、科技顾问陈春明教授、传染病所所长徐建国院士、中心辐射所所长苏旭、科技处处长董小平、教育处处长刘开泰、信息中心副主任苏雪梅、传染病所副所长卢金星等领导出席会议,中心主办及承办学术期刊的主编、编辑部主任、编辑代表、有关专家及工作人员共计 30 余人参加了会议。

会上,学术出版部介绍了中国疾控中心主办及承办的 15 种学术期刊总体情况;《生物医学与环境科学(英文版)》(《BES》)杂志主编和创始人陈春明教授介绍了《BES》杂志的创刊、25 年发展历程及现况;《BES》杂志编辑部主任张群介绍了编辑部工作;中心传染病所副所长卢金星介绍了该所承办的学术期刊情况。

会议围绕中国疾控中心学术期刊今后的工作和发展方向进行了积极热烈的讨论并达成共识。本次会议对中心学术出版工作今后的发展有重要意义。

2. 组织召开编辑部主任工作会、加强交流学习 为及时传达卫生部有关会议精神,加强交流与学习。2012 年学术出版部组织 3 次中心主办及承办学术期刊编辑部主任会议。通过会议传达了 2012 年 5 月卫生部主管报刊工作会议精神,以及卫生部新闻办 9 月 10 日在京召开的卫生部主管报刊宣传报道工作会精神。将相关文件印发至编辑部。并通过会议集体学习了新闻出版总署 2012 年 7 月 30 日下发的《关于报刊编辑部体制改革的实施办法》,并进行了讨论。

（三）参加会议与培训，贯彻卫生部要求和相关政策

为贯彻落实2012年中央报刊主管单位工作会议精神，加强卫生报刊管理，切实推进医药卫生报刊出版单位体制改革工作，进一步规范报刊出版秩序，卫生部办公厅于2012年5月在厦门召开卫生部主管报刊工作会议，同时举办了出版体制改革工作培训班。学术出版部全员参加了会议和培训，同时支持中国卫生法制杂志社派人参加会议。

为了解国家政策、不断提高管理和业务水平、更好的为期刊提供服务，2012年学术出版部派员参加了卫生部新闻宣传中心主办"全国医药卫生期刊社长编辑部主任培训班"；中国科普期刊研究会、中国科学技术期刊编辑学会科普工作委员会及北京科学技术期刊学会主办的"科技期刊社会责任与经营创新研讨会"；中国文字著作权协会主办的"图书编校质量管理与语言文字规范操作实务专题培训班"。

（四）管理与服务结合，保证中心主办学术期刊良好运转

1. 制定"《环境卫生学杂志》经费管理办法"和"《中国卫生法制》杂志社经费管理办法"并执行　根据有关规定，《环境卫生学杂志》不能自行收取经费，2012年上半年，学术出版部与中心规财处、环境所就《环境卫生学杂志》的经费管理问题进行认真研究和讨论，共同制定"《环境卫生学杂志》经费管理办法"并经中心领导批准。该办法自6月份执行，半年来运转良好。

《中国卫生法制》杂志2003年由卫生部政策法规司主办变更为中心主办。该刊自创刊以来即实行自筹资金、自负盈亏，并以"中国卫生法制杂志社"名义管理日常事务至2011年。2012年5月份以来，为解决该杂志社的经费管理问题，经学术出版部、规财处和杂志社的6次讨论和修改，完成了"中国卫生法制杂志社经费管理办法"并经中心领导批准，该办法已于2012年11月开始执行。

2. 起草"中国疾病预防控制中心主办学术期刊论文著作权管理办法(试行)"　为保护科学论文作者的著作权以及与著作权有关的权益，根据《中华人民共和国著作权法》的有关规定，并学习有关单位的做法和经验，自2012年10月，学术出版部起草了"中国疾病预防控制中心主办学术期刊论文著作权管理办法(试行)"初稿，在形成阶段征求了编辑部主任意见，讨论稿下发中心直属各单位和机关各处室征求意见。目前，该办法已经根据中心领导的建议修改，并拟在征求律师意见后下发试行。

3. 为"寄生虫病所与WHO联合主办英文学术期刊"提供建议　2012年9月，学术出版部收到中心寄生虫病所与WHO联合主办英文学术期刊"Infectious Disease of Poverty"的报告后，进行了研究和讨论，既支持该刊在促进国内外学术交流中发挥积极作用，也为保证国家有关政策的执行提出了建议。

（五）《中国妇幼卫生杂志》编辑部工作

学术出版部作为中心主办、妇幼中心承办的《中国妇幼卫生杂志》编辑部，在编辑部主任段江娟的努力和协调下，圆满完成 2012 年 6 期的编辑出版工作。

（六）加强宣传、增加中心期刊影响力

为加强中心主办及承办学术期刊的宣传，不断提升影响力和做好服务，学术出版部组织各编辑部，经过多次讨论和反复修改，编写了《中国疾病预防控制中心主办及承办学术期刊简介》。

（七）期刊年审、年检及登记工作

按照卫生部及工商等有关部门要求，完成了卫生部新闻办组织的由中心主办的 8 种期刊年审及年检工作。配合北京市报刊发行局完成对中心主办的 6 种期刊“2013 年度期刊出版详情登记”上报工作。配合工商部门完成中心主办期刊“广告经营单位基本情况统计”上报工作。完成中心主办期刊审读工作。

二、图书出版工作

组织完成了《中国公共卫生》第三卷的编辑排版工作。协助中心应急办完成《长江三峡工程生态与环境监测系统人群健康监测重点站 2011 年技术报告》的编辑出版工作。协助中心设备处完成《全国慢性病预防控制能力调查报告》一书的出版印刷采购工作。参加中心办公室组织的《中国疾控中心年鉴》的出版工作。

三、参加中心营养所组建工作

根据中心要求，学术出版部赵文华研究员作为营养机构建设工作组成员，2012 年 1 - 7 月份，参加了营养所与评估中心人员划分、营养所职能讨论及修改工作、会议纪要修改及起草、营养所发展规划研究报告提纲起草及人员招聘等工作。

四、为国家医改任务的落实作好技术支持

为提高农村地区基本公共卫生服务业务水平，推动国家基本公共卫生服务项目在农村地区的落实，卫生部农卫司设立了农村基本公共卫生服务工作联系县，开展调研并举办农村地区基本公共卫生服务工作联系县培训班，学术出版部赵文华研究员作为讲课专家参加了农卫司在山西吕梁特困地区、西藏农牧区、甘肃会宁、广西鹿寨、湖北潜江、山东莱州等 6 个地区组织的培训班。参加了卫生部科教司组织的“2011 - 2012 医改重大专项卫

生人员培训项目评估”方案的专家咨询,并赴黑龙江和吉林地区,参加了现场评估和总报告撰写咨询工作。

五、作好“十一五”科技支撑课题及项目验收工作

2012 年,中心承担“十一五”科技支撑计划——“疾病控制适宜技术研发和应用”项目进入整体验收阶段。项目涵盖传染病、寄生虫病、重大慢性非传染性疾病、健康教育、控烟、疾病预防控制信息集成等领域,共设立 7 个课题。学术出版部赵文华研究员负责的“重要慢性病风险评估体系与干预适宜技术研究及应用”课题通过验收;受中心科技处委托,赵文华研究员承担了由 7 个课题组成的项目验收汇报的重任,在时间紧、专业跨度大的情况下,经过精心和夜以继日的认真准备,项目在 2012 年 9 月顺利通过国家科技部组织的验收。

(赵文华　段江娟)

规划财务管理与审计

一、财务管理工作

(一)预算管理

为加强预算管理,有效使用资金,规财处在 2012 年年度内,认真按相关的管理制度以及卫生部的要求,科学求实的工作。

(1)规财处严格执行《中国疾病预防控制中心部门预算执行管理实施办法》,进一步完善了预算管理责任制,在督促各部门加快资金使用进度,保证资金高效使用的同时,认真进行费用的报账审核工作,努力作到既保证预算的高效执行,又保证费用支付的正确性。截至 2012 年 12 月全中心的预算执行率为 96%,中心本级为 98%。

(2)组织协调中心所属单位及中心本级各部门完成 2013 年度预算及 2013 年度卫生工作经费的具体执行预算的编制。并按中心领导批准的二级单位的具体执行预算和工作进度进行工作经费的下拨和支付。组织协调、报送了全中心 2013 - 2015 年修缮购置规划初稿。

(3)中心财务部门按财政部的要求,按预算按季分月进行全中心资金使用计划的申报工作,保障了全中心疾控工作的资金需求。

(4)对申报的科技部的科研项目进行预算审核。按课题经费管理的要求,及时按预算进行课题费的下拨和支付。保证课题经费的按时到账和使用。

(5)严格按财政部的要求使用净结余资金。坚持先报批再使用,没有出现违规的行为。

(6)全中心根据财政部的要求,认真执行“三公经费”(汽车购置与运行费、招待费、因公出国境费)的预算,并实行了单车核算,保证了“三公经费”在预算内执行。

(7)每半月进行当年预算执行情况的通报,每月进行中国疾控中心公共卫生应急运转项目等财政项目资金青年基金课题预算执行情况的通报。

(8)为保证账务录入以及资金使用的正确性,按月与各处室进行对账工作。

(二)财务监督管理

1. 2012 年度中心规财处接受的审计与检查 22 次 46 个项目(事项)审计和检查　主

要有以下内容。

(1) 接受中财华审会计师事务所对重大专项项目的结题审计(8 个项目)。

(2) 接受兴华会计师事务所对加强控烟办能力建设项目(一期)审计。

(3) 接受安永会计师事务所对中美新发和再发传染病合作项目(一期)审计。

(4) 接受国际防痨和肺部疾病联合会(UNION)对加强控烟办能力建设项目(一期)的财务督导。

(5) 接受联合国儿童基金会对儿童伤害项目的财务检查。

(6) 接受毕马威华振会计师事务所对双感中美合作项目的审计。

(7) 接受华寅会计师事务所对尼古丁代谢产物监测技术研究推广等 4 个项目的审计。

(8) 接受审计署卫生药品审计局对中心公共卫生应急反应机制运行项目、基建项目、新址信息系统建设项目的审计。

(9) 接受中诚信安瑞(北京)会计师事务所对环境遗传毒性物质暴露效应评估关键技术项目的审计。

(10) 接受多家会计师事务所分别对传染病时空聚集性探测关键技术研究与应用等 8 个重大专项协作课题的审计。

(11) 接受中澳卫生与艾滋病项目办对疫苗上市后评价体系建立和应用及新疫苗免疫策略研究项目的财务督导,督导结果为非常满意。

(12) 接受毕马威华振会计师事务所对双感中美合作项目的审计。

(13) 接受亚太(集团)会计师事务所对中国铁强化酱油项目二期的审计。

(14) 接受中国全球基金地方代理机构对中国全球基金项目的不定期检查及数据核查。

2. 内部财务检查与督导　进行 2012 年本级预算执行情况、财务收支情况等的财务自查工作。

3. 调整并明确规财处人员工作岗位　为更合理有效安排工作,高质量的完成报账任务,提供好服务的同时减少差错,在 2011 年工作岗位设置的基础上,于 2012 年 2 月再次调岗。年中,由于人员变动,进行了小范围的调岗。

(三)财务核算与报表

1. 圆满完成全年的核算任务

(1) 完成了中心本级基本经费及各类项目资金的核算管理工作。

(2) 按基建预算及工程进度,进行工程款的财政直接支付的支付申请报批工作,同时完成 2012 年度基建财务的核算任务。

(3) 完成了中心外汇财务核算管理工作。

(4) 完成中心机关职工住房改革支出的发放、核算工作。

(5) 完成全中心党费的财务核算工作。

(6) 完成全中心工会经费收缴、本级工会经费的提取及财务核算管理工作。

(7) 完成了机关福利费、老干部活动费的提取和财务核算工作。

(8) 完成了各账户与银行的账务核对工作。

(9) 完成了与各部门的账务核对工作。

2. 完成2011年度决算以及2012年的各类报表编制上报工作

(1) 完成中心本级2011年度财务决算及全中心的决算报表审核汇总上报工作。

(2) 完成预算执行快报、财政额度结余以及卫生经费报表的编报、审核、汇总工作。

(3) 完成2011年度基本建设决算及决算报表编报工作。

(4) 完成向北京市西城区统计局报送的基本建设、能源、财务状况等各种月统计报表的编报工作。

(5) 完成住房改革支出的决算编制工作。

(6) 完成预算执行情况表每半月的上报工作。

(7) 完成中心本级2012年的医疗费报账及公费医疗月报表编制报送(按月报东城区公费医疗办)工作。

(8) 完成单位基本情况调查表编报工作。

(9) 完成2011年度中央行政事业单位国有资产年度决算报表编报工作。

(10) 完成2011年度全国固定资产投资决算报表工作。

(11) 完成住房公积金摸底调查工作情况表。

(12) 完成2011年全国卫生财务报表编报工作;完成2012年全国卫生财务报表(快报)编制工作。

3. 其他

(1) 完成全年的营业税、营改增税、个人所得税的收缴任务。

(2) 完成个人住房公积金、各类社保基金的月上缴工作。

(3) 完成中心本级人员的保险费审核缴纳工作。

(四)公务卡改革工作

2012年3月,根据卫生部文件要求,中心进行了全面公务卡改革工作,规财处作为主要执行处室,积极赴兄弟单位进行考察学习,与银行进行了快速高效的沟通,同时以卫生部部署管单位公务卡管理实施细则为蓝本,结合中心自身特点,制定并印发了《中国疾病预防控制中心公务卡管理实施细则(试行)》,并于同期完成对全中心持卡职工的培训工作。2012年8月,中心全面完成了公务卡改革工作。截至2012年末,中心已累计申请办理351张公务卡。

(五)税务改革工作

根据《财政部、国家税务总局关于印发〈营业税改征增值税试点方案〉的通知》规定,规财处于 2012 年 9 月全面完成了研发和技术服务类、文化创意服务类收入的"营改增"工作。组织完成了增值税小规模纳税人登记、签订实时缴税协议书、购买增值税税控机、领购增值税发票等相关事项,申报并缴纳了 2012 年 9－11 月增值税。

(六)权力运行风险防范工作

根据中心的工作安排,规财处进行财务部门的权力运行风险防范的后续工作。规财处有两项 A 级风险,根据绘制的《中国疾控中心财务管理风险控制流程图》,对委托工作经费管理流程、资金支付管理流程、预算程序等在网上公示,并接受监督。

(七)重大国际合作项目财务管理

1. 财务工作年会以及培训工作

(1) 年初召开了中国全球基金的工作年会,总结 2011 年的工作,布置 2012 年的工作。会议以讨论及问题解答的方式对基层财务日常工作遇到的问题进行了培训。

(2) 完成全球基金 3 次财务培训工作。

(3) 多次在业务工作会议上,对财务管理工作进行讲解和提出要求。

2. 进行财务检查

(1) 中心规财处 2012 年度派出 7 人参加全球基金项目 6 个省的财务督导工作。

(2) 中心规财处 2012 年度派出 3 人参加 GAVI 项目 8 个省的督导检查工作。

(3) 中心规财处 2012 年度派出 1 人参加中盖项目 1 个省的督导检查工作。

3. 报表编制审核

(1) 完成了中心全年度中国全球基金结核病项目的月报、半年报的报表的编制工作。同时完成全国项目点的报表审核汇总工作,为顺利申请资金提供了保障。

(2) 完成中盖项目、中美项目、加强控烟办能力建设项目的报表编制和审核。

4. 配合完成审计及检查任务

(1) 对加强控烟办能力建设项目(一期)的审计工作。结论:除项目赠款与其他资金共用一个账户外,项目在 2009 年 6 月－2012 年 3 月经费管理与使用情况符合行政事业单位会计制度的要求,未发现存在重大不合规事项。

(2) 全球基金地方代理机构多次对全球基金项目的数据进行核查。

(八)财政项目财务管理

(1) 中心规财处 2012 年度派出 5 人参加重点传染病监测项目 4 个省的督导检查工作。

(2) 中心规财处 2012 年度派出 2 人参加淮河流域癌症综合防治项目 4 个省的督导检查工作。

(九)人员培训

(1)全中心财务人员完成了 2012 年度的会计人员继续教育工作;全中心财务人员的会计职业资格证书的年检。

(2)完成全中心的税务专管员的继续教育及税务专管员资格证书的年检。

(3) 40 名财务人员参加中心规财处举办的财务培训。

二、内审工作

(一)事前、事中审计工作

(1)完成单位 165 份经济合同签定前的审计工作,审计资金量达 1.6 亿元,提出修改建议 220 条,送审部门均按照审计意见进行了更正。

(2)完成 9 套全球基金项目会计报表上报前的审计工作,审计资金量达 1.23 亿元,纠正错报金额 115 万元,确保了上报数据的准确性。

(3)配合外审单位完成新址基建工程竣工结算审计工作,审计金额 2.76 亿元,审减金额 1263 万元。

(二)专项审计、检查工作

(1)完成 13 个全球基金项目省共 31 个项目点的审计工作,审计金额为 5433 万元,提出审计纠正意见 167 条。

(2)与规财处一并完成了 8 个 GAVI 项目省经费审计工作,其中出具了 4 个省的审计报告。

(3)审计了 1 个省(湖南)的中盖项目,并出具了审计报告交中盖项目办。

(4)组织完成了中心及直属单位 2012 年度 1 - 10 月份预算执行情况的自查工作,起草并上报了自查报告。

(5)组织完成对中心及直属单位工程建设中挂靠借用资质投标违规出借资质问题的专项检查,并上报检查报告。

(6)完成对中心 15 个部门共计 2131 件固定资产的盘点检查工作,并上交了清点检查报告交中心固定资产清查领导小组。

(7)接受卫生部规财司委托，完成了对环境所金银龙所长的任期经济责任审计工作，并上报了审计报告。

(8)对本单位、传染病所、职业卫生所3个单位现金、银行存款、财务印章、票据等财务管理内控情况进行了突击检查，及时汇报检查情况并提交报告。

(三)审计委派工作

(1)制定了中国疾病预防控制中心审计委派暂行办法，并下发病毒病所和环境所两个委派试点单位执行。

(2)按照卫生部审计委派试点工作的部署，新增加了环境所作为中心试点单位，并从中心审计处委派了一名审计人员于2012年6月份到环境所担任审计部门负责人。

(3)召开了审计委派工作例会4次，并将审计委派中发现的问题及时反馈给中心审计委派领导小组，使问题得到了解决，提高了委派人员的待遇。

(4)审计委派人员工作认真负责，协助所里制定完善了各项审计规章制度，并在采购、合同、预算执行、内部控制、资产管理等方面开展了大量的审计工作，得到了2个派驻所领导的一致好评。

(四)其他审计工作

(1)对31个全球基金项目省共87份2011年度外审报告发现的问题进行了统计、汇总，并将各省级的年度审计报告上报给中国全球基金项目地方代理机构(LFA)。

(2)每季度按时向卫生部上报中心内部审计工作信息季度报告。

(3)按时向中国全球基金项目中央执行机构(PR)办公室上报全球基金内审工作半月报。

(4)协助基建处完成一期基建工程调概编制单位的招标选择及调概等工作。

(5)针对全球基金不满意PR年度外审报告(通过公开招标已选定的2家会计师事务所出具的审计报告)之事，多次与全球基金秘书处、检察长办公室进行了沟通与协商，最终在全球基金总部日内瓦达成了一致意见，由全球基金秘书处选择会计师事务所对PR进行审计。

(6)完成了内审人员审计岗位资格证的年检及换证工作。

(五)培训工作

(1)对直属单位内审人员进行了一期内审业务培训，培训内容为：合同审计、预算执行审计、课题专项审计、采购方式审计等内容。

(2)对本处室审计人员业务工作进行了 2 次培训,培训内容为:经济责任审计,新出台的政府采购文件及单位管理制度,委派人员业务工作等培训。

(3)组织审计人员参加了中国内审协会卫生分会举办的 2012 年审计人员再教育培训,同时也参加了 2012 年度会计再教育培训。

(4)针对中国全球基金及其他项目内审发现的问题,分片区对 31 个项目省进行了审计管理要求培训,本年共计培训 8 次。

(六)获得的荣誉

(1)袁灵华、彭万强、王颖、张玫玫 4 位同志获得卫生部 2012 年卫生系统内审先进个人。

(2)胡文上同志获得 2012 年卫生部“小金库”专项治理工作中表现突出个人。

(3)审计处获得 2012 年卫生系统内审先进集体荣誉称号。

(张雁　袁灵华)

设备条件管理

一、完善制度、落实工作规范

(一)中心设备类固定资产暂行管理办法颁布实施

为更好的加强中心设备类固定资产管理,促进固定资产合理配置与有效利用,条件处重新组织修改并制定出台了《中国疾病预防控制中心设备类固定资产暂行管理办法》。新《办法》是根据国家有关法律法规和财政部、国务院机关事务管理局、卫生部有关规定制定的,较中心之前使用的《中国疾病预防控制中心机关仪器设备管理实施细则》在各方面都有较大改动,更具有可操作性及实际规范意义。

(二)中心采购管理制度完成修订

为规范中心政采目录外限额标准以下的小额采购工作程序,根据中心采购管理工作现状,条件处组织中心有关部门领导、专家和部分单位采购管理人员,召开专题研讨会,共同对中心 2008 年下发的《中国疾病预防控制中心政府集中采购目录以外及限额标准以下采购工作管理办法(试行)》重新进行了讨论修改,并明确将管理办法界定为货物类和服务类。因工程类采购,中央国家机关政府采购中心已将常见工程类项目纳入集中采购目录中,此次修订将此项采购内容去除。修改后的“中心关于对政府集中采购目录以外且限额标准以下的货物和服务类采购工作管理办法”(征求意见稿),已发中心各部门各单位公开征求意见,目前已完成意见征求,近期将下发实施。

二、采购工作

2012 年设备条件处认真贯彻执行《政府采购法》、《招标投标法》等法律法规,选择合理的采购方式,较好地完成了 2012 年的各类采购任务。截止到 12 月 14 日,共计完成采购项目 177 项,采购总金额约为 18 434 万元,签订采购合同 144 份。其中财政资金采购项目 91 个,采购金额约为 7852 万元,签订合同 83 个。国际合作项目:全球基金采购项目 61 个、采购金额约为 9347 万元、签订合同 51 个;中美项目采购项目 2 个、采购金额约为 91 万元、签订合同 2 个;GAVI 项目采购项目 5 个,采购金额约为 337 万元,签订合同4 个。

三、固定资产管理

(一)中心本级设备类固定资产管理

2012 年新增设备类固定资产 942 台件,资产总值约 7872.14 万元;调剂设备 114 台件;报废设备 1369 台件,设备原值 447.46 万元;无偿调拨设备约 2085 余台件,设备原值约 1061 万元。

报废设备处置 5 次,报废设备残值 3.133 万元,全部上交规财处。

(二)中心本级设备类固定资产核查工作

为进一步加强中心机关设备类固定资产管理,根据中心领导的指示精神,2011 年 12 月 29 日,中心下发了《中国疾控中心关于进行中心本级设备类固定资产核查工作的通知》(中疾控办便函〔2011〕389 号)。按照通知要求,自 2012 年 2－10 月,中心本级成立了由中心办、规财处、审计处、纪监室、条件处、新址办负责人牵头的 6 个核查小组,对中心机关 60 个资产管理部门,20 895 台/件设备类固定资产进行了全面核查,并对核查有问题的部门开展了 2 个月的整改。中心应急仓库因相关部门未完成移交,未进行核实。

根据核查情况,中心本级设备类固定资产管理总体较好,资产账实相符率为 98.7%;47 个部门账实相符为 100%,但 13 个部门有 272 台/件设备类固定资产为有账无物,占总资产的 1.3%。

(三)国际合作项目资产管理

截至 2011 年年底,中国全球基金艾滋病、结核和疟疾项目共完成了 13 517 台件固定资产、总值 5981.6 万元,物品材料 1181 多万件(份)、总值 4407.7 万元各类采购物资的调拨分发工作,同时完成了固定资产的审核、登记。中盖合作项目,完成了 142 台件,总值 471.73 万元资产审核、登记及调拨工作。

四、规范管理、加强培训,努力提高采购与物资管理水平

(一)中心采购管理与设备类固定资产管理工作

2012 年 3 月 20 日举办了中心政府采购相关政策及操作培训会。会上就中央单位政府采购协议供货、批量集中采购政策以及 2012 年中央单位政府采购计划和执行编报工作,进行了详细的解析和部署。

(二)中国全球基金项目物资管理与培训工作

4－6 月在杭州、厦门和延吉分别组织举办了 4 期全球基金物资管理培训班,对全国各省级项目办及部分市、县级项目办的物资管理人员就全球基金的物资管理规定和要求,

进行了全面系统的业务培训。

（三）采购管理培训工作

为不断提高中心设备管理人员的业务能力和水平，先后4次组织中心各相关单位设备管理人员及条件处全体人员参加的仪器设备技术知识培训，培训内容涵盖了设备管理工作的专题讲座、理化分析仪器、生化仪器设备和光学分析仪器等专业技术知识。

五、综合协调、积极配合，顺利完成各项管理工作

（一）大购项目预算的专家论证

2012年5月，条件处组织相关专家对中心设备类大购项目计划及预算的论证和审查上报工作。2012年9－11月，按照卫生部“关于编制中央级公共卫生机构2013－2015年修缮购置专项规划的通知”要求，为充分做好修缮购置专项规划编制工作，使中心的专项规划编制更加系统、科学、合理，提高中心预算管理水平，争取更大的财政支持。

（二）采购进口产品审批及统计上报工作

2012年共接受中心机关及各直属单位等共21份采购进口产品请示文件的上报申请。其中：中心各单位2012年上报卫生部进口产品请示文件共18份，涉及金额约人民币86 506万元；目前财政部批复同意文件16份，批准采购金额约85 801万元。国际合作项目2012年上报进口产品文件共5份，涉及采购金额约10 129万元；目前财政部批复同意文件1份，批准采购金额约206万元。

（三）批量采购及信息统计上报工作

全年完成批量集中采购（台式计算机及打印机）申报工作共50次，包括申报采购台式计算机386台，打印机244台。其中包括；

中心本级共申报5次，台式计算机61台，打印机29台；

各直属单位共申报44次，台式计算机286台，打印机215台；

全球基金项目1次，台式计算机39台。

按要求及时完成了政府采购信息统计的季报和年报工作。

（四）权力运行监督机制建设

设备处积极配合中心权力运行监督机制建设，注重廉政风险防控教育学习，公开明示项目、业务管理权力运行流程。按要求每月在中心内网上填写发布采购权力运行情况公示表和国有资产处置、管理权力运行情况公示表。

（张戈屏）

实验室管理

一、强化实验室相关培训与宣传

(一)举办培训班

为强化实验室工作人员安全意识,提高安全技能,面向中心直属各单位及全国各省级疾控机构,有针对性地开展各项培训。包括2012年两期病原微生物运输管理培训班。2012年全国病原微生物实验室生物安全培训班、第七届实验室主任和安全员培训班、2012年监督检查员培训班,累计培训597人次。

(二)举办第六届实验室安全周

2012年4月23-27日组织开展了主题为"实验室安全——你我共同的责任"第六届实验室安全周活动。中心领导对此次活动给予了高度重视和大力支持。此次实验室安全周活动以中心成立十年为契机和结合点,组织直属各单位统一制作了反映中心2004年以来,实验室管理工作进展回顾展板,并在中心集中展示。展板内容还被制成宣传册,下发中心各直属单位和全国省级疾控中心及相关单位,发挥全国技术指导作用。在安全周期间,中心实验室管理处还参加了部分单位组织的知识竞赛、技能培训、应急演练等活动,并组织实验室管理部门负责人和实验室安全监督检查员对新址3个单位进行了实验室安全监督检查。

二、开展实验室安全与质量管理监督检查

(一)开展内部监督检查

2012年共组织对在京各直属单位进行了4个季度的实验室监督检查。内容涉及实验室基本管理、环境与设施、应急预案及物资储备、菌(毒)种及样本管理、危险化学品管理、感染性物质的运输、实验室废弃物管理等。

此外,为做好中心公共卫生实验室监督检查工作,为中心实验室监督检查员在实际检查过程中提供依据,规范实验室监督检查行为,实验室管理处组织专家编写《公共卫生实验室监督检查指南》,目前讨论稿正在征集专家意见。

(二)接受外部监督检查

2012 年 5 月 23 日由北京市卫生局组织、市反恐办刘根生副主任带队的市反恐办、昌平区反恐办工作人员及相关专家组成的工作组对中心开展了生物反恐防范工作专项检查。中心党委副书记、纪检书记宫新生,实验室管理处、保卫处以及传染病所、病毒病所、性艾中心实验室安全管理部门负责人一同迎接了检查。在听取了生物安全管理工作情况汇报后,刘根生副主任对中心的反恐工作给予了高度肯定。

为加强十八大实验室生物安全保障工作,2012 年 9 月 28 日,卫生部、北京市十八大实验室生物安全保障专项督查组对中国疾控中心新址 3 个直属单位进行了督导检查。督导组从组织管理、人员管理、设施设备管理等方面进行了现场督导,对中心实验室生物安全保障工作给予充分肯定。

三、做好十八大实验室安全保障工作

为迎接党的十八大胜利召开,有针对性地开展实验室安全保障工作,根据中心第二次安全保障工作会议的要求及中心办公室的统一部署,实验室管理处组织对中心各实验室安全管理重点部位进行了梳理和登记备案。向各直属单位下发《中国疾病预防控制中心关于做好十八大期间实验室安全管理工作的通知》(中疾控实发〔2012〕412 号),提出要求,部署实验室安全保障任务。同时组织对中心直属各单位实验室进行了安全检查,查找漏洞,防患于未然。

四、积极做好病原微生物运输培训及审批工作

1. 按照法规要求,为进一步巩固病原微生物运输培训取得的成果,做好受训学员的复训和新学员的培训工作,确保病原微生物运输的生物安全,保证各级疾病预防控制机构病原微生物运输的顺利开展。实验室管理处举办了两期全国病原微生物运输管理培训班,共有 180 名学员获得中国民用航空危险品运输训练合格证。

2. 依据《可感染人类的高致病性病原微生物菌(毒)种或样本运输管理规定》进行跨省运输至我中心的高致病性病原微生物菌(毒)种运输审批工作,截至 2012 年 12 月 31 日,共办理 75 个运输准运证书。

3. 为考核感染性物质航空运输包装检测机构的检测能力,确保感染性物质航空运输安全,实验室管理处受卫生部委托,积极开展市场调研,邀请并组织民航局运输司、中国民航科学技术研究院、中国国际货运航空有限公司、东方航空有限公司及南方航空有限公司的有关专家和负责同志分别于 7 月 17 日和 9 月 25 - 26 日对中国包装科研测试中心(CPRTC)和广州合成材料研究院有限公司化学工业合成材料老化质量监督检验中心进行现场考察和调研。考察组成员在现场对两个单位的感染性物质航空运输包装检测能力

进行了认真的勘查，并比对国际标准提出了整改建议。

4. 依据《关于加强医用特殊物品出入境管理卫生检疫的通知》要求，2012 年共办理了 25 个医用特殊物品出入境申请，其中出境 11 个、入境 14 个。

五、积极推动 BSL－3 实验室管理工作

(一)举办全国生物安全三级(BSL－3)实验室管理工作研讨会

2012 年 11 月 20－21 日，实验室管理处联合中国动物疫病预防控制中心、中国医学科学院在苏州共同举办了全国生物安全三级(BSL－3)实验室管理工作研讨会。卫生部科教司刘晓波副巡视员、中心高福副主任到会并做了重要讲话。来自全国各生物安全三级实验室的管理和工作人员 120 余人参加了会议。会议从实验室建设、运行维护、认可、实验活动、新技术等相关环节进行研讨和交流，为进一步推动全国 BSL－3 实验室的建设起到了积极作用。

(二)协调新址 BSL－3 实验室运行工作

新址 BSL－3 实验室污水处理系统于 2008 年由中心统一招标并集中采购，因 BSL－3实验室一直未启用，该套设备一直闲置于地下室未启用，至 2012 年该套系统早已过免费维保期。为不延误 BSL－3 实验室认可工作，实验室管理处经多次与卖方公司(美国 PRI 公司)进行协商，于 2012 年 7 月请美方专家一行三人到京进行 BSL－3 实验室污水设备的启动、检修以及培训工作，为污水处理系统顺利运行提供了重要保障。

为确保新址 BSL－3 实验室运行顺利，实验室处积极协调组织完成了传染病所、病毒病所和性艾中心 BSL－3 实验室设施、污水处理系统、生物安全柜、双扉高压灭菌器、HEPA原位检漏消毒装置、气密门等设施设备的管理与使用培训，并作为监督方，监督基建处将新址 BSL－3 实验室正式移交至 3 个直属单位。

(三)协调新址 BSL－3 实验室认可工作

为积极推进中心新址 BSL－3 实验室认可进程，实验室管理处多次组织中心相关部门及传染病所、病毒病所和性艾中心召开新址 BSL－3 实验室工作例会，通报进展，部署工作。组织邀请中国合格评定国家认可委员会有关负责同志及有关专家对中心新址 BSL－3 实验室认可准备工作进行现场指导。协调卫生部及科技部有关部门，组织 3 个直属单位申请并通过了科技部高等级病原微生物实验室建设审查。组织 3 个直属单位向认可委递交了认可申请，并积极协调认可委，于 12 月底对性艾中心 BSL－3 实验室进行实验室认可现场评审。

六、新病原生物安全级别论证及实验活动申请

(一)新型冠状病毒生物安全等级论证

在世界卫生组织通报中东地区发生2例新型冠状病毒感染病例之后，根据当前新型冠状病毒疫情防控形势，为进一步科学规范地做好我国新型冠状病毒实验室生物安全管理工作，实验室管理处于2012年10月10日组织有关专家对新型冠状病毒的危害程度和实验室活动要求等相关实验室生物安全管理问题进行了评估论证。评估论证意见提交卫生部后，为10月15日国家病原微生物实验室生物安全专家委员会论证提供了有力的技术支持。

(二)西尼罗病毒实验活动申请

针对非洲、欧洲、美洲、澳洲以及中东地区和印度次大陆等地区发生多起发热、病毒性脑炎或脑膜炎等疾病流行的实际情况，为做好我国，特别是新疆地区西尼罗病毒的监测和西尼罗病毒感染的疫情监测，实验室管理处协调病毒病所在迎新街生物安全三级实验室开展西尼罗病毒实验活动的申请。在未获得西尼罗病毒实验活动的审批前，不得从事西尼罗病毒的分离、培养等需要在BSL-3实验室进行的实验活动。

七、推动实验室规范化管理

圆满完成了LIMS系统的试运行、正式运行、硬件初验、软件终验、硬件终验，以及LIMS软硬件系统相应的支付工作。组织对中心各直属单位进行了LIMS系统硬件、软件培训班；监督、指导软硬件厂家按照合同执行相应的售后服务；对疾控中心LIMS系统项目相关的各所现场调研了LIMS系统软硬件建设及使用现状，并根据实际情况指导进行了相应的分析及改进。完成了LIMS硬件系统的移交测试及用户测试工作，以及LIMS软件系统各模块的测试工作，并阶段性联系软硬件厂家处理了发现的全部问题。

针对实验动物楼LIMS系统建设，完成了分阶段的需求调研、收集、整理，多次组织召开动物楼LIMS系统建设会议，并联系软硬件厂家多次赴现场参与问题的研讨及解决。在此基础上初步形成了动物楼LIMS系统的功能模块、业务流程及操作规范，对动物楼相关LIMS操作人员进行了相关模块的操作培训，并指导相关人员完成静态数据的整理及录入工作。此外，还协助解决了动物楼局域网铺设问题、门禁系统接入及温湿度监控系统接入等相关问题。

八、参与“黄金大米”调查工作

实验室处作为“黄金大米”科学审查委员会秘书组成员参与了“黄金大米”事件的事实

调查工作,专门派一名同志与中心科技处的工作人员共同完成了部分调查工作,包括搜集整理伦理、科研相关法规、荫士安实验室的实验记录和发表文章、科研造假案例及处理办法、国外各相关组织和人员的联系方式等;根据科学审查委员会的要求整理营养所存档资料、卫生部转发的浙江省医科院提供的资料、湖南衡阳疾控中心提供的资料、黄金大米实验负责人之一荫士安提供的资料、美国 Tufts 大学和美国国立卫生研究院 NIH 提供的资料等,为审查报告提供事实依据。

九、实验动物管理工作

(一)完善实验动物管理组织机构及规章制度

9 月,根据工作需要,调整了中心实验动物管理委员会、实验动物福利伦理审查委员会的成员组成,并修订了两个委员会的章程。修订并颁布了《中国疾病预防控制中心实验动物福利伦理审查办法》、《中国疾病预防控制中心关于非人灵长类动物实验和国际合作项目动物实验的实验动物福利伦理审查规定》。制定了《中国疾病预防控制中心实验动物中心运行工作方案(试行)》、《中国疾病预防控制中心实验动物中心实验动物饲养收费标准(试行)》及《实验动物饲养协议(2012 版)》等重要文件,为实验动物中心的顺利运转打下了基础。

(二)组织举办培训班

分别于 9 月、10 月举办了两期面向全中心的实验动物从业人员上岗培训班,共计 140 余人参加培训并通过了考核。

分别于 9 月、10 月举办了两期针对新址实验动物中心的岗前培训班,参训人员为即将进入动物中心从事实验活动的各直属单位科研人员,共计 170 余人参加了培训并通过了考核。

(三)新址二期动物实验楼建设需求调研工作

6 月份,按照中心统一部署,实验室管理处开始进行新址二期动物实验楼建设需求的调研工作,在 2007 年及 2009 年调研数据的基础上,实验室管理处再次组织二期工程所涉及的直属有关单位,针对二期工程动物实验设施建设规划需求进行了详细的调研及论证,初步编制完成“新址二期工程动物实验设施建设规划需求建议书”。

(四)新址动物实验楼设备配置项目的执行工作

2012 年度的新址动物实验楼设备配置项目共计经费 900 万元。目前已完成了其中猴负压饲养柜及小鼠 IVC 共计 320 万元的采购,还有 580 万的兔负压饲养柜因两次流标，尚在继续采购中。

（五）扩大对外合作交流

在中心领导的支持下，实验室管理处经过积极申请，成为北京实验动物行业协会、中国实验动物学会的单位团体会员，为进一步的合作交流奠定了基础。

（六）新址实验动物中心管理工作

1. 设备安装、调试、检测、培训　本年度共完成新到28套IVC、8台生物安全换笼工作台、5套兔负压饲养柜、3套鸡饲养隔离器的安装工作。完成了5套双扉脉动真空高压灭菌器及4台综合实验室内手提式高压灭菌器的检测验证工作。完成了生物安全柜、IVC、生物安全换笼台、过氧化氢发生器、污水处理设备等设备的理论及实操培训工作。

2. 制定SOP及规章制度　共制定与设施条件相配套的规章制度和标准操作规程93个，并多次召开专家研讨会，进行修改完善。

3. 饲养管理人员的招聘、实习、培训工作　本年度新招聘实验动物饲养管理工作人员6名，全部安排到北大实验动物中心、军事医学科学院实验动物中心等实习了1～2个月，正式上岗前，又针对性的进行了生物安全的理论和实践培训。

4. 设施设备整体调试运行工作　4－6月，实验动物中心进行了为期2个月的设施设备整体调试运行工作。通过调试运行，查找问题、发现问题、解决问题。达到了预期效果。

5. 实验动物使用许可证申请工作　实验室管理处与基建处、工程办、新址办、保卫处等部门密切配合，紧紧围绕《北京市实验动物使用许可证现场评审表》，从软硬件要求的各个方面认真筹备许可证现场评审工作。6月4日向北京市实验动物管理办公室提交许可申请。6月19日，北京实验动物管理办公室在中国疾控中心新址组织召开了实验动物使用许可证评审会。中心新址动物中心高分通过了评审专家组的现场评审，获得了与会领导和专家的一致好评。7月18日，中心领取了市科委颁发的许可证书（证书颁发日期为7月2日）。

6. 预实验工作　在实验动物中心正式取得实验动物使用许可证后，为全面检验SOP、人员操作能力及设施设备的协调性，实验动物中心在进行周密的准备后，于8月、9月开始进行实验动物饲养工作的预实验。通过预实验，较充分的检验了设施环境稳定性、动物饲养设备运转情况、关键设备使用情况以及应急处理程序等，取得良好了的效果。

7. 实验动物中心全面运转管理工作　在前期工作基础之上，实验动物中心已于10月8日正式启用，目前已开展正式实验。实验动物中心工作理念为："安全、敬业、共享、和谐"。实验动物中心的工作得到了中心领导的肯定：高福副主任批示："工作卓有成效，继续努力，做好服务"，王宇主任批示："对于新建的实验动物设施，通常需要较长时间过程才能达到顺利支持各种实验研究的状态。经细致的工作,已大大加快了完善的过程。目前的方式是科学、有效的,可以在短期内使新址具备动物实验条件”。

十、配合卫生部开展相关工作

(一)召开卫生部病原微生物生物实验室生物安全评审专家委员会研讨会

受卫生部科教司委托,实验室管理处于 2012 年 3 月 31 日至 4 月 1 日在长春组织召开了卫生部病原微生物生物实验室生物安全评审专家委员会研讨会。卫生部科教司刘晓波副巡视员、中国疾控中心高福副主任、吉林省卫生厅刘中正副厅长等领导参加会议并讲话。作为该委员会第一次全体会议,与会委员表示此次会议统一了思想、明确了评审工作流程及要点,同时各位委员对委员会今后发展提出了建设性意见。此次会议的圆满召开为委员会今后顺利开展工作奠定了良好基础,对促进病原微生物实验室生物安全管理工作的健康发展具有重要意义。

(二)新型冠状病毒实验室检测能力督导

自 2012 年 11 月开始,我国赴沙特 1.3 万朝觐人员相继回国,为做好新型冠状病毒疫情防范和应急准备,切实做好疑似病例排查工作,受卫生部委托,按照卫生部卫应急预警文件要求,实验室管理处选派专家于 2012 年 10 月 28 日至 11 月 1 日对云南、甘肃、青海、宁夏、新疆、北京等省(区)的省级和市级疾控中心的新型冠状病毒实验室检测能力及准备工作进行了督导。

(三)生物安全二级负压实验室调研

为进一步做好人间传染的病原微生物实验室生物安全管理,了解我国卫生系统内生物安全二级负压实验室的现状,受卫生部科教司的委托,实验室管理处组织专家论证编制了《生物安全二级(BSL-2)负压实验室调研表》,并按照《卫生部科教司关于开展生物安全二级(BSL-2)负压实验室调查工作的函》(卫科教实验室便函〔2012〕172 号)的文件要求,对全国各省、自治区、直辖市的生物安全二级负压实验室进行了调研,并及时对调研数据进行统计分析。

(赵赤鸿)

离退休人员管理

一、离退休人员现状

中心及直属单位的离退休人员截止到 2012 年 12 月 31 日，已增至 1262 人（其中离休干部 85 人，80 岁以上的 84 人；退休干部 978 人，工人 199 人）。

机关离退休人员现有 122 人（其中离休干部 8 人，退休干部 114 人，工人 13 人；新增退休人员 6 人；去世 1 人）。

二、认真学习党的十八精神，加强思想政治建设

(1)邀请离退休支委参加中心党委组织的传达贯彻党的第十八次全国代表大会会议精神，梁东明书记以亲临会议的感受简要介绍了党的十八大会议盛况；

(2)机关新老两届支委召开支委会，第一党总支副书记、中心办公室王健主任、离退处田占平副处长与两届支委共同收看党的十八大开幕式直播，认真聆听了胡锦涛同志在中国共产党第十八次全国代表大会上的报告；

(3)机关离退两个支部分别召开党员大会，研读文件、讲解要点、畅谈体会；

(4)在潘家园老干部活动室学习专栏上，结合形势及时刊登相关学习资料，布置学习专题。

三、进一步加强党支部建设，配齐配好党支部

(1) 2012 年在党建工作会议暨基层组织建设年培训班上，离退处在会上介绍了 2012 年中心离退休干部工作的整体思路和设想。

(2) 2012 年 9 月，机关两个离退休党支部进行了换届改选，选举了新一届的党支部书记和委员，两个支部的党组织划分在机关第一党总支管理。

(3)离退休党支部坚持正常的组织生活会制度，积极参加党委、总支组织的各项活动。定期组织党员参观学习、座谈交流等活动，充分发挥党支部的战斗堡垒作用。

四、认真贯彻执行党的十七大以来老干部政策落实情况

(1)为迎接党的十八大和纪念干部离退休制度建立 30 周年，认真贯彻落实中组部《关于对党的十七大以来老干部政策落实情况进行督促检查的通知》(老干通字〔2012〕7 号)

要求,在中心及直属单位开展了自查工作。

(2)开展党的十七大以来老干部政策落实情况的调查问卷活动,下发各单位离退休党支部及老干部代表手中,下发 69 份,收回 69 份,其中离休干部 15 份,退休干部 54 份。

(3)认真学习文件,收集整理了 2007 - 2012 年党的十七大以来下发的落实老干部政策的文件,形成目录,汇编成册,对照检查,找出不足,将自查报告上报卫生部。卫生部离退局张斌局长带领督查组对我单位进行了重点督查。

五、完善和落实离退休干部政治待遇

(1)认真落实离退休干部政治待遇,完善情况通报和走访慰问制度,组织离退休干部参加重要会议和重大活动、参观学习、传达文件等制度。

(2)"春节"前夕,召开老干部团拜会,中心领导分别带队走访慰问老干部,征求他们的意见和建议。

(3)中心邀请老领导、老同志代表参加"疾控 10 年座谈会暨全国疾控中心主任会议",共同庆祝十年来中心取得的成果,陈春明老院长在座谈会上对中国疾控中心 10 年来的成就给予了充分的肯定,也对中心未来的发展提出了很好的建议。

(4)根据中组部老干部局《关于开展总结干部离退休制度建立 30 周年理论研讨活动的通知》要求,积极开展了理论研讨活动,将中心机关、环境所、辐射安全所 3 篇理论研讨论文上报中组部,文章分别刊登在卫生部《老干部工作园地》上。

六、完善和落实离退休干部的生活待遇

(1)中心始终坚持"单位尽责、社会统筹、财政支持、加强管理"的原则,保障离休干部的离休费、医药费足额按时到位,确保离休费保障机制、医药费保障机制的健全完善和有效运转。

(2)按时足额发放离退休费,医疗费及时报销。

(3)为年满 70、75、80 岁及 80 岁以上的老同志祝寿,关心老同志的生活。

(4)对重病住院的及时看望,对生活困难的给予一次性补助。逐步建立离退休干部困难帮扶机制。为老同志选择定点医院、变更医院办理申报手续。

(5)坚持每年为老同志进行健康体检,对临终前的老同志多次到医院看望,与医院联系了解病情,老同志去世后,协助家属处理好丧葬事宜,给家属讲清国家关于怃恤金、丧葬费的相关政策和标准。

七、开展丰富多彩的文体活动

(1)组织老干部新春团拜会,老同志积极排练节目,在团拜会上表演了丰富多彩的节目。

(2)中心老年合唱队坚持活动。推荐老同志参加卫生部老年合唱团和舞蹈队。

(3)组织老同志春秋游活动,游览了通州大运河公园、韩美林艺术馆、恭王府等景点。

(4)组织直属单位老同志参加卫生部离退局举办的报告会,邀请张茅书记讲解该医改报告和专家做“如何预防心脑血管疾病”的医疗保健知识讲座等,使老同志了解医改方面的政策,同时对科学养身增长了新的知识。

(5)关心和关爱老干部,为老干部过好重阳节送上节日礼物和祝福。

(6)中心潘家园老干部活动室重新开张,精心布置了会议室、阅览室、棋牌室和学习宣传专栏,制定了规章制度,为老干部的学习和娱乐创造了条件。

(田占平)

安全保卫管理

一、综合治理工作

中国疾控中心安全保卫工作，在中心社会治安综合治理委员会领导下，积极做好单位内部安全保卫工作，坚决贯彻国务院《企业事业单位内部治安保卫条例》“预防为主，单位负责，突出重点，保障安全”的工作方针；加强监督检查和隐患治理，强化了安全责任制；为规范昌平园区管理制定下发了《昌平园区非办公时间进出登记管理制度》；分别与中心直属各单位、中心机关各处室以及昌平园区各物业公司签订了“岗位安全责任书”，明确了各级组织的安全职责。通过广大职工的大力支持和各部门的通力合作，维护了单位稳定，保障了中心正常的工作秩序。

二、加强消防安全教育，开展消防工作

1. *加强防火教育，举办防火知识展览，开展消防演练*　结合国家防灾减灾日的宣传周和11月9日消防宣传日活动，保卫处广泛开展安全宣传教育活动，与百善镇政府联合举办了防灾减灾地震知识展览，并制作了关注生命提高防灾减灾意识等宣传展板；2012年5月16日组织中心机关处室安全员(义务消防队员)及昌平园区保安、物业公司相关人员40余人到北京昌平区双龙山拓展训练基地进行了消防拓展训练。

2. *增加消防投入，确保防火安全*　更换昌平园区及中心南纬路机关处室灭火器，并对消防栓进行维护保养，确保消防器材和设备处于良好状态。5月份对昌平新址进行电消捡，确保电气、消防设备处以良好状态。

3. *落实中控室值班制度*　严格中控室双人24小时值班；组织消防中控室值班人员进行培训，提高值班人员责任心。

4. *各单位根据中心工作布置，积极开展安全宣传教育和消防演练活动*　改水中心组织全体职工认真学习了消防安全“四个能力”建设标准；寄研所于4月24日组织所内志愿消防队参观了上海市公安博物馆和上海市消防演练培训基地，进行了逃生演练，并进行了消火栓实际操作练习。

三、安全保卫工作

1. *认真抓好重大节日和党的十八大重大政治活动期间的安全保卫工作*　保卫处要

求各单位部门，加强对重点部位和重点人群的管理，加强防范工作，在做好安全保卫工作的同时，配合有关部门积极做好人员稳定工作。

2. *加强督导检查，消除安全隐患* 全年保卫处进行综合检查2次、专项检查3次。检查组在检查过程中，发现安全隐患18余处，根据各所实际情况，提出建议15条，各单位高度重视，表示要加强管理，强化责任意识，采取得力措施，及时消除事故隐患，确保单位安全稳定。

3. *强化安全责任意识，规范安全保卫管理* 加强园区安全检查，除定期检查外，每月和新址办共同对物业公司管理范围进行检查，如：配电室、电梯机房、空调机房、污水处理站等场所进行检查。强化保安执勤工作人员的安全责任意识，严格24小时值班及巡逻制度。加强与当地政府、公安、综合执法等部门联系，充分利用政府及社会力量确保园区安全。

四、交通安全工作

加强交通安全工作。按照卫生部和地区交通安全委员会要求，做好交通安全宣传和车辆管理工作。及时转发《中央国家机关2012年交通安全工作要点的通知》，针对中心机关一季度违法率超标问题，保卫处发文《关于2012年第一季度交通违法情况的通报》，对中心机关超标处室进行通报，要求处室领导带头遵守交通法规，加强交通管理。

按照《中央国家机关系统单位交通安全基本信息采集工作的通知》文件精神，完成了中心各单位交通安全基本信息采集工作。

（陈峰　侯惠亭）

新址运营与后勤管理

一、工程管理

给排水系统运行正常,给排水管网、污水处理站常规运转。供电系统运转正常,配电室、供电设备末端及弱电井、应急发电机房正常启动,园区23部电梯正常运行。空调系统检修完成,目前运行良好。楼宇自控系统值班及系统维护工作平稳开展,动物中心完成交接,开始常规维护。安防、消防系统常规维护、维修,正常运转。锅炉房运行维护正常,冬季供暖工作平稳进行中。实验室消毒蒸汽及生活热水平稳供应。2012年全年共计完成公共设施设备维修3102次。

二、通勤班车

保证2012年“两会”、“国庆”和十八大期间用车安全。截止到2012年年底,总计出车1.1万余次,接送乘客达到41万人次,安全行驶80.5万公里。收到乘客的表扬信5封。

三、职工餐厅

2012年度,中心餐厅根据中心领导的要求,职工餐成本经营,中午水果、汤、粥免费供应职工,会议餐盈余冲减部分人员工资和煤气费的指导思想进行经营,较好地保障了职工和会议用餐。增加了低油、低盐、低糖菜品,主食种类有所增加。没有发生一例食品安全和生产安全事故。

四、专家公寓

2012年专家公寓共接待境内外宾客13 255人次,外宾达13人次。客房日使用率平均为40%以上,客房销售量与去年相比增长了16%。会议服务1487场次,其中大型会议42次,共接待内外宾客21 058人次。会议服务场次与去年相比增长了30%。洗衣房洗涤公寓及餐厅布草25 729件,洗涤量与去年相比增长了2%。

五、收发室

2012年的收发事务,每月平均收发各种文件、材料、报刊信函约6500件。订阅分发报刊、杂志120种。卫生部及附属单位文件交换约2万余件。

六、园区保洁

及时解决和协调中心机关、两所及其他物业公司之间工作中遇到的困难、出现的问题，与保洁物业管理人员保持定期沟通。从思想上进一步加强了对保洁工作的重视，制定更合理更科学的工作程序。接管动物实验楼，会议室、喷水池大理石、麻石地面、食堂烟道按要求完成保洁维护。昌平园区环境卫生工作得到了职工的肯定。

七、园区绿化

园区园林绿化日常养护工作平稳而有序的开展。安装喷灌设备对园区的草坪进行灌溉；对园区内植物进行了整形修剪。定期对园区树木的病虫害进行打药防治，撒播草籽对园区已退化的草坪进行补植，人工湖投入了300尾红鲤。开展昌平园区树木认捐活动。

八、计划生育及无偿献血

参加卫生部计生办组织的“捐赠幸福工程——救助贫困母亲行动”捐款活动，中心机关及各直属单位共计捐款31 746元。参加卫生部计划生育办公室组织的2012年人口和计划生育“三下乡”活动。顺利完成无偿献血组织实施工作。为已婚育龄职工办理生育服务证；为独生子女父母发放补贴；为退休的独生子女父母发放奖励费；并协助育龄职工及时办理独生子女证等。

九、职工医疗

负责医药费、中心在职及离退职工住院费用及适龄女职工生育费用的审核。负责园区医务室管理工作，负责中心机关职工在医务室拿药的费用报销。在北京天坛医院完成235名职工的体检工作。

十、节能减排工作

制定统计实施方案、发放统计软件和报表、开展节能和能源统计培训班、审核和汇总统计数据、编制中国疾病预防控制中心能源资源消耗统计分析报告并定期报送。

十一、其他工作

完成昌平园区摆渡车候车亭的设计、施工、设备设施安装、调试。核对北京住房公积金管理中心购房清单及中心人员购房合同等原始资料。办公室内部常规管理平稳有序开展。

（谭吉宾　王海东　王晓雪）

党群工作

一、党委工作

(一)学习宣传贯彻党的十八大精神

2012 年 1－2 月,中心党委按照党中央的总体部署和上级党组织的要求,切实做好出席党的十八大代表候选人预备人选和中央国家机关工委党代会代表候选人推荐提名工作,实现了每轮推荐提名基层党支部参与率达到 100%,全体党员参与率达到 99%的目标。

11 月,组织中心广大党员职工认真收视十八大开幕及相关新闻报道的实况转播,印发了《关于学习宣传贯彻党的十八大精神的通知》,各级党组织通过多种形式,认真学习十八大报告和修改后的新党章,在中心掀起学习十八大精神热潮。11 月底,召开党委中心组学习扩大会,中心党委书记梁东明同志以十八大代表的感受,传达了会议精神,部署了相关工作。

(二)深入学习开展创先争优活动

2012 年创先争优活动以创建“先锋党支部”活动为抓手,推进基层党组织建设。

1. *开展群众评议工作,检验为民服务成效* 按照卫生部要求,中心党委制定了“三好一满意”工作方案,在中心 50 个基层党组织和 1166 名党员中开展了群众评议工作,中心各级党组织和广大党员积极查找自身不足,扎实进行整改,完成 2011 年学习实践活动后续整改任务 16 项,解决影响制约科学发展的突出问题 26 个。2 月,举办“我说身边好党员”演讲比赛,25 名党员和入党积极分子讲述 54 名身边好党员事迹。

2. *在基层党组织中开展分类定级活动* 4 月,中心党委印发《关于在创先争优活动中开展基层组织建设年的实施方案》,京内 10 个直属单位党组织和机关 2 个党总支对照《全国医药卫生系统分类定级标准表》进行无记名投票,并采用自报公议的方式,对 58 个基层党支部进行评级。

3. *开展创建先锋党支部活动* 各基层党支部分别建立了党员道德考评档案,记录党员个人工作总结、学习心得以及党员评议结果。中心 60 个基层党支部“为医改做实事”44 件,建立道德考评档案 32 个,开展疾控精神大讨论 44 场,创新组织建设工作 17 个。

（三）加强学习型党组织建设

1. *加强中心组理论学习*　2012年初制定全年中心组理论学习计划，设定深化医改、文化建设、党风廉政建设、学习贯彻党的十八大精神4个专题，提出《中国共产党历史》、《中国共产党党员领导干部廉洁从政若干准则》、《论文化建设——重要论述摘编》等20个自学篇目；订购《人民日报》、《求是》等学习资料，还以培训班、专题讲座、中心领导讲党课或做重点发言等形式进行学习研讨，全年集中学习超过12天。

2. *做好党员干部学习培训工作*　中心党委采取印发中国特色社会主义理论文章、中央领导重要讲话、重要会议精神等学习资料，推荐优秀阅读书目，组织参加"我读《急诊室的故事》"等读书征文活动，参观"科学发展成就辉煌"大型图片展览等活动，有力推进学习型党组织建设。全年有计划地安排6名处级党员干部参加中央党校中央国家机关分校卫生部处级干部进修班学习；邀请高校专家教授做文化、管理、心理等方面的专题讲座；全年组织中层以上干部400人次参加卫生部"每月一讲"活动。

（四）加强基层组织建设

1. *加强领导班子建设*　严格执行《中国疾控中心"三重一大"决策制度》，全年召开党委常委会、主任办公会23次，将"三重一大"制度严格贯彻执行。按照人事制度和组织程序，2012年中心党委民主推荐直属单位党政主要领导2人，公开招聘中层干部18人。召开了以"学习贯彻党的十八大精神，加强思想作风建设和廉洁自律，推动疾控事业健康发展"为主题的常委民主生活会，针对以多种广泛征求到的4方面30条职工意见和建设，并提出了整改意见。中心11个直属单位也先后召开了主题鲜明的党员领导干部民主生活会。

2. *抓好基层组织建设*　为抓好基层党组织先进性和纯洁性建设，中心党委组织相关部门深入直属各单位开展了为时4个月的党建工作调研，真实掌握直属单位党建现状和业务发展，有效推进了届满党组织的换届工作，2012年所有基层党支部都已完成届满换届工作，1个直属单位党组织和机关一、二总支也已完成换届，并且根据实际情况，中心由54个党支部调整为62个。

3. *开展主题党日活动*　2012年中心党委进入北京军区某装甲部队开展主题党日活动，学习借鉴军队党组织在实践中抓党建的经验，对中心党员进行党性教育。中心各级党组织开展涵盖红色教育、党史学习、文化建设等9大类别的主题党日活动70余次。组织广大党员参加中央国家机关工委"基层组织年"征文活动，上报征文25篇，机关一总支马静同志获奖。

4. *融入业务工作*　强化中心党委常委党建工作联系点制度，组织专兼职党务工作干部进行学习两会精神、组织建设、科学管理等讲座及培训，注重发挥党组织和党员在关键时刻和急难险重中的作用。开展“落实十二五，防治走基层”主题活动，注重发挥党组织和党员在业务工作中发挥中流砥柱作用。在云南彝良地震灾区救灾现场成立临时党支部，党员带头，做好卫生防疫工作。

5. 做好组织管理与服务　2012 年，中心党费共收入 316 361.80 元、支出 215 315.18 元，主要用于基层开展学习型党组织建设、优秀党员和先进典型的评选表彰以及生活困难党员和老党员的帮扶慰问等工作，共结存党费 267 233.31 元。年内先后召开两次党内统计工作会议，目前中心共有党员 1854 人，在职党员 972 人，离退休党员 550 人，学生党员 182 人。全年共发展预备党员 19 名，按期转正党员 34 名。

(五)精神文明创建与疾控文化建设

2012 年，中心党委组织全国省级疾控机构，开展疾控职业精神大讨论活动，总结了 10 条疾控精神表述，向全国疾控机构征求意见，充分利用中国政促会疾控分会的平台，甄选符合疾控实际的表述。组织广大党员参加中央国家机关工委“机关文化建设:理论与实践”征文活动，上报征文 6 篇。

中心在京的 10 个直属单位中 9 个于 2012 年再次被评为中央国家机关文明单位。充分利用中心报、中心网站及工作简报宣传报道中心党的工作、业务成绩以及感人事例。2012 年共表彰 59 名优秀通讯员，《中心报》共发行 14 期，计 96 个版面；中心网站党建专栏共发布信息 61 条；中心党委印发各类工作简报 15 期。

二、纪检监察工作

(一)学习贯彻上级会议精神整体部署反腐倡廉各项工作

2 月 28 日，中心纪委召开第一次纪委书记扩大会议(季度例会)，传达十七届中央纪委第七次全会精神和陈竺部长、李熙组长在 2012 年全国卫生系统纪检监察暨纠风工作会议上的重要讲话和工作报告传达提纲。组织与会代表在学习领会会议精神的基础上，结合工作实际，整体部署全年工作。据统计，2012 年中心及各直属单位通过主任(所长)办公会、常委会(总支委会、支部会)和工作例会等，研究反腐倡廉工作 87 次；组织调研 24 次。

(二)坚持抓反腐倡廉学习教育工作

1. 召开廉政风险防控重点岗位领导干部研讨会　为进一步增强重点岗位领导干部的廉洁自律意识，总结交流权力运行监控机制建设试点工作，推动直属单位的廉政风险防控工作，5 月份，中心纪委与江西省疾控中心纪委合作，在井冈山召开了“廉政风险防控重点岗位领导干部研讨会”。

2. 组织学习温家宝总理重要文章　4月份，中心纪委召开第二次纪委书记扩大会议，专题学习、讨论温家宝总理在《求是》杂志上发表的《让权力在阳光下运行》重要文章。为扩大学习效果，5月份中心发文要求各单位组织全体党员学习，逐条、逐项对照检查。职业卫生所、病毒病所、妇幼中心、传防处、新址办等单位认真组织职工学习讨论，及时将学习研讨情况书面材料报中心纪检监察室。

3. 广泛开展廉洁从业教育　2012年，在《中国疾控中心报》“廉政之窗”专栏刊登对党内法规、政策的解读12期，为直属单位发放《党风廉政》资料12期，发放《拒腐防变每月一课》电教光盘10部。在中心内网办公系统开设“视频资料——廉政教育”窗口，上传廉政教育电教片。据统计，中心两级组织开展警示教育活动31次。

4. 开展“廉政也是管理”的研讨与宣传　为探索廉政建设与业务管理结合的有效途径，中心纪委组织力量对自2009年以来中心廉政风险防控体系建设工作进行认真总结，对体系建设在基层纪检监察工作中的现实意义和推动作用进行理论上的深度思考，提出了“廉政也是管理”的理念并组织研讨和宣传。8月份，驻卫生部纪检组听取部分直属单位上半年反腐败工作汇报，对我中心开展的“廉政也是管理”的调研工作和宣传普及工作给予了充分肯定。

（三）加大制度执行力度强化权力监督意识

1. 加大对干部人事工作的监督　认真执行干部选拔任用前人事部门书面征求纪检监察部门意见的规定。2012年中心两级党委（总支、支部）在干部选拔任用前，书面征求纪检监察部门意见55人次。

2. 加强对招标采购过程的监督　2012年中心纪检监察室参与开、评标300余次，涉及金额近2亿元。

3. 推进中心惩防体系建设　中心纪委认真落实卫生部工作部署，年初做出工作计划安排，组织年中抽查和年终全面检查。12月14日，卫生部惩方体系建设检查组对我中心进行了检查，对我中心惩防体系建设工作中的创新和亮点给予肯定。

（四）开展党风廉政建设各项工作

1. 制定《中国疾控中心党风廉政建设责任制实施方案》　在学习讨论《卫生部党风廉政建设责任制实施办法》基础上，中心纪委结合工作实际，起草制定《中国疾控中心党风廉政建设责任制实施方案》，6月份以中心党委的名义下发。

2. 开展签订《廉政行风建设承诺书》活动　为落实《卫生部党风廉政建设责任制实施办法》，推进中心党风廉政和行风建设，9月份，中心纪委组织机关各处室（部门）开展《廉政行风建设承诺书》活动,强化处(室)领导“第一责任人”意识,激发职工的责任感。

3. 开展领导干部防止利益冲突专项活动　按照卫生部工作部署,中心及时成立专项活动办公室,领会精神,解读政策,制定方案,提出要求,组织动员,开展学习。7月份,协助党委召开集中开展落实《若干规定》专项活动视频会议,组织中心处级以上干部及部分退休干部171人进行对照自查,填写《中国疾控中心领导干部防止利益冲突有关情况报告表》。其中,16名部管干部的《报告表》上报卫生部,对155名中心管理干部的《报告表》进行了分类统计,并就活动情况向中心常委会作了汇报。

4. 坚持领导廉政谈话制度　3-4月份,中心纪委对机关8名新任职正、副处级干部进行了廉政谈话。5月份,配合驻部组局领导赴上海与寄生虫病所新任领导进行廉政谈话。据统计,2012年中心两级对干部的任职廉政谈话62人次。

(五)全面开展廉政风险防控体系建设工作

廉政风险防控体系建设是中心纪委2012年工作重点。按照卫生部的工作部署,制定了中心工作方案和进度安排,健全机构、宣传动员、排查权力、填写《权力明晰表》、绘制单位权力运行流程图、公开权力事项、实施权力运行监控等各阶段工作,累计审核权力236项,提出审核总体意见44条,反馈各单位修改意见190条。

6月份,对中心机关处室A级权力行使网上公布情况进行了检查并予通报。12月份,中心纪委对各单廉政风险防控工作进行检查。

(六)做好信访工作开展对举报问题的调查处理

2012年,收到46封举报信件。中心纪检监察室进行认真分析判断,采取直接调查了解或请当事人写出书面说明材料等方式,做到了件件有核实。

为贯彻中央纪委关于始终保持查办案件高压态势的要求,中心纪委与单位所在区检察院合作,调查并指导处理营养食品所控股北京世纪维他生物技术有限公司“小金库”问题,调查反映环境所中央空调清洁市场审批管理举报问题,配合并协助调查“黄金大米”事件,指导营养食品所对当事人的处理等善后工作。

(七)加强纪检监察组织建设发挥职能保障作用

落实卫生部党组文件的规定,加强纪检监察机构与队伍建设。中心纪检监察室配齐了五名干部,并选任了一名副职领导干部。2012年,中心直属8个设党委的单位已有7个设立了监察审计室,另有一个单位正在物色人选和筹建过程中。中心部分设党支部的直属单位也确定了兼职纪检监察干部。据统计,2012年中心两级领导班子共听取反腐倡廉工作汇报96次;中心两级纪检监察机构组织协调和牵头完成各项任务112次;开展专项工作检查 39 次。

三、工会工作

（一）自身建设

中心 4 个直属单位完成工会换届成立工作；组织直属各单位工会财务人员进行新《工会会计制度》培训；修订完善了工会经费管理、使用，帮扶困难职工等 17 项制度；征求修改《中国疾控中心民主管理暂行规定（试行）》的意见；开展了工会主席年度会员认可度考核工作，均在"称职"以上。

（二）民主管理

督促 8 个直属单位健全和完善职代会或职工大会制度；起草中心职工代表大会工作制度（讨论稿）；继续开展"职工之家"创建工作。

（三）文体活动

1. 全国性文体活动　中心工会与四川省疾控中心、成都市疾控中心共同举办了全国疾控系统"天府杯"保龄球邀请赛，24 个省市疾控中心组队 140 余人参加比赛；

2. 中心文体活动　组建中心羽毛球协；举办中心羽毛球比赛，216 人次参加 2 天的赛事；开展普及第九套广播操活动，组成 50 人方队参加卫生部直属机关工会广播操比赛，获第二名；开展学习党的十八大精神主题赛诗活动，收到诗歌 73 首，20 首推荐卫生部工会，2 首诗歌分获中央国家机关二等奖和三等奖；完成了全国疾控系统文艺节目网络视频上网工作，优选 2 个文艺节目参加疾控十年文艺晚会表演。征集寄语疾控十年 460 余条。

（四）帮扶特殊群体

建立帮扶困难职工档案；慰问困难职工 30 余人次、残疾子女职工家庭 6 人次、单亲困难女职工 3 人次、患大病职工 11 人次、援疆援藏干部 6 人次、云南盈江地震救灾防病队员 8 人、职工子女上学困难家庭 5 个，共发放中央国家机关工会联合会、卫生部工会和中心工会补助金 10.3 万元。

（五）女职工工作

指导 4 个直属单位成立女工委员会；举办了巾帼建功先进事迹报告会暨"三八"节文艺演出活动，400 余名女职工参加活动；组织 30 名女职工参观全国妇女博物馆；推荐 30 幅作品参加中央国家机关妇工委组织的"建功十二五，喜迎十八大"女职工书画、摄影大赛。

（六）推优工作

推荐改水中心为中央国家机关模范职工之家；推荐中心群工处王瑜同志为中央国家机关优秀工会干部；推荐中心规财处获全国妇联授予的巾帼建功文明岗荣誉称号；推荐金曦获全国妇联授予的“全国两癌筛查防治”先进个人；推荐妇幼中心“妇幼新世纪”活动申报并获得中央国家机关妇女工作项目奖。

四、共青团工作

（一）组织建设

督促指导5个直属单位团组织开展换届改选工作；举办党的十八大精神学习交流座谈会；健全完善420人“疾控青年”飞信群。

（二）文体活动

围绕纪念中国共青团成立90周年开展参观北大红楼教育活动；围绕认捐树木活动，中心团委发起捐助1元钱活动，认捐2棵树木；邀请援疆干部雷苏文研究员讲解“新疆那些事”；选派节目参加百善镇团委组织庆祝共青团成立90周年文艺演出；组织未婚职工参加中国农科院团委组织单身联谊会；为清海河打工子弟学校送去黑板、笔记本电脑、图书等学习用品。

（三）推优工作

推荐1名优秀青年为中央国家机关五四青年奖章候选人，推荐中心传防处获中央国家机关青年文明号荣誉称号。

五、统战工作

建立和完善统战工作联动机制；发放《机关统战工作规律研究》等书籍；检查和维护民主党派数据库；协助民主党派发展党员；配合行政部门推荐北京市人大、政协和全国政协委员；推荐民主党派代表吴尊友和刘起勇参加卫生部民主党派座谈会。

（孟宪平　曾彦　白雪平　沈婵　田申　李新焕　刘海龙）

直属单位工作概况

传染病预防控制所

一、传染病预防控制工作

（一）救灾防病工作

1. *青海玉树灾后重建的卫生防疫* 传染病所与青海省地病所联合鼠疫监测实验室基地于2012年5月7日正式启动第三年度工作，2012年本所共派出6人8次赴玉树开展现场工作。首先完成了基地基础设施的修复工作，并对基地实验室的各项设备进行了全面的维护，以保证玉树鼠疫检测实验室可完全正常运转。

2012年5月26日，玉树工作队接到由安冲乡送检的三只自毙旱獭，经血清学实验和细菌分离培养，判定这是一起动物间鼠疫疫情暴发。随后工作队配合玉树县疾控中心完成了对疫区的现场调查，并部署灭獭、公路检疫、人群主动监测等各项工作，于6月15日完成了疫点半径3公里的保护性灭獭工作，有效避免了人间疫情的发生。

2. *云南彝良“9.7”地震救灾防病工作* 2012年9月7日，云南省昭通市彝良县先后发生里氏5.7级和5.6级地震，9月11日，地震灾区普降暴雨、局部大暴雨，灾区遭遇“叠加灾害”。按照卫生部统一部署，中国疾控中心立即组建卫生应急工作队紧急赴灾区开展卫生防病工作。9月9日，传染病所派出王多春同志随第三批卫生应急工作队赴彝良县灾区开展灾后卫生防疫工作，确保了灾区疾病防控工作科学、有序、安全地开展。

3. *中南海北区卫生保障工作* 传染病所媒介室在2012年继续承担对中南海北区的病媒生物预防控制及应急媒介控制任务，先后派出12起，共派出人员54人次。采取相应措施，使蚊虫、鼠及蟑螂得到有效控制。7月16日呼吸道传染病室军团菌病相关工作人员协助中心应急办进行了中南海北区中央空调冷却塔水军团菌污染事件的调查，提出可疑病例监测计划，并协助确定了消毒方案。

4. *四川甘孜州理塘县鼠疫疫情的调查* 2012年9月7－16日，四川省甘孜州理塘县发生一起腺鼠疫继发败血症鼠疫疫情，共发病1人，死亡1人。传染病所派出张志凯携带实验室检测所需仪器及试剂耗材与卫生部、四川省卫生厅、四川省疾控中心专家组赶赴理塘县，进行了流行病学调查、实验室检测等，使疫情得到及时控制。

5. *湖北省黄石市霍乱暴发疫情处理* 湖北省黄石市10月5－8日报告3例O139群霍乱确诊病例，经流行病学调查，确定为一起聚餐引起的霍乱暴发疫情。10日上午，传染病所派出王瑞白随中心专家组一行3人前往黄石市开展霍乱暴发疫情调查处置工作,最终经实验室检测确诊病例9例,临床诊断病例34例,带菌者9例,所有分离菌株进行了PFGE分型分析,并与全国的数据库进行比对,结果显示:本次疫情分离菌株与今年8月湖南省霍乱疫情中分离的菌株具有相同的酶切图谱,提示由同一病原菌引起,高度怀疑甲鱼为可能的污染来源。

6. 多省O139霍乱疫情协查 2012年1-9月,上海、浙江、湖南、广西、四川、湖北、安徽、广东、江苏等省份报告O139霍乱疫情。9月10日,腹泻病室与PulsNet China办公室联合疫情涉及省疾控中心开展了O139群分离株的分子分型比对分析。经对分离菌株进行霍乱毒素基因(ctx)检测、脉冲场凝胶电泳(PFGE)实验、向PulseNet China平台递交酶切图谱、比对上传O139群霍乱菌株PFGE分子分型指纹图谱,发现6个省份出现相同带型菌株,指出甲鱼等水产品是形成本年度多省O139霍乱暴发的重要原因之一。

(二)公共卫生专项经费管理与应急物资储备

完成2012年公共卫生应急反应机制运行项目具体执行预算的编排和申报工作,包括细菌性传染病监测和调查、细菌性传染病分子分型监测网络建设和运转、罕见病原细菌实验室检测和分析技术的建立和储备等10大项共计1000万元,对各科室经费执行情况进行考察,督促执行进度。

1. 传染病控制类设备采购、应急队伍的遴选以及便携仪器设备、试剂耗材等储备 根据卫生部应急办《关于开展2012年部署(管)单位国家卫生应急队伍建设准备工作的通知》,传染病所完成了所内国家卫生应急队伍的人员遴选、相关培训等工作。承担了部分传染病控制类设备的市场调研、进口设备采购论证等工作。采购了便携PCR仪、读胶仪、等便于携带、适用于野外等特殊工作环境的实验室仪器设备,同时完成了本年度的个人防护装备、现场标本采集耗材、应急检测试剂等物资储备工作。

2. 食品安全事故实验室检测能力建设 为配合中心完成《食品安全事故实验室检测能力建设项目》的申报,组织专业实验室分别对致病弧菌、沙门菌、志贺菌、致病性大肠杆菌等15类常见细菌性食源性疾病病原进行了深入讨论,确定了需要开展的检测项目及其仪器设备需求。目前该项目已通过卫生部审批。

3. 移动生物安全实验室升级改造 传染病所移动生物安全实验室自2010年4月-2011年10月赴青海玉树执行鼠疫应急检测任务,为玉树地震抗震救灾和灾后重建保障做出了重要贡献。经过在玉树两个监测年的连续运行,传染病所对该实验室进行了全面的检修维护和升级改造,完成了中央控制系统升级、空调系统检修、发电机组维护保养、轮胎更换、增设远程监控系统及相关仪器设备的招标采购工作。目前该移动实验室可完全正常运转,且现场工作能力得到了进一步加强。

（三）传染病诊断技术储备

1. 鼠疫组　维护地下菌种库的常规运行和定期检查。储备了鼠疫常规及快速检测试剂(培养基、噬菌体、PCR、胶体金诊断试剂、ELISA 等)。完成了对 2011 年度鼠疫监测菌株的噬菌体、生化鉴定、DNA 提取以及低温保存工作。目前,已接收四川省和内蒙古自治区送检的 2012 年度鼠疫监测菌株。在多地举办鼠疫培训班,对鼠疫防治及诊断技术进行了培训,以提高鼠疫早期诊断的效率。进行了鼠疫菌起始板块编码序列分析、鼠疫菌基因组核糖体结合部位识别的相关研究。

2. 炭疽、蜡样芽胞组　维护菌种库的常规运行。储备炭疽常规及快速检测试剂(培养基、噬菌体、药敏试纸、PCR、胶体金诊断试剂等)。开展了炭疽与蜡样芽胞杆菌特异识别序列的研究,筛选到 14 段可能用于鉴定炭疽芽孢杆菌和 12 段可能用于鉴定蜡样群芽孢杆菌的序列,完成炭疽芽胞杆菌、蜡样芽胞杆菌等芽胞菌属近 100 株染色体的 PCR 检测。到内蒙古自治区进行现场调查,采集样品 60 份,并进行了检测。在报纸、电视及网络等媒体上进行了炭疽相关知识的科普宣传。

3. 土拉菌病组　常规储备土拉菌的半胱氨酸培养基、胶体金、乳胶凝集和 PCR 相关检测试剂。采用 CHAB 成功培养出活的土拉热疫苗菌落,初步建立了土拉菌的培养方法。2012 年 5 月完成了安徽省疾控中心送来的土拉热疑似样本的检测,排除了土拉菌感染。7 月北京西城区疾控中心送来土拉热疑似患者样本,对于 fopA、tul4、16S rRNA、C1C4 和 RD1 共 5 个位点,均检测出阳性结果。在 500 份啮齿动物肝脾标本中,共检测出 15 份阳性标本。对于实验室保存的 10 株土拉菌核酸,采用 13 个高效率的 SNP 和 INDEL位点,进一步分析与日本、欧洲、美洲 B 型亚种的进化关系。

4. 类鼻疽组　储备用于类鼻疽诊断的检测试剂。建立了从环境、临床样品中分离培养类鼻疽伯克霍尔德菌的实验流程,并对海南采集的环境样品进行试验,分离 4 株疑似菌株。收集类鼻疽疑似菌株的核酸样本 40 余株,并通过特异基因扩增,16SrRNA 测序等方法对其鉴定,为进一步分子流行病学等研究奠定了基础。

5. 霍乱弧菌　完成《霍乱防治手册》(第六版)的撰写和全国霍乱监测方案的修改,实施以霍乱弧菌为主的致病性弧菌的联合监测方案;在云南开展腹泻病原的实验室监测;收集来自珠江水体的霍乱弧菌菌株 150 株;完成 60 株 O139 群霍乱弧菌的全序列测定和分析;完成用于 O1 群和 O139 群霍乱弧菌 MLVA 分析的 VNTR 组合。完成 1961 - 2010 年分离自 28 个省市自治区的 685 株 O1 群 El Tor 型霍乱弧菌的耐药谱分析,其中 562 株为产毒株,123 株为非产毒株,550 株分离自病人,135 株来源于环境,测定了临床常用的 12 种抗生素的 MIC 值。参与 10 月份湖北省黄石市霍乱暴发的疫情处理,完成相关菌株的病原特征和分子分型分析,并对本年度部分霍乱病例分离株和环境食品分离株进行分子分型及协查分析,得到了初步的实验室结论。

6. 伤寒、副伤寒及非伤寒沙门菌　EID项目“加强省级感染性腹泻的实验室检测及暴发应对能力建设”的PT菌株已发放至各省进行盲样考核;对300株伤寒、600株甲副、500株鼠伤寒沙门菌进行药物敏感实验;筛选到伤寒沙门菌特异性基因6个,建立了2个基因实时荧光PCR方法;完成伤寒副伤寒菌株60株及非伤寒沙门菌株150株PFGE分析;完成180株鼠伤寒及肠炎沙门菌MLVA分析;对收集到的常见沙门菌血清型约300株进行了16种常见抗生素药敏实验,建立了相应的耐药数据库。

7. 副溶血弧菌　参与编写“我国重点省份弧菌监测方案”,收集副溶血弧菌99株;对副溶血弧菌的实时荧光PCR检测方法进行了优化,使之可以同时检测TLH、TDH、TRH 3个毒力基因;新建立了基于SYBR Green技术的副溶血弧菌实时荧光PCR检测方法,并进行了初步评价。完成204株副溶血弧菌PFGE分析,共有98种带型;完成204株副溶血弧菌MLST分析,共有68种型别,其中所占比例最多的是ST3型,共有125株是此型别;评估公布副溶血弧菌MLST方案在中国菌株中的应用,副溶血弧菌MLST方案对中国菌株有一定的分辨能力。中国菌株中ST3型较多,所占比例较大。

8. 拟态弧菌　对分离的5株拟态弧菌做了生化和毒力基因的荧光PCR检测与质谱的检测。针对拟态弧菌毒力基因vmh,建立了荧光PCR检测方法,并对特异性进行了检测;建立的SYBR荧光PCR,其特异性Tm为83℃,能够和其他弧菌及肠道杆菌的Tm区分开;优化了拟态弧菌的PFG分子分型方法;完成收集拟态弧菌的耐药分析。

9. 河弧菌　完成新修订《全国霍乱监测方案》的全国性技术培训;收集河弧菌菌株30株并利用API 20E生化条进行鉴定;完成30株河弧菌菌株ToxR、vfH、HupO和vfpA基因的PCR检测及耐盐实验、溶血素和金素蛋白酶的表型检测;比较评价了基于ToxR和16S-23S间隔区序列的河弧菌PCR检测方法;完成收集河弧菌的PFGE分子分型,44株菌分成42个不同的PFGE型别;完成所收集菌株的药敏分析;完成19株河弧菌的肽指纹图谱分析。

10. 志贺菌　从各监测点收集痢疾菌株100余株;完成200余株志贺菌的PFGE、MLVA分析及数据库完善;完成60株福氏志贺菌的全基因组测序及分析;指导省市疾控中心进修人员4人次开展细菌性痢疾相关科研和检测工作。

11. 致泻性大肠杆菌　协助地方疾控中心完成肠产毒性大肠杆菌引起的新生儿腹泻暴发的菌株特征分析;开展腹泻患者及动物粪便标本肠产毒性大肠杆菌的分离及菌株特征分析,初步了解五类致泻性大肠杆菌在腹泻病患者中的感染情况;建立了非O157产志贺毒素大肠杆菌的分离培养方法与产志贺毒素大肠杆菌志贺毒素分型方法,以及致泻性大肠杆菌分离培养及鉴定流程。

完成对地方疾控中心和医院送检的致泻性大肠杆菌的鉴定及PFGE分型分析,以及我国非O157产志贺毒素大肠杆菌PFGE方法的建立和分型分析;完成了我国部分非

O157产志贺毒素大肠杆菌的MLST分型分析与MLVA分型分析，并对分型效果进行了评价；对我国325株O157：H7大肠杆菌84个位点进行SNP检测分析。

12. 猪链球菌　收集不同月份、地点的猪鼻咽拭子1400余份，从中分离到99株猪链球菌；完成监测点分离菌株的生化、毒力基因等鉴定，血清学鉴定正在进行中；优化猪链球菌的荧光定量PCR检测方；建立了针对血清型的多重PCR检测技术，目前正在进一步优化中。建立了基于全基因组的猪链球菌SNP的分型方法和本年度收集猪链球菌的PFGE分析，数据已录入Pulse-net China；正在进行本年度收集猪链球菌的新MLST序列数据的注册工作。

13. 单增李斯特菌　完成北京市通州区、安徽省、上海市、四川省自贡市疾控中心送检的单增李斯特菌100余株的复核、鉴定及保存，以及毒力基因检测和PFGE分析；与马鞍山市疾控中心合作开展李斯特菌的病原学调查。共收集到35株食品来源和77株禽类粪便来源菌株，其中5株为单增李斯特菌，其余为无害李斯特菌。与自贡市疾控中心合作开展了临床疑似病例标本中单增李斯特菌的分离及核酸检测，发现3例Real-time PCR检测阳性。完善动物及病人标本中李斯特菌分离方法，采集猪粪便标本200份、环境标本11份进行分离，获得1株伊氏李斯特菌。建立了MLVA分型方法，完成了200株单增李斯特菌的MLVA分析。

14. 枸橼酸杆菌　分离腹泻病人标本100份，并与地方疾控中心合作共完成60株枸橼酸杆菌的收集、鉴定工作；建立了弗氏枸橼酸杆菌的特异基因的Real-time PCR方法；已完成60株枸橼酸杆菌的特异基因的Real-time PCR检测；优化并确定PFGE方法，完成70株橼酸杆菌的PFGE分析。

15. 嗜水气单胞菌　对环境水样、200份腹泻粪便样品及100份健康人群粪便样品进行气单胞菌的检测和分离培养，获得70株气单胞菌株；通过SpeI、PacI、XbaI和SwaI 4种限制性内切酶对60株不同来源的气单胞菌比较分析，建立基于PacI内切酶的嗜水气单胞菌PFGE方法与气单胞菌的MLST方法；建立了粪便标本中气单胞菌属快速检测的PCR方法与荧光定量PCR检测方法，以及灵敏度高、特异性好、反应速度快、操作简单的类志贺邻单胞菌LAMP检测技术。

16. 幽门螺杆菌　主要从三个方向开展了基础或应用基础研究工作：其一，利用我国的资源优势，开展幽门螺杆菌与胃癌关系研究，特别是可能的致病机制研究；其二，结合我国医改进程中将胃癌防治列为新农合中需重点防治的重大疾病的现状，从Ⅰ级预防的需求出发，探索基于幽门螺杆菌药敏实验结果的个体化策略研究；其三，长期以来幽门螺杆菌对甲硝唑敏感性的实验室检测结果对临床指导作用差，集中力量开展了相关探索，并已在基因突变位点与表型相关性方面有所发现。

根据陈竺部长的指示精神，在卫生部医政司领导的指导下，张建中研究员与北京市肿瘤研究生游伟程教授合作，共同向卫生部提交了幽门螺杆菌相关胃癌防控策略的建议报告。

17. 空肠弯曲菌　重点分析空肠弯曲菌和结肠弯曲菌在食源性疾病防控领域的问题,包括动物与人类感染菌型的比对、耐药性及产生机制等方面的研究;探索空肠弯曲菌致格林-巴利综合征机制及检测(监测)关键技术研究,特别是探索对血清抗体检测中的分型诊断能力等关键问题的解决思路。

18. 支原体　针对近年来我国检出新肺炎支原体亚型,但对其流行趋势分析缺乏关键数据和依据的问题,集中开展了我国肺炎支原体P1蛋白差异分析,并拟通过对相关菌株的全基因分析,从肺炎支原体微进化和关键抗原变化角度进行研究,为支原体病的预警预测提供技术支持。

19. 猩红热　在过去的一年多的时间里，我国曾经历了超过以往病例数300%以上的高强度流行过程，但迄今为止引起流行的主要因素不清。由于猩红热的病原体（A组溶血性链球菌，简称GAS）缺乏型间交叉保护免疫，同时缺少感染后血清分型诊断的技术，流行病学调查和预警预测分析工作难以开展；针对以上关键问题，在对多株相关菌株菌型特征和基因组分析的基础上，拟对M蛋白分型相关表位分析展开研究，以期有所突破。

20. 不动杆菌　不动杆菌(特别是鲍曼不动杆菌)的泛耐药和高环境存活能力所带来的问题日益严重,但从细菌鉴定到生物膜形成机制等多个关键问题仍需解决,通过几年的努力,在菌株鉴定方面建立了科学实用的技术方案,并发展了适合在我国开展的MLVA分型分析策略。

21. 金黄色葡萄球菌　重点分析金葡菌在食源性疾病防控领域的问题,包括在动物与人类感染菌型的比对、耐药性及产生机制等方面的研究;开展社区来源金葡菌和医院来源金葡菌的毒力及耐药特征分析,关注对毒力强且多耐药菌株问题。实验室顺利通过了金葡菌Seqnet认证,成为Seqnet国际网络实验室成员。

22. 飞行质谱平台运转与技术探索　主要工作围绕三方面进行:其一,利用飞行质谱技术对肽序列的解析能力和对磷酸化修饰等的分析能力,进行病原体诊断、致病性和变异等领域的生物标示物分析;其二,利用飞行质谱对病原菌的快速识别能力,开展病原菌质谱快速识别技术探讨,并构建了具有我国独立知识产权的应用软件和数据库(Micro ID软件,微生物鉴定软件(简称微检软件);其三,探索飞行质谱技术在核酸序列和糖类结构解析方面的快速应用技术,为细菌鉴定和分型分析关键技术突破奠定基础。

23. 立克次体　在我国的辽宁、浙江、武汉、新疆等地开展蜱中立克次体的分子流行病学研究。初步研究发现我国家同一地区的蜱中同时流行着立克次体、埃里克体、无形体等3个属的病原体,发现了国外已报道具有致病性的立克次体以及新立克次体目的病原体。在辽宁丹东发热血小板症候病人的血液中斑疹伤寒的病人。

24. 出血热　通过现场生态流行病学调查与实验室研究发现:褐家鼠的迁徙导致了

当今汉城病毒在全世界的分布;研究发现跨种间传播在汉坦病毒种的形成中起重要作用;研究发现与汉滩病毒,汉城病毒相比,从自然界中分离的两种病毒是基因重排病毒,具有两种病毒的特性,致病性比汉滩病毒弱比汉城病毒强,但比两种亲本病毒具有更强的宿主适应性。研究揭示了武汉地区肾综合征出血热流行的特征、人与动物中流行的病毒种、以及动态变化,还揭示了长江水道对武汉地区 HFRS 的影响。

建立淮阳山病毒的小动物模型,发现淮阳山病毒对实验动物肝脏的损伤最大;生态与进化研究发现,长角血蜱与微小牛蜱均能携带淮阳山病毒,但长角血蜱的分布与丰度决定了淮阳山出血热的流行。研究了淮阳山出血热的致病机理,并发现病毒载量及细胞因子在致病中的重要作用。

25. *钩端螺旋体病* 截至 2012 年 11 月 30 日,全国共报告钩体病发病数为 374 例,全国钩体病发病率仍处于较低水平。撰写了 2011 年钩体病监测报告,为全国的钩体病防治提供科学依据;为了解我国宠物钩体病情况,初步对北京市朝阳部分地区的家养犬猫和流浪犬猫随机采集血清和尿液样本,通过血清学和病原学检测,进行流行病学调查。对地方送检的钩体分离株共 50 余株,用血清学和分子生物学方法完成血清群和基因型的复核、鉴定工作。

首次在中国建立了丰富的钩体质谱库,以便后期的比对、分析;建立致病性钩体 Real - time PCR、非致病性钩体 Real - time PCR 检测技术;开展钩体共生菌和污染菌研究;完成了保藏的钩体参考菌株、现场分离株传代工作。

26. *流行性脑脊髓膜炎* 完成日常监测中收集的脑膜炎奈瑟菌菌株 PFGE 分型 160 株,MLST 分型 80 株,全部录入流脑监测分子分型数据库,供全国各省、市流脑专业实验室查询、比对。完成广西分离的 112 株脑膜炎奈瑟菌 PFGE 和 MLST 分析,首次揭示某地区发生流脑聚集性病例后健康人群携带菌株的菌群结构特征。指导和参与了江西省健康人群脑膜炎奈瑟菌携带状况调查。总结 2005 - 2012 年我国分离的 506 株脑膜炎奈瑟菌耐药性实验数据,描述耐药谱变化规律和趋势。开展 W135 群流脑在中国的流行现状和流行规律研究,以及中国 W135 群脑膜炎奈瑟菌分离株的菌群结构分析,确定优势的致病克隆群。

27. *军团菌及军团菌病* 对杜莫氏军团菌高致病株的野生株和突变株进行研究,开展军团菌高致病性相关基因的研究。本研究获得国家自然科学基金资助。对在温泉水监测中分离的 268 株军团菌进行了血清群/型分型和分子分型。这是国内首次针对温泉水中军团菌的存在状况和菌群结构进行系统性的研究,也是国际上首次针对温泉水中军团菌进行长期的监测和菌群结构研究。

开展肺炎病人的军团菌病监测工作,研究显示了临床上的肺炎患者中存在军团菌感染的情况,为进一步开展系统的病例监测奠定了基础。建立了用巨噬细胞和上皮细胞检测军团菌细胞侵袭和胞内生长能力的方法;建立了 PFGE 筛查军团菌质粒的方法,并完成了对嗜肺军团菌15个血清型的全部菌株质粒的筛查工作。

28. 肺炎链球菌　2012年共收集肺炎链球菌25株，对菌株库中的48株分离菌株进行PFGE分型；建立了肺炎链球菌的荧光PCR检测与分型的方法和多个多重荧光PCR反应体系，最多可同时检测4种血清型、群。

对本年度内新收集到的菌株采用CLSI认可的KB纸片扩散法检测菌株对利福平、阿奇霉素、氯霉素、米诺环素、氧氟沙星以及磺胺类抗生素的抗生素敏感性，初步了解了我国肺炎链球菌的抗生素敏感性变化情况，并初步建立了我国肺炎链球菌的PBP基因带型资料库。同时进一步发现，多个目前在国际上公认的高致病肺炎链球菌克隆已经传入我国并造成了临床传播。

29. 百日咳杆菌　2012年5月30日-2012年6月8日期间，参加了新疆和田地区的疑似百日咳疫情的应对以及相关现场采样和现场培训工作。分别完成了相关血清抗体ELISA检测试剂盒的评价，完成了PCR及Real-time PCR方法的建立及完善，初步完成了相关培养基的成分调整以及比较工作，建立了较为完善的百日咳不同菌种间的PCR及Real-time PCR方法，编制了百日咳实验室检测手册。完成了百日咳PT毒素抗体IgG的ELISA试剂盒的评价工作，初步确定了几个监测点并准备开展相关检测工作，同时引入参照人群的方法对人群抗体水平进行评价。

30. 流感嗜血杆菌　对采集的372份咽拭子标本进行了荧光PCR检测，并对223份阳性标本进行了b型流感嗜血杆菌检测；与河北省疾控中心合作，在河北多地进行了健康人群带菌调查，共采集标本739人份；细菌性脑膜炎监测项目所有标本均已完成实验室复核及相关特征鉴别工作。在甘肃省开展儿基会“5岁以下儿童社区获得性肺炎”监测项目，收集肺炎病例血清标本200余份，已经完成荧光PCR检测。

检测186株嗜血杆菌，验证现有流感嗜血杆菌普通PCR和荧光PCR的特异性及灵敏性。并用该方法重新检测细菌性脑膜炎病例脑脊液和血清标本423份。建立了b、e、f等3个血清型的荧光PCR分型方法，并用该方法检测了29份hpd阳性的脑脊液和咽拭子标本。构建并评价了流感嗜血杆菌和溶血性嗜血杆菌的蛋白质谱库。同时建立了其他5种流感嗜血杆菌和溶血性嗜血杆菌的鉴别试验方法。完成了52株流感嗜血杆菌和20株溶血性嗜血杆菌的鉴别试验。初步建立GeXP高通量方法，用于检测细菌性脑膜炎，涉及9种病原菌10个基因。

31. 肺炎克雷伯杆菌　分别进行了PCR替代血清分型、cps PCR-RFLP方法的引进，以及16s相关引物对于克雷伯菌属相关种及亚种的区分的相关研究，建立了初步引入了VNTR相关实验室分型方法的研究，目前，通过普通PCR方法可替代进行K1、K2、K5、K20、K54、K57、K3七个型别的检测，同时初步具备针对产酸克雷伯菌PCR检测方法和K4、K6型别的菌株的PCR检测方法。完成了420株菌株的整理入库工作，通过对菌株的整理和分型分析，完成了对部分不同来源菌株的比较和分析工作。在已有的PCR分型、cps PCR－RFLP 分型基础上分别建立了实验室内部的 HMV 相关基因检测方法及序列型数据，同时完善了克雷伯菌属耐酸性检测，以及 HMV 表型检测的相关操作程序及方法。

32. 无形体 完成了全国 7 省/市 33 区县，62 个自然村 1359 份动物血清新发蜱传人粒细胞无形体病血清本底调查的统计分析及论文总结及发表工作；对河北省保定、唐山、石家庄等地区斑疹伤寒可疑病例，以及云南省大理宾川县发热可疑立克次体病包括恙虫病、斑疹伤寒及斑点热的病例进行现场调查、标本采集及实验室检测分析；对新疆伊犁地区农村高危儿童人群 15 000 例立克次体病进行流行病学现场调查及标本采集工作。

建立了无形体特异 AnkA 基因与查非埃立克体特异 AnkA 基因的荧光定量与复合荧光定量 PCR 的方法及评估；为处理无形体及埃立克体可能的疫情调查，储备了相应的血清学 IgM、IgG 诊断试剂各 120 人份；为鉴别诊断，储备了立克次体、Q 热鉴别诊断血清学试剂 IgM、IgG 诊断试剂各 120 人份，并对地方疾控中心以及实验室等进行多次技术指导与培训工作。

33. 布氏菌病 2012 年是布病的又一个高发年份，发病范围较去年有较大发展，疫情范围进一步扩大。2012 年 7 月，派出技术人员赴乌鲁木齐协助当地处置布病疫情，对采集的牛的组织标本进行鉴定，确定为非布氏菌，经核酸鉴定、蛋白质鉴定为噬麦芽窄食单胞菌。根据这一情况及时通报了新疆兽医，中止了进一步对 300 余头牛的扑杀，挽救了数百万元的经济损失。

开展布病疫情调查研究：与内蒙古地病中心共同开展了布病流行现状调查项目，在不同代表性的地区，分别对内蒙古进行了 2000 余人的流行病学调查；在江西和广西开展了布鲁氏菌病流行特征分析，得出结论，人布鲁氏菌感染率与家畜布鲁氏菌感染率呈正相关关系，并且有数量关系，可以认为家畜布病的流行是人感染布病的根本的危险因素。流行菌株以强毒株羊种 3 型布氏菌为主。

在连续整理既往 3000 余株菌种基础上，对 2012 年的 165 株布氏菌菌种及资料进行整理。猪种菌目前鉴定情况与当前使用的疫苗菌株不同，提示我国又出现类似 30 年前的南方流行菌株感染。病原菌工作对分析当前愈演愈烈的布病疫情起到决定性的意义。探索改善布氏菌种保存方法，建立对应布氏菌的核酸储备资源库。根据疫情需要，储备了布氏菌诊断试剂，为我国布病疫情的控制、研究提供基础技术支持。

34. 伯氏疏螺旋体 在黑龙江牡丹江林业医院收集血清 388 份、完成蜱、鼠标本采集：黑龙江 1700 只蜱，分离菌株 8 株；江西浮梁 30 多只，分离菌株 2 株；青海 1000 多只蜱，鼠 28 只。在实验室检测技术方面，采用间接免疫荧光法对牡丹江医院的 388 份疑似标本进行了检测；采用 PCR、real－time PCR 方法和 LAMP 技术对采集到的人、蜱、鼠标本进行了检测；回归热螺旋体的 PCR 和 real－time PCR 方法的建立和初步应用。建立了

5个位点MLVA分型方法以及110株菌的分型与江西和黑龙江新分离菌株的分型鉴定。

35. 小肠结肠炎耶尔森菌 2012年在河南省、四川省、云南省等11省市采集人群、环境、食品和动物标本9363份,分离培养小肠结肠炎耶尔森菌1218株和其他细菌629株。圆满完成重大专项—传染病检测技术平台项目(细菌性传染病病原谱流行规律及变异研究)的课题任务。

对全国生猪屠宰场中小肠结肠炎耶尔森菌的研究结果表明中国多地区生猪中小肠结肠炎耶尔森菌的带菌率均较高,分离菌株的生物血清型分布具有明显地域性特征,并且通过分子生物学手段充分证实了猪的携带与病人感染的小肠结肠炎耶尔森菌密切相关。中国生猪养殖场和屠宰场分布广泛,人群食用猪肉普遍,应警惕致病性小肠结肠炎耶尔森菌通过猪感染人和其他动物以及环境的危险。组织了3次培训,并接受地方人员进修,在全国创建了一支小肠结肠炎耶尔森菌的科研团队。

36. 碘缺乏病 国家自然科学基金项目:过量碘对胆固醇逆向转运中apoA/HDL调控体系和SR－BI表达的影响,目前已经完成动物喂养的第二批阶段,宰杀了喂养2年120只老鼠。目的是研究不同的碘浓度对大白鼠胆固醇逆向转运中apoA/HDL调控体系和SR－BI表达的影响,同时对碘酸钾和碘化钾碘盐对动物的毒理作用进行探讨,阐明动物长期食用碘酸钾碘盐是否产生一定的毒性作用,为评价人群食用碘酸钾碘盐的安全性提供进一步研究的线索。

运行全国碘缺乏病实验室质量保障网络:本年度有32个省级单位(自治区、直辖市、新疆生产建设兵团)、天津医科大学、347个地市级和101个县级实验室获得尿碘考核合格证书;28个省级单位(自治区、直辖市、新疆生产建设兵团)、313个地市级、1641个县级实验室获得盐碘考核合格证书。

制备和发放尿碘、盐碘、水碘检测用标准物质和外部质量控制样品,满足全国碘缺乏病实验室检测质量控制和人员培训等的需要;实验室先后到河北、内蒙古和山西开展高水碘调查工作,掌握了第一手水源性高点资料,为开展高水碘地区碘相关性疾病的研究提供依据;先后到内蒙古、河北开展现场督导和技术支持;维持剂量认证和实验室认可的所有项目;协助卫生部完成碘盐监测方案现场调查地方性克汀病搜索任务等。

37. 媒介生物控制 2012年,在中南海北区进行病媒生物预防控制及应急媒介控制12起,共派出人员54人次,对蚊虫、鼠类、蟑螂等进行了有效控制,完成了2011年度全国病媒生物监测报告,维持全国病媒生物监测网络系统的正常运行,完成收集的蚊虫标本的质控报告,对鼠疫媒介蚤类监测方法进行评价。完成病媒生物分类、标本管理工作以及病媒生物的保种与驯化;对重要病媒生物进行了抗药性监测,对鼠类及体表寄生虫进行控制。

在蜱类媒介与蚊虫媒介方面,建立中华硬蜱的实验室种群和游离蜱血源动物检测技术与云南省怒江州流域蚊虫标本现场采集;获得馆藏部分蚊媒标本的DNA条码序列,能够用于蚊种的快速鉴定。完成2010－2011年度河南省永城市疟疾消除媒介按蚊控制项目总结,病媒越冬调查将继续进行研究,完成病媒生物监测与控制药械的评价。

建立巴尔通体检测诊断、分型技术研究,对临床样品进行检测,完成药敏试验检测,完成4个巴尔通体分离菌株对强力霉素等15种抗生素的药敏检测,对8个汉赛巴尔通体分离菌株进行耐药诱导,初步诱导出红霉素耐药菌株。完成黑瞎子岛70余份鼠脾样品接种培养,分离到巴尔通体菌株41株,已完成了PCR核酸序列分析鉴定,完成6个基因的测序,完成了部分菌株的生化检测及Gram染色;完成菌株菌种保存工作;编写登革热媒介生物监控培训教材;完成了实验室认证认可的质量手册和程序文件,实验室认证认可进入试运行。

国家重大可续研究计划项目、高分疾病预防控制遥感监测与评估、鼠疫流行病学新技术研究与应用中"重要宿主动物DNA条形码技术研究"等进展顺利,完成WHO蚊虫控制新产品的评估项目。2012年10月23日,世界卫生组织正式批准媒介生物控制室为"世界卫生组织媒介生物监测与管理合作中心"。

38. *结核病室* 2012年主要对结核病防治技术开展了研究。完成了国家"十一五"重大传染病专项课题"结核病传播模式的研究——中国结核病分子流行病学研究"的结题和审计工作。开展了四项新课题的研究工作:结核分枝杆菌基因组SNP分析及北京家族菌株的溯源研究;横向合作项目"TBKB(结核)诊断试剂盒研制";横向合作项目"结核病检测试剂盒(TB－IGRA)临床验证研究";横向合作项目"结核病细胞免疫ELISA诊断试剂盒"。申请获得国家"十二五"重大传染病专项3项、国家自然科学基金青年基金1项和北京市科委2012年度科技计划课题(参与)1项:参与申请国家发明专利1项,"一种结核诊断组合物及其应用"(申请号:201210090659.1,2012年5月3日)。

39. *免疫室* 先后建立了一系列从事感染免疫研究工作常用的研究系统和技术方法,以细菌引起急性全身炎症反应的宿主免疫应答研究为主要研究模型,开展多种合作和自主科研工作。建立的主要研究方法包括:①建立从小鼠骨髓、腹腔和脾脏分离培养各种免疫细胞的技术方法。②建立了ELISA和流式细胞技术用于检测不同病原菌诱导免疫细胞产生的炎性因子和多种细胞因子及细胞凋亡。这些检测技术可用于研究不同病原菌在体内或体外感染条件下对宿主的各种免疫细胞的作用和影响,揭示不同病原菌诱导宿主的免疫特征的变化及其内在免疫机理。③建立利用超抗原细菌毒素诱导炎症反应的研究模型,开展炎症因子风暴的相关免疫机制研究。④ 建立开展炎症反应信号通路的相关研究方法。对引起食物中毒的主要细菌毒素进行了相应的知识信息搜集和储备。申请国家自然科学基金青年基金一项:比较负载高危型HPV－16E6和低危型HPV－11E6的树突状细胞抗原递呈功能的研究。

40. *细菌耐药室* 完成了碳青霉烯酶耐药基因的文献整理工作,后续继续完成数据内容的扩充;建立了快速检测碳青霉烯酶的方法,正在进一步的验证和优化;建立了armA、qnrA等氨基糖苷类、喹诺酮类耐药基因的PCR检测方法;对来自疾控监测的9株菌完成了药敏检测。申请重点实验室面上课题一项:“ISCR1复合型整合子—耐药基因盒系统的分布及结构特征研究”。

41. 医院感染　申请“十二五”一项——超耐药菌流行病学和防治技术研究(2013ZX10004-217);开展国家科技支撑计划(2012BAI11B05)脓毒症流行病学及诊治规范研究——ICU脓毒症主要感染病原快速检测芯片的开发。1项国家自然科学基金,2项中国疾控中心青年基金在研。完成艰难梭菌、新生隐球菌菌株收集以及分型、鉴定工作,并建立了针对靶基因的Real Time PCR方法。

42. 生物信息平台建设　①对所内多个科室提供生物信息学支持,合作开展了多个科研项目;②建立、完善了生物信息分析平台,开发了多个生物信息分析流程,为各科室相关工作提供分析工具;③独立开展了多项基于基因组水平的病原菌基础研究工作,包括病原菌四型分泌系统、病原菌毒力岛及基因组岛、病原菌特异基因等;对各科室基因组测序及重测序项目进行审核和数据管理。

数据库和生物信息云平台:构建了生物信息CelLoud云平台,目前该平台集成了10种分类软件,共55个生物信息分析软件。协助新病原室开发了猪链球菌core genome typing数据库系统、协助鼠疫室开发了“中国鼠疫菌遗传特征数据库”、协助PulseNet China室开发了“个性化定制MLST数据库系统”、本科室自主开发了“16S未知病原筛查系统”。

测序技术平台:基本完成测序平台组建工作,完成3730测序仪和454测序仪的验收和开机测试工作;基本建立PCR产物测序和454扩增子测序,以及454shotgun法测序的实验流程;建立临床样本高通量测序检测流程,目前该流程处于测试阶段;完成1株霍乱弧菌的454测序工作;与细菌耐药室合作研究建立细菌质粒的提纯和高通量测序技术方案。

43. 中国细菌性传染病分子分型实验室监测网络(PulseNet China)　国内疫情应对:多个省份O139霍乱病例菌株分子分型比对,判定上海、浙江,湖南、广西、湖北、四川、安徽、北京等省疫情性质;开展北京阿贡纳沙门菌PFGE图谱成簇菌株与上海地区腹泻病副溶血弧菌、空弯疫情溯源分析比对;开展北京山夫登堡沙门菌PFGE图谱比对和全国溯源;石家庄市数起非伤寒沙门菌食物中毒分子分型技术支持;北京市通州区疾控中心副溶、嗜水气单胞菌、金黄色葡萄球菌技术支持。

国际疫情协查:美国巴雷利沙门菌污染寿司引起暴发疫情协查;美国—俄国奥拉宁堡沙门菌感染疫情PFGE图谱比对;2012年乙型副伤寒沙门菌(美国)、单增李斯特菌(美国)、斯坦利沙门菌(比利时-德国-匈牙利)等国际协查。对韩国生产的商品名为Purimune的食品添加剂奥拉宁堡沙门菌污染与美国鼠伤寒沙门菌引起香瓜暴发疫情发布预警。

积极参加国际交流，PulseNet China 平台被《柳叶刀》评价为“中国在食品卫生安全方面的重要进步和成果”。推动 3 家省级疾控中心和 2 家地市级疾控中心通过 Pulse Net China 实验室认可，使省级区域中心实验室达到 22 家，地市级达到 3 家。开展 2012 年度 PulseNet China 区域中心实验室 PFGE 实验考核，24 个省市疾控中心参与考核；在多地展开技术培训。管理 PulseNet China 中心数据库，对中心实验室各科室和菌种数据分析提供技术支持。

建立阪崎肠杆菌分子分型，PFGE、MLVA、MLST 方法和标准化荧光定量 PCR 方法和 PFGE 技术方案（SOP）；编写阪崎肠杆菌监测方案（试行），发展阪崎肠杆菌种水平的 PCR 检测方法；集保存菌株 200 余株，建立数据库；发展阪崎新的 MLVA 分型方法；建立肉毒梭菌 Real time PCR 检测技术。

二、科研工作

（一）科研管理

1. 课题情况　2012 年在研课题 72 项，其中："973"计划 8 项（参加）；国家重大科学计划项目 3 项（含参加 2 项），公益性卫生行业科研专项 3 项（含参加 2 项），国家科技支撑计划 1 项；传染病重大 26 项（其中"十一五"项目 20 项）；国家自然科学基金 13 项；国际合作 6 项；卫生部及其他 12 项。

中标课题共计 27 项，其中：国家自然科学基金项目 16 项；国家重大科学研究计划 2 项（参加 2 项）；卫生行业科研专项 1 项；国家重大科学仪器开发专项 1 项；国家科技重大专项中国疾控中心青年基金项目 2 项；卫生部及其他项目 5 项。

截至目前 2012 年申获科研经费约 5030 万元，到位科研经费约 6340 万元。

2. 成果、论文、论著、专利及软件著作权登记

（1）获得吉林省科技进步三等奖 1 项——吉林省莱姆病基因分型研究。

（2）2012 年共发表文章 222 篇，其中英文 105 篇，被 SCI 收录 99 篇，影响因子为 316.721；中文 117 篇。

（3）出版论著 2 部——俞东征主编《鼠疫应急手册》；蒋秀高、张翠彩参编《2011 中国重点传染病和病媒生物监测报告》。

（4）申请发明专利 12 项；专利授权 4 项，其中发明专利 3 项，实用新型 1 项（附表）。

（二）教育培训工作

（1）2012 年传染病所在读研究生共 78 名（博士 28 名、硕士 50 名）；2012 年招生 24 名研究生，其中博士 7 名、硕士 11 名、全日制 MPH 6 名。

附表　获得 4 项专利授权明细表

序号	专利名称	专利申请号/专利授权号	完成单位及排名	完成人及排名
1	检测肺炎支原体的靶序列、引物和探针及其试剂盒	ZL201110 1675918	中国疾病预防控制中心传染病预防控制所,第一完成单位	赵飞　张建中
2	一种检测空肠弯曲菌抗体的特异抗原及应用	ZL201110 1842643	中国疾病预防控制中心传染病预防控制所,第一完成单位	张茂俊　张建中 孟凡亮　曹芳芳
3	切割耶尔森氏鼠疫杆菌 F1 抗原的方法及相关应用	ZL200910 083026.6	中国疾病预防控制中心传染病预防控制所,第一完成单位	张建中　王鹏 闫笑梅　赵飞 肖迪
4	连续微量点滴仪	ZL201220 011335.X	中国疾病预防控制中心传染病预防控制所,第一完成单位	任东升　刘起勇 (实用新型)

(2)组织 2013 年博士研究生和硕士研究生入学考试命题工作。组织并监督完成二年级博、硕士研究生的开题报告、中期考核工作。

(3)组织 2012 年毕业的统招博士生 4 人、硕士生 11 人、MPH 硕士研究生 2 人的毕业答辩。召开学位分委会会议,评定 2012 年博士 4 人、硕士研究生 13 人的学位授予工作。

(4)接收进修人员 43 人,其中接收中心进修项目人员 4 人;西部之光访问学者 2 人,新疆特配人员 1 人,援疆人员 1 名。招收联合培养研究生 14 人。接收进站非洲籍博士后 1 名,出站博士后 1 名,在站博士后 2 名。

(5)协助中心教育培训处完成病原生物学学位课教学任务。组织传染病所专家准备课程讲义,收集考试试题、评卷等工作。完成"征集 2012 年在职 MPH 研究课题"确定指导教师的工作,共接收在职 MPH 研究生 3 名。

(6)优秀论文与优秀毕业生。

刘小波的论文《河南省永城市中华按蚊生态习性及飞行距离研究》获得 2012 年中国疾控中心优秀博士论文一等奖;蒋毅的论文《结核分枝杆菌 T 细胞抗原表位编码基因多态性分析及 4 个 VNTR 位点的筛选与评估》获得 2012 年优秀博士学位论文三等奖。

优秀毕业生:博士生:刘小波;硕士生:梁俊荣。

(7)培训工作。举办国家级继续医学教育项目 2 项:第四届媒介生物可持续控制国际论坛暨第一届亚太地区重要传染病与热带病防控国际研讨会、中荷细菌耐药流行病学研讨与分子分型技术培训;培训班 3 项:结核病实验室关于举办结核诊断试剂盒临床评价方案及技术培训、黑龙江、吉林等 8 省市地市级碘缺乏病实验室检验技术培训班、2012 年

PulseNet China病原菌分子分型软件和MLVA技术高级培训班。

(8)组织完成中国疾控中心"疾控十年学术会议",负责"细菌部分"分会场;另举办学术报告13次。

(三)外事工作

1. 出访情况　共办理出访手续33批40人,其中短期30批37人、长期3批3人。

2. 外宾来访

(1) 2012年11月9日,由香港卫生署邀请的美国疾控中心肠道传染病实验室主任Peter Gerner-Smidt博士来中心做学术报告,介绍国际PulseNet在食源性传染病监测的成功经验,同时参观PulseNet China中心实验室(传染病所),与研究人员开展推动中国分子分型监测的研讨。

(2) 2012年9月20日,由卫生部邀请的联合国儿童基金会朝鲜国家协调委员会副秘书长JON IN CHAN一行来我国交流食盐加碘防治碘缺乏病政策、经验等方面情况,并对传染病所国家碘缺乏病参照实验室进行参观访问。

(3) 2012年12月24日,由南京农业大学生命科学学院邀请的美国宾夕法尼亚大学生物学系教授Mark Goulian博士来所做有关E. coli在信号传导中的应用,并参观腹泻病室,与研究人员开展相关领域的研讨。

3. 国际合作项目

(1) 执行的国际合作项目:卫生部与联合国儿童基金会课题——全国碘缺乏实验室质量保障网络运行。

中美新发和再发传染病合作项目子项目七——广东省职业人群布鲁氏菌病感染现况调查。

结核病细菌学快速检测和药敏试验技术临床试验(卫生部国际交流与合作中心与碧迪医疗器械(上海)有限公司)该项目已结束完成,并于2012年10月向卫生部国际交流中心提交了项目总结。

传染病所徐建国研究员承担中加国际合作项目——中国暴发相关ST7型猪链球菌毒力基因、致病机理及进化研究,网上在线填写调查问卷。

(2) 上报中荷项目进展2项:自2005年中国卫生部和荷兰卫生、福利和体育部签署卫生合作谅解备忘录以来,传染病所与荷兰国家公共卫生和环境研究所(RIVM)在该备忘录框架下就耐药性传染病、结核病领域进行合作。上半年向中心提交了在这两个领域的合作进展情况,并就未来合作提出了建议和计划:金黄色葡萄球菌及其耐药菌株-耐甲氧西林金黄色葡萄球菌的现况调查研究;中国结核分枝杆菌遗传多态性特征的研究。

4. 港、澳专业人员媒介生物监测与管理培训　2012年10月8-19日,香港特别行政区食物环境卫生署防治虫鼠事务咨询组严淑美来媒介室进行媒介生物防控技术交流与学习,取得了良好的学习效果;2012年10月15日-11月15日,澳门卫生局疾病预防控制中心吴兆祥来媒介生物控制室进修,按计划完成了进修目的,达到预期培训目标。

5. 举办国际会议 2012年1月12-13日,传染病所与传染病预防控制国家重点实验室成功举办了"传染病应对团山论坛第五届学术年会"。此次论坛邀请了来自荷兰格罗宁根大学、澳大利亚莫纳什大学等多名国际知名专家学者,参会人数180余人。

2012年11月25-29日,在海南省海口市举办第四届媒介生物可持续控制国际论坛暨第一届亚太地区重要传染病与热带病防控国际研讨会。此次论坛邀请了美国疾控中心、美国南佛罗里达大学等多名国际知名专家,针对媒介生物和媒介生物性传染病领域内的热点问题进行交流和探讨,200余人参会。

(四)实验室管理及生物安全

1. 新址BSL-3实验室的认可工作 新址实验大楼共有5套BSL-3级实验室,2012年10月完成实验室检测工作。采用"集中管理、分散使用"的管理模式,建立实验室管理体系,对实验室使用进行了培训,12月完成科技部建设审批工作。11月23日向认可委提交正式认可申请,12月组织参与认可的实验室进行专项培训、讲座及演练。

2. 十八大安全保障工作 根据卫生部和北京市卫生局"平安十八大"的工作安排。传染病所在十八大期间,严格执行北京市和中心的各项措施,做好各实验室的安全检查及值班等工作,保证了十八大安全保障工作圆满完成。

3. 实验室安全周工作 2012年4月23-30日,传染病所举行了"实验室安全周活动",并根据中心统一活动内容制定了传染病所活动计划。举行了全所生物安全培训;对实验室废弃物管理、菌毒种保藏中心建设等专题进行了专题讲座;专项安全检查、实验室间互查;室主任、安全员座谈会;开展"发现身边的问题"主题活动;签订安全责任书。

4. 菌毒种管理工作 根据国家和相关法规,传染病所对高致病性菌毒种的运输、菌毒种出入境的相关工作进行统一管理,并在十八大期间对全所菌毒种保藏信息进行了摸底统计。

5. 年度职工体检工作 组织全所职工340人进行健康检查,对实验室工作人员保留本底血清已连续第5年保存。对采集的血液样品进行分离血清,并设立专门冰箱进行保存。

6. 认真开展自查,接受各部门安全检查 ①定期对实验室进行安全检查,并记录检查情况,督促实验室整改;组织接待各级部门检查工作。②2012年10月认可委组织专家组对BSL-3实验室进行复评审后第一次监督评审(总第五次监督评审)。传染病所根据专家提出的不符合项和观察项,组织专家组和施工建设单位协同配合实验室进行整改方案制定。

7. 实验室生物安全设备管理 对生物安全柜和高压灭菌器进行检测,为所内25名压力容器操作人员更换特种设备使用证书。

8. 实验动物管理工作 组织传染病所职工参加北京实验动物管理委员会上岗培训，19名实验人员获得北京市实验动物从业人员岗位证书，完成了实验动物伦理委员会的成立及首次会议。

（五）科研试剂及相关耗材管理

1. 直发试剂及耗材出（入）库管理 1－12月共办理直发试和耗材出（入）库金额为15 472 560.28元，其中试剂类7 352 460.64元、耗材类2 845 699.74元、测序类5 219 951.10元。

2. 所内库存试剂耗材出（入）库管理及相关服务保障管理 全年实验条件服务中心西库房办理试剂及耗材入库43 211.60元，出库47 242.80元，库存52 206.33元；购置10 080L液氮；供应CO_2气体共168瓶。

3. 测序服务管理 对全所测序服务进行管理，确保了“质量不降，价格不升”的管理目标。组织完成了175株菌株、237.7万元技术服务合同的审核签订工作，对已完成的项目按要求办理了出（入）库工作。

4. 科研仪器设备管理 完成了《2013－2015年实验室仪器设备购置工作规划》预算编制工作和科研设备招标采购工作，并组织专家进行了进口产品专家论证工作。2012年全所入库仪器设备总数63台（套），入库总金额1 125 930元。其中：中心调拨设备3台，126 600元。

5. 科技成果转化管理 完成了布病室与北京庄笛浩禾生物医学科技有限公司的《布病虎红平板凝集、试管凝集试剂盒研制》技术转让合同的签订工作；组织完成了所下属企业国有资产年度财务会计决算报表和国有资产统计报表的统计上报工作。

（六）学术期刊

1.《中华流行病学杂志》 编辑部2012年工作量化指标，全年出刊12期1312页，总字数372万；每期含论著类文章22篇、短文3～5篇，全年刊稿320篇，刊稿率30%；全年总印数43 300册，其中邮局发行36 132册，自发5112册。

2.《中国媒介生物学及控制杂志》 截至12月10日，2012年度来稿534篇，刊登稿件195篇。全年刊登版面600页。影响因子为0.530，总被引频次1035，影响因子学科排序由2011年的35/67上升到2012年的24/68；学科综合评价排名由2011年的38/67上升至2012年的28/68。2011－2012年继续被中国科学引文数据库（核心库）与“中国科技论文统计源期刊”（中国科技核心期刊）收录。

3.《疾病监测》 刊登论文300余篇，年发行量近50 000册。2012年，加大组稿力度,与多部门联合组织专题,完善审稿专家数据库建设,逐步构建国际化、专业性、高水平审稿平台。努力挖掘和充分发挥信息技术优势,提高期刊出版效率:对期刊录用稿件的电子版在中国知网通过互联网和手机优先出版,调整论文 DOI 服务效率,为科技论文争取优先权创造了条件。不断扩大作者和论文社会影响,提高影响因子。2012 年《疾病监测》杂志影响因子为 0.903,总体呈稳步上升趋势。

三、党政工作

(一)党务基本工作

1. 强化基层党支部建设　传染病所现在各支部人数过多,最多达到 50 余人,组织活动十分不便,所党委决定将原在职支部由 3 个划分 6 个,每个支部党员数量均在 20 人左右。在"七一"党的 91 岁华诞、党的十八大召开前,各支部开展以"神舟九天揽月,蛟龙四海翻腾"为主题的活动,学习胡锦涛总书记在两院院士大会上的重要讲话,结合自己的具体工作、发挥党员作用,做好本职工作。

2. 加强党组织建设工作　所党委认真做好对入党积极分子的培养教育工作,坚持公示、谈话、考核制度,严把"入口关"。截至 2012 年 12 月底,传染病所有正式党员 240 人,预备党员 11 人,其中职工党员 109 人、学生党员 28 人、离退休党员 82 人、其他 21 人。2012 年发展党员 6 名。

上年结存党费 103 788.57 元;本年度收入 38 987.20 元,疾控中心拨入 18 560.00 元,上缴 19 493.70 元,使用 2274.80 元,年终结存 139 567.27 元。

3. 持续推进创先争优活动　推行党政领导联系支部制度,及时了解党员思想动态、倾听群众意见建议,充分利用广播、专栏、标语等形式,营造"学、比、争、创"的活动氛围。树立典型,大力宣传和学习在疾控科研工作中的优秀典型,形成学习先进、崇尚先进、争当先进和赶超先进的良好风气。注重把创先争优活动与传染病所疾控科研和日常管理工作结合起来,切实开展创建先进党支部、优秀共产党员评选活动。

(二)廉政建设

扎实推进全所的党风建设工作。传染病所党委与各处室负责人签订了《党风廉政建设工作责任书》,全所班子成员均认真完成《领导干部个人有关事项报告表(一)、(二)》和《配偶子女均已移居国(境)外的国家工作人员有关情况报告表》的填报工作。坚持教育的制度化、经常化、长期化,组织党员干部学习、采取针对"高风险点"进行"回头看",进一步完善风险教育、排查、预警和化解机制,强化源头防腐。

在岗位变动、人事任免等"三重一大"事项上,严格采取民主推荐、严格考核、集体讨论、民主决策的程序;在财务管理上,严格按照收支两条线实行钱账分离、管办分离,严格坚持一支笔审批，大额开支由所领导班子集体讨论决定。

（三）监察审计

2012年，传染病所成立廉政风险防控工作领导小组及办公室，明确了职责。在原《权力明晰表》基础上，组织排查权力，核实权力行使部门、收集权力行使依据、确定公示方式及风险表现，初步确定权力等级，形成《传染病所权力明晰表》。

组织开展专项自查工作，依据中心相关通知要求，传染病所对《卫生系统领导干部防止利益冲突有关情况》、《推进惩防体系建设工作》等进行了自查。并加强对招标、集中采购等重点工作的监督，为加强学习，传染病所通过OA、邮件、大屏幕等开展宣传、教育、学习活动，不断强化党风廉政建设观念，全面推进党风廉政建设各项工作。

（四）财务工作

在财务管理工作方面，各管理岗位分工科学明确，协调合作，大大提高了各岗位人员的工作效率和积极主动性。各经费主管会计人员对自己归口管理的经费管理做到专业化和细化，有的放矢，目标明确；业务程序上实施复核稽核程序，差错率显著降低，内部控制得到进一步加强。

另一方面，鉴于近年来预算管理中所凸显出来的预算管理精细化不够的问题，2012年初设置账目时，核实确定了全所在研项目的各个预算科目余额详细清单，并逐项输入程序，初步解决了以往审计中课题组对会计科目支出与预算科目支出口径不一致所导致的繁琐核实和计算问题，大大提高了预算管理的精细化水平。

（五）人事工作

截至11月底，全所共有职工269人，其中行政系列22人、专业技术199人、工勤48人。博士72人、硕士44人、本科53人、专科及以下100人。

2012年，全所共有250人完成了岗位聘任（除去2011年、2012年入所人员及借调的工作人员），其中有105人申报不同等级专业技术岗位，71人备案不同级别专业技术岗位；行政管理岗位有22人备案；26名工勤人员申报工人技术岗（含4名退休人员），26人备案工人技术岗。本次聘岗，聘为正高22人、副高43人、中级104人、初级30人。

（六）离退休职工工作

截至2012年11月底，传染病所有离退休人员182人，其中离休26人、退休干部110人、退休工人46人。80名党员，70岁以上有122人，占离退休人员的67.3%；80岁以上有50人，占离退休人员的27.5%。

对离退休人员,做到政治上关怀,生活上关心。对住院的离退休人员及时探望,全年为有困难的离退休人员代领住院支票、报销医药费计 167 人次。在工作人员严重匮乏及活动经费极为有限的情况下,积极稳妥地组织离退休职工开展适合的各项活动,丰富他们的业余生活。经常走访,耐心倾听离退休职工在政治和日常生活上的合理诉求,帮助离退休人员尽可能的解决实际困难,实实在在的为老同志做好事、办实事、解难事,使他们感受到了组织上的温暖。

(七)工会工作

2012 年所工会紧紧围绕疾控事业发展目标,强化自身建设,组织职工积极开展"迎国庆健康长走比赛"等多种文体活动,增强职工的凝聚力。全所共有会员 268 人。

关爱帮扶常态化,不定期对老党员和离退休老同志进行走访慰问活动,为传染病所五位生活困难的职工争取了 6000 元人民币的困难补助,进一步密切了党群干群关系,为党建工作赢得了更多支持。组织会员参加"建功十二五、迎接十八大"书法展、羽毛球比赛、卫生部第九套广播体操比赛等活动。

(八)计划生育工作

2012 年度,紧紧围绕稳定低生育水平,提高出生人口素质这一主要任务,坚持计划生育基本国策和稳定现行计划生育政策不动摇,没有发生违反计划生育现象。

(九)安全保卫工作

坚持"谁主管,谁负责"的综合治理工作方针,建立逐级安全岗位责任制,签订了安全防火责任书和安全岗位责任书,并对传染病所的安全员、新职工、新生进行安全教育培训。制订新楼门卫制度,加强中控室管理,持证上岗。加强剧毒药品和易制毒品的安全管理,对新大楼内的菌毒种库重新申请经费,安装了监控探头,并使其符合新的菌毒库标准。

(十)后勤工作

2012 年全所一般设备资产出入库 414 件(6 120 889 元)、报废资产 572 件(2 612 378 元)。完成住房管理、壹号楼修缮改造工程以及昌平博士后公寓、昌平宿舍共 3 套房屋的装修改造等工作。

完成了班车、公务车、实验纯水供应、维修保障、卫生管理等各项工作,对移动实验室牵引车进行维护保养,生物垃圾确保日产日清无积存,全年收集 3500 箱,计 20 吨。交通安全工作做到无事故、零刮蹭,高速费和燃油配给实现计算机管理。

(徐建国　李新威　冯岚)

病毒病预防控制所

一、重大病毒病常规监测与防控

（一）疾病监测和常规疾病控制工作

1. 季节性流感和禽流感

（1）季节性流感：对全国流感监测网络实验室上送的季节性流感毒株 17 252 株，进行复核，15 608 株经复核鉴定仍为阳性（99.1%），其中 Pdm09 H1N1 病毒 74 株，A（H3N2）亚型 5797 株，B 型流感病毒 9737 株。

对 74 株 Pdm09 H1N1 流感病毒、5731 株 A（H3N2）亚型流感毒株、7959 株 B（Victoria）系流感毒株、1745 株 B（Yamagata）系流感病毒进行了抗原性分析。

对 261 株流感病毒进行了全基因组序列分析，其中 Pdm09 H1N1 病毒 27 株，A（H3N2）亚型 89 株，B 型流感病毒 145 株。

对 1093 株流感病毒进行了生物学耐药分析，其中 A（H3N2）亚型 608 株、B 型流感病毒 485 株。所有检测的 H3N2 亚型均对烷胺类药物耐药，未检测到对神经氨酸酶抑制剂药物耐药的毒株。

对 13 株代表毒株进行了雪貂免疫，包括 11 株 A（H3N2）亚型流感毒株，1 株 B（Victoria）系流感毒株，1 株 B（Yamagata）系流感病毒，制备抗血清 270 余毫升。此外，制备各种亚型兔抗血清 567mL，鸡抗血清 40mL。制备完成 5 种 H9N2 禽流感病毒雪貂抗血清、4 种 H5N1 疫苗株雪貂抗血清、3 株 H6 雪貂抗血清以及 1 株 H3N8 雪貂抗血清。

为全国 410 家流感监测网络实验室提供标准参照血清 1 万毫升、参考抗原 1 万毫升。网络实验室提供 MDCK 细胞 26 瓶，提供毒株运输管 41 200 支。

（2）禽流感：从全国流感监测网络实验室收集 A 型流感病毒核酸检测阳性环境标本 670 份，经复核其中 A 型复核阳性标本 508 份，所有复核结果均实时提交至在线监测信息系统。完成 786 份核酸阳性标本的鸡胚病毒分离工作，其中 163 份标本为鸡胚病毒分离血凝实验阳性。完成 PCR 鉴定（鉴别病毒包括 NDV、A 型流感病毒、流感病毒 H1～H12 亚型、流感病毒 N1～N9 亚型）150 份，结果显示中国活禽相关环境中存在多种亚型流感病毒的污染，其中以 H5N1 和 H9N2 为主要污染亚型。所有单一亚型流感病毒均完成全基因组测序并录入流感室的病毒基因序列库。

从地方疾控中心接收职业暴露人群血清标本 44 396 份，其中 2012 年收到血清标本 11 790 份(其中 2012 年采集标本 8841 份)。完成 2012 年 3 月之前收到的初检(SRH 或 HI)H5N1 抗体阳性和随机挑选 5%初检阴性的标本的确认检测工作(涉及标本 32 606 份)，初检阴性的标本复核结果均为阴性，在初检阳性的标本中复核发现 10 例微量中和实验检测抗体阳性标本，阳性率为 0.03%。

开展了鄱阳湖、洞庭湖和青海湖人禽流感血清学和环境标本监测项目。

(3) 流感大流行应对疫苗候选株制备工作：对 2011 年从我国广东 H5N1 禽流感病毒感染病例中分离的 A/Guangdong/1/2011(H5N1)病毒的基因序列和抗原性分析显示，该病毒的抗原性不同于我国以前的主要流行株 A/Hubei/1/2010(H5N1)和 A/Anhui/1/2005(H5N1)，经与世界卫生组织专家的讨论，选择该病毒为新的流感大流行应对疫苗候选株。

(4) 全国流感监测网络实验室流感病毒核酸检测考核：2012 年 7 月对全国 409 家流感监测网络实验室进行了流感病毒核酸检测考核，共制备 4200 份考核盲样，对提交结果的 400 家网络实验进行了结果分析，10 份盲样检测结果均正确的有 373 家，其余 27 家考核结果有误。

(5) 为网络实验提供血清检测试剂：为全国 32 个网络实验室(含新疆建设兵团)提供 4 种不同 Clade 的 H5N1 禽流感灭活抗原各 640mL、4 种抗原对应的阳性对照血清各 16mL、阴性对照血清 16mL、马细胞 650mL 及 RDE 2680mL，用于 2012－2013 年度禽流感职业暴露人群血清学监测工作。

2. 脊灰

(1) 2012 年国家脊灰实验室和全国脊灰实验室网络维持着高水平的运转：完成 2012 年全国脊髓灰质炎实验室网络各省级疾控中心送检脊灰毒株的型别鉴定及复核工作，目前完成 142 例 AFP、接触者和健康人共计 209 株脊灰病毒的鉴定和 190 余株环境中脊灰病毒鉴定。

完成了 2012 年细胞敏感性的常规监测工作，监测结果显示细胞敏感性均在正常范围内波动。

完成了 2011 年 WHO 发放的职能考核标本鉴定工作，整个实验室网络成绩均为满分，顺利通过本年度职能考核。

2012 年 8 月 28－29 日 WHO 专家对国家脊灰实验室进行了 2012 年度的现场认证，顺利通过。

从西藏自治区于 2011 年在拉萨市(30 份)、山南地区错那县(30 份)，日喀则地区聂拉木县(18 份)，亚东县(4 份)，林芝地区(35 份)采集的 156 份健康儿童粪便标本中共分离到 I 型脊灰疫苗株病毒 2 株、II 型脊灰疫苗株病毒 1 株、III 型脊灰疫苗株病毒 6 株、NPEV 共 62 株，NPEV 分离率 39.7%。

按照WHO标准,组织国内外专家对省级疾病预防控制中心脊灰实验室的监测结果和工作开展情况进行监督、认证、考核。被考核省全部通过认证。

(2) 脊髓灰质炎野病毒及其潜在性感染材料的封存:完成脊灰病毒封存工作。国家和省级脊灰封存工作组通过随机现场、电话抽查核实,相关文献检索核实等多种方式对脊灰封存数据库进行了质量评估。顺利通过世界卫生组织专家组对脊灰封存工作的现场考核。

完成了中国脊灰封存第一阶段工作总结报告。

(3) 脊灰病毒环境监测:建立了一套成熟的环境样品采集、病毒浓缩以及病毒分离技术,建立人群中脊髓灰质炎、手足口病、红眼病、肠道病毒性脑膜炎脑炎等肠道病毒病发生和循环的预测预警方法。

3. 手足口病

5-7月完成黑龙江省800余份脊灰疫苗免疫后血清标本中和抗体水平检测及EV71、CVA16抗体水平调查。

10-12月,陆续完成山东省疾控中心病原所送检的1300余份手足口病人及健康人群EV71及CVA16抗体水平调查。

4. 病毒性出血热(包括肾综合征出血热、发热伴血小板减少综合征SFTS、登革热、基孔肯雅热等)

(1) 流行病学监测与分析:完成2011年全国肾综合征出血热监测点检测情况总结。2011年,除青海、西藏、宁夏外,全国共有28个省(自治区、直辖市)报告肾综合征出血热(HFRS)病例10 779例,较2010年上升13.15%;其中,临床诊断3625例,实验室确诊7154例。发病率0.80/10万,与2010年(0.71/10万)相比上升12.64%;死亡病例119例,死亡率0.008 9/10万;病死率1.10%,比2010年下降10.87%。HFRS疫情具有高度散发又相对集中的特点,2011年疫情仍主要集中在东北、华东和西北的陕西地区,报告病例数较多的省依次为陕西(2605例)、黑龙江(1576例)、辽宁(981例)、山东(958例)、吉林(679例)、湖南(634例)、江西(547例)、浙江(540例)和河北(513例),9省病例数(9033例)占全国病例总数83.80%。

(2) 监测试剂发放与标本检测:向江西、贵州、四川及辽宁等省份提供肾综合征出血热双抗原夹心ELISA检测试剂2592人份,直接免疫荧光检测汉坦病毒抗原试剂2700人份。接收来自山东等肾综合征出血热监测点患者血清标本120份,鼠肺标本460份。完成血清中IgM、IgG中和抗体的检测及汉坦病毒核酸检测,以及460份鼠肺标本的切片、免疫荧光及核酸检测。

向山东、安徽、湖北、辽宁、福建等省份提供发热伴血小板减少综合征病毒(SFTSV)特异性IgM抗体检测试剂盒8352人份和IgG抗体检测试剂盒8784人份。接收疑似发热伴血小板减少综合征患者标本464份,完成Real-time PCR核酸检测、血清IgM和

IgG 抗体检测,分离病毒4株完成全基因序列分析。完成来自广东、山东、北大医院和医科院输血所等651份人血清标本发热伴血小板减少综合征病毒(SFTSV)特异性IgM、IgG抗体筛查。

(3)监测试剂研发:完成登革病毒通用型核酸检测试剂盒PCR—荧光探针法试剂盒设计研发,转让中山大学达安基因股份有限公司,根据国家食品药品监督管理局《体外诊断试剂注册管理办法》要求,完成该试剂盒的连续三批产品的试生产、实验室评价和临床应用价值的考核。采用盲法、对照的试验设计,共检测样本107例血清标本,待考评试剂盒检出阳性样本79例,阴性样本28例,与对照方法相比,待考评试剂的检测阳性符合率为98.7%、阴性符合率为92.9%,粗一致性均为97.2%,kappa值为0.967,表明待考评试剂盒与对照方法检测结果一致性极好。临床试验结果表明待考评试剂盒可靠,准确,具有较高的临床应用价值。

建立了基于出血热病毒核蛋白酶免疫法IgG抗体检测试剂盒,与万泰公司合作开展临床研究,收集送检的肾综合征出血热患者、临床症状疑似的其他患者、普通人群的血清和血浆样本,其中血清样本1114例,采自同一人的血浆样本73例。采用考核试剂与金标准进行对照的设计,用考核试剂检测经金标准判定后的同一病例样本,将考核试剂检测结果与金标准结果进行比较分析,完成临床试验,评价考核试剂的灵敏度、特异性以及准确度等临床性能指标。

完成SFTS病毒特异性IgM、IgG酶标法和胶体金法检测试剂盒的研制和评价,并完成与中山大学达安基因股份有限公司之间的成果转让,开展临床试验研究。

5. 乙脑/病毒性脑炎

(1)病毒性脑炎检测与监测:2011年11月-2012年8月,完成湖北、广西、河北、山东、云南和安徽6个省乙脑及其他病毒性脑炎等临床病例860份(809份血清和51份脑脊液)标本进行乙脑等6种病毒感染的检测。

(2)乙脑病毒及蚊传虫媒病毒病原学研究:对我国10个省市自治区(云南、甘肃、湖南、新疆、吉林、安徽、湖北、江西、贵州和福建省)采集的115 220只蚊虫标本和603蜱虫,分批处理开展病毒基因检测和病毒分离工作。经鉴定分离物中存在19批标本为基因检测阳性,分别为蚊传黄病毒8批(甘肃),辽宁病毒7批(甘肃),3批TBE病毒阳性(吉林),1批乙脑病毒阳性(福建)。共获得41株病毒分离物,分别为18株乙脑病毒(湖南2,安徽11,江西4,贵州1),11株盖塔病毒(甘肃3和贵州8),4株版纳病毒(湖北),5株西尼罗病毒(新疆),2株环状病毒(湖南),2株病毒(湖南)尚在鉴定中。

(3)标本采集:在9个省市自治区(陕西、山东、山西、甘肃、新疆、云南、河南、辽宁)采集蚊虫标本55 424只,蠓360只,虻25只。在云南省西双版纳采集150份病例血清标本。

(4)中国乙脑实验室网络工作:对已收到的8个省市自治区疾控中心乙脑网络实验

室约900份病例标本，开始了乙脑病毒感染的复核检测。

8月10日完成质控血清标准品〔共7份标本，包括5份血清标本（1份乙脑病毒IgM抗体强阳性标本、1份乙脑病毒IgM抗体中等阳性标本、1份乙脑病毒IgM抗体弱阳性标本、2份乙脑病毒IgM抗体阴性标本）和2份脑脊液标本：（1份乙脑病毒IgM抗体阳性标本、1份乙脑病毒IgM抗体阴性标本）〕的制备，并于8月22日向10个国家网络实验室（分别为山东、广西、河南、浙江、四川、重庆、贵州、云南、广东和上海）进行分发，9月10日之前，参与考核的单位将质控考核检测结果上报到中国乙脑参比实验室。各省质控标准品的考核结果已经通过文件方式反馈给各省疾控中心。

6. 狂犬病

（1）各省份收集狂犬病标本检测及测序

12月30日，江西省疾控中心送检8份DFA初筛阳性的犬脑组织标本，经RT－PCR检测确认均为阳性，复核结果已反馈江西省疾控中心。

3月5日，云南省地病所送检4份犬脑组织标本，经DFA和RT－PCR检测，确认4份犬脑组织标本均为阳性，并得到阳性标本的N和G基因全序，检测结果和所测序列均已反馈云南省地病所。

7月19日，西藏疾控中心送检2份犬脑组织标本，经DFA和RT－PCR检测均为阳性，并得到N基因全序。

（2）疑似狂犬病病人实验室诊断

12月20日，山东省疾控中心送检18份病人唾液、血液及呕吐物标本，经RT－PCR检测，确认1份病人唾液标本为狂犬病阳性，其余标本均为阴性。

3月16日，北京市地坛医院送检10份疑似狂犬病病人的唾液、血液和脑脊液标本，RT－PCR检测均为阴性。

5月28日，山西省疾控中心送检1位疑似狂犬病病人的1份脑组织标本。经DFA和RT－PCR检测，确认病人脑组织标本均为阳性，并得到阳性标本的N和G基因全序。

9月18日，北京市朝阳医院送检1位疑似狂犬病病人的唾液、脑脊液标本各1份，RT－PCR检测显示病人的唾液标本为阳性，血液标本为阴性。

（3）狂犬病血清学监测：北京市地坛医院送检疑似狂犬病病人血液标本7份，脑脊液标本3份，唾液、痰液标本3份，口腔分泌物标本3份，咽拭子标本3份。

检测鼠血清、脑脊液共计20份。

6－11月建立了改良抗体结合试验（M－ABT），并对10家狂犬病疫苗厂家进行疫苗效价检测。

（4）蝙蝠携带狂犬病病毒及其他病原调查研究：在云南省保山市腾冲县、德宏州芒市采集到蝙蝠脑、肺、直肠标本65组；在云南省保山市腾冲县、德宏州芒市和德宏州畹町采集到肛拭子、尿及粪便 161 份,咽拭子 106 份。通过 DFA 法及接种细胞分离病毒的方法对蝙蝠携带病原进行了调查研究,已获得多个阳性分离物。

7. 病毒性肝炎

(1) 急性乙肝发病监测:与佑安医院、湖南省传染病院、河南省人民医院等机构合作,收集乙肝病例 800 余例,对乙肝病人血清中的 Anti - HBc IgM(1∶1000)进行检测,在 1∶1000稀释的情况下,报告病例中仅有 5%为 Anti - HBc IgM 阳性,说明目前我国报告乙肝病例中 95%为慢性乙肝及重复报告病例,乙肝的病例报告系统与真实的乙肝发病率有较大差异。

承担了 31 省(自治区、直辖市)乙型病毒性肝炎监测项目的实验室技术指导、标本复核和结果报告工作。

(2) 戊型肝炎抗体流行率的检测:与北京市血液中心合作,对戊型肝炎抗体在普通人群中的流行率进行了监测。结果发现,北京市普通成年人戊型肝炎抗体流行率为 30%,目前临床报告戊型肝炎病例十分少见,从两者比较发现,戊型肝炎病毒在人群中流行比较普遍,但以隐性感染为主,其流行规模及病毒感染的自然史仍是需要深入研究的问题。

(3) 丁型肝炎的流行病学调查:在全国乙型肝炎流行病学调查的基础上,对 5000 余例 HBV 感染者开展 HDV 流行率的调查分析,初步了解我国 HDV 的流行情况,结果显示我国 HBV 感染者中 HDV - IgG 抗体阳性率约为 1.2%。

(4) 食源性疾病标本中病毒致病因子检测技术平台的建设:完成食源性疾病标本中病毒致病因子检测技术平台的建设(甲肝、戊肝病毒检测)的项目申报和筹备工作。

8. 病毒性腹泻

(1) 参比实验室:通过了 WHO 组织的“世界卫生组织西太区轮状病毒参比实验室”的专家现场考核,并得到高度肯定和赞赏。接受了 WHO 轮状病毒检测及分型的盲样考核,考核结果成绩优秀(100%的符合率)。

(2) 腹泻监测网络:上半年共收到 5 岁以下腹泻住院患儿粪便标本及个案表信息共 1520 份,对其中的 1445 份进行了轮状病毒 ELISA 检测,其中阳性 329 份,阳性率 27.3%。对全部阳性的 329 份进行了轮状病毒 G 分型,其中以 G9 最多占 36.2%,其次为 G3 占 24%、G1(22.8%)、G2(10.3%)、G 型混合感染占 3.0%,2.7%未能分型。239 份进行了轮状病毒 P 分型,仍以 P8 型为主占 82.7%,其次是 P4(14.4%),2.3%未能分型。

对除轮状病毒以外的杯状病毒、星状病毒及肠道腺病毒进行检测,共检测杯状病毒 1445 份,阳性 299 份,阳性率为 20.1%;检测星状病毒 1445 份,阳性 41 份,阳性率为 2.8%;检测腺病毒 1445 份,阳性 26 份,阳性率为 1.8%。

(3) 标本复核工作:对 2011 年度 17 个省腹泻病毒上送标本进行复核。对其中 340 份轮状病毒 G/P 分型、对 188 份杯状病毒分型,44 份星状病毒,67 份腺病毒分别复核。

结果显示轮状病毒G分型复核率为56%,轮状病毒P分型复核率为67%;杯状病毒复核率为86%;星状病毒复核率为88%;腺病毒复核率为92%。

(4) 10月,全国17个省轮状病毒监测点接受了世界卫生组织轮状病毒检测及分型的盲样考核,考核结果各省均成绩优秀。

9. 麻疹、风疹、腮腺炎等

(1) 网络实验室运转:中国三级麻疹实验室网络(国家麻疹实验室,31个省级麻疹实验室和331个地市级麻疹实验室)运转良好,在全国已形成了一个麻疹疫情实验室快速反应诊断系统,为疑似麻疹病例的实验室诊断、鉴别诊断和消除麻疹提供了重要的技术支撑。2012年整个实验室网络检测可疑麻疹/风疹病例超过3万余份,分离麻疹病毒420株,风疹病毒245株。

(2) WHO西太区参比实验室:作为国家麻疹实验室和WHO西太地区参比实验室,通过2011－2012年度WHO的现场认证和考核,并得到了专家们的一致认可和高度评价。

(3) 麻疹网络实验室的管理和质量控制:2012年,按照《关于开展2012年度麻疹、风疹血清标本盲样考核及抽样复核工作的通知》要求,共检测来自31个省级疾控中心麻疹实验室上送的麻疹、风疹病人血清复核标本共计1680份。在14天之内向送样单位反馈抽样复核结果达到100%,符合世界卫生组织对国家级实验室的要求。通过2012年的血清抽样复核,再一次巩固和提高了各省麻疹实验室血清检测的工作质量。

11月,向全国31个省级麻疹实验室转发了由世界卫生组织制备的麻疹、风疹血清盲样考核标本,并将各实验室考核结果上报至世界卫生组织。31个省级实验室均获得100%成绩。

(4) 麻疹、风疹和腮腺炎病毒的分子流行病学研究:2012年共鉴定麻疹毒株420株,除4株为VAC,13株为D9基因型,其余均为H1a基因型,显示H1a基因型仍是我国麻疹流行的绝对优势基因型。非H1a基因型的及时发现,为流行病学调查,及时采取相关措施阻断病毒的传播提供了预警,也为我国2012年消除麻疹的实验室监测指标和流行病学监测策略提供了重要的指导。

对从12个省共分离到245株风疹病毒毒株进行分子流行病学研究。研究表明我国2012年风疹病毒分离株属于1E和2B基因型,2008－2011年间流行的1E基因型风疹病毒仍然在我国省内和省间广泛流行,是我国的优势流行基因型;2B基因型风疹病毒在我国有逐渐广泛流行的趋势。

依托于我国麻疹/风疹实验室网络,继续进行腮腺炎分子流行病学研究。对送检103株腮腺炎毒株进行基因型别鉴定,目前在我国监测到基因型F和基因型G,基因型F腮腺炎毒株是我国的优势流行株,并且在我国多个省份流行。监测数据表明,在我国的不同的省份、不同的年份存在着多个不同的腮腺炎病毒流行。

(4) 其他病毒性疾病监测

水痘-带状疱疹病毒。对我国水痘-带状疱疹病原体开展了常规系统的实验室检测监测,截至目前已经成功分离 3 株水痘野毒株,并已连续传 3 代,2011 - 2012 年共收集 135 份临床标本(咽拭子、疱疹液),阳性率达 82%,基因定型结果显示我国水痘病毒以J 型为主,偶有 M1、M2 基因型病例,并检出 2 株疫苗相关病例。

呼吸道合胞病毒。建立并优化了呼吸道合胞病毒(RSV)的荧光定量 RT - PCR 和常规 RT - PCR 扩增 G 蛋白基因全长,F 蛋白基因全长技术,对上海、甘肃和陕西省送检的发热呼吸道症候群标本中的 300 余份 RSV 阳性标本进行基因定型。

腺病毒。对来自上海、甘肃、陕西、北京地区的 1200 余份急性呼吸道感染样本进行分离,得到 105 份腺病毒样本,进行血清型鉴定,各血清型分型引物、常见型别高度可变区、纤维蛋白扩增引物均已储备,为建立腺病毒检测系统奠定基础。

副流感病毒和人偏肺病毒。建立并维持了新的细胞系 LLC - MK2 细胞,为副流感病毒 1、2、3、4 型病毒和人偏肺病毒(hMPV)的常规检测提供敏感细胞系;建立了 LNA 探针同时检测人副流感病毒 1、2、3 型的荧光定量 RT - PCR 方法;对 2009 - 2011 年甘肃省和陕西省流行的人副流感病毒 3 型进行基因特征分析。

发热呼吸道标本病原谱鉴定。运用多重 RT - PCR 检测陕西省 208 份发热呼吸道症候群咽拭子。其中有 53% (110/208) 的病例至少感染一种呼吸道病毒; 在阳性感染病例中, 有 20% (21/110) 的病例为多重呼吸道病毒感染。检测到的阳性病毒病原构成为 RSV (42.7%), 其次为流感 (24.5%)、副流感 (20%) 和鼻病毒 (13.6%), 随后依次为: 腺病毒 (10.9%), 检测到 8 份冠状病毒、5 份偏肺病毒和 3 份博卡病毒。除流感、偏肺病毒和副流感外, 其他病毒 (HRV、PIV、ADV、RSV) 的感染人群主要以 0～4 岁小儿为主。

10. *克雅病* 截至 11 月 30 日,全国报送克雅病监测病例 203 例,其中散发型克雅病病例中:确诊病例 1 例、临床诊断病例 56 例、疑似诊断病例 30 例;遗传型人类朊病毒病病例 12 例;不支持诊断为克雅病的为 104 例。

在上报总病例中,北京 82 例、河南 30 例、上海 34 例、广东 12 例、安徽 2 例、福建4 例、吉林 7 例、贵州 3 例、陕西 6 例、天津 6 例、湖北 2 例、江苏 2 例、浙江 3 例、重庆 3 例、山西 2 例、河北 4 例、甘肃 1 例。

报送的样本中脑脊液样本 193 份,血液样本 189 份。

11. *SARS - CoV、天花病毒、猴痘病毒等*

(1) 表达 SARS - SQ 蛋白的细胞株的筛选鉴定。

(2) 使用 IFA 方法对 218 份北京市东城区儿童血清检测 4 种 HCoV - S - IgG 和 IgM 抗体,并进行统计学分析。

(3) 开展温岭医院住院肺炎儿童痰吸液样品中 HCoVs、HBoV、RSV、流感病毒、腺病毒、副流感病毒、小 RNA 病毒科、HMPV 及 HHV1－7 病毒核酸检测工作。

(4) 建立了分化良好的人呼吸道上皮细胞培养体系。

(5) 对北京协和医院 981 份鼻咽拭子标本补充检测 FluA、FluB、ADV、hRSV、Picornavirus、PIV－1、PIV－2、PIV－3 和 HBoV 并进行初步分析。

(6) 完成 HCoV－229 临床标本及细胞分离株全基因组序列测定及初步的生物信息学分析。

(7) 用巢式 PCR 方法对 559 份鼻咽拭子标本进行 HCoV－HKU1 S 和 N 基因筛查，对 PCR 阳性片段进行核酸序列测定，确定 HCoV－HKU1 感染基因型别。设计并合成 HCoV－HKU1 测序引物，基本完成北京地区流行株全基因组序列的测定。

(8) 表达纯化了 NL63RBD 大小蛋白，对蛋白的特异性进行了分析，并初步建立了 EIA 检测方法。

(9) 对从中国各个地区不同人群中收集研究相关的临床样本，应用巢式 PCR 方法分别检测样本中人细小病毒(包括 B19、人博卡病毒及人细小病毒 4/5 型)，并对感染情况进行统计学分析，目前已经完成对从中国各个地区收集的相关临床样本中 3 种人细小病毒的检测工作，并对检测结果进行初步统计学分析。

12. 其他

(1) 制作生物电镜负染及超薄切片样本，并进行电镜检测 200 余份；为北京友谊医院、北京生物制品研究所、北京民海生物技术有限公司等单位检测样本 100 余份。

(2) 完成山西和河南两个现场的 HPV 监测工作，共收集样品 1500 份。

(3) 继续在我国部分地区(长沙、兰州、南京、北京)采集呼吸道样本，进行常见和新发呼吸道病毒的分离与鉴定，研究和分析我国呼吸道病毒的流行情况。开发并应用防控呼吸道病毒性传染病的新技术和新方法。

(二)技术性文件起草和制定

(1)起草我国监测到国外输入 D9 麻疹病例的分析报告，参与制定全国实验室网络麻疹病毒检测和监测新方法的标准操作规程，并参与修订麻疹消除阶段实验室网络的麻疹病毒检测和监测方案。

(2) 制定《流感样病例暴发疫情处置指南（2012 年版）》和《省级流感参比中心评估和管理方案》；编写了《2012－2013 年青海湖周边地区禽流感（H5N1）生态学研究和监测能力建设项目现场调查操作手册》，2011 年中国流行性感冒监测报告—白皮书、中国 2011 年法定传染病发病与死亡报告－甲流部分、2011 年突发事件年报——甲流部分和 2012 年全国流感督导工作报告等；撰写了 2012 年流感监测省级参比中心评估报告、2010－2012 年度全国流感监测网络评估结果的报告、2012 年全国流感监测网络实验室流感病毒核酸检测能力评估报告和 WHO 流感参比和研究合作中心 2012 年度报告

等各种工作报告;

(3)起草并完成了中华人民共和国第18届WHO西太平洋地区消除脊髓灰质炎证实会议报告(中、英文版);参与修订新版《脊髓灰质炎诊断标准》;

(4)参与修订2012年版《手足口病诊断标准》;

(5)修订了大中型仪器的标准操作程序(SOP);

(6)完成《关于乌干达埃博拉出血热疫情的风险评估报告》;

(7)参与起草《基孔肯雅热诊断标准》;

(8)修订了世界卫生组织西太区轮状病毒参比实验室轮状病毒检测技术标准操作程序(SOP);起草杯状病毒暴发监测网络CaliciNet操作方案;

(9)起草了乙型肝炎病毒Anti-HBc IgM实验室检测标准操作程序和2012年全国乙型肝炎监测项目技术方案;负责编制《戊型病毒性肝炎诊断标准》;

(10)制定或参与制定了防控新型冠状病毒输入性疫情应急预案、新型冠状病毒感染病例诊疗方案、关于新型冠状病毒实验室生物安全管理的建议、新型冠状病毒防控全方位演练方案、新型冠状病毒实验室生物安全管理技术规范、新型冠状病毒实验室检测技术方案、新型冠状病毒疫情进展评估报告、新型冠状病毒实验室检测方法操作手册;

(11)协助中国疾控中心完成"2005-2011年狂犬病监测工作总结"、"2011年狂犬病监测年度总结报告"、全国狂犬病监测方案(试行)(2005);协助卫生部进行"狂犬病暴露预防处置工作规范(2009版)"的修订工作;

(12)负责起草了《克雅病诊断标准》。

二、卫生应急

(一)应急队伍建设

协助中国疾控中心应急中心完成了国家级卫生应急队伍的建设工作,病毒病所共有22人分别作为国家和中心卫生应急队伍成员。

(二)卫生保障工作

根据中国疾控中心的工作安排,顺利完成亚欧博览会和十八大卫生应急保障工作。

(三)疫情应急处理工作

(1)完成2012年中国大陆1例高致病性禽流感H5N1感染疑似病例的实验室确诊工作。

(2)新疆输入性脊灰野病毒疫情应对。完成了2011年新疆脊灰野病毒输入疫情的送检1000余份标本的病毒分离和鉴定工作及新疆南部5个地区送检1400余份强化免疫后血清的脊灰中和抗体检测工作;完成了200余份血清标本针对脊灰野病毒I型的中和抗体实验和50株脊灰野病毒的全基因组序列测定工作;参与世界卫生组织对新疆AFP监测工作的评估和对新疆疾控中心脊灰实验室的现场评估。参与了中心组织的对四川阿坝II型疫苗高变异株(VDPV)循环病例展开病例调查与处理等相关工作。

(3)柬埔寨手足口病疫情应对。2012年5月柬埔寨发生手足口病疫情,按照卫生部和中国疾控中心的要求,带队参加了柬埔寨手足口病的疫情控制工作,组织援助柬埔寨手足口疫情处理的仪器、试剂等准备工作,为中国援助柬埔寨工作小组奠定了前期基础。

(4)完成了广东省两起胃肠炎暴发粪便标本的检测,确定两起暴发分别由诺如病毒GII-3和GII-7引起。

(5)完成可能的新冠状病毒输入应对工作。建立了新冠状病毒分子检测方法并进行了探针优化,同时为各省发放新型冠状病毒检测引物及阳性模板达1万余个检测反应剂量;完成申报BSL-3新型冠状病毒实验活动的各项准备工作:风险评估文件、SOP等的撰写,认可增项评审和实验活动资格评审。

(6)完成了云南送检的不明原因肺炎血清标本的SARS病毒抗体检测,结果均为阴性。

(7) 对于新疆疑似狂犬病疫情,按照卫生部和中心领导指示进行了认真核实、主动沟通和指导,并对送检犬脑组织标本利用DFA和RT-PCR检测,证实了狂犬病病原的存在,这是首次以病原学方法证实西藏存在狂犬病;完成了北京朝阳医院送检的1例以色列病人脑脊液及唾液标本狂犬病检测,结果病人脑脊液标本为阴性、唾液标本为阳性。该病例为2005年监测以来的第一例境外暴露但到达北京后出现临床症状的狂犬病输入病例。

(8)首次从我国新疆喀什地区2011年采集的蚊虫标本中分离和鉴定出西尼罗病毒。此外,对2004年新疆喀什地区不明原因发热疫情中部分病例血清学标本进行的回顾性检测,发现急性期血清标本中西尼罗病毒IgM抗体阳性,病例双份血清标本西尼罗病毒中和抗体呈4倍以上升高,提示我国可能已经存在西尼罗病毒人间感染。此后紧急赴新疆开展相关调查研究(在新疆南部,特别是重点喀什地区及北部,特别是伊犁地区采集蚊虫标本及临床患者血清标本。

(四)应急技术与物资储备

(1)建立了麻疹风疹双通道荧光定量方法单管同时鉴定麻疹和风疹病毒,为我国麻疹风疹疫情的快速诊断和快速反应提供了应急技术储备,为疑似麻疹病例的实验室诊断和鉴别诊断提供了重要的技术支撑;

(2)建立了正粘病毒科A、B、C型流感病毒及索戈拖病毒的Real-time PCR检测方法,其中包括针对A型流感病毒所有HA1-16亚型和NA1-9亚型的Real-time PCR

检测方法;

(3)电镜技术。建立了超薄切片快速制样技术平台、单层细胞超薄切片技术、粪便标本电镜检测技术平台、血液标本电镜检测技术平台、红细胞、淋巴细胞超薄切片技术平台、免疫胶体金标记技术平台(包括负染免疫标记、超薄切片免疫标记)、半薄切片技术平台;

(4)建立了 EV70 和 CA24v 双通道 Real time - PCR 检测方法;

(5)完成了 454 高通量测序技术平台的整合,建立了针对消化道和血液来源的不明原因新发传染病病原的检测、分析方案;针对呼吸道症候群成功建立了再测序基因芯片技术平台、多病原 PCR 技术平台(GeXP 和 Qiaxcel),成功应用于呼吸道症候群主要病原快速检测;针对结核耐药、消化道症候群、脑炎症候群建立多病原 PCR 技术平台(GeXP 和 Qiaxcel),建立了现场检测技术平台(LAMP),检测病原包括了人 Influenza A virus (H1N1)、EV71、CA16、HPV、Norovirus、HIV。其中在湖南、河北和山东省疾病预防控制中心完成 EV71、CA16 临床评价,建立了利用液相芯片系统检测呼吸道病毒的方法;

(6)储备了人博卡病毒、人偏肺病毒、人冠状病毒、腺病毒、流感病毒、副流感病毒,多瘤病毒等病毒检测的常规 PCR 诊断试剂;

(7)完善了 EBV 以及 HCMV 的荧光 PCR 检测技术;

(8)完成包括引起肺综合征出血热、克里米亚—刚果出血热、利夫特谷热、鄂木斯克出血热、科萨努尔森林病,黄热病、埃博拉出血热、马尔堡出血热、阿根廷出血热、巴西出血热、委内瑞拉出血热、拉沙热等病原体快速核酸检测技术,以及血清学检测技术的储备工作;

(9)建立了病毒性胃肠炎相关病毒多重荧光 PCR 方法、未知病毒性胃肠炎相关病毒鉴定技术平台、病毒性胃肠炎相关新发病毒检测方法、水体中病毒检测技术;

(10)储备了甲肝、戊肝(消化道传播肝炎)的血清学诊断试剂和基因诊断试剂;

(11)完成天花、猴痘与 SARS 实验室诊断与防控相关材料的应急储备;

(12)狂犬病监测与检测新方法的建立,同时制备并储存了狂犬病病毒细胞抗原片和标本检测用的 DFA 及 RT - PCR 检测用试剂,筛选到多株稳定表达抗狂犬病病毒不同抗原位点的单克隆抗体。对 3 株单抗进行了纯化和 FITC 标记并进行了评价,其中一株单抗的特异性、敏感性及临床适应性均高于市售试剂(millipore 公司 FITC 标记单抗),可检测我国所有已知狂犬病变异株。基于此单抗建立的直接免疫荧光法(DFA)可推广应用于我国狂犬病监测与检测;现正在建立基于此单抗的快速免疫组化(DRIT)法。

三、积极做好督导及疾病防控业务培训工作

(一)督导及调研

(1)多次赴现场指导病毒性出血热相关突发事件和常规监测工作,参与病毒病相关重

大应急事件的处理；

(2) 6 月 26 - 30 日，参加对贵州省手足口病的督导任务；

(3) 26 人次参加卫生部组织的流感监测网络的督导工作和流感省级参比中心的现场评估。2012 年 7 月份，1 人赴广西参加中国疾控中心应急中心组织的针对"全国不明原因肺炎病例监测、排查和管理方案"修改进行的调研工作；

(4) 2 人次参加卫生部人禽流感等突发急性呼吸道传染病防控工作督导；

(5) 3 - 9 月，多次赴新疆维吾尔自治区指导新疆疾控中心脊灰实验室参与疫情应对和现场评估工作；

(6) 3 月 25 - 28 日，赴山东省济南市，对山东省环境监测项目进行督导和调研；

(7) 7 - 11 月，赴广西进行了鼻咽癌疫苗临床研究前准备工作督导、培训和指导现场普查工作；

(8) 3 - 5 月，对河南、湖南等省份病毒性腹泻监测工作开展情况进行了督导；

(9)参加了中国疾控中心组织的督导组，对甘肃、宁夏、新疆、青海、云南和北京市新型冠状病毒实验室检测准备工作进行督导检查；

(10) 4 - 7 月，分别赴河北、山东、广西、湖北进行乙脑等急性脑膜炎/脑炎疾病监测点现场督导工作；2012 年 12 月 10 - 13 日赴四川和广东省疾控中心乙脑实验室进行实验室能力评估。

(二)会议与培训

(1) 5 月 17 - 20 日，举办了"呼吸道病原体多重 PCR 检测技术培训班"，对常见的呼吸道病原体的检测方法、原理及应用等相关内容作了讲座，并手把手示范包括核酸提取、多重 PCR 过程、毛细管电泳、结果鉴定等操作。约有 30 余人参加了此次培训；

(2) 7 月 9 - 20 日，在北京举办了"2012 年省级麻疹/风疹实验室检测技术培训班"，40 余位省级实验室的成员参加了培训。介绍了 Real - time RT - PCR 方法快速诊断麻疹、风疹和腮腺炎病毒方法；FTA 卡用于保存病毒及在麻疹/风疹实验室网络中的应用，以及麻疹、风疹和腮腺炎病毒用于基因分型的靶核苷酸序列的扩增及基因定型方法，并让学员亲自动手操作；

(3) 7 月 30 日-8 月 3 日和 8 月 13 - 17 日，分别在四川成都和安徽合肥组织了 2 期流感实验室检测技术培训班。流感中心 12 名专业人员作为师资，对来自 80 个流感监测网络实验室的 106 名专业技术人员进行了手把手培训；

(4) 8 月 1 - 5 日，在北京召开了"洞庭湖周边地区职业暴露人群感染禽流感的风险研究"项目总结会，参会 50 人；

(5) 8 月 22 日，在北京召开《流感样病例暴发疫情处置指南(2012 年版)》撰写专家讨论会，参会 20 人；

(6)9月17－21日,在北京承办了“世界卫生组织2013年南半球疫苗组分推荐会”,参会40人;

(7)3月5－16日,在北京举办了二期Real－Time方法脊灰病毒型内鉴定技术培训班,由美国疾控中心专家亲自授课,全国23个省的近25人参加培训;

(8)12月20－23日,在北京举办了2012年环境监测技术研讨会,来自20个省市的30余人参加了脊灰等肠道病毒环境监测技术培训及经验交流;

(9)12月5－8日,在湖北省举办全国发热伴血小板减少综合征监测和检测技术培训班。来自中国疾控中心传染病预防控制处及全国28个省、直辖市、自治区疾控中心的95名专业技术人员参加了培训班。培训班主要讲述了未知病原体筛查技术,发热伴血小板减少综合征研究的进展,发热伴血小板减少综合征监测,湖北、江苏、山东、安徽、辽宁及河南等6省SFTS流行现状,SFTSV实验室核酸检测,血清特异性IgM、IgG和中和抗体检测,以及近期亟待开展的重点工作的讨论与部署;

(10)4月26－27日,在北京主办全国病毒性腹泻监测工作总结会议,全国17个省48人参加了会议;

(11)8月6－10日,在吉林省对全国17个省32个业务骨干进行了病毒性腹泻实验室检测手把手培训;

(12)6月18－28日,在北京举办了2012年病毒性脑炎实验室检测技术手把手培训班。来自我国乙脑实验室网络的10个省、市、自治区疾控中心实验室工作人员共10人参加本次培训;

(13)9月24日,在北京举办了全国虫媒病毒病监测技术培训班,来自全国20余个省市自治区疾控中心和医院的105人参加培训;

(14)5月14－16日,在北京举办了2012年狂犬病监测和实验室检测技术培训班,来自省(自治区、直辖市)级疾控中心狂犬病监测相关负责人和实验室工作人员100余名相关人员参加了此次培训;

(15)9月18－21日,在贵州省召开了2012年全国克雅病疾控监测总结会议,包括12个监测点及15个哨点医院共有35人参会。

四、科研培训和国际合作

(一)成功申报卫生部重点实验室

2012年12月5日卫生部正式下发《卫生部关于同意调整设立卫生部医学病毒和病毒病重点实验室的批复》,同意聘任李德新研究员担任实验室主任,同意聘任侯云德院士等11位专家担任实验室学术委员会委员,侯云德院士为学术委员会主任委员,任期为3年。

(二)科学研究项目管理

1. 科研管理制度建设

11 月 9 日印发了《病毒病预防控制所关于执行民口科技重大专项项目(课题)预算调整有关规定的通知》,规范了病毒病所国家科技重大专项经费预算的管理。

12 月 3 日印发了《中国疾病预防控制中心病毒病预防控制所伦理审查委员会工作章程(试行)》,规范了病毒病所伦理审查管理工作。

12 月 17 日,印发了《人类遗传资源国际合作项目管理流程》,使病毒病所人类遗传资源国际合作项目管理更加规范。

2. 科研课题

(1) 2012 年病毒病所申请各级各类课题 139 项,其中作为承担单位申报 77 项,作为参加单位申报 62 项;获准课题 26 项(部分项目还在评审过程中),其中承担课题 14 项,参加课题 12 项;获准纵向课题经费 8245 万元;在研课题 49 项,其中承担 32 项,参加 17 项;到位科研课题经费 5148 万元。

(2) 完成"十一五"国家科技重大专项、"863"、"973"、国家自然科学基金、卫生行业专项基金、北京市自然科学基金、中国疾控中心青年基金等项目的课题申报和管理工作。

3. 规范了科研的医学伦理审查工作　11 月 8 日,下发了《病毒病预防控制所关于印发第二届医学伦理审查委员会成员名单的通知》。11 月 21 日,召开了第二届伦理审查委员会第一次工作会议。开展了伦理审查相关政策的宣传工作。12 月 3 日,下发了《中国疾病预防控制中心病毒病预防控制所伦理审查委员会工作章程(试行)》的通知。

4. 人类遗传资源管理　完成 3 项人类遗传资源研究国际合作项目执行情况的填报工作;完成"世界卫生组织流感参比研究合作中心的核心职权—流感疫苗接种者血清学研究"三年期项目第二批人类遗传资源材料出口、出境申报工作;完成"与肠病毒 71 型有关的中国重症手足口病的免疫相关的风险研究"项目第一批人类遗传资源材料出口、出境申报工作。

5. 学术交流活动

2 月 9 日在北京国家会议中心,与性病艾滋病预防控制中心联合承办了中国疾病预防控制中心"疾控 10 年"学术会议——病毒与艾滋病分会。

4 月 5－6 日,在北京前门建国饭店召开 2011 年度科技学术年会。

组织学术报告 10 余场次,其中外宾学术报告 7 次。

(二)科研成果转化

(1)病毒病所参与的"吉林省麻疹野病毒株快速诊断方法及麻疹病毒变异研究"项目

获得吉林省自然科学学术成果奖一等奖,单位排名第二;病毒病所参与的"甲型 H1N1 流感的临床和应用基础研究"项目获得北京市科学技术奖一等奖,单位排名第二。

(2)获授权专利 6 项,新专利申请 8 项。

(3)2012 年病毒病所发表专著 3 本;发表中文论文 137 篇;发表英文论文 99 篇,影响因子 323.011,SCI 收录 90 篇。

(4)2012 年到位横向课题经费 387 万元;办理进账手续 25 件;拟定了《病毒病所技术专利转让流程》。

(三)研究生培养和国家继续再教育

1. 研究生招生工作　完成 2012 年研究生招生命题、阅卷、复试、录取等工作。2012 年共招收各类研究生 69 人,其中博士生 10 人,统招学术型硕士生 10 人(含 2 名免推生),全日制 MPH 硕士生 7 人,在职 MPH 硕士生 6 人,联合培养研究生 36 名。

2. 研究生管理工作

1 月 9 日,召开病毒病所学位评定委员会审核 2011 级 11 名博士研究生开题报告;2010 级 16 名硕士研究生在各科室完成开题报告。

3 月 30 日,学位评定委员会审核 2010 级 16 名硕士、12 名博士研究生、2009 级 2 名博士研究生中期考核。

3 月 30 日学位评定委员会对 2009 级 12 名博士研究生、11 名硕士研究生、3 名 MPH 研究生进行预答辩,继续完成毕业论文的修改工作。6 月 2－11 日组织 2009 级研究生毕业论文答辩。

6 月 22 日病毒病所 2009 级博士研究生论文《病毒性出血热和未知病原检测方法研究》获得中国疾控中心优秀博士论文二等奖,论文《版纳病毒基因特征研究》获得中国疾控中心优秀博士论文二等奖。4 月 13 日病毒病所 2 名博士、1 名硕士荣获 2012 年中国疾控中心优秀研究生。

办理博士后进站 2 人,出站 1 人,目前在站博士后 5 人。

申报组织 2012 年博士后科学基金资助项目,《负链不分节段 RNA 病毒反向遗传系统中通用型真核表达》获得 5 万元科学基金资助金。

完成 2012 年新增硕士研究生指导教师推选工作,完成 2012 年新增博士研究生指导教师推选工作。

10 月 12 日－12 月 20 日,组织完成了研究生招生宣传画册的设计工作,共印制画册 2000 册。起草了"病毒病所研究生招生宣传实施方案"(草案)。

3. 国家继续医学再教育

(1) 批准 2012 年国家继续医学再教育项目(新项目 8 项,备案项目 3 项);

(2) 组织完成 2011 年国家继续医学再教育项目(12 项)。

(四)国际合作与交流

1. 国际合作项目　2012年病毒病所在研国际合作项目17项,办理进账手续18项,课题外拨款手续7项,到位经费1300余万元。在继续巩固与世界卫生组织(WHO)、美国疾控中心、盖茨基金会等多、双边机构和国际民间机构的合作伙伴关系的同时,病毒病所也积极与国外各类研究机构和高校联系,建立学术交流与合作关系,新增亚专资合作项目、美国瑞典合作项目、荷兰Crucell公司合作项目等在内的国际合作项目共8项,获准经费约1590万元。

病毒病所已与美国、英国、澳大利亚、荷兰、日本、韩国、香港等10多个国家和地区的卫生机构、科研院所及大学建立了良好的学术交流与合作关系。

2. 对外交流工作　2012年,病毒病所接待了来自世界卫生组织、美国疾控中心、美国国立卫生研究院、美国农业部、新加坡杜克医学研究院、美国马里兰大学、法国驻华使馆及其法国研究院、厄瓜多尔卫生部、阿富汗公共卫生代表团、朝鲜国家科学院代表团等机构的学者、教授共28批百余人次,还接待了包括荷兰Crucell公司、韩国Celltron公司、美国医药公司、Bowlin,Terry L. ,icrobiotix公司等国外企业的专家来访。

先后邀请美国国立卫生研究院Tany Tan教授、美国宾夕法尼亚大学孔瑞博士、新加坡杜克医学研究院Vijaykrishna Dhanasekaran教授、美国马里兰大学Patrik M. Bavoil教授、美国农业部田鹏教授、美国伊利诺伊大学荣立军副教授等多人来所作学术讲座,内容涉及多个学科领域。

2012年,病毒病所共有116人次赴国(境)外进行学术访问或参加学术会议。

3. 承办多项外事相关会议

(1) 9月17-21日,在北京承办了"世界卫生组织2013年南半球疫苗组分推荐会",参会40人。

(2) 承办了WHO年度流感实验室诊断技术、麻疹、脊灰、轮状病毒监测和基因分型手把手培训班。

(3) 5月28日在四川省成都市,承办第一届WHO中国乙脑参比实验室会议。

五、实验室管理工作

(一)实验室生物安全管理

1. 完成各项生物安全培训　完成了研究生、联合培养研究生的面授培训,对于不固定来所进修、学习人员,以教学光盘为主进行实时培训。

4月27日结合第八届生物安全周对全所职工进行了生物安全全员培训,共计248人参加。

2012年实验室人员参加各类专项培训10次，共计174人参加，128人取得证书。《2012年实验动物从业人员岗位培训班》14人取得证书；《2012年第一期全国病原微生物运输管理培训班》3人取得证书；《2012年度第一届实验动物从业人员岗位培训班》；《2012年度第二届实验动物从业人员岗位培训班》共99人取得证书；《新址BSL-3实验室移交培训》14人参加；《BSL-3实验室运行操作培训》14人参加；《BSL-3实验室HEPA过滤器原位检漏及消毒装置操作培训》4人参加；《第七届实验室主任和安全员培训班》21人取得证书；《管道式排风检测在线过滤装置管理及使用培训班》4人参加；《2012年实验室监督检查员培训班》1人取得证书。

举办3次针对生物安全关键环节的口罩佩戴的BSL-3培训。7月16日，结合西尼罗病毒疫情，聘请3M公司对本所BSL-3实验室工作人员进行口罩密合度测试，共有31人参加。8月29日，对西尼罗病毒实验活动主要工作人员进行了培训及考核，共有11人参加。9月28日，针对新冠状病毒开展了SARS防控概论、SARS检测、BSL-3实验室使用规范及个人防护等相关内容培训，共有42人参加。

2. *生物安全检查工作* 在各科室完成生物安全自查的同时，组织开展了5次全所生物安全联合检查。

4月25日、6月24-25日、9月26日接受了中心实验室管理处对本进行生物安全监督检查，9月11日和16日接受了北京市卫生局、昌平区卫生局、西城区卫生局实验室生物安全管理及生物恐怖防范工作专项督查。

3. *感染性材料、医疗废弃物和废弃化学品的管理* 完成了人禽流感、出血热、克雅氏病、AFP、狂犬病毒等标本运输工作，协助各省疾控中心向病毒病所运输第三类标本。2012年共计接收感染性样本约193次，总计约9895份，其中包括疑似脊髓灰质炎病毒：78次，共计1109余份样本；疑似禽流感病毒和禽流感环境样本16次，共计6414份样本；季节性流感44次，共计551份样本；疑似CJD13次，共计36份样本；流调血清1次，共计400份样本；其他感染性标本41次，共计1385份样本。

病毒病所(迎新街)的危险化学品集中由专业处理公司红树林公司运送处理，共处理3次，液体80kg，空瓶179kg。

4. *生物安全员的管理* 召开生物安全员会议5次，组织生物安全员参加实验室生物安全检查2次。

5. *健康监测血样保管工作* 对所有来所工作人员，包括进修人员、研究生、联合培养研究生进所、离所的血样双份留存，共计402人，804份。

6. *实验室管理工作* 组织完成BSL-2实验室、PCR室及生物安全柜风向、压力等各项参数进行测量，包括流感室、肿瘤、出血热、脑炎、麻疹、脊灰、腹泻、肝炎、朊病毒病等10个实验室。多次协调基建处、新址办从设施设备的建设和实验室运行的系统管理等方面解决实验室温度和压力的稳定问题。

组织中国建筑研究院、国卫康成(北京)技术检测有限公司和比赛福生物技术有限公司对本所的77台生物安全柜进行了检测。

(二)成立病毒病所实验动物伦理审查委员会

11月,成立了病毒病所实验动物伦理审查委员会,负责本所动物实验相关项目的福利伦理审查、负责本所动物实验及其设施设备的检查和技术指导。伦理委员会于12月21日,对出血热室、流感室、肝炎室、朊病毒病室提出的动物实验进行了伦理审查。

(三)BSL-3实验室管理

1. *迎新街生物安全三级实验室实验活动评审* 2012年5月17日,组织完成BSL-3实验室内审;2012年5月21-22日中国合格评定国家认可委员会对病毒病所BSL-3实验室(迎新街)进行复审后的第一次监督评审;2012年9月申报西尼罗病毒认可增项,9月21日认可委组织专家来所现场评审,11月取得实验活动资格;2012年11月申报新型冠状病毒实验活动,11月进行评审,12月取得实验活动资格。

2. *昌平园区BSL-3实验室认可准备工作* 完成了病毒病所昌平新址BSL-3实验室设施设备等的移交工作。完善了BSL-3实验室标识牌的安装和IVC笼具的调试安装和理论培训工作。根据新版GB19489-2008《实验室生物安全通用要求》,同时结合医学实验室认可(ISO15189)和计量认证的管理要素,进行BSL-3实验室文件体系的改版工作,针对不同病毒完成了7套BSL-3实验室体系文件编写工作,并开展了BSL-3实验室运行的针对性培训;组织实验活动的专家进行实验室运行流程的核定和修改;于2012年11月3日邀请军事医学科学院和本所生物安全专家对BSL-3实验室的通风空调系统、自控系统、维护结构、供水供气系统、压力蒸汽灭菌器和UPS系统等进行了现场检查,对实验室工况进行了切换验证,专家组一致认为本所BSL-3实验室符合《实验室生物安全通用要求》(GB19489-2008)和《生物安全实验室建筑技术规范》(GB50346-2011)的要求。2012年11月5日,将《高等级病原微生物实验室建设审查申请书》提交科技部生物技术发展中心资源与安全处并通过答辩。2012年11月23日,将《实验室生物安全认可申请书》和与之配套的体系文件递交中国合格评定国家认可委员会,等待专家组的认可和评审。

3. *加强BSL-3实验室日常管理* 组织相关人员对BSL-3实验室进行重点检查、突击检查。脊灰、禽流感实验活动期间,每日派人检查迎新街BSL-3实验室。昌平园区BSL-3实验室专人每周巡查,设备层每6个月清理打扫一次。

(四)举办生物安全周活动

在中心第六届实验室安全周活动的总体安排下,举办第八届生物安全周活动。本届生物安全周确定的主题“居安思危增强实验室生物安全忧患意识防微杜渐抒写病毒病疾控科研崭新篇章”,围绕这一主题开展为期一周的宣传、检查、培训、应急演练、实验技能比赛等活动。

1. 宣传　围绕生物安全周活动的主题制作了宣传背版放置于新址大厅,从生物安全法律法规、生物安全的使用、离心机的使用、实验室意外事故报告流程、火灾应急处置流程图,以及消防逃生注意事项 6 个分题展示架放置于新、旧址大厅,还制作了与展板内容相对应的三折页发至每位员工供大家学习使用。

2. 自查　4 月 24 - 25 日,生物安全督导专家组成员、生物安全员,以及人力资源处、科技处、实验室管理办公室、党群处、所办公室等管理部门分别对新、旧址实验区的实验室安全进行了监督检查。

3. 应急演练　实验室就应对实验室意外事故的发生进行了演练,4 月 24 - 25 日分别在新、旧址实验室区进行了火灾逃生演练。

4. 举办实验技术比赛　实验技术比赛以实验室意外事故应急处理、穿脱防护服、生物安全柜操作、离心机操作、废弃物高压处理等内容,评出一等奖 1 名、二等奖 2 名、三等奖 5 名,共有 64 人参赛,

5. 培训　4 月 27 日,举办了生物安全培训,此次培训面向全体职工、研究生及进修人员,共计 248 人参加了培训。内容包括生物安全法律法规介绍、生物安全柜的使用、离心机的正确使用。

6. 成立病毒病所实验室生物安全督导专家组　聘请了在生物安全管理方面有丰富经验的 11 位专家,成立了“病毒病所实验室生物安全督导专家组”,4 月 27 日举行了成立仪式并向专家颁发了聘书。

(六)病毒资源(保藏)中心建设

1. 建立了病毒资源保藏实验室(中心)　按照《人间传染的医学菌毒种保藏机构设置技术规范》的要求,在新址建立了病毒资源保藏实验室(中心),划分了毒种或样本接收区、实验工作区、菌(毒)种保藏区、菌(毒)种发放区和办公区。根据病毒分离、培养、鉴定、分装的工作需要,实验室已初步具备了保藏的相应设备,包括生物安全柜、二氧化碳培养箱、离心机、冻干机、冰箱、液氮贮存设备等。

2. 建立了相关管理制度　完成了相应的管理制度、实验室安全手册的制定,健全了高致病性病毒的保藏、使用、运输或交换,以及监督检查等特殊管理措施。毒种的保藏采用种子批系统,原始种子库验明历史、来源和生物学特性。从原始种子库传出、扩增后冻干保存的为可用种子库。可用种子批的生物学特征应与原始种子批一致。每批可用种子批均应按规程要求保管、鉴定和使用。

建立安全保管、使用和销毁制度,标准操作程序和监督保障体系;建立毒种和样本的

出入库记录、相关生物学和检验鉴定信息等档案；毒种的保藏做到集中保管，分类存放，并实行双人双锁管理制度。

3. 新址毒种库运转　毒种库实行 24 小时视频和红外线实时监控。建立毒种库冰箱温控报警系统，定期对毒种库冰箱进行运转维护。指定具有资质的人员负责毒种库的日常管理和维护工作，每天巡视毒种库的情况，全年出入毒种库共计 520 余人次，发现和解决问题 20 余次。建立了毒种库日常检查流程。

4. 毒种和样本保藏　引进 30 株毒株，开展了第三类病毒分离、复苏、鉴定保藏工作。引进 20 余株病毒敏感细胞，初步开展病毒敏感细胞报告系统的研究工作。保藏了约 3500 份感染性样本，包括血清、脑脊液、呼吸道样本。

六、行政管理和后勤保障工作

（一）领导班子和中层干部队伍建设

1. 明确所领导和所长助理的分工　根据中心整体安排和病毒病所工作需要，进一步明确了领导班子成员主管和分管的工作，对所长助理的工作进行了具体分工。

2. 中层干部队伍建设和职能部门的管理　按照上级有关领导干部选拔任用相关管理规定，经公开招聘、资格审核，面试、竞聘讲演、政审等程序完成了财务处和科技处正、副处长、党群处处长的招聘工作。

成立离退休管理办公室、纪检监察审计办公室。

（二）顺利完成岗位备案和岗位竞聘工作

截至到 2012 年 10 月底，全所职工 245 人，其中专业技术 205 人、行政管理 23 人、工勤技能人员 17 人。

10 - 11 月，顺利完成了 220 余人各类各级岗位备案和岗位竞聘工作，其中专业技术 178 人、行政管理 25 人、工勤技能人员 17 人。

（三）圆满完成十八大安全保障工作

成立了病毒病所十八大安全保障工作领导小组，以及应急保障、安全保障和群众工作 3 个分组。以 3 个组为工作单位，布置实施各项任务。对新旧址开展了地毯式安全检查，每周召开安全保障工作组会议，传达上级精神、各组通报 1 周以来的重点部门、部位安全检查情况，对发现的隐患提出整改措施，上报病毒病所安全保障工作简报 9 期，重点时段、重要位置安排专人值班，十八大安全保障期间共有 100 余人次参加了重点部门、部位的紧急值班、紧急备岗工作，得到上级的肯定。

(四)加强财务管理和审计监督

1. 建立了预算执行情况的通报制度,每月按项目为部门及分管领导提供收、支、余报表,帮助业务科室的负责人和项目负责人及时掌握执行进度,了解账面结余。

2. 按照上级要求完成了年终决算工作,撰写了财务分析报告,对上一年度的业务收支活动进行分析和研究。

3. 2012年总收入1.6亿元,其中财政性预算资金金额为2251.56万元,实际收到经费2251.56万元,截至12月份经费支出为2078.25万元,经费结余173.31万元(为西经路维修工程结余),预算执行率为92.3%。

4. 完成日常财务核算任务。截至到2012年12月12日执行预算1.17亿元,包括基本经费、财政专项以及"863"、"973"、"自然基金"、"国家科技攻关"、"重大专项"、"国际合作"、"横向经费"等十几个大类260多个课题经费。科研经费收入6730万元,银行存款收入1.04亿元,支出1.32亿元;现金收入814.6万元,支出813.6万元;累计处理1.2万笔记账凭证。

5. 合同审计与咨询按照《病毒病所经济合同审计管理规定》要求,2012年共审计3万元以上自行采购项目合同8份,审计金额273万元,提出审计建议31条。另对30余份3万元以下的自行采购项目合同提供了咨询服务,提出审计建议80多条。

(五)内部管理

1. *采购及资产管理工作* 完成了2012年的采购任务。2012年共签订外贸合同7份,金额131万;组织网上竞价采购66次,签订合同66份,共计1388万;组织竞争性谈判1次签订合同1份,单一来源采购4次。

试剂耗材订购统一入库管理。截至到2012年12月共计验收试剂、耗材金额达2310余万元;接收申请单3746张。

制定了《病毒病所固定资产管理规定(暂行)》并于8月份下发执行。2012年病毒病所新增设备216台,约859万元;新增车辆3台,计52万元;报废仪器设备75台,计48万元。

2. *日常管理工作* 规范了退休人员返聘工作。明确了退休返聘人员工资、返聘时间和返聘程序。

规范了后勤管理工作。针对后勤服务中心外聘人员情况和运行现状,按照劳动法等国家法规和所里外聘人员管理相关规定,规范了后勤服务中心外聘人员的管理。调整了后勤服务中心原有服务模式(陶然科技服务中心经营模式)。

按照统一标准,规范了新旧址研究生宿舍管理工作。

加强了旧址的管理。安排了旧址所领导和所长助理的值班，整理了旧址大厅宣传栏，改善了旧址的面貌，规范了旧址的保洁工作，加强了旧址的安全管理。

10 月完成了法律顾问的聘用工作。

完成了病毒病所网站建设并制定了《病毒病所网站建设及管理规定(暂行)》。

3. 离退休工作　病毒病所现有离退休干部 120 人(离休 3 人、退休 117 人)。

召开了部分离退休老干部座谈会，成立病毒病所离退休干部社区互助组，由 11 名年青的退休志愿者协助离退休工作办公室通过打电话慰问、代办公费医疗报销、去新址取支票办理住院手续、进行困难情况反馈等方式，为离退休职工提供服务 120 人次；

成立了编织组、老同志说唱团，采取志愿者教课的形式，每周组织 1 次活动；

组织了离退休老干部去天津塘沽进行春游、50 岁以上职工及离退休人员参观花卉展活动。

(六)后勤保障工作

1. 完成西经路 2 号院大修工程施工前的准备工作　成立了专项工作小组，对该项工程进行了多次讨论，研究和论证。先后召开工作会议 15 次，专家论证会议 5 次，目前该项大型修缮工程已基本完成各项施工前的准备工作。其中包括：①委托国家建筑工程质量监督检验中心对该楼进行全面检测，并已出具检测报告。②与设计公司、监理公司已签订正式合同，此项工作已进入正常工作程序。③委托国采中心进行该项工程施工招投标工作。目前，此项工作正在抓紧时间按计划和操作规程稳步实施，2013 年 1 月完成此项工作。

2. 旧址食堂操作间、餐厅和地下室污水间装修改造工程　完成了旧址食堂操作间、餐厅和地下室污水间实施了装修改造工程。同时对食堂的消费管理系统，厨具设备和液化气管道设备也实施了改造工程。

3. 后勤服务及管理　完成为各科室及学生宿舍搬家、搬运、洗涮、配液、公务用车、研究生住宿、零星维修、职工就餐等管理工作。

七、党群工作

(一)抓组织，强基础，党的建设不断加强

1. 加强党委理论中心组学习　召开 4 次中心组学习会，学习内容包括胡锦涛在党的十八大会议上的报告、《中国疾病预防控制中心“三重一大”决策制度》、《“十二五”期间深化医药卫生体制改革规划暨实施方案》、温家宝总理《让权力在阳光下运行》等重要文章。同时，采用自学方式加强中心组成员理论武装，把思想认识统一到党的十八大精神上来，进一步达到统一思想、指导实践、解决问题、推进工作的目的。

2. *完成支部换届选举,积极推进两委换届工作* 深入调研积极部署,制定并下发了“关于调整党支部设置和换届选举的工作方案”,于4月底之前完成支部换届选举,由原来的7个党支部增加为9个,进一步增强了组织活力。新一届支部成立后,组织召开专项工作会议研讨先锋党支部创建各项工作,并对各支部工作开展情况进行中期检查,较好地促进了党组织建设成效的提升。积极推进党委纪委换届工作,完成了全部换届选举筹备工作。

3. *召开领导干部专题民主生活会* 12月4日召开了主题为“学习贯彻十八大精神,立足岗位做贡献,推动所事业快速发展”的领导干部民主生活会,认真学习深刻领会十八大报告,联系工作实际开展党性分析,对照群众意见开展深刻的批评与自我批评,对存在的问题认真进行剖析,提出解决的办法,讨论落实整改方案,切实加强领导干部作风建设。

4. *加强党支部工作检查力度* 5月17日,所党委书记武桂珍主持召开新一届支部委员全体会,重点针对道德档案、支部制度、发展党员等方面向各支部部署工作。党群处分别于6月13日和11月28日分两次对各支部工作开展情况进行检查,搭建平台促进各支部互相交流共同提高。

5. *规范组织发展程序,做好党员发展和入党积极分子的培养工作* 在发展党员中始终遵循“坚持标准,保证质量,改善结构,慎重发展”的党员发展方针,从端正入党动机、注重工作表现、加强培养考察、严格发展程序等方面严把入口关,发展新党员3人,转正预备党员6人,同时注重及积极分子队伍的培养,引导骨干、专业技术人员向党组织靠拢,不断壮大积极分子队伍,目前病毒病所入党积极分子共有23人。

6. *学习型党组织建设成效显著* 采用读书活动、观看教育片、参观“科学发展成就辉煌”大型图片展览等多种方式有步骤引导党员加强学习,提高纯洁性修养。

党的十八大胜利召开后,认真组织全体职工党员观看十八大开幕式、闭幕式,组织召开中心组学习会、全体支部委员学习会、离退休职工代表学习会、统战人士学习会,各支部也开展了形式多样的支部学习活动。

及时宣传报道各类学习活动信息,营造自觉学习、勤于学习、善于学习的良好氛围,增强学习型党组织建设的实效。

(二)抓落实,强创建,“创先争优”活动扎实有效

1. *加强宣传工作* 举办“我把青春献给党——学习雷锋好榜样”五四青年节主题歌会,号召大家践行新时期雷锋精神,为疾控事业的发展贡献力量;举办“喜迎十八大,推动新跨越”主题摄影比赛,营造氛围迎接党的十八大胜利召开;开通所网站“党群建设”站点,设立5个二级栏目和16个三级栏目,自开通以来共上传113条文档内容和60张图片;加强新旧两址大厅宣传栏管理,并充分利用中心报宣传展示病毒病所积极向上的良好风貌,

全年共投稿43篇。

2. *积极创建先锋党支部* 加强支部书记和支部委员培训，召开两次全体支部书记、支部委员会议，学习十八大精神，并就支部制度建设、道德考评、创先争优等方面加强交流，探索支部工作有效促进疾控工作的方式，通过培训有效促进了支部工作开展，推动了先锋党支部创建工作。

3. *开展技能比赛* 4月26日由党群处组织，实验室管理办、所办协作举行了实验室技能比赛，全所组建了8支队伍参赛。比赛强化和规范了符合生物安全的专业技能操作，对于保证病毒病所实验室生物安全起到了一定作用，是将党务工作与业务有机结合，将创先争优活动引向深入的一次有益的实践。

4. *广泛开展学雷锋活动* 成立了学雷锋志愿者队，举行学雷锋志愿者队成立暨授旗仪式，制定活动方案、文明志愿服务公约、家庭志愿服务注意事项等系列文件，规范志愿服务行为，建立长效机制。自成立以来，已经开展了义务为离退休老干部提供帮扶、义务为保洁人员进行生物安全知识普及培训、设立废旧电池回收箱、设立过期药品回收箱，义务平整旧址大门口的坑洼地段、义务扫雪等10次志愿服务活动，受到广大干部群众的好评。

5. *举办专家谈人生系列讲座* 为了引导广大干部职工尤其是青年职工树立正确的人生观价值观，所党委于年内开办了“专家谈人生”系列讲座活动，活动邀请卫生系统的一些成功人士讲述自身成长经历与体会，并组织职工广泛开展讨论，以鲜活生动的方式进行深刻的思想教育。先后有江西疾控中心刘玮主任和中科院院士医学病毒学专家曾毅教授走进“专家谈人生”讲座作报告。所党委在讲座之后发起以支部为单位的深入讨论活动，激励大家坚定信念，爱岗敬业，踏实工作，创新进取，为疾控事业发展奋斗不息。

（三）抓制度，强监督，党风廉政建设情况良好

1. *采用多种方式加强反腐倡廉宣传教育，筑牢党员干部拒腐防变的思想道德防线* 分别采用中心组学习、支部学习、科室学习、组织观看宣传片、开展党风廉政主题党日活动等方式，提高广大党员干部对于惩防体系建设的认识，增强自觉预防和抵制腐败的信心和决心，教育党员干部以案为鉴，自重、自省、自警、自励，不断增强党性修养，积极提高自身履职能力。

2. *扎实开展廉政风险防控工作* 根据中心统一部署稳步推进廉政风险防控工作，以科室为单位，根据职权法定、分级管理的原则，对照有关规定对每个科室及岗位行使的权力进行细致排查，逐项填写《权力明晰表》，做到全员参与。在经过中心正式确权后，再次召开专门工作会议研究部署A级、B级权力运行流程图绘制工作，形成了病毒病所A级、B级权力运行流程图，报中心惩防体系建设工作小组办公室审定。目前，病毒病所正在积极落实权力运行公示各项准备工作。

3. *认真开展防止领导干部利益冲突专项活动* 按照中心部署，制定工作方案，建立专项活动工作领导小组，召开了由所党委委员、科室主任及支部书记近20人参加的学习研讨会，在深刻学习领会的基础上按照干部管理权限收集所领导、所职能部门机构负责人、2009年6月30日以后退休的上述干部的《卫生系统领导干部防止利益冲突有关情况报告表》，报中心和所领导小组审核。经审核，未发现所管干部有利益冲突情况。同时，党群处排查了群众反映情况，未发现有反映领导干部利益冲突问题的来信来访记录。

4. *不断强化各项监督工作* 通过设立干群联系箱、接待受理群众来电来信来访等措施，畅通沟通渠道，认真听取群众的呼声和意见。同时认真执行廉政谈话、诫勉谈话、任前谈话制度。认真组织召开民主生活会，开展批评自我批评，会后召开专门工作会研究落实，做到件件有着落、事事有回音，加强群众监督力度。同时，按照规定对病毒病所新址及科室实验室设备升级改造、管理平台软件采购、西经路2号院修缮设计招标采购、研究生宿舍租赁服务等采购进行了全程监督。

(四)抓下访，强教育，促员工队伍和谐稳定

1. *深入基层了解情况，积极开展各种慰问活动* 分别召开青年科技骨干、中层干部、统战人士、离退休人员座谈会，充分征集群众意见并召开专题工作会，共研究解决昌平班车问题、新旧址加强门禁管理工作等51个问题。分别在“春节”、“七一”、“八一”、“十一”等节日期间开展慰问活动，共走访慰问院士专家、离休干部、生活困难党员、患重病职工等百余人。

2. *加强对党员教育管理，充分发挥党员先锋模范作用* 所党委于8月24日组织全体党员干部职工和学生70余人赴密云古北口村开展主题党日活动与古北口村党支部就如何加强创先争优活动实效进行座谈交流。各支部也都开展了参观展览、读书活动、慰问受灾群众等形式多样的主题党日活动，促进广大党员进一步创先争优，提升党性修养。

3. *加强员工政治思想教育，着力创建精神文明单位* 及时传达认真贯彻落实上级会议精神和工作部署，使大家进一步认清形势明确任务，统一思想统一行动。选树培育典型，宣传身边的模范共产党员舒跃龙、段招军的先进事迹，利用先进典型的示范带动作用大力营造“比学赶帮超”的良好氛围，不断推进精神文明建设。同时，及时了解员工思想动态，针对性做好疏导化解防控工作，有效促进队伍和谐稳定。全年召开两次专题座谈会，加强与统战人士的沟通交流，通报病毒病所各项工作进展，认真听取统战人士对于病毒病所事业发展方面的意见和建议。

4. *积极开展文体活动，群团工作有声有色* 推广工间操活动，提高职工身体素质。积极开辟文体活动场所，为职工添置乒乓球、羽毛球等设备。组织跳绳、拔河比赛，丰富职

工业余文化生活。参加中心工会组织的保龄球和羽毛球比赛，羽毛球赛获得男子单打第一名、女子单打第二名、混双第一名、女双第一名、男双第五名，保龄球比赛团体第一名和男子单局最高分的好成绩。

5. 做好维护内部稳定各项日常工作　认真落实重大节日、重要活动的稳定值班和思想维稳工作。做好防范邪教组织的工作，严防邪教组织的渗透。做好群众来信来访工作，及时发现不稳定因素，排查矛盾纠纷，维护疾控发展稳定大局。

（李德新　苏晓婷）

寄生虫病预防控制所

一、疾病控制工作

(一)配合卫生部和中国疾控中心重点工作,做好技术支持

组织专家制定《全国疾病调查制度》寄生虫病部分、《血吸虫病控制和消除标准》、《大型水利工程卫生学评价方案》、《野粪调查技术规范》、《全国消除疟疾监测方案》、《消除疟疾监测试点方案》等方案、规范、标准。配合完成《血吸虫病综合治理项目(2009 - 2015 年)规划纲要》与《2006 - 2015 年重点寄生虫病防治规划》中期评估、卫生部消除疟疾试点达标考核、寄生虫病综合防治示范区现场评估、湖北湖南省部联合防治血吸虫病行动技术指导,以及中央转移支付血吸虫病、疟疾、包虫病项目督导等各类考核评估与督导调研。启动全国消除疟疾监测工作,对 19 个项目省(自治区、直辖市)开展了全球基金疟疾项目技术指导和工作督导,完成全球基金疟疾项目执行及总结关账。组织全国包虫病流行情况调查工作,制定质量控制方案,开展培训及质控督导,赴西藏 4 县 16 村进行为期半个月的援藏包虫病流行情况调查。举办全国丝虫病消除后监测及慢性丝虫病关怀照料培训班以及全国肝吸虫病防治研讨会。组织"血吸虫病部省联动 8 个联系点防治技术技能竞赛"及第二届"全国寄生虫病防治技能竞赛",以赛代训,提升全国寄生虫病防治技术能力,两次竞赛参赛人数达 220 名,编制完成《全国寄生虫病防治技能试题库》。

(二)专题研究热点问题,解决防治工作技术问题

开展输入性血吸虫病及其中间宿主调查,组织研讨曼氏及埃及血吸虫病的传播风险;对世界卫生组织提出 2020 年消除血吸虫病公共卫生问题的可行性进行专家论证;开展重点水域哨鼠监测,评估流行区水体传播血吸虫病风险,为急感防控提供参考。实施全国消除疟疾路径研究,梳理 50 年来各省防治资料,为我国消除疟疾达标考核提供参考资料;召开输入性疟疾防控对策研讨会,提出输入性疟疾防控措施;赴贵州、云南、新疆、山西等省区,调研疟疾病例发现与疫情管理。指导云南、江苏、黑龙江等省制定包虫病流行情况调查方案。继续在新疆喀什地区组织开展了黑热病防治和监测试点工作。继续做好土源性线虫病监测工作,及时解决土壤中钩蚴分离鉴别的技术问题。积极开展蜱虫、白蛉、蚊虫和螺类调查,了解各类媒介分布情况及其在寄生虫病传播中的作用,提出媒介防控措施。

根据舆情监测结果，完成美洲锥虫病在我国境内传播风险评估工作，及时通报媒体，避免社会恐慌。

（三）加强防控支撑平台与防治基地建设，提高技术水平

继续推进寄生虫病诊断参比实验室网络建设，血吸虫病诊断参比实验室网络扩展到县市级，对 17 家申报实验室进行评审；建立 13 个省级疟疾诊断参比实验室，启动包虫病诊断参比实验室建设，WHO 专家评估结果我国疟疾镜检能力在全球处于中上水平，全国 5 名人员（含本所 1 名）获得 WHO 镜检 1 级专家证书。实施热带病监测预警实验室和急性虫媒传染病检测实验室建设，围绕监测预警、诊断检测等防治工作关键科学问题，立项疾控项目近 20 项，完善疾控数据交换平台，初步建成疾控数据库，促进本所防控技术储备工作。

继续做好湖北江陵、四川甘孜、安徽池州、广西横县等 4 个现场实践基地工作，并新增云南腾冲消除疟疾现场实践基地，选派两位同志赴云南腾冲、广西横县基地现场驻点工作半年。在江陵血吸虫病基地，启动公共卫生服务均等化应用研究项目；在横县肝吸虫病基地，启动肝吸虫病调查与相关干预研究项目；在腾冲疟疾基地，启动边境疟疾消除应用性研究项目，以项目促进基地建设，推进防治试点工作。

（四）提升寄生虫病防治应急能力，及时有效处置突发疫情

完善寄生虫病所寄生虫病防治应急工作机制，组建本所应急人才队伍建设，选派人员参加传染病风险评估技术培训、野外生存和应急救援培训及现场流行病学培训；组织首次现场应急演练，检验不同情境下应急准备与机动处置突发公共卫生事件的能力，在实战中提升应急水平；更新补充 19 类应急检测试剂和药品，规范处置过期或即将过期的试剂和药品；获得中国疾控中心支持应急处置能力建设经费 350 万元。

定期向卫生部、中国疾控中心提供重点寄生虫病疫情，作为各级制定防治策略、措施的依据，基于全国寄生虫病疫情规律，预测 2012 年疫情趋势，评估重大疫情风险，提出防控建议。累计完成急性血吸虫病监测周报 52 期，疟疾监测周报 52 期，消除疟疾进展月报表 6 期，疟疾疫情季度电视电话会商 3 次，包虫病和黑热病月报 12 期；完成 2011 年度重点寄生虫病监测报告、2011 年度全国血吸虫病、疟疾和包虫病防治工作年报表。升级寄生虫病防治信息管理系统，扩展疟疾模块功能，促进各地统计消除疟疾疫情信息；比对年报数据与防治信息管理系统数据，完成指标释义，促进各地规范填报血吸虫病数据。

2012 年共处置寄生虫病突发疫情近 10 起，其中云南片形吸虫病聚集性疫情，被视为“怪病”，无法定性，经本所专家现场研判，最终确定为片形吸虫病聚集性疫情，并及时进行

处置,得到卫生部、云南省各级好评;对于血吸虫病传播控制或传播阻断地区多起急感疫情,及时进行分析、处置,并帮助总结指导各地做好急性血吸虫病防控。

二、科学研究工作

(一)继续开展科研基础平台建设,提高课题申报数量和质量

生物技术平台、媒介生物技术平台、信息平台、寄生虫诊断技术平台、热带病防治药物研究平台和寄生虫种质资源平台等6个平台建设进展顺利,按计划完成17项寄生虫种质资源保种工作。积极拓宽课题申报渠道,为促进课题申请积极性,对符合申请条件的人员给予一定的奖励激励,组织所学术委员会评审、把关各类申请项目书,提高申请书质量。参与申请课题91项,撰写项目建议书22份,获批课题21项,其中国家自然科学基金获批6项。

(二)强化课题过程管理

在研项目共26项,包括:传染病重大专项滚动2项(参与1项),卫生公益性行业科研专项1项,科技支撑计划1项,国家自然科学基金4项,科研院所技术开发研究专项1项,上海市优秀学术带头人1项,部市共建课题3项,上海市自然科学基金1项、中国疾病预防控制中心青年科研基金1项,博士后基金3项,上海市重点实验室开放课题2项,国际合作课题6项。完善课题管理的各项规章制度并严格执行,开展在研课题半年度、年度总结,督促课题完成年度总结与中期考核总结,严格管理科研项目合作协议和委托协议,做好结题项目验收和资料归档。

(三)加快科研项目产出与产品转化

本所全年共发表论文100余篇,其中被SCI专业期刊收录的有37篇;牵头申请国家发明专利6项,5个专利获得授权;完成3个部颁卫生行业标准,获1项部级科学技术进步奖。加大产品研发与转化力度,研制成功6种诊断试剂与药物等产品,与1家公司达成了肝吸虫病诊断试条初步技术转让意向。

(四)规范实验室质量管理,完成实验室认证认可申报

落实实验室登记制度、仪器使用登记制度,规范废物登记管理,加强贯彻“实验室废物处理规范及管理规定”和“废物处理流程图”的规定,举办第七届“实验室安全周活动”,每月开展1~2次生物安全工作检查,规范实验室质量管理。2012年顺利通过了实验室认证认可现场评审,通过项数达26项,为向社会提供优质服务打好了基础。启动实施重点实验室学术带头人(PI)制,为申请国家重点实验室作前期准备。

（五）构建学术交流合作平台

主办所内学术讲座22次，共接受安排联合培养、进修人员22名；完成4项国家传染病基地继续教育项目。完成《中国寄生虫学与寄生虫病杂志》、《国际医学寄生虫病杂志》编辑出版任务，于2012年10月创办了一本“Infectious Diseases of Poverty”的国际杂志，为从事热带病与寄生虫病科研、防治、教学的国内外专业人员提供了学术交流的平台。

三、国际合作与交流工作

（一）履行世界卫生组织疟疾、血吸虫病和丝虫病合作中心职责

建立WHO亚洲被忽略热带病实验室外部评估中心，对亚洲5国7个国家级实验室进行督导评估。组织召开“首届消除热带病监测应对体系论坛”、“人兽共患绦虫病防控国际研讨会”、“大湄公河次区域抗疟药治疗效果与抗药性监测研讨会”、“东南亚国家蠕虫病诊断技术工作组会议”、“疟疾镜检能力评估培训班”等5次国际会议和培训，累计300余人参加，进一步提高了寄生虫病所在亚洲乃至世界范围的影响力。

（二）积极争取国际合作项目

与世界卫生组织、全球基金、比尔盖茨基金、加拿大国际发展研究中心、英国国际发展署等多边或双边机构加强合作，探讨寄生虫病所参与中非、中缅及亚太地区热带病防治工作机制。申报3项世界卫生组织资助的科研项目。

（三）加强全球卫生健康等领域的国际交流

人员出访数量较2011年增加约20％，来访外宾逐步转变为国外科研人员与国际组织人员并重，合作领域由以往的寄生虫病防治科研交流为主拓展为参与中非热带病防控等全球卫生健康服务领域。全年共办理人员出访31批68人次，实际出访22批45人次，出访15个国家，参加学术交流与科研学习培训；共接待来自10余个国家科研机构及国际多边或双边机构的外宾20批40余人次。招募4名非洲博士后于2012年4月进站培养。

（四）与多个国际机构建立双边或多边合作关系

与世界卫生组织、全球基金、比尔盖茨基金、加拿大国际发展研究中心、英国国际发展署等多边或双边机构加强合作，探讨寄生虫病所参与中非、中缅及亚太地区热带病防治工作机制。

四、教育培训工作

共推荐硕士生导师、博士生导师各 2 名，录取硕博士研究生 9 名；毕业硕博士研究生 11 名，其中 2 名被评为中国疾控中心优秀研究生；8 名博士后在站工作，本年度进站 6 名含 4 名非洲博士后，3 名博士后获得中国博士后科研面上项目资助；1 名博士后获得上海市博士后科研面上项目资助。

五、文化建设与党群工作

制定《寄生虫病所文化建设方案》，提炼更能反映时代特征、疾控特色和单位特点的本所职业精神；围绕上海市文明单位考评指标体系，开展文明建设系列活动，认真学习贯彻党的十八大精神，做好创先争优、完成党支部换届公推直选等党建工作，创建学习型单位，推进职业道德建设、党风廉政建设以及惩治和预防腐败体系建设，突出工作重点、狠抓任务落实，完成 2012 年党风廉政建设，提高本所文明程度和职工素质。关心职工健康，组织退休职工体检，增加在职男职工体检项目。完成社会责任报告，顺利通过第十六届上海市文明单位考核。

六、行政管理工作

(一)正式运行协同办公系统平台，行政管理步入信息化阶段

协同办公平台部门使用率达 100%，使用范围从公文处理扩展到物资采购审批、出差申请、盖章申请等 10 类办公领域，2012 年共收文 1327 件，发文(含便函)484 件，处理所内请示 1134 件，出差申请 375 次，覆盖本所 20 个部门。

(二)加强后勤保障服务工作

完成各类招标采购工作，年度实验室设备购置项目设备招标任务完成率 100%，采购 6 台件 560 余万元设备；上海市公共卫生三年行动计划设备采购完成率超过 95%，采购 117 台件 1509.7 万元设备；其他设备采购 100 余台件 154 万元；试剂及耗材采购 210 万元，采购需求满足率 98%以上，设备类固定资产总值增长 24.87%。改变后勤保障管理模式，变事后被动服务为前期主动干预，全面清查固定资产，建立健全资产管理制度，及时处置报废设备，落实应急处置措施。此外，还完成 2013 - 2015 年度实验室大设备项目申报和职工住房补贴发放工作。获上海市健康单位先进称号。

(三)做好财务与审计管理工作

制(修)订《寄生虫病所公务卡结算管理暂行办法及实施细则》和《寄生虫病所预算执

行管理暂行办法》，每月通报月度经费预算执行率，并开展月度财务收支审计，充分发挥财务的计划、预测、分析、监督、服务功能，经费使用规范化、精细化，每月经费预算执行率在卫生部直属单位中，均居中上水平，2012 年 1－12 月财政资金预算执行率达 98％。

（四）落实安全生产各项措施

继续保持“上海市治安安全合格单位”和“上海市平安单位”称号。2012 年 8 月起开展每周一次安全保障巡查，排查隐患，督促问题整改，执行每日报告制度，做好信访维稳，共组织 11 次综合检查，印发 11 次综合检查报告及 10 期安全保障工作周报，圆满完成十八大安全保障工作任务。

（五）人事管理情况

1. 优化部门设置，加大人才培养力度　根据寄生虫病所“十二五”发展规划及上级要求，基于寄生虫病所部门和人员编制需求，完成了本所机构编制申请报告，规划我所人员编制由 200 人增加到 278 人。为适应寄生虫病所信息化建设需要，将原信息中心职能分拆为信息中心和杂志编辑部，继续合理配置人力资源，促进疾控、科研、管理部门间人员流动，优化全所专业队伍结构，7 名人员进行岗位流动，全所高∶中∶初级岗位比例调整为 3.3∶4.1∶2.6。

选派人员赴卫生部、中国疾控中心、上海市卫生局、寄生虫病所防治科研基地、世界卫生组织以及国外知名科研机构工作学习。2012 年新增 5 个人才团队，选派 7 人挂职锻炼，1 人被列为上海市青年医师培养对象，3 人赴国外学习 1 个月以上，2 人赴世界卫生组织借调工作。此外，1 人获上海市高端人才海外留学、4 人获上海市青年人才海外留学项目资助，2013 年将赴国外深造。

2. 人员情况　至 2012 年 12 月底，全所在册职工 185 人(其中待退休 4 人，长病假 1 人，外聘 1 人，在岗职工 179 人)。专业技术人员 161 人，预计 2011 年岗位聘任后高级 48 人，中级 54 人，初级 38 人，未参加岗位聘任的专业技术人员 21 人；职员 8 人；工人 11 人。2012 年高校毕业生 5 人，其中博士 2 人，硕士 2 人，本科 1 人，自然减员 6 人，解除工作关系 3 人。通过卓远人力资源发展有限公司外聘员工 1 人，向市保安公司聘用专职保安人员 7 人，向益建物业管理有限公司聘用保洁、绿化、驾驶员工 7 人；聘用临时寄生虫病所人员 1 人，从事食堂工作。至 2012 年 12 月底，本所退休职工 204 人，离休职工 8 人。

3. 干部任免情况　根据《党政领导干部选拔任用工作条列》有关规定，2012 年共有 9 个部门进行副职选拔。其中所办等 4 个部门副职经演讲陈述，民主测评、所务会、党委会讨论同意，公示考察等程序后于 5 月到位任职。另财务处等 5 个部门副职选拔笔试和竞聘面试环节结束。

4. 岗位聘任情况　根据中心下发的《中国疾病预防控制中心关于开展 2011 年岗位聘任工作的通知》文件精神和工作安排，寄生虫病所成立了岗位聘任委员会，召开了岗位聘任工作动员大会和评审会。分步按计划有步骤的落实了岗位聘任工作。目前二三级岗位与破格岗位等待中心公示，本所四级及以下专业技术岗位、管理岗位和工勤岗位评审结果已完成公示。

七、部市共建寄生虫病所和“十二五”规划工作

(一)申请“中国热带病防治研究中心”挂牌

将按照“一套班子两块牌子、编制和级别不变”原则，加挂“中国热带病防治研究中心”，相关方案已报上级部门。

(二)初步落实中国热带病防治研究中心新址选址，启动新址基建立项

初步达成中国热带病防治研究中心新址落户上海国际医学园区意向，向上海市卫生局、中国疾控中心上报新址基建项目建议书。12 月 26 日卫生部、上海市部市合作领导小组召开会议，就新址选址进行了专题研究。

(三)全面启动中国热带病防治研究中心的建设工作，与多个在沪科研院校建立合作关系

上海市第三轮公共卫生行动计划正式启动，第一批 1877 万元经费任务已下达，“监测和预警实验室”、“急性虫媒传染病检测实验室”和“寄生虫病诊断检测中心”等项目已相继启动实施。与复旦大学生科院签署合作框架协议，与上海交通大学医学院、上海市疾控中心等单位也加强了交流合作。

(四)顺利实施所“十二五”发展规划

2011 年实施所“十二五”发展规划以来，成立了所“十二五”发展规划领导小组，将各项具体任务落实到各部门的年度工作计划中。两年来，全所上下积极落实组织、政策、机制、经费等方面的保障措施，推进人才队伍、防控能力、科研能力、服务能力、国际合作交流网络、管理能力等六大方面的重点任务。2012 年底中期评估结果表明，97 项指标中，81 项指标(占 83.5%)达到了预期两年目标或基本符合进度要求，为本所“2015 年初步建成具有防治研究的政策咨询、成果转化、信息服务与教育培训等功能的热带病国际合作中心”奠定了基础。

(周晓农　王汝波　陶苾颖)

性病艾滋病预防控制中心

一、艾滋病、性病及丙肝防治工作进展

（一）艾滋病防治工作进展

1. 监测、检测

（1）哨点监测：2012年，组织全国调整、设立艾滋病/丙肝哨点1971个，在全国统一方案下开展了监测工作，覆盖了13类人群89.1万人。其中，艾滋病哨点1884个，覆盖8类监测人群，包括吸毒者、男男性行为者（MSM）、暗娼、男性性病门诊就诊者（男性STD）、男性长途汽车司乘人员（男性长卡司机）、男性流动人口、孕产妇和青年学生。在1968个纳入分析的艾滋病/丙肝哨点中，40.1%的哨点检出HIV抗体阳性者，检出阳性者8793人，粗阳性率为1.0%。

近几年哨点监测显示：男男性行为人群HIV抗体阳性率呈持续上升趋势，吸毒人群呈下降趋势，其他人群保持低水平；低档暗娼、高年龄组暗娼HIV抗体阳性率和梅毒抗体阳性率均较高；HIV抗体阳性率地区差异大，部分地区疫情严重，已进入一般人群。

（2）咨询检测：通过对各省份2012年扩大检测工作进行详细部署、开展培训提高省级艾滋病检测咨询工作能力，推动全国各地积极开展咨询检测工作，医疗机构扩大检测，并结合外展干预等扩大检测与咨询。2012年全国各级医疗卫生机构共开展艾滋病病毒抗体检测101 269 773人次，较2011年增加了20.3%；新发现病例82 434例，较2011年增加了10.6%。全国共有自愿检测咨询点9016个，共计2 294 150人次在检测咨询点接受了HIV抗体检测，筛查出HIV抗体阳性者39 454人；2 054 053人次在检测咨询点接受了梅毒检测，共检测出梅毒阳性52 671人。

（3）实验室网络化建设：全国艾滋病检测实验室建设加快，特别是艾滋病检测筛查实验室增加较快。截至2012年底，全国艾滋病检测确证实验室达到377个（包括确证中心实验室35个、确证实验室342个）、艾滋病检测筛查实验室17 083个（包括筛查中心和筛查实验室10 584个、检测点6499个），覆盖了96.5%的县级疾控中心。全国所有省份均已具备CD4细胞和HIV病毒载量检测能力，其中具备CD4细胞检测能力的实验室411个、具备HIV病毒载量检测能力的实验室110个。

针对全国艾滋病检测实验室网络开展了血清学、病毒学、免疫学、耐药、丙肝等多个检

测项目的能力验证工作;积极参加国际能力验证,具体包括:血清学检测能力验证、CD4细胞检测能力验证、HIV-1病毒载量检测能力验证、耐药及婴幼儿早期诊断检测能力验证,考核结果均为满意或优秀;完成2011年度实验室质量考评工作,共35个确证中心实验室参加,参加率100%,考评合格率100%,其中成绩优秀的实验室有30个、良好4个、合格1个;完成2012年全国HIV抗体诊断试剂临床质量评估工作。

(4) 全国HIV分子流行病学调查:HIV-1基因型分布和流行特征调查地区覆盖了除海南省以外的全国30个省(直辖市、自治区),调查对象为2006年报告的HIV感染者,调查采用分层随机抽样方法,共抽样1513人,调查人数占当年报告HIV感染者总数的4.2%。调查结果显示:第一,我国主要流行4种HIV-1基因型,依次为CRF07_BC、CRF01_AE、CRF08_BC和B'亚型,这4种HIV-1基因型占当年报告HIV感染者人数的92.8%。第二,病毒的多样性在不同人群和地区中形成了不同的流行特征。比如,在异性传播人群中检测到本次调查的所有12类HIV-1基因型,既往中部省份血源相关传播中的主要流行毒株B',西北地区省份静脉吸毒人群中的CRF07_BC在相应省份的异性传播感染人群中也同样流行。第三,不同地区病毒多样性的差异导致病毒传播模式的区别。比如,CRF07_BC在西北省份中的各种传播途径中均占据优势地位(超过90%),B'亚型是中部省份流行的主要基因型(60.1%)。第四,HIV基因型组成和感染者人群转变印证了我国HIV传播模式的变化。

2. *艾滋病病毒感染者/病人的随访管理* 通过开展全国性培训、日常工作调研和技术支持、督导相结合,促进了随访管理工作深入开展。2012年,各项随访管理考核指标较2011年均有明显提升,艾滋病病毒感染者/艾滋病病人随访干预比例由2011年的91.9%上升到94.6%;随访到的艾滋病病毒感染者CD4检测比例由2011的71.1%上升到81.8%;艾滋病病毒感染者/艾滋病病人的配偶/固定性伴HIV检测比例上升到90.3%;HIV/AIDS接受结核病检查的比例由2011年的91.4%上升到99.3%。

3. *重点人群干预* 2012年,重点人群干预以扩大干预覆盖面、扩大高危人群检测和提高干预质量为工作重点,开展了技术支持与督导。组织召开了6期美沙酮门诊工作人员技能培训、对6个新开设门诊及云南等15个省(区、市)维持治疗工作提供现场技术支持与专题调查,国家级工作组赴江西、新疆等地维持治疗工作进行现场督导;举办2期男男性行为人群艾滋病咨询检测能力培训班,起草了《社会组织开展暗娼干预工作指南》,工作进展如下:

(1) 经吸毒传播途径的干预:截至2012年底,全国28个省、区、市共设有756个美沙酮门诊,其中包括30辆流动服药车。累计治疗人员384 479人,正在治疗人数约208 388人。在治人员HIV、HCV和梅毒三项检测率分别为83.5%、82.4%和79.5%。本年度新增门诊21个,撤销3个。平均每个门诊在治人数为276人,HIV、HCV、梅毒感染率分别为7.7%、58.6%和4.0%。门诊治疗人员年保持率为80.4%。

针具交换作为社区药物维持治疗工作的补充，继续在社区药物维持治疗工作难以覆盖的地区发挥作用。2012 年，全国月均 941 个针具交换点开展工作；月均参加针具交换人数为 47103 人，比 2011 年同期增长了 14.46%。

(2) 经性传播途径的干预：2012 年，全国月均干预暗娼 625 039 人，月均外展干预覆盖率为 87.0%，比 2011 年提高了 20 个百分点。本年暗娼人群接受 HIV 检测 1 360 503 人，检测率达 95%。月均发放安全套约 424 万只，宣传材料约 94 万份。

2012 年，全国月均干预男男性行为人群 252 470 人，月均外展干预覆盖率为 78.5%，比 2011 年提高了 31.5 个百分点。本年男男性行为人群接受 HIV 检测 427 710 人，检测率达 85.2%。月均发放安全套约 83 万只，宣传材料约 24 万份。

4. *抗病毒治疗* 截至 2012 年底，全国共有 3496 所抗病毒机构，覆盖了 31 省份的 2215 个县(区)。累计治疗病人(含成人和儿童)211 758 人，其中，正在治疗成人病人 167 837 人。

(1)抗病毒治疗比例与规范化程度：2012 年，完成了《艾滋病抗病毒治疗手册》(第三版)的修订、出版，向卫生部提交了《关于进一步扩大艾滋病抗病毒治疗工作的建议》，全年重点对新疆、河南、云南、湖南、广西、四川等治疗重点省份进行了技术支持，以提高治疗质量、扩大治疗覆盖面。2012 年，全国新增治疗病人 55 837 人，比 2011 年增加了 21.8%。抗病毒治疗比例为 87.3%，比 2011 年提高了 5.4 个百分点。其中成人治疗比例 87.3%，儿童治疗比例 85.8%。抗病毒治疗规范化程度继续提高：接受抗病毒治疗病人按要求完成随访比例为 97.8%，CD4 检测比例为 91.7%，病毒载量检测比例为 89.9%，分别较 2011 年上升 1.3、5.7 和 6.8 个百分点。

(2) 儿童抗病毒治疗：截至 2012 年底，全国 30 省开展了儿童艾滋病抗病毒治疗工作，治疗机构覆盖 564 个县区。累计有 3542 名儿童艾滋病患者接受了规范的儿童抗病毒药物的治疗，比去年上升 754 人。目前在治的艾滋病儿童 2818 人。

(3) 耐药监测：2012 年，已完成针对抗病毒治疗失败者的耐药检测 7425 份；在全国范围内建立艾滋病抗病毒治疗耐药早期预警监测系统，针对 2011 年耐药早期预警监测发现的四川、新疆等 4 省份 21 个存在耐药风险的抗病毒治疗机构开展深入调查，采取干预措施。在广西柳州、河南驻马店等 10 个现场针对新感染人群进行艾滋病耐药毒株传播监测；在重庆、贵州等 5 个现场针对 2011 年起始抗病毒治疗的患者，进行治疗前耐药传播情况调查；在广西贺州、湖北大冶和随州等 5 个现场针对 2008 年起始治疗的患者进行调查，了解抗病毒治疗 36 个月的患者 HIV 耐药发生情况及其主要影响因素。调查发现：有 31.25%(5/16)耐药株发生了对 NFV、3TC、FTC、NVP、EFV、DLV 等药物的高度耐药；在北京、浙江新感染人群中出现了中度水平的耐药株传播，其中耐药株主要出现在男男同性恋人群中(占耐药人群的 83.3%，10/12)；开始抗病毒治疗前的 627 人中也发现了耐药株的传播(2.7%)，主要也出现在男男同性性传播感染的病人中。抽样调查抗病毒治疗

36 个月人群 697 人,治疗 3 年后总耐药率为 5.6%。不同感染途径的治疗患者耐药率不同,静脉吸毒感染的患者耐药率最高。使用含去羟肌苷(DDI)为初始方案产生耐药比初始使用含 3TC 方案的耐药高 4.9 倍。在县或市医院接受治疗的病人耐药率低。

5. 示范区工作　2012 年,相继赴云南、贵州、新疆、辽宁、湖南、上海、河南、江西、内蒙古、云南、四川、北京 12 省(直辖市)开展示范区艾滋病防治工作技术指导。各示范区进一步加强监测检测、预防干预、感染者管理和抗病毒治疗各领域工作的深入开展,相关工作质量考核指标均达到或高于全国水平,按照《2012 年全国艾滋病性病防治主要措施落实质量考评方案》要求,评选确定了 29 个"全国艾滋病综合防治示范模式"。

6. 国际合作项目

(1) 多边合作项目:中国全球基金艾滋病项目、联合国人口基金艾滋病项目(艾滋病防治与生殖健康服务合作项目、中国—蒙古艾滋病防治合作项目)、联合国儿基会艾滋病防治项目等按计划进展顺利。

(2) 双边合作项目:中美艾滋病防治合作项目(GAP)按照计划进展顺利,中澳亚洲区域艾滋病控制项目(HAARP)中国子项目于 2012 年按计划顺利执行完毕。

(3) 国际非政府组织项目:中国—默沙东艾滋病合作项目第一期于 2012 年执行完毕,正在进行第二期申请;比尔·梅琳达盖茨基金会艾滋病合作项目工作继续延期至 2013 年。

7. 监督与评估　为贯彻落实《国务院关于进一步加强艾滋病防治工作的通知》精神,进一步加强艾滋病防治工作,完成了对内蒙古自治区 4 个地(州、市)和 2 个县(区、市)的艾滋病防治工作综合技术督导;继续开展艾滋病病例报告、哨点监测、感染者/病人管理、自愿咨询检测、抗病毒治疗、社区美沙酮维持治疗和高危行为干预相关工作的数据质量的全面评估。通过省级自查和在对 12 个省市的 36 个县(区)的国家级核查,结果显示艾滋病防治数据信息质量可靠。

(二)性病防治工作进展

性病防治工作与艾滋病防治工作有机结合,依托自愿咨询检测门诊和美沙酮门诊开展性病干预服务;依托艾滋病哨点监测,开展了梅毒感染情况监测,结果表明,共有 1568 个(79.7%)哨点检出梅毒抗体阳性者,891 433 人接受梅毒抗体检测,检出阳性者 23 296 人,粗阳性率为 2.6%。梅毒抗体阳性率在男男性行为人群中较高,其他人群稳定在较低水平,孕产妇等重点人群哨点梅毒抗体阳性率一直在 1%以下。

(三)丙肝防治工作进展

主要开展了丙肝疫情突发事件的处置,起草丙肝流行病学调查方案和丙肝哨点监测工作。

共处理广东河源紫金县、河南杞县、河北围场县 3 起集中报告的丙肝疫情事件。

针对 2011 年至 2012 年初我国陆续出现河南永城、安徽涡阳和广东紫金丙肝疫情聚集性事件后，按照卫生部及中心领导要求，经多次专家论证和实地调研，起草了我国部分地区 14 岁及以下、18 岁及以上居民丙肝病例对照调查和 5 省份丙肝病例报告质量核查方案，相关调查工作将陆续启动。

设立丙肝监测哨点 87 个，覆盖 5 类丙肝重点监测人群，包括无偿献血人群、单位体检人群、医院侵入性诊疗人群、肾透析人群和计划生育门诊就诊人群。哨点监测结果表明：共有 1290 个(65.5%)哨点检出 HCV 抗体阳性者，891 394 例接受 HCV 抗体检测人中，检出抗体阳性者 52 450 人，粗阳性率为 5.9%。HCV 主要在吸毒人群和肾透析人群中流行，吸毒人群 HCV 抗体总阳性率为 41.5%，肾透析人群为 5.2%，其他人群均低于 1%。

二、制定技术指南、会议、培训与应急事件处理情况

制定技术规范、指南、方案、操作手册、管理办法等共 110 个。

处理突发公共卫生事件 4 起：广东河源紫金县丙肝疫情处理、上海荣盛生物药业有限公司艾滋病快速检测试剂漏检情况、河南杞县丙型肝炎群体事件、河北省围场县丙肝疫情调查。

举办全国性会议 13 个，参加人数 1309 人。

举办各类培训班 26 次，培训人数 2168 人次，涉及综合监测、检测、干预、抗病毒治疗、管理等多个领域，提高了省级专业技术人员的工作能力。

赴基层调研 142 次，476 人次参加了调研。

三、科研与学术交流

组织申请各类课题 31 项，其中自然基金申请面上项目 10 项、合作项目 8 项；传染病重大专项 9 项(合作申请 5 项)；中国疾控中心青年基金项目 5 项。

2012 年在研科研课题 19 项(合作研究 5 项)。其中，新中标项目 14 项：传染病重大专项 9 项(合作研究 5 项)、自然基金合作项目 4 项、青年基金 1 项。分别为：预防性艾滋病疫苗研究，儿童艾滋病适宜治疗策略研究与应用，艾滋病高危人群的综合干预技术研究，我国艾滋病流行趋势、疫情评估和预测数学模型研究，我国 HIV 主要毒株的流行趋势、基因变异、耐药逃逸和评估预测研究，HIV 感染者的疾病进展与临床转归的关键生物学指标及新药靶的研究，艾滋病、病毒性肝炎、结核病及其他新发突发传染病实验动物的研究——子课题我国恒河猴遗传及免疫背景分析，HIV 感染者疾病进展与临床转归的关键生物学标志研究，多种检测试剂评价，HIV－1 感染 NK 细胞调节免疫压力的机制研

究,靶向衣壳蛋白的抗病毒抑制剂对中国重组 HIV 流行株的敏感性和耐药性研究,利用系统进化方法研究北京 MSM 人群的 HIV 传播关系,中国艾滋病病毒感染者心脏脂肪变性流行病学研究,痘苗病毒载体 HIV 疫苗与李斯特细菌载体 HIV 疫苗联合免疫研究。

审核自然基金年度进展报告 2 项、结题报告 4 项,中国疾控中心青年基金年度进展 1 份、结题项目 1 分,签订了 9 项课题计划任务书。

《中国艾滋病综合防治实践与对策研究——全国艾滋病综合防治示范区》获 2012 年度中华预防医学会科技奖。

发表论文署名文章中文 79 篇,英文论文 51 篇,SCI 论文 50 篇。

四、其他

(一)国际交流

全年办理个人因公出国(赴港澳)56 批次,88 人次,访问国家和地区 15 个,共上交回国汇报及学习体会 40 余份;接待外宾来华 35 批次,110 人次;接待外宾访问团 4 批次,共约 100 人次。

2012 年办理新聘用长期在中心工作的外国专家申请 2 人,停聘 3 人。并按外专局和疾控中心国际处的要求上报本年度外国专家自检报告,核查本年度无涉及外专的违法、违规、纠纷或安全、政治、宗教事件发生。

组织 14 名专家于 2012 年 7 月 21 - 29 日赴美国华盛顿,参加第 19 届世界艾滋病大会,并支持、参与了中国性艾协会和中国疾控中心展台的开台式和中国卫星会。

(二)研究生教育

现有各类在读研究生 88 人,其中博士 31 名,各类硕士共 57 名;其中 2011 年新招博士生 10 名,硕士生 16 名;博士后出站 2 名。毕业博士研究生 9 名、硕士研究生 17 名,协和公卫 3 名,均获得相应学位。

(三)固定资产管理工作

完成固定资产登记入库、无偿调出、报废报损工作,完成新增固定资产入库 448 件约 153 万元,无偿调出和报废设备 201 件约 88 万元;完成资产类报表的数据统计上报工作。

(四)实验室管理

根据《实验室生物安全通用要求》(GB19489 - 2008),改版四级生物安全管理体系文件;协助实验室完成仪器设备强检 94 件(台),完成 2 次实验室安全员安全培训,组织实验室相关人员进行培训 187 余人次,配合疾控中心实验室管理及区卫生局组织的飞行检查,积极进行整改，全年无生物安全事故发生；完成实验室安全认可现场评审。

（五）监察审计

深入学习党风廉政建设工作系列重要文件；组织党员领导干部认真学习十七届六中全会精神；积极开展惩治和预防腐败体系建设工作；开展防止利益冲突专项活动；继续对各项经费管理、招标采购、人员招聘、职称评审、招生、重要考试等工作进行了廉政监察、效能监察。全年共计监督中心各项采购招标、标书评审和采购小组评标、博士硕士招生、招聘过程 48 次。完成内部审计工作，包括审计采购合同 28 份、金额 573.49 万元，提出审计意见及建议 80 项；完成对北大医学部等 6 家单位承担的委托工作经费的管理及使用情况的延伸审计。完成了国家自然基金项目“我国 HIV－1 流行株 CRF07－B/C 的 pol 区新突变位点对逆转录酶抑制剂的耐药机制研究”的结题内部审计；参与全球基金 PR 审计部组织的广东省全球基金艾滋病项目、结核项目审计。

（六）人事管理

现有在职工作人员 220 人（除学生外），其中编制内职工 136 人，聘用人员和借调人员 84 人（含合同制聘用 71 人、返聘 3 人、外籍 3 人、借调 7 人），博士后 4 人。2012 年新进编制内职工调入 14 人，进三生 2 人，调出 2 人。编制外人员进出 95 人（进 39 人，出 56 人），全年人员进出 113 人。组织、参与职工招聘会、竞聘会 26 次，任免、调整室主任 5 人次。完成人员工资、卫生防疫津贴、专家特殊补贴、岗位津贴、高风险特贴等福利待遇的发放工作；进一步理顺外聘人员的劳动合同，加强了外聘人员的管理，劳动合同签订率为 100％、社会保险缴纳率为 100％。全年办理社保业务 99 人次。完成各类奖项和人选的申报工作 17 项。

（七）党、团、群、工会工作

召开党委扩大会 8 次，党政联席会 4 次；召开党员领导干部民主生活会；继续做好党员的组织发展工作，新发展党员 2 名，办理党员流转手续 33 人次。组织募捐活动 2 次。

组织召开职工座谈会 3 次；多次组织政治理论学习、举办各种体育比赛，举办了性艾中心第三届职工运动会，包括工作人员、学生在内的所有人员均积极参加。

（吴尊友　刘玉芬）

慢性非传染性疾病预防控制中心

一、主要业务工作进展情况

(一)慢性病监测工作进展

2012 年,慢病中心在持续建设和维护慢性病及其危险因素监测和伤害监测体系的基础上,不断提高监测数据质量,加强对信息的发布和综合利用。2012 年针对流动人口,开展了专题监测调查,为制定和评价流动人口慢性病预防控制策略和措施提供科学依据。同时 2012 年出版发行了《中国慢性病及其危险因素监测报告 2010》、2007 - 2009 年《全国伤害监测数据集报告》,这些数据的发布必将促进学术机构、政府等对信息的利用,并为制定慢性病与伤害防治规划、相关政策等提供数据支撑。

9 月,中国疾控中心将死因监测工作委托慢病中心组织实施。11 月,慢病中心组织人员对吉林、陕西和福建 3 省的 7 个监测点开展了督导工作,有针对性地解决了死因监测工作中存在的问题。12 月 6 - 7 日在京举办了 2012 年全国疾病监测系统监测工作年会,对死因监测工作质量和工作经验进行了汇报和交流,部署了 2013 年工作。

(二)慢性病综合干预

2012 年,以慢性病综合防控示范区创建工作为重点,依托省部联合减盐防控高血压、中国糖尿病综合管理项目、中国农村地区糖尿病综合防控等项目和淮河流域癌症综合防治等项目,深入开展了心脑血管病、糖尿病和肿瘤等慢性病综合防控工作。注重加强慢性病防控能力建设,积极探索慢性病防控适宜技术,同时不断拓展了口腔及老年病防控工作。

1. 国家慢性病综合防控示范区建设工作　慢病中心作为示范区管理办公室,编写了“首批国家慢性病综合防控示范区风采录”,召开了全国慢性病综合防控示范区现场经验交流会,并对 39 个首批国家慢性病综合防控示范区授牌。制定了 2012 年示范区考评工作手册、考评流程和方案及管理办法。2012 年全国共有 30 个省及新疆建设兵团的136 个区县的申报,通过专家评审,来自全国 29 个省份和新疆生产建设兵团共 101 个县(市、区)通过了国家级慢病综合防控示范区,被授予了“国家慢性病综合防控示范区”称号。通过慢性病综合防控示范区的创建工作,各地政府不断加大对慢性病防治工作的重视程度和投入力度，各相关部门也积极承担了慢病防控和人群健康促进的职责，全社会慢病综合防控的意识得到提升。

2. *省部联合减盐防控高血压项目进展* 2012年，相继制定了《山东省2012年减盐防控高血压项目工作方案》、《山东省人群减盐与心脑血管疾病防控效果队列研究方案》、《减盐政策与支持性环境建设方案》和《高盐相关疾病负担调查方案》，组织开发心脑血管疾病监测和信息管理系统，初步建立了监测评估体系。选择烟台市福山区与潍坊市高密市作为减盐干预试点，强化试点干预工作，积极探索基层减盐工作模式。重点加强政策体系的建立，完善减盐措施，开展重点人员培训、高危人群与患者管理，广泛开展大众宣传和媒体宣传等工作。同时，加强项目实施的现场指导，完成基线调查数据分析、报告撰写和基线调查信息发布。充分发挥多部门协作平台优势，针对餐饮服务单位、食品加工企业、针对食品销售环节和重点人群，开展了减盐培训、发放减盐宣传资料，开展形式多样的专项活动，逐步形成全社会参与的减盐政策环境。

3. *积极探索慢性病干预适宜技术* 围绕脑卒中、糖尿病等慢性病开展了相关专题项目和技术开发工作。

4. *淮河流域癌症综合防治项目* 淮河流域癌症综合防治项目旨在进一步研究淮河水污染与恶性肿瘤发生间关系及关联强度，为淮河肿瘤综合防治干预提供依据。2012年度，撰写完成了《淮河流域癌症综合防治项目队列研究方案》和《淮河流域癌症综合防治项目队列研究现场工作手册》，并组织多领域专家进行了研讨、论证和现场调研。针对基层人群设计和开发一系列肿瘤防控材料，包括翻译出版系列世界卫生组织的肿瘤预防控制书籍一套。组织召开专家研讨会，完善修改《淮河项目癌症预防工作实施方案》，明确干预内容和措施。该项目培训及现场调查于9月份正式启动，截至10月份，对6000余户居民进行了居民生活环境与健康状况调查；同时完成了6000余人份被调查对象的身体测量和生物样本的采集，为探明淮河流域肿瘤发生的原因积累了宝贵的资料。在已有工作的基础上，继续针对不同人群开展癌症预防干预工作，包括基层医生癌症防控能力建设，居民和高危人群癌症预防健康教育、行为干预和随访管理等，提高淮河地区癌症的预防控制水平。

（三）伤害预防控制工作

深入探索伤害干预模式，推进优先领域伤害干预。2012年，慢病中心作为国家项目办，继续开展中国道路安全项目。制定了城市强化执法计划和社会营销传播计划；制作了社会营销传播工具并进行了城市媒体动员和交流；组织协调城市项目办有序开展以证据为基础的项目强化执法和社会营销干预运动；组织实施了7期项目能力建设活动，包括项目强化执法相关的交警能力建设系列活动及现场考察指导，项目社会营销相关能力培训，和道路交通伤害风险因素研讨；完成了2012年4轮项目城市基线调查与评估的组织实施工作等。为进一步探索老年跌倒社区综合干预模式，减少老年跌倒伤害，于2012年选取河北省2个城市开展老年跌倒社区综合干预项目。目前已完成了基线调查工作。

(四)明确疾控系统定位,加强能力建设,提升队伍水平

2012年慢病中心通过常规和项目工作举办全国性业务会议7次,举办业务培训班5期,进行基层调研、技术指导140余人次。2012年8月召开了疾控系统慢性病防控机构建设研讨会,探讨了疾控机构在慢病防控工作中的职能定位、如何提升疾控机构在慢病防控中的作用、疾控系统慢病防治机构如何建设、如何落实规划相关任务等问题,为疾控系统今后的建设和发展提供了思路和借鉴。

(五)科研、学术交流与国际合作

2012年,慢病中心以中美儿童与家庭合作项目、"十二五"科技支撑项目——全国脑血管疾病流行病学调查研究为依托,积极开展科学研究工作,全年共申请科研项目13项。在国内外专业期刊上发表学术论著(文)39篇,主编专业书籍6部。举办学术交流活动12次,受到了职工的好评,营造了学术氛围。

2012年,慢病中心公派出国13批15人次,接待访外宾来11批48人次。因公派出内容涉及慢性病防治、危险因素监测,糖尿病、肥胖、身体活动干预,儿童肿瘤队列研究以及道路安全等。2012年重视并加强与世界卫生组织的合作,同时积极扩展合作伙伴,与美国疾控中心、加拿大公共卫生署、约翰霍普金森大学等逐步建立关系,争取合作机会,并积极开展学术交流活动等各类国际合作有关活动。

二、加强综合管理和队伍建设,促进慢病中心可持续发展

2012年,慢病中心重点加强综合管理和队伍建设,全面提升管理水平,促进慢病中心可持续发展。中国疾控中心任命一位副主任充实了慢病中心领导班子。慢病中心内部也加强了中层干部队伍建设,通过公开竞聘,新任命中层干部4名。根据《慢病中心规章制度》(试行),结合本中心实际情况,制修订了7项规章制度,逐步理顺工作流程,提高了工作效率。

慢病中心有计划地批准职工学位教育、鼓励和推荐职工参加业务培训。批准3名职工参加CFETP培训,推荐1名职工出国进修半年。

2012年培养毕业研究生3名,新招2名,其中科研型硕士2名、MPH研究生1名。完成中国疾控中心《慢性非传染性疾病》和《社区卫生与初级卫生保健》两门课程的教学任务。

三、党群工作

2012年是基层组织建设年，慢病中心党群工作以基层党组织建设为主线，继续开展创先争优活动，积极推进学习型组织建设，培育积极向上的慢病中心组织文化。2012年9月，召开了慢病中心工会第一次会员大会，正式成立了工会。坚持以多种方式开展领导干部和党员理论学习。通过党员交流座谈会、诗歌比赛、思想汇报等多种形式组织全体党员进行思想交流，以学习十八大精神为重点，将学习与活动相结合，认真完成了各项工作。

（王卓群　王临虹）

营养与食品安全所

一、行政管理工作

(一)人力资源管理

1. 人员状况　营养食品所原有职工274人,其中职能管理部门43人、专业人员199人、领导5人,其他人员28人。人员划转后,营养食品所仅有所领导1人。营养食品所现有职工149人,其中所领导2人,职能管理部门30人,业务部门85人,离退休人员123名。

2. 人员招聘　2012年录用22名毕业生,其中本科生2名、硕士14名、博士6名。在全国范围内3次公开招聘,共选拔2名高层次急需人才,14名专业技术骨干,还有8名职能部门工作人员候选人和16名专业技术人员候选人正在审核。

3. 领导班子人事变动　2012年4月24日,中心党委任命刘开泰为营养食品所党委副书记,6月7日,刘开泰副书记宣布到任。

(二)综合管理

1. 整合内部机构,加强技术支撑能力　根据卫生部、中心领导"边工作、边建设"的指示,借助机构调整的契机,营养食品所组建了营养信息技术与健康传播室、营养与代谢研究室、营养与疾病研究室及中心实验室等4个新科室。通过各种形式,进一步统一全所干部职工思想,提高认识,认真调研各处室工作,听取全所职工意见,调动全体职工的主观能动性,积极思考新形势下营养食品所的任务职责、职能定位、关键领域与技术以及工作机制体制建设。

2. 强化制度建设,梳理工作流程,严格管理把关,提高工作效率　为强化内部管理,在所领导的组织下,各职能管理部门正在进一步完善所内各项规章制度,进一步强化职能部门管理职责。

2012年9月底,营养食品所开始了协同办公系统的试运行。各职能管理部门根据协同办公系统重新组织梳理了"请示审批程序"、"公文发文程序"、"集中采购程序"、"大额资金所务会审批程序"、"合同(协议)律师审查程序"等一系列工作流程,相关职能部门严格管理、严格把关,促进科学管理、规范管理。

3. 强化组建过渡期管理工作　2012 年 6 月 7 日，中心任命刘开泰副书记为营养食品所法人，同时开始了与国家食品安全风险评估中心的交接工作。

（三）财务和审计管理

1. 加强预算管理，提高预算执行力度　按照财政部的要求，本着“突出重点、统筹兼顾”的原则，优化支出结构，在保障重点工作、重点项目的同时认真执行中央文件精神，将控制支出和压缩经费作为预算编制和管理的重点。严格控制出国、车辆运行以及业务招待费等三项经费预算，将财政经费支持的出国经费预算落实到具体项目中。使 2013 三项经费预算不超过 2009 年财政核定规模；在预算编制中注重规范化、精细化，将单位的全部收支均纳入到年度预算中。提高预算编制的完整性；夯实了基本支出预算管理基础；按照政府采购管理要求，细化了政府采购预算编制，全面反映了单位政府采购的规模、内容和结构。

为了加快预算执行进度，提高财政资金使用效益，在各部门和所领导签订预算执行责任书的同时我们也加强了预算执行分析，建立预算执行定期通报制度和约谈制度，对由于前期工作不充分，而影响预算执行进度的项目查找原因，提出改进办法。

2. 加强日常工作的管理，严把财务关，保证经费的使用合法、合规　按照财政批复的预算组织收入、安排支出；按照专项资金管理的有关规定，单独建账、单独核算，做到专款专用。严把财务关，对设备购置、出国、会议、专家咨询、劳务费以及大额材料费的购置均对照课题、项目预算严格审核。严格按照政府采购的要求和年度政府采购预算进行货物、工程和服务的支出，规范采购行为。对所有的外拨经费均要求经办部门签订委托服务合同，按照合同约定的付款方式和金额拨付资金。

3. 加强财务监督，提高资金使用效率　定期检查预算执行情况，对项目执行的全过程进行监督，对不符合国家支出政策规定和预算标准的及时予以纠正。通过进行日常监督检查，及时发现在预算执行过程中存在的问题，及时整改，完善制度，堵塞漏洞，形成监督与管理并重，日常监督管理与专项监督检查相结合的财务监督工作新格局，充分发挥了资金的使用效率。

4. 认真开展内部审计，完善财务监督程序　结合所里的实际情况和审计工作计划开展了记账凭证抽查，设备、实验耗材采购，工程项目招、投标工作中的采购程序、手续、合同签订以及执行，档案管理等情况抽查、委托审计业务、所课题项目管理工作内部审计等工作。

二、疾控任务

（一）营养监测工作

营养食品所自 2010 年起承担了卫生部疾控局交付的医改重大项目——中国居民营

养与健康监测项目。2012 年,根据《中国居民营养与健康监测实施方案》,营养监测工作继续有序推进,主要开展了以下工作:

1. 人群营养监测　2012 年监测工作的总体方案为 45 个普通农村点的居民营养与健康状况监测,基本内容包括询问调查、体格测量、生化检测及膳食调查四个部分。

(1) 方案制定:2012 年初修订了 2012 年度中国居民营养与健康监测项目工作手册和问卷,并组织了专家论证。

(2) 年度启动会与国家级培训班:5 月,在湖南省长沙市召开了"2012 年中国居民营养与健康监测项目启动会",来自全国 31 个省(自治区、直辖市)疾控中心、45 个普通农村监测点疾控中心项目的负责人及技术骨干 150 余人参加了会议。

5 - 7 月,为保证监测工作的质量,分别在长沙、厦门、长春和乌鲁木齐举办了"国家级营养监测方法与技术培训班",对 600 余名全国 31 省(自治区、直辖市)和 45 个监测点的技术骨干进行了培训。培训采用集中讲解和分组操作实习相结合,包含基本情况调查、膳食调查、体格测量、生化检测以及质量控制等内容。

(3) 质量控制与现场督导:质量控制工作是保证营养监测科学性的重点工作。营养食品所统一设计制作了工作手册和问卷,采购、配备了体格测量设备及质控试剂;对不能进行统一采购的实验室设备、用品及试剂均指定了生产厂家与型号,要求各省份严格执行分散式采购;现场工作开始前需进行血红蛋白与血糖的盲样进行比对实验,考核合格后方可开始现场工作。

2012 年开展的 45 个普通农村点在开展现场之前均按照要求上报了血红蛋白和血糖盲样质控结果,在得到合格认可以后方开始现场工作。血红蛋白与血糖检测的盲样考核合格率均达到 100%。

7 - 11 月,国家项目组对 2012 年开展监测的全部 29 个省份及 20 余个监测点进行现场质控与指导,并完成了督导报告,总计督导 30 余组次。

(4) 血样送检与管理:截至 2012 年底,营养食品所收到中国居民营养与健康状况监测大城市(除广州市天河区)所有 33 个样本点,1830 盒血样;中小城市 40 个样本点,已送到 34 个点,3970 盒血样;贫困县 29 个样本点,已送到 17 个点,922 盒血样。所有监测点送样均采用低温冷链运送,运抵后需与本所进行交接,检查样本状态。2012 年,除极个别监测点样品有血液外漏现象外,所有样品均保存良好。送抵本所后样本均采用 - 70℃低温冰箱分号保存。

(5) 数据收集与分析工作:2012 年 5 - 11 月,营养食品所对 2010 年和 2011 年上报的 34 个大城市和 41 个中小城市监测点的数据进行了清理。为保障录入质量,营养食品所统一制作了数据录入软件,编写了数据录入手册,并于 2012 年 11 月在北京举办了数据录入培训班。

结果表明,2010 - 2011 年数据及时上报、完成质量较好的省(自治区、直辖市)有:北京、天津、内蒙古、黑龙江、上海、浙江、辽宁、湖南、湖北、广西、陕西、新疆、江苏。

(6) 援疆、援藏工作:克拉玛依市是中国疾控中心的对口支援单位,部署了2012年营养食品所支持的三项营养具体工作:①重点支持新疆监测点的居民营养与健康监测工作;②对克拉玛依市白碱滩区疾控中心提出的开展居民的营养与健康状况调查给予技术支持;③2012年6月底在乌鲁木齐市举办一期国家级营养工作方法与技能培训班,提高该市营养专业人员的营养知识与技能。

3月26-30日,营养食品所派出2名专家赴新疆克拉玛依市进行了营养调查工作技术指导:前往白碱滩区了解基层社区卫生服务中心工作基础及现况,与疾控中心工作人员研究了营养调查工作方法,同时对实验室的质控方法进行技术指导;在全区调查人员培训中,协助当地工作人员进行问卷调查培训,并对调查关键点技术进行了讲解。

8月,为促进西藏居民营养与健康监测工作开展,营养食品所成立了由马冠生副所长牵头的援藏工作组,抽调10名现场调查和实验室检测技术骨干,对西藏自治区疾控中心及拉萨市、林芝朗县两个监测点的约40名技术骨干进行了技术培训和工作指导。9月,营养食品所接收了拉萨市现场调查采集的500余份血样,同时组织人力对拉萨市的调查问卷进行了录入。

2. *食物营养监测* 为向人群营养监测提供科学数据,长期以来营养食品所开展了食物营养监测工作。2012年营养食品所扩大了食物营养监测体系,在全国15个省级疾控中心开展了食物成分监测工作,开始了我国有效、动态、可持续发展的实验室食物监测及队伍体系建设。

5月,在湖南召开了培训班,培训包括食物采样方法、实验室分析技能、质量控制等内容及监测点数据呈报体系应用和注意事项。来自全国15个省(直辖市)的50余名相关技术人员参加了培训。

11-12月,对湖南、湖北、河南、陕西、广东、广西、福建、云南8省(自治区)疾控中心进行了实验室督导和交流,对食物营养监测工作的顺利完成起到了积极作用。

2012年组织完成了我国400余种食物中16项营养成分的测定工作,其中半数工作由营养食品所独立完成。同时营养食品所还完成了部分营养成分数据的质量核查和修正工作,完善了网路数据呈报系统建设,扩充了我国的食物成分数据的可用资源。

此外,为营养食品所录制了营养成分分析标准操作培训资料,为今后可视化培训提供了教学素材。目前已完成了4期节目的录制。

(二)"农村义务教育学生营养改善计划"监测评估工作

为提高我国农村地区学生营养健康水平,2011年11月国务院颁布了《国务院办公厅关于实施农村义务教育学生营养改善计划的意见(国办发〔2011〕54号)》。营养食品所承担了"农村义务教育学生营养改善计划"的监测和评估工作。

2012 年,营养食品所参与制定了《农村义务教育学生营养改善计划实施细则》、《农村义务教育学生营养改善计划营养健康状况监测评估工作方案(试行)》等政策文件,并于2012 年 7 月下发了《农村义务教育学生营养改善计划营养健康状况监测评估技术方案(试行)》,保障了“农村义务教育学生营养改善计划”的顺利开展。

2012 年先后组织举办了 6 期培训班,对“农村义务教育学生营养改善计划”覆盖的 22 个省及部分试点县的 500 余名基层卫生、教育工作者进行了学生营养健康监测、营养宣教及数据直报系统的培训,提高了基层工作人员的业务水平,为“农村义务教育学生营养改善计划”的顺利开展提供了技术储备。

为配合“农村义务教育学生营养改善计划”的顺利实施,营养食品所编制出版了《农村义务教育膳食营养指南手册》并发放到所有试点县;向 50 个重点监测县发放了《健康校园》学生用书和教师用书 5.5 万册。对此,国务委员刘延东同志表示了对中国疾控中心工作的肯定,并建议各地参照执行。

“农村义务教育学生营养改善计划”是一项重要的惠民工程,涉及 15 个部委,卫生部门主要负责“学生营养健康监测和膳食及营养宣传指导”。营养食品所充分发挥技术优势,积极参与政策制定、开展基层培训、组织学生营养健康监测、开展营养配餐指导、编制发放营养宣传材料,为“计划”的顺利开展提供了政策依据、培养了工作队伍,形成了有力的技术保障,为农村学生营养改善工作顺利实施保驾护航。

(三)贫困地区儿童营养改善试点项目

为贯彻落实《中国儿童发展纲要(2011 - 2020 年)》和《中国农村扶贫开发纲要(2011 - 2020 年)》,改善贫困地区婴幼儿营养和健康状况,提高儿童家长科学喂养知识普及程度,卫生部和全国妇联计划为 6～24 月龄婴幼儿免费提供营养包,预防婴幼儿营养不良和贫血,提高贫困地区儿童健康水平。营养食品所是此项目的技术支持单位,主要负责项目培训资料设计、基线调查和效果评估方案设计及督导、营养包招标采购要求的撰写、项目培训等工作。

项目已经成立了国家级专家技术指导组(首席专家陈春明、组长朱宗涵和马冠生);卫生部和全国妇联联合印发了《贫困地区儿童营养改善试点项目管理方案》、《贫困地区儿童营养改善试点项目技术方案》、《贫困地区儿童营养改善试点项目招标采购要求》。

10 月,儿童营养改善试点项目在山西太原召开了启动会。山西、湖北、湖南、重庆、贵州、云南、陕西、青海、西藏藏族自治区、新疆维吾尔自治区 10 个项目省(区、市)的卫生厅局和妇联主管负责同志,卫生部牵头联系的吕梁山片区 4 个项目市、20 个项目县的有关领导,财政部、国务院扶贫办、卫生部和全国妇联有关司局领导以及项目专家组成员、营养食品所有关人员等共计 200 余人在主会场参加了会议。

11 月,儿童营养改善试点项目基线调查培训班在北京举办。营养食品所有关人员,山西省、湖北省、云南省、新疆自治区、湖南省、西藏自治区、青海省和陕西省卫生厅妇社处及省妇幼保健院，湖北省利川县及长阳县、山西省永和县及岚县、云南省兰坪县及鹤庆县6个基线调查项目县卫生局及妇幼保健院等单位60余人参加了会议。

（四）营养标签法规宣贯工作

为保证2013年《国家食品安全标准预包装食品营养标签通则》的顺利实施，2012年营养食品所加强了该标准的贯彻落实和技术支持力度。应卫生部要求，营养食品所筹备和启动了“国家预包装食品营养标签教育行动计划”，带动省级了教育计划和师资培训；积极组织参与部级、省级卫生监督、质检、工商、食品协会、营养师等不同层面的标准宣贯，详细讲解技术要点；对百姓、社区、超市、媒体进行宣传教育，面向社会多角度加强宣贯力度。同时，营养食品所组织撰写了《标准技术指导手册》和《分析技术手册》，完成了《标准》问答文本并上传卫生部网站公布。

为促进营养标签推广工作，营养食品所策划完成了“国家预包装食品营养标签教育行动计划”，旨在全国疾控系统中形成聚焦、联动和规模效应。启动会议邀请了卫生部监督局、疾控局、中国疾控中心及营养食品所的各级领导参加，中国食品工业协会、中国营养学会、中国乳品协会、中国饮料协会等行业协会和10个省级疾控中心参加了会议。全国22家报刊、2个电视媒体和多个网络媒体报道了启动会议，起到很好的宣传带动作用。

在营养食品所的积极影响下，黑龙江、浙江、天津、河北、江西、湖北、云南、山东等20个省（直辖市、自治区）卫生厅及疾控中心启动了营养标签的培训和宣传计划，其中黑龙江和浙江省疾控中心分别召开了省级营养标签行动启动会议，形成一定的聚焦和规模效应。

营养食品所多次参加了部分省（直辖市）监督局、质检、工商部门组织的企业培训。同时，营养食品所还参加了中国乳品协会、中国焙烤工业协会、中国饮料工业协会、中国营养学会、中国馅料协会、中国粮油协会等行业协会组织的标准宣贯培训超过20次。

为推进营养标签的实施，简化和加深各执行单位、企业对营养标签的理解，营养食品所完成了2万余字的《营养标签通则问答》，通过卫生部网站及时向外界公布，对企业和监督工作实施起到了良好的指导作用。

三、科研工作

（一）《农业部转基因生物新品种重大专项——转基因生物的食用和饲用安全评价技术》

《农业部转基因生物新品种重大专项——转基因生物的食用和饲用安全评价技术》是营养食品所承担的重要课题。本课题以专项研发的转基因生物新材料和新品系为重点，建立了转因基生物食用和饲用2套安全评价技术体系；提出或建立转基因生物食用和饲养安全评价程序或标准20余项;提交了安全评价技术报告30项,其中食用18项,饲用12项;研制转基因生物安全评价新方法、新技术10项,其中食用7项,饲用3项。此外,还研制动物评价模型5个,建立转基因食品成分对比数据库及南北方血清库等。

(二)组织开展“中国健康与营养调查”

“中国健康与营养调查”是营养食品所与美国北卡大学合作项目,本轮执行期为2008-2013年。2012年初,营养食品所开始进行2011年现场调查问卷整理核对和数据录入工作,5月底完成了数据录入工作,并于6-8月对所有数据进行了清理核对。目前2011年所有调查数据已经返回各省并进入数据分析阶段。

5月,为提高研究水平和项目数据使用率,营养食品所举办了“中国健康与营养调查:研究设计国际研讨与培训会”,来自北卡大学的10余位学者与来自12个项目省的50余名工作人员就提高数据质量及数据分析思路和方法进行了深入交流。

针对“中国健康与营养调查”项目,营养食品所还进行了以下工作:进一步完善了计算机辅助面访系统;对1989-2009年的数据进行了系统分析,并就过去20年中我国居民的膳食结构和营养状况的变化发表文章20余篇;在湖南补充收集的尿钠数据,以进一步研究钠摄入对高血压的影响。

(三)“863”课题——促进生长发育的强化食品研究与应用

2012年,营养食品所完成了87种营养强化剂单体、9种辅料和食物载体的物性检测工作,包括电镜图片、粒度分布数据、休止角、松装密度、振实密度、流动性指数、喷流性指数、吸湿速率曲线、分散度等共18个物性指标,建立了营养素单体数据库,并通过预实验采用超微粉碎结合颗粒整形包覆技术用于营养素预混料生产的可行性;协调项目参与单位的工作按计划完成项目工作;组织项目参与单位召开了“促进生长发育的营养强化食品的研究与开发”课题验收准备工作会。

四、其他业务工作

(一)组织推动全国《营养改善工作管理办法》贯彻实施

2012年,了解各省营养工作的情况,营养食品所对全国省级疾控中心《营养改善工作管理办法》贯彻实施情况进行了调查。

结果显示,在营养机构人员配置上,除新疆生产建设兵团疾控中心外,都设有负责营养工作的科室,其中有独立的营养科室,也有和其他专业并在一起的科室。专门负责营养工作的人员数量最低为1人,最多为13人。营养工作人员的职称主要为医师和主管医师,其次为副高和高级职称。营养工作人员的学历水平主要为本科,其次为硕士研究生及以上、大专。

2011年，大部分疾控中心承担了对市县级疾控中心进行营养调查监测的技术培训工作，并开展了居民营养知识的宣教、膳食指导工作。仅有少数疾控中心开展了营养改善示范单位试点工作和学校配餐营养指导工作。

6月1日在苏州召开了《营养改善工作管理办法》宣贯先进集体和个人评比表彰大会，全国共有11个先进集体和18名先进个人受到了表彰，对我国营养工作起到了促进及鼓舞作用。

(二)卫生部营养标准委员会工作

卫生部营养标准专业委员会于2010年11月份成立，营养食品所作为标委会的秘书处，承担了本标委会卫生标准制修订、管理、宣传、技术咨询、信息收集、整理、分析、研究及大量的组织、联络协调和文件起草工作。

根据卫生部的要求，组织标委会委员和营养专业人员积极申报2013年营养标准编制立项，并向营养标委会主任委员、副主任委员、秘书长等汇报、征求意见，进行初步审核，上报卫生部监督中心。

2012年3月，营养标准委员会评审会对2011年制定的5个标准进行了第二次评审，5项标准全部通过审查并且完成上报；2012年12月营养标准委员会评审会对2012制定的4个标准进行了审查。秘书处还协助学校卫生标委会完成了二项标准的审议工作，并协助信息标委会完成了一项标准的审议工作。

2012年12月，在儿童基金会资助下，秘书处组织了全国疾病预防控制系统“紧急情况下的营养保障指南”的宣传培训，来自30个省(直辖市、自治区)的相关人员参加了培训并收到良好效果。

(三)中国最弱势妇女和儿童的营养状况

根据项目计划，营养食品所完成了“联合国千年项目——改善中国最弱势妇女和儿童的营养状况”贵州、云南、陕西3个项目点的现场工作并进行了营养包发放和效果评估。同时于本年年底召开了项目总结会。

(四)《强制戒毒人员食物供给量标准》及《强制隔离戒毒人员膳食指南》制定工作

2012年4月，营养食品所接到司法部委托制定《强制隔离戒毒人员食物供给量标准》和《强制戒毒人员膳食指南》工作任务。营养食品所紧急动员，在短时间内制定了项目实施工作方案，并分别赴四川、贵州、云南、广东、浙江、河南等省份对不同规模戒毒所内戒毒人员的营养状况调查。经数据分析和总结,营养食品所起草了《强制戒毒人员食物供给量标准》和《强制隔离戒毒人员膳食指南》,并召集卫生部、司法部有关专家和基层管理干部进行论证,目前项目已通过司法部主管部门劳教局验收。

(五)食品安全国家标准《特殊医学用途配方食品通用标准》制定工作

营养食品所承担了食品安全国家标准《特殊医学用途配方食品通用标准》的起草工作。由于该标准涉及人群敏感、部门众多、内容广泛,营养食品所于2012年度进行了3次大规模的专家论证和多次小型论证会,对草拟的《特殊医学用途配方食品通用标准》及编制说明进行了多次修改。目前该标准已上交国家标准委员会秘书处,并完成了网上征求意见程序。

(六)技术服务工作

2012年营养食品所共受理委托样品94件,其中毒理学安全性评价实验34份、功能性评价试验32份、菌种毒力试验14份、卫生学、稳定性试验42份,单独成分检测5份,补测9份;复检1份。

营养食品所全年共校核报告200份,发出检验报告150份,档案整理150份,接待档案核查任务3次,同时协调、联络、解决药监局及中检所有关检验或申报过程中存在的相关问题。

(七)营养干预

营养食品所承担了汶川地震灾区婴幼儿营养干预项目的实施工作。该项目由卫生部疾控局主持,联合国儿童基金会资助。2012年,营养食品所完成四川省汶川、理县、茂县、青川、彭州,陕西省宁强,甘肃省文县、康县8个县工作总结及项目结题会;起草了项目综合工作报告及生物学效果分析报告、营养包卫生经济学评价报告等三个方面工作的结题报告;制作了营养包工作宣传片《爱从这里开始》。

五、科普和健康教育

(一)组织编写和普及《营养知识读本》

为推进基层医疗人员营养知识普及工作,在儿童基金会的资助下,营养食品所组织编写了针对社区、乡镇医疗卫生人员使用的《营养知识读本》。2012年3月,营养食品所在河南三门峡市对当地60余名社区和乡镇医疗卫生人员进行了《营养知识读本》普及培训,收到很好的效果。

（二）加强对外宣传

营养食品所充分利用新媒体，包括微博、博客、网络访谈、手机报等，广泛开展宣传教育。目前已开展的科普工作有：

(1) 与新浪网每月两次微博访谈、每月一次视频访谈(3 月 1 日开始第一次微访谈)；

(2) 在人民网进行了一次健康访谈；

(3) 在北青营养健康公益讲堂进行一次实时微博转播，后通过北青微博矩阵、北青营养健康大讲堂专页及其他新媒体媒介，以文字、图片和视频再次传播。

六、质量控制

（一）内部质量监督

营养食品所组织实验室开展了内部质量监督活动，并对近两年新入所职工进行了针对性的内部质量监督。监督内容包括仪器设备、检验方法、原始记录、检验报告等四个方面，监督结果显示各项检查内容均符合要求。同时，相关科室人员对每间实验室及地下室的冰箱、空调、所有房间的电源及“实验室设施与环境安全检查表”再次进行了全面安全检查，消除了安全隐患。

（二）仪器检定和校准

按照程序要求，承担仪器检定和校准工作。制定了仪器设备检定/校准计划，并按照计划完成了所有强检仪器设备的检定/校准，确保了量值的准确性，确保了所有在用仪器设备的正常运转，确保了检测工作质量。

七、安全管理

（一）整体安全管理

一个良好安全的环境，是做好一切工作的前提。营养食品所领导、各级干部和全所职工，始终坚持“稳定保科研、安全保效益”的指导思想，不仅在思想上重视综合治理工作，而且通过加强组织建设、逐级签订了责任书、修订补充了应急预案、采取多种形式加强宣传教育、强化安全检查等多项具体措施，提高了职工群众群体防范意识和防范能力，为所内各项工作的正常开展提供了有力保障。为了确保工作安全，提高职工安全意识，多次对各处室进行安全检查，清除隐患，各处室认真对待，积极配合做好防火、防盗工作。在重大节日、重大活动期间，加强安全管理，加强节日期间的值班制度，提高职工群众群体防范意识和防范能力。严格交通安全管理，对机动车驾驶员及职工进行交通安全教育，通过知识答题等形式，强化交通安全意识和消防知识。

(二)实验室安全管理

1. 实验室安全日常管理　坚持“一日两查”制度。即各房间安全员每日早晨上班时和晚上下班时进行安全检查并做记录，室安全员负责监督，室主任每周查看记录表格并签字确认。坚持节假日检查，每逢节假日组织所安全员对实验室进行安全大检查，及时发现问题及时解决问题，安全无小事，将安全隐患杜绝在日常的细微之处。此外，营养食品所随时接受中心实验室管理处及相关主管部门定期及不定期的监督检查和突击检查。

2. 第六届实验室安全周活动　根据《中国疾病预防控制中心关于举办第六届实验室安全周活动通知》(中疾控实发〔2012〕119号)精神，营养食品所高度重视，迅速组织实施，在中心安全周主题“实验室安全—你我共同的责任”的基础上，结合所内实际情况，提出了营养食品所安全周口号“质量过硬，安全先行”并开展了一系列相关活动。

3. 十八大期间实验室安全工作　以“平安十八大”为中心，按照“统一领导、属地负责，全面监测、及时预警，预防为主、群防群控”的工作原则，加强本所实验室安全管理，有效开展东西区实验室安全工作自查和督导检查，确保十八大期间的实验室安全。

八、发展规划

为做好营养食品所的建设发展工作，2012年3月，在中心的领导下，营养食品所成立工作组，组织有关专家开展了“营养发展史”、“面临的营养问题”和“营养工作发展规划”的编写工作，力争抓住机遇，在明确营养问题的基础上，为本所发展指明目标和方向。

营养食品所领导将所发展规划作为所里的一项重要工作，从国家的高度编制《中国营养问题白皮书》。经过所务扩大会议讨论通过，从所经费中划拨20万元作为此项工作的专项经费，从专业技术人员中抽调精兵强将加强编写工作组力量。

目前，此项工作已经取得了较大进展，完成了《中国营养问题白皮书》的整体框架和主要内容，营养食品所将组织专项研讨，做进一步修改完善。

九、“黄金大米”事件处置工作

2012年8月31日，营养食品所接到中国疾控中心转来湖南省疾控中心电话记录，称媒体报道“国际环保组织绿色和平8月30日向媒体表示，2012年8月1日发表于《美国临床营养学杂志》的论文《黄金大米中的β-胡萝卜素与油胶囊中的β-胡萝卜素对儿童补充维生素A同样有效》，文中称美研究机构对24名中国湖南省儿童进行转基因大米人体试验”。论文的第三作者 Shi - an Yin（荫士安）是中国疾控中心营养食品所的研究员。

营养食品所得知情况后，所领导高度重视，在中国疾控中心领导的现场指挥下，立即组织有关人员召开会议，开展调查。2012 年 9 月 2 日起正式召开专题会议，分别成立了负责“黄金大米”事件的调查组、舆情监测与宣传组、后勤保障及对外联合组。截至 2012 年 12 月 6 日中国疾控中心、湖南省疾控中心和浙江省医学科学院发布联合调查报告，营养食品所专门工作组在卫生部及中国疾控中心领导下，与相关单位开展联合调查达 97 天，查阅科研、人事、财务档案共计 87 卷，参与、组织开展专题会议 80 余次，与涉事人员谈话 43 人次，与媒体沟通 21 人次。

在事件调查过程中，营养食品所积极配合上级有关部门：2012 年 10 月 1－8 日派遣本所专家参与中心联合调查组赴美国塔夫茨大学开展了深入调查；配合中心政研中心做好信息发布与后续处理工作；根据卫生部指示，配合中央电视台录制“黄金大米”事件调查相关节目。

根据调查情况认定：项目所用“黄金大米”从境外带入时未经申报批准，违反了国务院农业转基因生物安全管理有关规定。项目在伦理审批和知情同意告知过程中，刻意隐瞒了试验中使用的是转基因大米，没有向学生家长提供完整的知情同意书，违反了卫生部《涉及人的生物医学研究伦理审查办法(试行)》规定以及科研伦理原则，存在学术不端行为。项目主要当事人在接受有关部门调查项目实施情况时，隐瞒事实并提供虚假信息，严重违反科研诚信。

根据有关规定营养食品所对“黄金大米”事件中违反国家有关规定及科研道德的荫士安同志给予了相应的党政处分：撤销其妇幼营养室主任职务，降低专业技术岗位等级一级；建议中国疾控中心学位评定委员会解除荫士安博士研究生导师资格；禁止其在 3 年内参与科研活动。撤销荫士安同志营养食品所党委第一党支部宣传委员职务。此后营养食品所学术委员会和学位评定委员会召开专题会议对荫士安承担课题以及对其在读博士研究生和博士后合作导师更换事宜进行妥善处置，同时修订了中国疾病预防控制中心营养与食品安全所伦理审查委员会章程及相关规定。

营养食品所从该事件中吸取经验教训，在完善科学伦理组织机构、加强制度建设、严格审查审批程序等方面加强全所科研管理。举一反三，对违反伦理道德、无视法律法规行为予以严肃处理，引导科研人员科学规范地开展业务工作。

十、学术与科研管理

(一)在研课题的管理

2012 年营养食品所承担的 17 项科研课题全部按计划进行，其中国家高新技术发展计划(863 计划)1 项；卫生部公益性行业科研专项经费 1 项；主持农业部重大专项《转基因生物新品种培育》课题 1 项，参与课题 1 项；国家科技支撑计划项目(攻关)5 项；国家自然科学基金项目5项;卫生部有关司局及其他省部级资助课题5项;2012年营养食品所还承担了5项横向合作课题和其他任务。

(二)新课题申请

2012年营养食品所共获准各类基金资助合计17项,其中国家科技支撑计划项目3项,国家自然科学基金项目2项,卫生部有关司局及其他省部级资助课题获准课题5项,其他获准课题7项。

(三)科技奖励

马冠生、胡小琪等负责的项目《我国儿童肥胖防控技术研究及应用》获中国营养学会科学技术奖三等奖;

韩军花、杨月欣等人所负责的项目《我国常见植物资源中植物甾醇数据库的建立与应用研究》获中国营养学会科学技术奖三等奖。

(四)交流与合作

2012年共派出出国(境)人员30批,44人次;接待来访外宾2批,5人次。接待顺访外宾20余人次。派遣相关人员参加重要的国际会议,主要包括:"世界卫生组织儿童健康饮食地区研讨会"、"营养科学国际会议"、"国际膳食和身体活动评价方法大会"、"国际脂肪酸研究大会"、"日本营养和食品科学协会年会"、"功能食品和膳食补充剂科学和标准研讨会"、"肥胖协会科学年会"等,加强了本所的营养研究工作与国际交流。

(五)研究生培养

完成2012年硕士研究生入学考试和招生录取工作,共录取硕士研究生11名、博士研究生10名。

组织完成营养食品所2009届9名硕士研究生、7名博士研究生的毕业论文答辩工作。

完成并上报2012年度新增研究生导师的遴选工作,上报博士研究生导师1名,硕士研究生导师2名。

完成营养食品所2013年研究生招生导师遴选和编制招生目录。

2012年9月完成2013年国家级继续医学教育项目的申报工作,新申报项目2项,备案项目1项。

组织所内专家完成2012级MPH、USPH"营养与食品卫生"专业课的教学任务。

组织所内专家完成2013年硕士研究生招生考试卫生综合中营养与食品卫生学部分

命题工作。

十一、党群工作

（一）结合基层组织建设年活动，进一步深入推进创先争优活动

1. 年初，在党群工作年会上各党支部汇报了 2011 年支部工作及创先争优活动开展情况，党委书记对各党支部开展创先争优工作情况进行了点评。所有参会人员对所党委进行了评议，并填写了《中国疾控中心基层党组织创先争优活动群众评议问卷》。同时在职的 8 个党支部采取集中评议的形式，组织本支部所在处室的职工群众对党支部及党员进行了评议，并按要求认真填写了《群众评议问卷》、《党员创先争优活动群众评议问卷》。

2. 根据中心党委要求制定了《营养与食品安全所“三好一满意”活动工作方案》并发放到各处室。为做好“为民服务创先争优”、“三亮、三比、三评”工作，引导党员履职尽责创先进、立足岗位争优秀，有计划有节奏地推进创先争优活动。

3. 开展基层组织建设各项活动。

（二）做好党的十八大代表选举工作，扎实开展十八大精神学习宣贯工作

所党委认真组织做好十八大代表候选人的提名推荐工作，以及中央国家机关工委党代会会议代表的推荐提名工作并及时汇总投票情况，如实上报中心党委。在组织推选工作中，各党支部书记克服业务工作任务重、出差较多等困难，圆满完成了推选工作。

党的十八大胜利召开，圆满落幕。经所党委的积极宣传和号召，全所职工准时围坐在一起，通过网络视频集中观看十八大开幕仪式，出差开会的职工则利用休息时间收看了十八大的图片实录、专题报道等后续报道。此外，营养食品所离退休职工非常关注党的这一盛事，他们主要通过电视收看了十八大的开、闭幕式，部分老同志收听了广播。根据卫生部、疾控中心党委的要求，结合本所特点，组织发放到各处室、各支部及中心组成员《十八大报告》，同时还下发了编纂《十八大精神学习材料》作为各支部学习借鉴的蓝本，所党委及时订购十八大图片通过展板进行了展示，给每位党员发放了《党章》，同时结合学习情况组织了知识答题活动，为进一步加强广大党员群众对十八大会议精神的理解，掀起了学习十八大精神的热潮。

（三）结合学习十八大精神，加强精神文明建设

(1)加强职工素质教育，认真组织职工学习贯彻《政府工作报告》、十七届六中全会精神、十八大精神等，并开展相关内容的答题活动。结合本所的发展以及职工的思想实际，开展相关内容的大讨论活动。积极探索好的文化活动的长效机制，促进本所文化建设发展、繁荣。

(2)因地制宜开展职工文化活动,推动本所文明建设。组织开展了每年一次的迎新春联欢会、乒乓球比赛、第九套广播体操即趣味运动会、羽毛球比赛等丰富多彩的文体活动,强健体魄,增进团结;结合国际“三八”妇女节,开展庆“三八”健康营养知识讲座活动,邀请有影响力的3位专家为大家讲授营养健康知识;结合“学雷锋日”开展学雷锋主题活动;积极参加上级单位组织的各项活动,充分展现了积极向上的精神风貌。

(3)制定《营养与食品安全所“服务创一流、巾帼展英雄”活动计划》,组织曾获“全国巾帼建功文明岗”的监测与风险评估室开展“为边老困地区妇女儿童做一件实事”的爱心帮扶活动,所党委号召广大党员、职工捐赠适合中小学生阅读的课外读物。开展了向实行计划生育的贫困母亲捐款活动。

(4)在营养与食品安全所建所十周年之际,组织开展了“十年感悟,寄语未来”寄语征集活动,所党委征集了每位职工的寄语并将寄语集结成册,发放到每位职工。

(5)积极组织团员、青年职工积极参加中心团委组织的纪念建团90周年活动,同时积极认捐树木活动,参加学习十八大精神座谈会等活动。

(刘开泰 赖建强 于欣平 王烨 潘丽莉 曹薇 周雪飞 张鹏)

环境与健康相关产品安全所

一、突发公共卫生事件应急处理与环境卫生应急工作能力建设

(一)重大突发公共卫生事件应对与现场应急技术支持

1. *广西龙江河镉污染事件应急处置* 2012年1月15日,广西柳州龙江河拉浪水域水质重金属镉含量超《地表水环境质量标准》(GB3838-2002)Ⅲ类标准(镉≤0.005mg/L)约80倍,龙江河沿岸及下游居民饮水安全遭到严重威胁,广西壮族自治区启动突发环境事件Ⅱ级应急预警。2012年1月31日,应广西壮族自治区卫生厅的要求,并受卫生部卫生监督局和中国疾控中心委托,环境所先后派白雪涛副所长和张岚研究员参加卫生部应急专家组到达柳州。为确保柳州300多万市民饮用水安全,根据应急指挥部的工作要求,专家组与当地疾控、卫生监督专家一起按照备用水源的卫生状况、检验情况及是否具有消毒设施,供水量等对备用水源进行了分类,对出具检验结果的52家备用水源进行了评估,确定了首选备用水源和备选备用水源,并明确要求启用备用水源时必须经过消毒处理后方可供水。专家组在现场工作期间,还多次对柳州市疾控中心进行考察,对该中心的水质监测能力和硬件配置情况进行了实地调查,专家组帮助制定了饮用水水质监测方案。专家组还及时上报了镉污染事件的总结报告,卫生部陈竺部长在报告上批示"向中国疾控中心专家组表示敬意"。

环境所专家在直接参与镉污染的处置工作的同时,还组织环境化学、毒理学和流行病学方面的专家完成了镉污染"一问一答"材料的编写,报送卫生部监督局。

2. *江苏镇江水源苯酚污染现场处置* 2012年2月3日,江苏镇江的饮用水出现异味。2月5日,根据中国疾控中心要求,环境所派林少彬、鄂学礼两位专家于当日下午赶赴江苏镇江参加相关处置。两位专家通过实地考察和现场调研,仔细梳理饮用水污染过程,排查饮用水污染环节,最终分析确认,造成镇江饮用水异味原因为原水中苯酚污染加氯消毒后形成了氯酚,氯酚具有异味,造成了饮用水出现了异味。经进一步的检验和评估,镇江自来水中的苯酚含量低于造成人体健康损害的下限值,科学引导了当地民众对饮用水出现异味的认识,消除了恐慌。

3. *"毒胶囊"样品铬含量检测* 2012年4月15日,央视《每周质量报告》当期节目《胶囊里的秘密》,曝光了河北某些企业用工业明胶制成药用胶囊,重金属铬含量超标。

2012 年 4 月 21 日,按照卫生部和国家食品药品监督管理局的部署,中国疾控中心王宇主任在环境所组织召开了疾控系统应对“毒胶囊”铬超标事件工作布置会。根据会议安排,本所承担 50 份胶囊样品的铬检验。至 4 月 22 日上午,环境所先后收到北京市昌平区和西城区药监局抽检的两批次共 50 份胶囊样品,随即对样品进行登记、编号,按照实验方案对样品进行分析测定;4 月 23 日对样品进行复测,并同时进行实验室内比对,确认超标样品,至当晚 7 点完成结果并上报。

4. 广西合浦水质调查　根据卫生部监督局《关于请尽快派员赴广西合浦县了解农村师生饮水不安全问题的函》的要求，中心公卫处要求环境所派专家前往广西合浦县，参与调查该县饮用水问题。2012 年 7 月 21 日，环境所派曹兆进研究员和胡小键助理研究员会同中心公卫处王炎博士组成调查组赶赴现场。调查组因天气原因于 22 日下午抵达广西合浦县，随即与合浦县政府组织的由卫生、环保、教育、水利等部门代表参加的学校饮水安全座谈会，了解当地有关学校饮用水安全方面的情况，并制定了现场调查方案。7 月 23 日，调查组到使用自备水源的常乐中学和石康中学进行调查，了解两个学校供水，水源管理、学生因病请假等方面的情况，并采集两个学校的自备水源水水样各 1 份；到常乐镇卫生院和石康镇卫生院了解当地居民及学生、儿童就诊情况，并采集两个卫生院的自备水源水水样各 1 份。现场采集的 4 份水样，经检验，除 pH 值超标外，其他指标未发现问题。但调查组同时发现学校因经费不足，未能普及自来水使用，并存在学校饮用水安全监督、监测能力不足，学校未能配备相关医务和卫生人员等问题。

5. 河北保定“7.21”洪涝灾害现场处置及余氯速测盒支持　2012 年 7 月 21 日,河北省保定市发生自 1963 年以来致灾性最强的一次特大洪涝灾害,持续特大强降雨袭击了涞源、涞水等地,造成了饮用水供水困难。按照卫生部监督局要求,环境所派应波研究员赴现场参加了安全供水的技术指导工作。8 月 21 日,环境所得知河北省保定市卫生部门在救灾工作中亟需检测水质的余氯速测试剂盒,所领导班子十分重视,立即组织有关业务部门赶制余氯试剂盒。环境所蔡士林同志、金宁同志仅用三天时间即完成了 200 套余氯速测试剂盒的制作。8 月 24 日,环境所将价值 3 万元的余氯速测试剂盒交付保定市卫生局。

6. 内蒙古丰镇市有机物泄露现场处置　2012 年 8 月 24 日晚,内蒙古自治区丰镇市城郊发生一起含有煤焦油渣及二氯丁烯混合液的罐装车气体泄漏事故。8 月 30 日应内蒙古自治区疾控中心的请求,并根据中心安排,环境所派曹兆进研究员参加专家组,即赴内蒙古丰镇市协助和指导当地开展本次事故的卫生应急处置工作。根据当地提供的资料及专家组现场补充调查信息,未发现有暴露人员达到急性混合性气体中毒诊断结论的病例。专家组于 9 月 1 日完成现场工作并经中心领导同意返京。

7. 云南彝良“9.7”地震应急处置　2012 年 9 月 7 日中午,云南省昭通市彝良县、贵州省毕节市威宁县交界地区连续发生5.7级和5.6级地震，造成严重的人员伤亡。按中心部署，环境所于9月9日派应波研究员抵达彝良县城，9月18日白雪涛副所长和胡小键助理研究员也抵达了彝良。3位专家先后参与了饮用水卫生安全监督监测工作计划的制定，集中安置点公共卫生状况与需求饮水卫生部分评估和现场督导，水源、水厂水质管理情况调研、评估，彝良县疾控中心的实验室检验工作技术指导等。该项工作得到了卫生部应急办的肯定。

8. 神舟九号飞行器微生物控制检测　2012年4月，受航天院委托，环境所完成了北京空间站神舟九号飞行器微生物控制检测技术规范的研究和制定工作。完成神舟九号飞行器北京基地和甘肃酒泉基地轨道舱和返回舱微生物检测及回收基地返回舱微生物检测任务。完成天宫一号舱内微生物检测任务。

9. 湖南湘乡含铬水污染情况调查　2012年8月29日，中国疾控中心公卫处要求环境所派两位专家赴湖南湘乡了解饮用水疑似含铬安全问题。8月31日，环境所指派白雪涛副所长和鄂学礼研究员前往湖南湘乡，经调查，当地确实存在铬污染问题，但当地居民饮用水均为自来水，饮水未发现不安全问题。

（二）环境卫生应急工作能力建设

1. 举办环境卫生应急工作研讨会　2012年9月4－8日，环境所在广西柳州市举办了饮用水卫生保障与水污染事件应对策略研讨会。会议邀请了全国各省级疾控中心代表和部分卫生监督机构的70余位代表，对我国饮用水卫生保障与应急实践工作进行了研讨，并对广西龙江河镉污染事件现场进行了实地考察。

2. 参与组建中国疾控中心卫生应急工作队　按照中心要求，环境所上报白雪涛、张伟、张新建、应波、王秦、孙宗科、班海群、张剑、陈曦9名同志作为中心卫生应急工作队成员，11月份其中6名同志参加了本年度的户外生存及医疗急救训练。

3. 制定《环境所食品安全事故流行病学调查中实验室应急检测工作方案》　根据《中国疾控中心关于加强食品安全事故流行病学调查中实验室应急检测工作的通知》（中疾控应急发〔2012〕124号）文件要求，环境所制定并上报了食品安全事故流行病学调查实验室应急检测工作方案。

4. 参加美国疾控中心访华评估和交流　2012年5月28日－6月11日，美国疾控中心专家组对中国公共卫生安全体系进行了评估。环境所在交流研讨会上汇报了环境卫生的应急工作概况并参加了后续在中心新址开展的相关培训。

二、卫生保障工作

按照中国疾控中心部署，中国共产党第十八次全国代表大会在北京召开期间，环境所成立了以高贵凡书记为领导小组长的十八大卫生保障工作组，并根据保障工作任务要求,组织相关研究室就饮用水、空气质量、环境消毒等方面的卫生保障工作进行了人员、设备和物资方面等的应急准备。

三、环境与健康四个监测网络的运行

(一)全国饮用水卫生监督监测网络建设与运行

按照卫生部《2012 年国家饮用水卫生监督监测工作方案》,环境所协助卫生部完成并实现了水质监测和供水单位监督结果使用互联网网络直报。截至 2012 年 11 月底,全国 31 个省(直辖市、自治区)以及新疆生产建设兵团共计 1208 个市级单位上报了饮用水卫生监督监测信息,涵盖省会城市 26 个、地级市 255 个、县和县级市 927 个。全国共建立上述各类水质监测点 27 735 个,其中城市市政集中式供水出厂水水质监测点 2630 个,市政集中式供水末梢水水质监测点 14 775 个,城市自建设施集中式供水出厂水水质监测点 819 个,城市自建设施集中式供水末梢水水质监测点 889 个,城市二次供水水质监测点 6662 个,农村学校自建设施供水水质监测点 1960 个。

2012 年，组织全国 31 个省（直辖市、自治区）以及新疆生产建设兵团共计1112 个市，开展了饮用水水质检测工作，涵盖省会城市 26 个、地级市 236 个、县和县级市 850 个。全国共检测水样 55 384 份，其中城市市政集中供水出厂水水样 4818 份，末梢水水样 31 977 份；城市自建设施集中式供水出厂水水样 1385 份，末梢水水样 1596 份；城市二次供水水样 13 171 份，农村学校自建供水设施饮用水水样 2437 份。监测结果表明：市政集中式供水和自建设施集中式供水出厂水水质全分析合格率分别为 87.9％和 77.0％；市政集中式供水和自建设施集中式供水末梢水水质季监测合格率分别为 84.5％和 66.7％；城市二次供水水质季监测合格率为 75.0％；农村学校自建设施供水水质合格率为 36.6％。

(二)空气污染与疾病监测网络建设与运行

2012 年,环境所在稳步推动现有 8 个监测点(江苏、太原、深圳、武汉、哈尔滨、张家港、上海、北京)的常规工作基础上,召开了两次项目总结会和一次监测结果网络直报培训班,并多次进行现场督导,重点加强和完善项目总结和数据质量的提高,并对数据质量控制和网络直报、数据可利用性保障、数据统计分析、现有成果总结、论文撰写、加强 PM2.5 监测、仪器设备需求分析和购置预算审核、工作队伍稳定、工作经费管理、专项培训、修订和完善监测技术指南、多部门合作机制建设、拓宽相关项目的联合申请渠道等方面的工作进行了梳理和深化。

2012 年,对原网络直报系统进行升级改造,以保障直报数据的数量和质量,并顺利上线运行。对 2000－2011 年网络直报数据中的垃圾数据进行了清理,同时要求各监测点对未报数据进行补报。

2012 年，环境所利用卫生行业专项资金的资助，积极以监测点工作为基础，在太原、武汉、南京、深圳 4 个监测点城市进行空气污染健康风险评价技术研究，开展了室内外空气污染物相关关系、不同高度污染物浓度分布、空气污染对儿童哮喘影响等项目研究工作，完成了《空气污染与疾病监测技术指南》初稿。

2012 年，共收集气象监测数据 106 062 条；大气污染监测数据 89 420 条；社区大气污染补充监测数据 4056 条；室内空气污染监测数据 2205 条；大气污染空间分布监测数据 904 条；人口资料 162 份；死亡 679 088 例；小学生问卷调查 46 个文件；小学生症状监测 39 245 人次；小学生健康体检 28 788 人次；小学生肺功能测试 38 240 人次；中老年问卷调查 18 个文件；中老年人慢性阻塞性肺病调查 16 个文件；中老年人冠心病调查 16 个文件；中老年人症状监测 187 111 人次；中老年人健康体检 7999 人次；中老年人肺功能测试 2487 人次；江苏南京大厂区和江宁区报告了居民健康档案数据；各监测城市报告了 2 846 518 条医院门诊监测数据。

（三）全国医院感染-消毒监测项目评估

2012 年，全国医院感染-消毒监测项目采用消毒学、医院感染学和现场流行病学方法，针对我国医院消毒与感染控制现状，在黑龙江、吉林、山东、河南、湖北、上海、江苏、浙江和广东 9 个省市的 29 家医院开展了监测，监测内容包括消毒和灭菌效果（包括医疗器械清洗效果、内镜清洗消毒效果、压力蒸汽灭菌器灭菌参数和灭菌效果）、医院环境微生物污染和消毒效果监测（包括手术室空气、重点科室一般物体表面、口腔科用水、医院污水）、医护人员手卫生监测（外科手消毒效果、医护人员卫生手卫生状况等），并开展了小型压力蒸汽灭菌器灭菌过程和灭菌效果影响因素专项监测，以及过氧化氢低温等离子体、环氧乙烷灭菌器、低温甲醛蒸汽灭菌器等低温灭菌设备专项调查，已获得监测和调查数据 1 万余个。

全国医院感染-消毒监测项目于 2012 年 3 月 23 日，召开了外部专家评估会，与会专家对该项目给予了高度评价，建议继续加强监测工作，在现有基础上扩大监测省份和医院，开展相关专项研究，以便更全面地反映全国医院消毒工作中的现状和存在的问题，提出合理的改进措施，为有关部门制订医院感染控制和医院消毒的相关政策提供科学依据。

（四）化妆品不良反应监测体系运行

为贯彻《化妆品卫生监督条例》和《化妆品卫生监督条例实施细则》要求，环境所继续组织开展全国化妆品不良反应监测工作。目前，该监测体系包括 21 家认定的监测机构。截至 2012 年 11 月底，全年各监测机构共报告化妆品不良反应 725 例，监测报告例数呈现逐年下降趋势。

四、卫生监督抽检和技术支持

(一)卫生监督抽检工作

按照卫生部2012年卫生部卫生监督抽检工作安排，环境所承担涉水产品和消毒产品的卫生监督抽检计划拟订、样品测定、技术咨询、结果汇总和报告编制等工作。2012年消毒产品重点抽检了婴幼儿卫生用品，用于瓜果蔬菜、餐饮具、食品加工工具和设备的消毒剂，抗（抑）菌制剂和空气消毒器械。全国各省、自治区、直辖市均参与了消毒产品的卫生监督抽检工作。本年度共抽检婴幼儿卫生用品171个批次，合格率为89.48%（合格153个）;用于瓜果蔬菜、餐饮具、食品加工工具和设备的消毒剂197批次，合格率为86.81%（合格171个）；抗（抑）菌制剂210批次，合格率为45.24%（合格95个）；空气消毒器械76批次，合格率为65.79%（合格50个）。组织、完成卫生部62种消毒剂8种抗生素和7种糖皮质激素抽检检测，并出具检测报告完成20种净水器和29种水处理材料的卫生监督抽检检测；选派近10位专家参加卫生部组织的饮水监测督导检查。

(二)首届全国卫生监督技能竞赛技术支撑工作

1. 场外考核生活饮用水检测盲样考核、室内空气和生活饮用水现场快速检测复赛技术支撑工作　2012年,环境所根据卫生部监督局下达的关于开展首届全国卫生监督技能竞赛工作任务要求,组织专家审定了“首届全国卫生监督技能竞赛场外考核生活饮用水检测盲样考核工作方案”,完成了8个参数40套考核质控样品的制备、定值及其均匀性与稳定性检验。2012年6月8日成功召开“首届全国卫生监督技能竞赛(饮用水盲样考核)暨卫生监督实验室间比对工作部署会”,部署了生活饮用水检测盲样考核工作,编制、下发了盲样考核作业指导书及32套考核样品。组织中国国家认证认可监督管理委员会、中国计量科学研究院、中国环境科学研究院、自来水集团的五位专家及环境所四位专家组成的审核评定小组对考核结果进行审核评定,向卫生监督技术支撑组提交了“全国卫生监督技能竞赛场外考核生活饮用水检测盲样考核结果专家审核评定结果报告”。

2. 室内空气和生活饮用水现场快速检测复赛技术支撑工作　2012年8月20日召开室内空气现场快速检测复赛准备工作、技术方案及应急处置预案审核会议。空气质量安全监测室创新性地提出了室内空气现场快速检测校核及比对方法,并以大量实验研究与验证结果及详实的数据确认了方法的科学性。2012年8月29日召开室内空气现场快速检测复赛工作模拟演练审核会议。2012年8月30－31日,环境所完成首届全国卫生监督技能竞赛室内空气、生活饮用水现场快速检测复赛现场准备、现场校准与检测校对工作及专家的裁判评价与仲裁工作，成功完成了该项技术支撑工作。

(三)全国省级疾控中心生活饮用水检测实验室间比对及2012年度全国监督抽检质控工作

2012年，受卫生部监督局的委托，环境所制定了“全国省级疾控中心生活饮用水检测实验室间比对及2012年度全国监督抽检质控计划”，完成了23项覆盖生活饮用水检测常规指标、重金属、有机污染物等重点控制参数40套生活饮用水质控样品及消毒产品质控样品的制备、定值及其均匀性与稳定性检验。组织完成2012年度编号IEHS-T0016消毒产品和编号IEHS-T0017-30中生活饮用水及涉水产品质控计划的实施工作。同时组织完成全国省级疾控中心生活饮用水、涉水产品及消毒产品授权签字人现场笔试及场外模拟场景试题考核工作。科学严谨地完成了全国健康相关产品检测的质控工作。

(四)样品检验检测

2012年，环境所根据客户需要，努力提高工作效率和出具报告的准确率，做好检测服务工作。全年共受理化妆品338件，消毒产品19件，涉水产品373件，检验技术市场服务样品1374件，合计受理检验样品约2104件。

五、卫生标准制修订与技术咨询服务

(一)卫生标准制修订

2012年环境所完成《公共场所集中空调通风系统卫生规范》、《公共场所集中空调通风系统卫生学评价规范》和《公共场所集中空调通风系统清洗规范》的修订工作，卫生部于2012年9月以行业标准形式发布；完成《公共场所卫生限值》、《公共场所设计卫生要求》、《公共场所卫生管理规范》、《公共场所卫生学评价规范》和《公共场所检验方法》系列标准的修改报批；完成《生活饮用水标准检验方法》、《自然灾害环境卫生应急指南》、《集中式供水单位二氧化氯消毒设施卫生规范》、《村镇供水设计规范》和《水库建设工程库底卫生清理规范》等标准的制修订，形成征求意见稿；完成《环境污染健康影响评价规范》的修订，形成征求意见稿；完成《化妆品卫生规范》禁限用物质表、卫生化学检验方法、微生物检验方法、化妆品安全性毒理学评价程序和方法的修订，形成征求意见稿；完成化妆品中喹诺酮类、异喹啉及硝基呋喃类、氨基己酸、氯苯甘醚、有机胺、白色念珠菌等检验方法标准的制定，形成送审稿；完成居住区大气中二氧化硫、氯、硫化氢及硝酸盐等检验方法标准的修订；完成《消毒器械灭菌效果的评价方法》标准的制定。

环境所作为卫生部环境卫生、消毒、化妆品3个标准专业委员会秘书处的挂靠单位，完成70项环境卫生标准的报批,完成30项环境卫生标准计划项目的征集,审查通过5项环境卫生标准;上报38项消毒标准,对23项新发布的消毒标准进行宣贯;对39项化妆品标准报批稿进行修改完善。

(二)技术咨询服务

(1)完成国务院法制办征求的《中华人民共和国中医药法(草案送审稿)》的征求意见回复;完成卫生部征求的《卫生部食品安全事故应急预案(征求意见稿)》、《国家应对气候变化规划(2011-2020年,征求意见稿)》、《卫生部地震灾害卫生应急预案(征求意见稿)》、《2012年国家饮用水卫生监测工作方案(征求意见稿)》、《环境服务业"十二五"发展规划(征求意见稿)》的征求意见回复;完成环保部征求的《华北平原地下水污染防治工作方案(征求意见稿)》及16项环境保护标准的征求意见回复,完成中心征求的《中国疾病预防控制中心工作人员公务活动行为规范(征求意见稿)》征求意见的回复。

(2)对《制革厂卫生防护距离标准》、《肉类联合加工厂卫生防护距离标准》、《煤制气厂卫生防护距离标准》、《汽车制造厂卫生防护距离标准》、《水泥厂卫生防护距离》及《炼焦业卫生防护距离》等卫生标准的适用情况进行解释。

(3)为卫生部答复全国人大常委会饮用水安全专题询问提供技术报告;为"全国首届饮用水卫生安全宣传周"提出策划方案,编制宣传手册;编制《2012年全国饮用水卫生监督监测项目实施技术方案》、《〈生活饮用水卫生标准〉实施技术指南》、《〈生活饮用水卫生标准〉释义》,《中国饮水标准与美国饮水标准的比较与分析》、《北京、上海等六城市饮用水卫生监测情况分析》等技术报告。

(4)举办各类培训班10余次,培训人员1200余人;召开各类研讨会、专家会等30余次。

六、环境与健康科研研究与学术交流

(一)科研项目申报与项目计划

(1)2012年,环境所组织或参加申报国家自然科学基金10项、北京市自然科学基金4项、科技基础性工作专项1项、中国疾控中心中青年基金项目2项、卫生公益性行业专项1项、科技部"十二五"推荐项目1项、中国清洁发展机制基金赠款项目1项、科研院所专项项目1项、国家重大工程"十二五"规划1项、应用开发任务1项、"973"项目建议1项、港澳台科技合作项目1项。申请项目共计25项,申请预算5041万元。现已获准课题2项,资助经费总额136万元。

(2)2012年列入环境所科研计划课题28项,总经费达500余万元。其中,环保公益性行业科研专项4项、建设部水专项1项、卫生行业专项1项,"973"计划分题1项,国家自然科学基金 5 项，北京市自然基金 1 项，中心青年基金项目 2 项，国际合作项目 2 项，横向课题 10 项，标准研制项目 1 项。

（二）科研项目实施

1. 环境重点污染物健康危害的监测评价与控制项目 卫生行业科研专项“环境重点污染物健康危害的监测评价与控制”项目进展顺利，建立了人血/尿中汞等 5 种重金属、水中 5 种消毒副产物和人尿中邻苯二甲酸酯等环境重点污染物、集中空调系统嗜肺军团菌等 3 种病原微生物气溶胶和产毒真菌定量检测方法，以及生活饮用水 20 项理化指标和 4 项微生物指标现场检测方法；完成 2600 多名孕产妇和 5200 多名儿童的环境重金属污染流行病学调查、人体生物样品收集与实验室检测工作；完成北京、南京、常州、深圳等 4 个城市的宾馆/饭店、商场/超市、综合医院 3 类典型公共场所中冷却水、洗浴水、自来水、景观水、空调风管积尘、花卉土、景观土、背景土、气溶胶等 9 种介质共 4000 份环境样品采集，实验室分析和 100 家场所环境调查，开展空气中 NH3、NO2、苯系物、O3、PM2.5、PM10、多环芳烃、重金属等的时空分布研究和以医院为基础的呼吸系统疾病病例对照研究，探讨了人群暴露评价、剂量反应关系、健康风险评价技术框架，初步完成“儿童血铅暴露筛查技术规范”、“儿童铅中毒诊断标准”等 10 个规范性文件的起草。

2. 基于神经血管单元的神经毒性化学物体外预测体系研究项目 国家自然科学基金“基于神经血管单元的神经毒性化学物体外预测体系研究”项目，2012 年度完善了化学物神经毒性筛检技术策略，在利用血脑屏障毒性测试模型进行了乙酸铅等 15 种化学物的通透性毒性测试；开展了“三阶”模型系统毒性筛检技术方法的选取与验证，进行了硫酸铝等 9 种化学物对星型胶质细胞毒性影响测试，此外，进行了乙酸铅、硫酸铝、硝酸铅 3 种化学物对多种神经靶细胞毒性影响测试。该项目培养两名研究生，发表论文 4 篇。

3. 空气污染对哮喘儿童 IgE 合成信号通路的激发作用研究项目 国家自然科学基金“空气污染对哮喘儿童 IgE 合成信号通路的激发作用研究”项目，以首都儿研所哮喘门诊为基础，完成了全部 60 名调查对象的收集工作；完成了调查对象空气污染物暴露水平评价和主要效应指标的测定；按项目计划进行分子生物学实验和生物标志测定。

4. 应用整合模型定量评估及预测气候变化背景下人群健康风险项目 国家自然科学基金“应用整合模型定量评估及预测气候变化背景下人群健康风险”项目，探索了臭氧与人群健康效应的关系以及未来气候变化背景下的人群健康影响预测两部分内容。在梳理文献基础上进行了系统的 Meta 分析，进一步针对广州的数据开展了不同臭氧暴露指标对人群健康的研究；首次报道了我国气候变化背景下温度对人群健康的预测数值。

5. 极端天气事件对人群健康的影响研究项目 国家重大科学研究计划“极端天气事件对人群健康的影响研究”项目，在对我国热浪、寒潮和沙尘暴等极端天气事件的时空分布以及国内外极端天气事件与健康影响相关文献检索和回顾性研究基础上，初步了解我国沙尘暴、洪水和台风等极端天气事件的时空分布特征,提出极端天气事件(高温热浪、寒流、沙尘暴等)的科学定义,以及研究重点区域,并初选出极端天气事件敏感性疾病的种类;进行了拟选现场考察和相关资料收集,初步建立了极端天气事件与健康影响数据库,利用流行病学方法定量分析极端天气事件导致超额死亡的相对危险度。

6. 地表水环境质量标准细菌学指标基准的预研究项目　环保公益性行业科研专项"地表水环境质量标准细菌学指标基准的预研究",对东北地区代表性的河流、湖泊、水库现场采集的可疑致病菌进行了实验室鉴定工作;并建立分析指示菌(候选指示菌)与微生物污染关系;分析、确定指示菌与水中细菌污染的关系;建立东北地区部分流域的细菌学污染情况基础数据库。培养研究生 2 名,发表论文 2 篇,申请国家专利 1 项。

7. 城市雾霾天气健康影响监测和预警研究项目　环境所于 2012 年初成立了雾霾项目工作组和秘书组;召开了多次专家研讨会,制定了"城市雾霾天气人群健康影响监测、预警工作方案,明确了项目目标、工作内容、实施方案和协调机制等;编撰了媒体沟通应对材料,以通俗的语言和一问一答的形式汇编成册,并于中心网站刊登,起到公众宣传作用;自筹经费购置了 PM2.5 自动监测、气象参数监测仪器及站房,启动了 PM2.5 自动监测工作。与软件公司合作,开发了空气质量监测数据自动下载及处理系统,实现了自动收集北京市环保局每日空气质量监测数据(包括 PM2.5 浓度数据)。制定了公共场所健康危害因素监督监测试点工作方案,在监督局的部署下,在北京、上海和沈阳开展了公共场所 PM2.5 试点监测工作。成立健康风险评估室,开展死因数据的清理、分析工作,建立了预警模型;完成了北京市雾霾天气人群健康风险预警模型工作进展报告;向卫生部卫生监督局和中国疾控中心提交了"城市雾霾天气人群健康影响监测预警工作建议";提交了合理使用空气净化设备的建议。结合国家自然科学基金等课题研究和公共场所 PM2.5 试点监测工作,开展 PM2.5 室内外关系研究;开展了自动监测仪器与滤膜采样的比较研究;湿度对光散射法测定颗粒物浓度影响的研究;空气污染疾病监测点 PM10、PM2.5 监测及成分分析,并利用动物模型开展 PM2.5 毒理学研究,探讨 PM2.5 暴露对高血脂组大鼠免疫学效应及凝血时间等的影响。

(三)国际学术合作与交流

1. 出访交流与学术合作

(1) 2012 年环境所短期出国考察及参加研讨会共 8 批/次,出访地区为美国、印度尼西亚、德国、韩国、日本等 5 个国家和地区,包括赴美国参加"哥伦比亚大学课题合作交流"及"国际环境流行病学学术会议";赴印度尼西亚参加"第三届东亚部长级供水卫生工作会议及世卫供水卫生工作组会议","第六届世卫工作组咨询委员会会议"和"东亚及东南亚区域环境与健康论坛第六届高阶会议";赴韩国参加"第四届亚太健康影响评价会议"和"健康影响评价主题工作组会议";赴德国参加"适应气候变化保护人类健康"项目会议;赴美国参加“硒及其他危险因素与中国农村老年人群认知能力研究”中美合作项目交流，以及赴日本参加“世界卫生组织烟草实验室网络测试方法会议”。

(2) 环境所 2012 年共参加 4 次来访接待和汇报交流工作，分别是美国密歇根大学公共卫生学院、英国癌症研究院高层代表团、美国耶鲁大学公共卫生学院来访以及国际癌症研究机构(IARC)，就人才培养和科研课题合作进行了深入的探讨。

2. 参与全球卫生工作

(1) 主持召开“世界卫生组织供水与环境卫生主题工作组年度会议”：环境所是世界卫生组织供水与环境卫生主题工作组的主席单位，白雪涛研究员任该主题工作组主席。2012 年 9 月 10－14 日，应世界卫生组织邀请，白雪涛研究员参加了在印度尼西亚举行的第三次东亚地区环境卫生部长级会议，并主持召开了由东亚及东南亚地区 13 个成员国参加的“世界卫生组织供水与环境卫生主题工作组年度会议”。会议回顾并讨论了各成员国的工作进展，供水与环境卫生的重点工作，填补千年发展计划在 2015 年到来之前的工作空缺；讨论加强东亚成员国在区域间的合作，以在供水与环境卫生项目中提供持续性的管理支持。2012 年 10 月 21－25 日，白雪涛研究员又前往印尼参加第六届世卫工作组咨询委员会会议和东亚及东南亚区域环境与健康论坛第六届高阶会议。会议就各国环境卫生行动开展及设施建设方面的行动进程，环境与健康论坛各工作组的成果及建议进行了讨论，并为即将在马来西亚召开的第三届区域部长级环境与健康论坛做准备。

(2) 参与 WHO 烟草实验室网络工作：烟草实验室网络(TobLabNet)受 WHO 烟草控制框架公约(FCTC)缔约方会议(COP)委托，承担了烟草成分和释放物中高度优先污染物测试方法的全球验证任务，环境所作为烟草实验室网络成员，2012 年参与了烟草释放物中尼古丁、苯并[a]芘测试方法的验证，烟草中保湿剂测试方法的验证，以及烟草释放物中挥发性有机物(VOCs)测试方法的建立，不断提高烟草测试和研究能力为中国履行 WHO 烟草控制框架公约提供了必要的技术支撑。

(3) 国际合作项目交流：2012 年，环境所开展的国际合作项目主要有“硒及其他危险因素与中国农村老年人群认知能力研究”和“适应气候变化保护人类健康”两项。

“硒及其他危险因素与中国农村老年人群认知能力研究”，2012 年完成山东省 5 个村的原始队列随访调查，并建立 203 人的新增队列，现场共完成调查问卷 652 份，采集指甲样品 536 份，空腹静脉血 499 份，完成全血硒等化学指标检测、DNA 提取及 APOE 基因多态性分析、指甲硒检测、血脂等多项血清生化指标检测，召开阶段工作总结会并赴美进行了项目中期工作交流，对初步分析结果进行了讨论，提出了进一步统计分析方案，讨论并确定下一轮调查问卷及数据库内容，并对下一轮项目工作进行了安排。

适应气候变化保护人类健康，为 GEF/UNDP/WHO 项目，2012 年，撰写和修改了中英文版本的《适应热浪—多部门合作机制建立技术报告》、《社区居民 KAP 基线调查技术报告》、《卫生部门 KAP 基线调查技术报告》和《试点城市历史数据整理及分析报告》；召开了中国项目第二年度国家指导委员会会议，召开了中国“气候变化脆弱性减缓评估(VRA)”培训班和座谈会，并完成了相关报告的撰写，定量分析了高温热浪对三城市居民死亡的影响，初步建立了高温引起超额死亡的评估和预测模型，起草了《热浪与健康预警多级响应指南》，编写了《热浪与健康影响培训材料》。

(4) 环境与健康论坛：国家环境与健康论坛始于 2005 年，是在世界卫生组织的倡议和支持下，卫生部与国家环保总局协商政府多个部门后启动的。其宗旨是通过推动环境与健康领域的交流，加强部门间协作，促进我国环境与健康事业的发展，充分发挥环境与健康工作在经济社会可持续发展和构建社会主义和谐社会进程中的积极作用。2013 年将举行第五届国家环境与健康论坛，由卫生部、环保总局联合主办，中国疾病预防控制中心环境所承办。目前已成立了第五届环境与健康论坛领导小组、筹备小组、学术组、保障组、外事组、论文编辑组和秘书组，拟定了本次论坛的主题——“协调环境与健康，实现社会经济可持续发展”，筹备工作稳步进行。

七、教育、培训和学术刊物

(一)研究生培养

2012 年，环境所完成了 5 名博(硕)士研究生新生入学注册、户口核实及在校生学年注册信息查询核实等工作；完成 10 名在读研究生的开题和中期考核工作；完成 12 名毕业研究生的预答辩、答辩、评优、学位申请和学位委员会评审工作；完成 1 名博士后人员进站材料审核、报送、开题报告等工作。

严格控制研究生招录环节，顺利完成博(硕)士研究生招生命题、阅卷和复试工作。合理安排研究生专业课的学习管理，组织安排 6 名所内专家到昌平教学区进行环境卫生学专业课授课。组织 2 次研究生学术汇报，完成研究生指导教师遴选工作，完成 5 名环境所申请硕士研究生指导教师材料的审核、学委会评审和上报工作，协助中心进行中国疾控中心第四届学位评定委员会委员改选工作及第四分委会候选人换届改选工作。

(二)培养地方专业人员

2012 年，环境所接收向中国疾控中心申请的进修生 2 批共 5 人，向环境所申请的进修生 1 人。6 名进修生分别来自甘肃省、石家庄市、烟台市和宁夏自治区疾控中心。进修科室包括环境化学 1 室、环境影响评价室、水质安全监测室、环境流行病和健康影响室、消毒检测中心等相关业务科室。同时接收了 3 名朝鲜进修生到环境流行病与健康影响室、环境毒理室、环境微生物室、卫生工程与应用技术室访问学习。

(三)卫生援藏工作

根据卫生部监督局环境处的工作安排，环境所派遣路凯研究员、应波研究员赴藏开展饮水检测技术培训相关工作，工作重点包括西藏自治区疾控中心饮水检测能力调研；仪器设备等监测能力建设建议；饮水水质检测技术帮扶。经过调研，了解了西藏自治区疾控中心现有饮水水质检测能力，建议增加检测专业人员、相关工作经费以及仪器设备；结合实际提出西藏地区饮水水质监测的总体工作计划，开展饮水水质检测工作；随后环境所定期派遣国家级技术骨干到拉萨进行面对面的检测技术培训。

（四）《环境卫生学杂志》编辑与发行

《环境卫生学杂志》自2011年列入卫生部职称晋升杂志目录；2012年列入中文核心期刊。1月份正式使用采编系统，至11月底收到稿件247篇，已出版6期，共刊登稿件85篇，刊登率33%。完成《环境卫生学杂志》中英文复审稿85篇，其他杂志审稿15篇。为提高稿件的编校质量，完善了25个规章制度，建立了审稿专家数据库、作者数据库和读者数据库。2012年杂志已加入《中文科技期刊数据库》（维普网）、“中国学术期刊网络出版总库”（知网）、《中国生物医学文献数据库》。

八、实验室安全管理

2012年，环境所组织实施了主题为“实验室安全，你我共同的责任”的“环境所第六届实验室安全周活动”。通过所领导强有力的动员及有针对性的安全知识培训，丰富多彩与生动活泼的有奖知识竞答，全员参与了安全隐患的自查、整改、培训、座谈、演练、风险分析等工作，全面的安全信息基线调查与监督检查，实验室管理安全实事的落实，中心组织兄弟所专家来所召开的应急演练现场工作会议，全员参与的总结交流等活动，营造了良好的实验室安全管理氛围。

九、行政管理

（一）所务管理

1. 健全规章制度，规范行政管理行为　环境所于2012年初对现行的规章制度进行了梳理，制定和修订了《财务管理、报销制度》、《财务借款、报账、收款有关规定》、《报账审批权限规定》、《科研项目管理规定》、《外事管理规定》、《合同与协议管理规定》、《会议与培训班管理规定》、《科技工作奖励规定》、《进修与实习人员管理规定》、《继续教育项目管理规定》、《物资采购管理办法》、《固定资产管理规定》、《职工出差（出国）管理规定》、《职工加班管理规定》和《信息宣传与媒体采访管理办法》等15项规章制度，废除了13项规章制度。对现行有效的规章制度进行了汇编，并于5月11日召开全所职工大会，对新制定和修订的规章制度宣贯。

2. 所务公开和重大问题会议制度　2012年，环境所党政班子成员共召开了16次所长行政办公会议和10次党政联席会,内容包括研究工作安排、经费预算、规章制度建设、干部队伍建设、人事管理、机构调整、科技开发管理、实验室能力建设等。

2012年,环境所共召开了13次中层干部会,内容包括研究和布置2012年工作、通报工作进展、中层干部竞聘工作安排、预算执行情况检查、固定资产核查、安全保障、消防安全、机构调整和实验室质量管理等。

2012年,环境所召开4次全所职工大会,内容包括2011年工作总结、2012年工作安排、一季度工作通报、前三季度工作通报、规章制度宣贯、中层干部竞聘、学术年会、中层干部述职考核等。

3. 协同办公系统运行及档案和保密工作　根据中心部署,环境所2012年正式运行协同办公系统,实现无纸化公文处理。2012年,环境所收文1212份、发文724份,其中便函202份、请示320份。为进一步规范公文运行,环境所2012年底印发了《环境所关于规范公文处理和写作要求的通知》,进一步明确了收文、发文和办文等工作程序。收集整理2011年公文档案52卷、课题档案12卷。接受保密工作培训,按卫生部和中国疾控中心要求完成环境所保密工作调查,形成工作报告。

(二)人事管理

截至2012年12月底,环境所正式在编职工221人。其中管理人员12人、专业技术人员187人、工勤人员22人。

2012年接收毕业生6名(其中硕士4名、本科2名),调出职工3人,调入职工4人,为11人办理退休手续,完成4人提高退休费比例材料上报。

经中国疾控中心批准,2012年3月设立监察审计室;12月成立了环境健康风险评估室。

完成2011年全员岗位聘任工作。根据中国疾控中心下达的岗位指标数,及时对全所职工的岗位分类情况进行梳理,制定2011年岗位聘任实施方案,组织召开环境所中层干部、全体职工岗位聘任动员大会,成立岗位聘任评审委员会,组织评审委员对申报专业技术岗、管理岗和工勤技能岗的207人竞聘岗位及备案材料进行审核及评审。对专业技术岗二、三级和破格人员的材料及初评结果上报中国疾控中心。公示后完成对89名在职职工和7名符合本次调整岗位的退休职工岗位工资变动,并进行调整及补发。

公开选拔13名中层干部。根据领导干部岗位需要,严格按照中组部领导干部选拔任用条例,采取民主、公开、竞争、择优等方式,2012年共聘用13名中层干部;2名试用期满干部经考察后正式任命;对33名中层干部采取公开述职、民主测评的办法进行了年度考核,5名干部被评为优秀干部,在干部选拔和干部年度考核中,加强了干部聘任前广泛听取干部和职工意见的工作。

组织专业技术资格申报。完成22名申报人员的材料审核、公示及报送。申报研究系列正高级 1 名，副高级 12 名（研究系列 9 名、技术系列 3 名），中级 9 名。

核定工资、发放各种补贴。根据国人发〔484〕号文件精神，完成了对 216 名职工年度考核后薪级工资的调整工作。

（三）财务管理

2012 年，环境所完成了 2011 年度决算、住房改革支出、财政拨款结余资金、政府采购信息统计、工会会费使用、卫生快报、结余资金等报表 30 余套；完成 2012 年度每月的预算执行情况、经费使用等报表 30 余套及其他各种统计报表、医药费报表 30 余套。编制 2012 年公共卫生突发应急反应机制预算书，完成了 2013 年项目预算、2013 年中央部门预算编制的“二上”工作。完成了 2013 年中央行政事业单位住房改革支出的预算申报工作。修订了《环境所财务管理、报销制度》、《财务报账审批权限》等财务管理制度。

（四）党务与纪检监察工作

1. 党务工作

（1）基层组织建设与活动。① 2012 年，环境所党委在开展分类定级考评工作中，以中国疾控中心部署“要为医改做点事，道德考评在支部，疾控精神大讨论，组织建设有新意，创先争优见实效”为主要目标，完成对党委和 6 个党支部分类定级考评工作，建立 110 份党员道德考评档案。② 环境所党委组织开展“倾听意见、服务群众、扎实推进基层组织建设”主题活动。分别从“所领导班子的工作运行和思想政治建设”、“干部职工思想状况、工作情况、能力素质和廉洁自律”、“党建工作、干部队伍建设以及支部自身建设”、“职工的工作条件和生活条件保障”、“其他与环境所发展和职工民生有关的问题”5 个方面广泛征求了党员和群众的意见，并召开党政联席会具体落实。③ 举办多样特色党日活动。第一、四支部组织党员参观抗日战争纪念馆；第二支部组织党员参观中国航空博物馆，举办爱国主义国防教育主题讲座；第三支部组织党员参观冀热察挺进军司令部旧址陈列馆。第五、六离退休支部结合十八大报告和新党章开展专题学习活动。所党委组织全所职工共 114 人赴延安革命圣地，举办两期“传承延安精神，永远跟党走”主题党日活动。组织党员参观“科学发展成就辉煌”大型图片展览。在中心党委举办的“我身边好党员”演讲比赛中环境所取得了优异成绩，班海群同志被评为全国创先争优优秀党员。④ 搭建内部网络平台，提供交流互动渠道。形成离退休党员、在职党员、学生党员交流互动模式。撰写党务外部网络平台建设方案，逐步推进党建工作信息化建设。年度发展新党员 6 人，转正 6 人，考察 1 人。⑤ 组织党员干部群众通过观看视频、微博等多种形式，收看十八大大会实况转播，及时为全体职工购买了十八大报告和新党章各 221 册。以处室为单位，组织学习贯彻党的十八大报告和新党章、习近平同志在党的十八届一中全会上的重要讲话、胡锦涛同志在十七届中纪委第七次全体会议上的讲话,并结合学习开展《一句话感言》征集活动。为领导班子成员、支部书记购买《十八大报告辅导读本》,把学习活动纳入到中心组学习和各支部理论学习计划,不断提升党员干部的政策理论水平和执政能力。

(2) 专题民主生活会与红色教育活动。①按照中心党委要求,召开"学习贯彻党的十八大精神,加强领导干部思想和作风建设"为主题的党员领导干部民主生活会。对照会前广泛征求的干部群众对领导班子及其成员提出的意见和建议,领导班子成员围绕会议主题,就如何加强党性修养、思想建设、作风建设,如何保持思想纯洁、组织纯洁,如何紧密联系群众、服务职工等方面,结合自身工作情况,进行了广泛的民主讨论,针对存在问题提出改进措施。②组织全所职工分两批去延安,开展红色教育活动。教育活动由所工会和党办共同组织,全所职工 114 人到革命圣地延安开展"传承延安精神,永远跟党走"的主题教育活动。活动后收到心得体会和入党申请书,共制作活动宣传展板 15 块。

2. 纪检监察监督工作

(1) 党风廉政建设。①理论学习。组织党员领导干部和中心组成员认真学习贯彻党的十八大会议精神和有关文件精神,参加卫生部直属机关党委举办的每月一讲,以支部为单位组织党员职工认真落实各项学习任务。②落实廉洁自律各项规定,开展反腐倡廉活动。一是开展"倾听意见、服务群众、扎实推进基层组织建设"主题活动。共收到各支部关于所领导班子工作、党建工作、干部队伍建设以及支部自身建设,职工的工作条件和生活条件保障,以及其他与环境所发展和职工民生有关的问题共 30 条,并召开专题会议研究落实;二是深入开展惩防体系建设自查工作,撰写自查报告,组织全体职工填写《中国疾控中心惩治和预防腐败体系建设工作》调查问卷;三是认真贯彻落实《关于卫生系统领导干部防止利益冲突的若干规定》。组织中层以上干部按规定要求认真填写《卫生系统领导干部防止利益冲突有关事项报告表》。③"三好一满意"活动。2012 年,环境所所领导高度重视"三好一满意"活动的开展,召开专题会议,结合环境所工作特点研究讨论开展活动的方式方法,经过班子成员和相关部门的反复修改补充,编制了《中国疾病预防控制中心环境与健康相关产品安全所服务对象满意度调查表》。分两次组织对政府有关部门、基层疾控机构、样品送检单位和环境所提供技术支持及咨询的相关服务对象填写服务满意度问卷调查活动,共收回问卷 42 份,满意度 100%。

(2) 廉政风险防控。廉政风险防控工作,是 2012 年惩防体系建设工作的核心内容。按照《中国疾控中心廉政风险防控工作实施方案》的部署,环境所党政领导高度重视,认真组织落实各阶段工作任务,在 2010 年申报的 23 项权力基础上,在各相关部门的大力支持和配合下,经过不断的修改补充和完善,完成了共 33 项权力的申报工作,并绘制了权力运行流程图。于 2012 年 10 月,将《权力明晰表》和 16 项 A 级风险等级权力在所内网进行了公示,接受全体职工的监督检查。

(3)"三重一大"制度。2012 年,环境所党委严格执行"三重一大"制度,在重大决策、重要干部任免、重要项目安排、大额度资金使用问题上，均召开党政联系会议做到集体研究、集体讨论、集体决定。所纪委在干部培养和使用方面，切实加强了对推荐、提名、公开选拔、竞争上岗、考察考核、讨论决定等主要环节的监督检查。加强了对人、财、物等重点部位、关键环节的监督和审计。

(4) 纪检监察机构建设与审计。为了强化纪检监察和审计工作，按照卫生部和中心的要求，环境所于2012年4月成立了监察审计室，编制为所内2名同志，另外由中心委派1名同志负责全面工作。完成了73份合同或协议签订前的审核工作，强化了对预算执行情况的审计管理。

(5) 信访工作与上级纪检监察机关来函和群众来信。针对《南方周末》报道反映的问题3次召开专题会议研究落实工作的开展；认真落实群众来信来访，对上级转发群众来信反映有关问题进行认真的调查核实。

十、职工文体活动与离退休职工管理

全所现有离退休职工175人，其中离休干部14人，79岁以上82人，年纪最大的97岁，异地养老1人，离退休党员83人。

采取"春节"前走访、团拜会、慰问信等多种形式开展慰问活动，对2名抗战时期的离休老干部专程到家和养老院送去慰问金；组织老干部春秋游，春游延庆玉度山，九九重阳节组织离退休职工到恭王府和国家大剧院参观；帮助子女不在身边的老人报销医药费。

组织在职职工、离退休职工年度体检。

组织召开环境所第五届职工趣味运动会，运动会设投篮、踢毽、地靶、跳绳、飞镖和广播体操表演等项目，全所有160名职工和学生参加。

十一、安全保卫

2012年，环境所通过法人代表与23个处室负责人签订安全责任书，落实安全责任。通过强化安全培训、督导检查等方式及时排除安全隐患，尽力做到了保卫工作横向到边、纵向到底，重在方案和措施的落实到位。对潘家园和南纬路两个工作区的工作人员分别进行消防安全讲座和演示培训，了解各类型灭火器具的基本原理和使用方法。组织南纬路工作区60名职工参加了北京市西城区防火安全委员会主办的全民消防安全知识网络大赛。加强"四个能力"建设，强调预防为主、生命至上的安全防护理念。

重视技防设施的运行、维护和管理。及时更换灭火器，对潘家园工作区273具灭火器进行年检置换和维修，对南纬路工作区246具灭火器进行年检置换和维修。为中控室更新监控视频器两台、不间断电源一组。

完成危险化学品库房的年审验收；完成易制毒化学品的注册登记；完成两个工作区的消、电检工作。接受上级和属地主管部门的安全检查20余次。

重视值班工作。按属地主管部门和中心要求，安排中层干部在“元旦”、“春节”、“清明”、“五一”、“端午”、“中秋”、“十一”等节假日值班。加强对中控室值班人员管理，要求保安公司保证 24 小时持证上岗人员双人双岗职守要求。

十二、物质采购、资产管理和后勤服务

2012 年，环境所进一步规范采购管理，将采购工作纳入部门集中统一采购。由相关部门按照国家有关规定，采取公开招标、网上竞价、竞争性谈判、询价等多种形式完成全年采购任务约 1100 万元。在保证实验室安全，加强条件基础建设上，完成 PM2.5 监测站点的建设；南纬路工作区的网络建设；实验楼重点部位的安全防范。全年新增资产 215 台/套，共计 598.71 万元。完成资产原值为 5 846 114.33 元的报废处置工作。检定校准设备 369 台套，其中外检 318 台套、自检 51 台套。编制 2013 年实验室设备购置项目预算审报书、编制环境所 2013－2015 年修缮购置工作规划、编制 2013 年住房补贴预算报告，完成 2012 年住房补贴预算的执行和发放工作。审核全年全所办公用房、职工住房物业费、供暖费、水电费等。

（高贵凡　姚孝元　耿莉）

职业卫生与中毒控制所

一、职业病与中毒控制技术支撑工作

1. 全国职业健康状况调查工作　2012年是调查工作的关键一年，作为调查技术指导组办公室挂靠单位，本所根据领导小组确定的工作任务，创造性地开展了卓有成效地工作，调查工作达到预期目标。

在具体组织实施方面，主要是定期召开调查工作例会，及时通报调查工作进度；对各地上报的抽样方案严格审核，强化调查工作质量控制并加强技术督导；认真做好数据录入、复核和清洗工作；会同中心信息中心对调查数据进行统计分析工作；对1997－2009年的13年职业病数据进行了整理和分析；组织撰写调查工作报告和技术报告等，12月初，已将相关报告上报中心转呈卫生部监督局。

2.《职业病防治法》有关配套规章的修订工作　为配合新修订的《职业病防治法》的贯彻实施，受卫生部监督局委托及中心要求，职业卫生所承担了《职业病诊断鉴定管理办法》、《职业健康检查管理办法》、《职业病分类和目录》和《职业病危害因素分类目录》等《职业病防治法》配套规章的修订工作。通过广泛征求社会各界意见、反复研讨修正，已完成《职业病诊断鉴定管理办法》和《职业健康检查管理办法》修订的技术工作。

《职业病分类和目录》修订专家组公开向全社会广泛征求意见，在查阅大量国际相关组织、一些国家和地区的职业病名单制度，召开4次专题研讨会，结合我国职业病防治工作实际和社会保障水平，参考有关国际组织和20多个国家和地区职业病名单，提出了目录分类、疾病名单和编制说明等。

《职业病危害因素分类目录》修订工作在前期工作基础上，结合当前职业病防治工作，确定了新的因素目录，完成粉尘、放射性物质、化学物质、物理因素、生物因素和其他因素共计700余种有害因素的行业工种举例和编写说明撰写工作，并建立“职业病危害因素分类目录行业工种举例数据库”。

在开展高温调研、资料收集和专家研讨基础上，组织专家汇总分析相关资料，针对社会关心的高温劳动保护待遇等问题起草了《防暑降温措施暂行办法》修订稿，经中心转呈卫生部监督局，于6月底由国家安监总局正式公布。

3. 为国家相关政策、标准制定提供技术支撑　受卫生部监督局委托并经中心同意，承担了农民工职业病防治问题专项研究工作,在广泛调研和查阅资料基础上,提出了《农民工职业病防治政策措施研究报告》并上报中心转呈卫生部。

受卫生部应急办委托,组织编写了全国卫生应急培训教材《中毒卫生应急》分册、《全国中毒救治基地工作规范》、《省级中毒卫生应急管理办法》及《中毒卫生应急工作考评标准》等技术文件。

受国家安监总局职业健康司委托,承担了高毒物品作业、高危粉尘作业特殊管理研究工作,已上报《高毒物品作业的特殊管理研究项目报告(初稿)》。

受卫生部监督局委托,参与了工信部全球化学品统一分类和标签制度专家委员会工作。

全年审议职业卫生标准33项,通过30项,发布1项,报批标准54项;审查职业病诊断标准13项,对5项标龄在10年以上的标准通过快速通道进行了修订。

4. *重点职业病监测工作* 受卫生部监督局委托并根据中心要求，积极采取措施推进重点职业病监测各项工作开展。对29个省（自治区、直辖市）提交的监测哨点2009－2010年度重点职业病监测数据进行清理，修正了不一致的数据格式并进行数据合并，建立了国家数据库并做好双重备份。对全国监测数据开展统计分析，撰写了《重点职业病监测项目数据质量报告》、《2009－2010年重点职业病监测项目工作报告》等。

5. *其他技术支撑工作* 受卫生部监督局委托并经中心同意,职业卫生所负责拟定了2012年度职业病防治法宣传周活动方案并提出了备选主题、备选宣传用语等。

继续推动基本职业卫生服务试点工作,12月在广西南宁召开了基本职业卫生服务工作会议,参会的各试点单位围绕干预手册、模式提炼、县级职业卫生服务档案和信息资源库4个方面进行了充分交流。

组织编写《全国中毒现况报告(2011版)》。该报告从中毒发生时间、地区分布、人员构成及主要毒物构成等方面,对突发中毒事件现况、中毒死因及伤害监测(中毒)、中毒咨询数据等进行了分析并撰写了中毒领域大事记,以进一步展现我国的中毒现况,为建立和完善我国突发中毒事件应急机制和完善我国中毒监测体系提供帮助。

二、突发化学中毒事件应急处置与现场指导工作

1. *舆情监测与中毒信息服务* 为及时了解和掌握化学中毒和职业病危害突发事件信息，职业卫生所相关部门密切追踪网络信息动态，每天收集汇总国内外发生的中毒和职业病危害突发事件信息650余条并及时上报有关领导和部门，5月、10月和12月重点关注了甘肃省嘉峪关铅中毒事件、广东省群发性正己烷中毒及山西苯胺泄漏等事件并及时将处理情况上报中心。对7家合作医院门诊和住院患者的中毒信息进行收集。

继续完善咨询服务数字化管理系统，向公众及专业机构提供24小时中毒热线咨询服务，电话咨询提供相关信息资源和临床处置指导，加快中毒事件的处理，挽救了中毒患者的生命，受到基层医院和患者家属的好评。全年咨询服务记录达3600余条。

审核完成毒物数据库中1600余条化学品信息、1500余条药物信息、1000余条中毒病例文献信息。为各级中毒救治及疾控机构提供毒物、中毒救治等相关信息服务。

与卫生部应急指挥系统和广东省职业病防治院远程会诊系统实现联通，与海南、山东等中毒救治基地远程会诊系统的连接测试正在进行中。并完善“卫生部中毒卫生应急工作平台”，进入试运行阶段。

2. 突发事件现场处置及技术指导　协助有关部门处理多起突发中毒事件，如胶囊金属铬检测，云南大姚、禄丰、四川盐边、木里不明原因死亡事件，内蒙古丰镇二氯丁烯及煤油渣混合泄露事件等，为中毒现场调查及处置、实验室检测分析等提供了有力的技术支持。

在胶囊样品中金属铬应急检测工作中，在从未开展相关工作的情况下，动员全所技术力量，完成50份胶囊的铬检测工作，受到卫生部和中心的表扬。

完成天津市卫生局委托的血铅检测、宁夏疾控中心送检的生物样品铊的检测和山东省淄博市中毒定性检测等工作。

配合卫生部应急办前往甘肃、陕西、云南对省级中毒救治基地开展了中毒卫生应急能力调研。

协助开展卫生应急工作研讨、承办卫生应急分论坛。

三、职业病与中毒预防控制工作

1. 职业病报告管理　为推动各省职业病报告工作，下拨32万元用于补助各省开展2012年职业病报告相关工作。对各省上报的2011年职业病数据进行审核、反馈，撰写《2011年全国职业病报告发病情况》。协助中心在天津市召开2012年全国职业病报告工作会议。积极做好职业病报告制度建设。

配合广州市二氯乙烷中毒、珠海疑似职业病事件等收集，并撰写《2006－2012年广东省急慢性二氯乙烷中毒报告情况》、《关于广东省珠海市和谐电子科技公司疑似职业病事件有关情况的报告》以及《2012年上半年全国职业病防控形势分析》等报告。

2. 职业卫生检测实验室比对和标准物质复制工作　受卫生部监督局委托并经中心同意，组织开展了职业病防治机构检测能力考核和职业卫生技术服务机构检测能力考核工作，其中职业病防治机构检测能力考核项目为人血铅含量测定和人尿镉含量测定，32家省市级疾控中心和职业病防治院(所)参加了实验室考核比对，合格率达67%以上；职业卫生技术服务机构检测能力考核项目为硅胶管中甲醇含量测定、活性炭管中正己烷含量测定，25个省(自治区、直辖市)131家疾控中心、职业病防治院(所)参加了比对，合格率达到82.0%以上。

开展了冻干人尿铅,活性炭管中苯、甲苯、二甲苯、活性炭管中乙苯、正己烷、四氯乙烯、三氯乙烯、环己烷、四氢呋喃、正庚烷标准物质,以及硅胶管中甲醇质控样和冻干人尿镉质控样物质的复制和定值工作。

3. *职业卫生培训、宣传与教育工作* 2012年举办全国尘肺病诊断医师及物理因素等其他职业病培训班3期,其中尘肺病诊断医师资格培训班2期(西安、北京),176人参加培训,53人获得合格证书;物理因素等其他职业病培训班1期(上海),95人参加培训,74人获得合格证书;举办尘肺病诊断数字化摄影(DR)技术培训班2期(浙江、山西),共284人参加培训;协助内蒙古自治区、上海市、浙江省和煤炭系统举办5期“尘肺病诊断医师资格”培训班。举办1期职业健康检查医师师资培训班(上海),95人参加培训,85人获得国家级继续教育学分证书。举办2期企业职业病危害预防控制(GE项目)培训班(南京、青岛),200人参加培训。举办3期突发中毒事件卫生应急处置培训班(成都、杭州和石家庄),25个省的省级和重点地市突发中毒事件卫生应急师资和骨干750余人参加培训。

4. *职业卫生技术服务与技术咨询* 2012年开展建设项目职业病危害预评价6项(其中结转项目2项),控制效果评价2项;受理农药相关样品317个,检验项目350项;新化学物质及化学品10个,检验项目21项;受理理化检测空气样品184个;受理四川盐边县不明原因猝死事件现场应急检测样品77份;发出毒性检验报告2580份(其中英文报告144份),常规理化检测及应急检测报告16份;签订技术服务合同13份。

积极开发新的毒理学试验项目,创建新试验方法,尤其是在国内率先开展代谢毒理学试验工作。开展的6个代谢毒理学和长期毒理学检验项目提高了学术影响力,也创造了经济效益。

5. *实验室质量控制管理工作* 通过国家安监总局和农业部组织的职业卫生技术服务甲级资质和农药试验单位甲级资质续展评审。加强内部质量控制,对技术服务相关部门进行质量体系内部审核并对不符合项实施整改。

四、职业卫生与中毒控制科研工作

1. *在研课题* 全年职业卫生所主持或参与的科研课题32项,其中卫生行业专项课题2项、科研院所技术开发研究专项1项、国家自然科学基金课题11项、“863”计划项目1项、国际及台港澳合作课题5项、其他部委项目4项、所青年科技基金项目4项、所内资助的其他项目1项、其他项目3项。

2. *科研项目申报、中标情况* 全年职业卫生所组织申报课题18项,递交申请书、建议17项,其中2项获得国家自然科学基金委资助。

3. *医学伦理审查工作* 为保护科学活动中潜在研究参与者及社会群体的利益,保证与支持科技人员正常开展科学研究，对5个科研项目进行了伦理审查。

4. 中心化学品健康与安全重点实验室建设　按照计划进行实验室建设工作，整合人力资源，打造毒理学科学研究平台，为疾病防控提供支撑。

五、国际交流与合作

1. 出访及来访　2012年接待来自美国、澳大利亚、日本、德国、孟加拉国等外宾来访13批34人次。

2012年因公出访13批27人次，出国任务以参加国际会议、考察交流、培训学习等多渠道发展为特点。按照“卫生部关于严格因公出国(境)管理工作的通知”要求，对每位出访人员发放《中国疾病预防控制中心出国(境)人员行前教育手册》，并要求提交学习心得及回国报告。

2. 合作交流　为进一步加强与美国相关机构在毒理学领域的交流与合作，增强职业卫生所毒理学领域的科研能力与水平，聘请美国国家毒理学研究中心符必成教授为职业卫生所客座教授。全年组织外宾学术报告6次。

3. 国际合作项目　“JICA加强中国职业卫生能力建设项目”进展顺利。2月和6月选派人员赴日开展了尘肺病诊断及健康管理相关研修活动；3月，邀请日本专家开展了2次学术讲座；8月，在北京召开JICA项目尘肺病诊断标准讨论会并在苏州召开尘肺病案例研讨会。

“中澳职业健康监护技术和职业病诊断鉴定制度研究”项目结题验收。课题对比研究了中国和发达国家、发展中国家或地区在职业健康监护体系和职业病诊断制度上的差异和效率，为修订中国职业健康监护和职业病诊断与鉴定法规提供技术支持。组织课题合作单位出版专著1部，1部审稿待出版，发表论文12篇。

全球基金项目“煤矿工人结核病纳入职业病体检和患病情况的调查”项目启动，举办尘肺合并结核和单纯结核病胸片阅读技术讲座，研制胸片读片记录表和调查表，初步统计分析接尘工人胸片读片记录资料。

与美国国立卫生研究院肿瘤研究所合作的“柴油机尾气暴露与肺功能研究”项目开始启动。

六、重要工作会议

4月，职业卫生所在重庆召开全国职业病防治技术工作会议。与会代表围绕学习贯彻《职业病防治法》、全国职业健康状况调查实施工作、职业病诊断管理办法和职业健康检查管理办法制(修)订、职业病防治机构体系建设等问题展开了深入的研究和讨论。会议认为，当前职业病防治形势依然严峻，在新旧职能交接的特殊时期，要按照卫生部要求，深入学习贯彻职业病防治法，从职业病防治工作的全局出发，克服困难做好技术支撑工作。

七、挂靠标委会、学会、协会工作

1. 职业卫生标准专业委员会　积极配合卫生部完成第六届职业卫生标委会评估及换届工作;从标准立项、标准研制起草人、标准研制过程、标准审查报批程序和标准质量等方面加强标准研制的质量管理,不断提升标准研制的质量。有效利用挂靠单位信息平台等多渠道、多形式宣贯标准,与台湾同行开展了职业卫生标准学术交流与研讨。

2. 职业病诊断标准委员会　做好 2013 年标准制修订计划申报工作,上报 7 项制修订计划申请书;做好标准宣贯及尘肺病数字化胸部摄影技术推广工作,举办了 2 期健康监护和尘肺病诊断数字化摄影技术培训班。

3. 职业病诊断鉴定技术指导委员会　做好技术指导组日常工作,书面答复地方卫生部门、职业病诊断机构及劳动者来信来函 5 件,内容涉及尘肺诊断、潜伏期及治疗、职业性哮喘的诊断、职业病诊断或鉴定争议等。

其他学会、协会分别召开了 2012 年工作年会暨学术交流会。

八、安全管理工作

1. 实验室安全管理　做好实验室安全周相关工作,组织开展了实验室危害风险评估相关培训及问卷调查工作,对各部门存在的危险因素类别、危险级别、采取的防护措施和应急措施进行总结与归纳。加强实验室人员培训,做好实验室安全用品和防护用品分发与管理。根据北京市环保局提出职业卫生所实际辐射工作场所与辐射安全许可证登记内容不相符的情况,及时完成整改工作,同时进一步完善了职业卫生所辐射安全突发事件的应急预案。

对过期化学试剂和检测样品集中处理,共处理一般化学试剂 117.7kg,含汞试剂 3.775kg。

2. 剧毒化学品安全管理　严格执行剧毒化学品库的五双管理制度,做好剧毒化学品出入库记录。完善剧毒化学品库的管理制度,梳理完成剧毒化学品档案。积极配合剧毒化学品库复检工作,检查职业卫生所剧毒化学品库技防设施,及时对有问题的设备进行维修,保证技防系统正常运转。

3. 消防安全与综合治理工作　调整职业卫生所综合治理委员会人员组成;积极开展“打非治违”专项整治活动;对全所空调进行检修和清洗,排除空调火灾隐患;完成 301 具消防器材年检和电消检工作,确保用电安全及各类消防设施的完好。加强日常安全检查和防火知识宣传教育工作,对发现的问题及时落实整改并复查。

九、行政管理工作

1. 综合行政管理　根据中心要求,2012 年 1 月 1 日起,职业卫生所公文处理全部采用协同办公平台系统运行,停止纸质运转。同时,根据需求,在广泛调研基础上,增加了内网信息版块,促进了职业卫生所信息公开、提升了工作效率。

维护和充实网站内容,完善网站信息审核程序。上传稿件130篇,信息发布量在中心排名有所提升。同时,积极开展网站改版工作,目前已完成首页改版、数据迁移等工作。

收集各类档案140卷,整理各类档案552卷、期刊3073期;借阅利用档案40人次,利用卷次200余卷。

落实保密责任,做好保密工作。根据工作需要,调整了所保密委员会及保密办公室人员组成,与所中层以上干部和保密办公室人员签订了年度保密协议;开展了保密工作自查,以保密知识宣传展板和下发书签的形式,提高全所职工保密安全意识。

认真做好信访接待工作,维护和谐稳定。全年接待河北、吉林等地来访22批次。

根据中心要求,做好新闻媒体采访协调落实工作。全年协调落实职业卫生所专家接受中央电视台、中央人民广播电台、健康报等采访7次。根据卫生部和中心关于做好中央媒体走基层系列活动工作部署,协调落实所内相关部门做好记者走基层和职业卫生所专业技术人员角色互换相关工作。

2. 财务管理　根据卫生部、中心要求,加强经费预算管理,建立以主管所长负责、层层抓落实的预算执行责任制,每月通报预算执行进度,对执行达不到序时进度的项目,分析原因、采取措施,加快执行并适时在中层干部会上予以通报。在预算执行过程中,严格按照预算计划,对经费支出认真审核把关,严格控制无预算资金支出。

3. 人事管理　6月,完成毒理室主任、副主任试用期考核并进行了岗位聘任。根据业务工作发展需要,成立了职业卫生与职业病诊断标准研究室、物理因素与职业病研究室、生物因素与职业病研究室,对职业卫生防护室、技术服务机构管理部、职业卫生培训教育部等部门更名并调整职责。公开招聘业务部门负责人,组织开展条件保障处、纪检监察审计室、质量控制办公室以及妇女劳动卫生与生殖健康研究室工作人员公开招聘工作。

开展了2012年专业技术资格评审申报和2011年岗位聘任工作。

全年接收应届高校毕业硕士研究生7人,办理调出手续2人,完成1名派遣职工续聘工作。

4. 监察审计　根据中心要求,成立所廉政风险防控工作领导小组,对所内各部门、岗位行使职责权力进行细致排查,摸清权力底数,填写《权力明晰表》,进行廉政风险评估,绘制了权力运行流程图;成立所"防止领导干部利益冲突"专项活动工作领导小组,结合廉政风险防控工作,对现有管理制度进行梳理;开展惩防体系建设自查工作和反腐倡廉宣传教育工作,对2012年竞聘任职的中层干部征求群众意见并进行廉政谈话。

全年审计各类合同204份,其中科研业务合同82份,技术服务合同34份,采购合同22份,工程合同7份,其他合同59份,各类合同中提交律师审查78份。

5. 南纬路 29 号楼大修　完成南纬路 29 号楼大修项目变更报告、项目前期概算及施工设计招标,委托中央政府采购中心进行施工招标、工程量清单及造价合同签订、施工监理网上竞价招标等。11 月底,南纬路 29 号楼修缮项目正式启动。

6. 资产与房屋管理工作　全年报废仪器 28 台/套,上交残值 2070 元。根据工作需要,调整了所住房补贴领导小组成员,为 9 名职工发放了住房补贴共计 33 万余元。

（朱钰玲　聂武　滕林　李涛）

辐射防护与核安全医学所

一、行政管理工作

(一)人力资源管理

本年度在职职工 153 人,其中所领导 5 人,中层干部 26 人,离退休职工 182 人。年内接收新进三生 11 人,引进人才 2 人。

3 月 9 日,本所聘任左松洁为财务处处长,张科为财务处副处长。组织完成了 2011 年度岗位聘任工作,其中有 59 名职工晋升到高级岗位,85 名职工进行了岗位备案。

所领导班子全年共慰问看望离退休职工 59 人次。

(二)财务工作

本年度共采购仪器、设备和物资 876 万余元,其中,通过政府采购公开招标的方式,完成了 2012 年度大购项目的招标采购工作,签订合同总额为 549.035 万元,实际执行进度为 99.83%;在招标采购工作中,严格按照国家的有关法律规定履行招标程序,纪检、审计人员全程参加项目招标,未发现违法违规行为。

2012 年,全所实现收入 6764.56 万元,比 2011 年增加 893.87 万元;完成支出 6027.00 万元,其中:人员经费、公用经费 1301.44 万元,预算执行率 100%;社会公益科研专项 828 万元,预算执行率 100%;仪器设备大购项目 550 万元,预算执行率 99.82%;公共卫生与应急体系建设专项工作经费 550 万元,预算执行率 99.4%。

(三)制度完善与行政管理工作

2012 年继续开展规章制度建设工作,全年修制订了《中国疾控中心辐射安全所职工饭卡使用管理暂行规定》、《中国疾控中心辐射安全所车辆使用管理规定》、《中国疾控中心辐射安全所财务报销细则》(修订)、《辐射安全所公务卡管理实施细则(试行)》等 4 个规章制度。全年召开党政联席会、所务会、所长办公会等 18 次会议,做出 92 项会议决定。

(四)自动化办公进展情况

2012 年,开展了 OA 办公、合同管理和公共卫生专项管理系统升级工作。通过自动化办公系统进行了117个文件的发文管理和723个文件的收文管理,发布了131个工作通知,下发了92个会议决议。全年对136份合同草本的"签约必要性"、"经费使用的合理性"以及"相关条款的合规合法性"进行了审查,法律顾问出具审查意见136份。

(五)保密与档案安全管理

2012年,卫生部重点开展了部直属机构涉密人员清查和计算机网络清理活动。本所作为卫生部的保密要害部门,所领导班子高度重视保密工作,组织各处室和各课题组认真学习有关文件,并按照文件具体要求逐项开展自查;经自查,辐射安全所均未涉及泄密情况。本所逐年逐级签订了保密协议和计算机安全保密责任书,定期组织专人对所内涉密计算机和非涉密计算机进行了安全检查。2012年未发生保密安全责任事故。

辐射安全所正在制定《声像档案分类方案》(已征求意见),全年共有709件文书档案、3个科研课题的、8项基建工程和1盘声像档案归档。

(六)质量管理与实验室安全工作

截止到2012年底,辐射安全所放射性同位素总计113件,其中非豁免水平放射性同位素45件,豁免水平以下的放射性同位素68件为。进一步加强辐射安全所放射源安全和实验室安全管理工作,辐射安全所放射防护领导小组对放射源暂存库和涉及放射源的实验室定期进行安全检查,本所放射性同位素帐物相符,从放射源暂存库借出和归还放射源纪录完善,管理规范。

本年度组织编写和修订《中国疾控中心辐射安全所SPF级动物实验室管理规范》,完成实验动物使用许可证验收并取得实验动物使用许可证(2012年1月至2017年1月)。

认真完善质量管理体系,按国家的相关要求做好质量管理体系维护工作。对体系文件进行修订,将建设项目职业病危害评价工作纳入辐射安全所质量管理体系,完成了《质量手册》、《程序文件》和《作业指导书》升级至第五版工作。组织开展质量管理体系所有要素的内部审核,完成实验室资质认定(计量认证)复查评审工作并通过了现场评审。

二、放射卫生工作进展情况

(一)放射卫生领域的监督管理工作

1. 放射诊疗防护监管工作 本年度卫生部继续加强医用辐射安全管理工作,2012年在全国17个省的医用辐射防护监测网试点,共监测了606家医疗机构,检测了其中238家的放射治疗设备、601家的放射诊断设备、119家的核医学设备和252家的介入放射学设备,本所作为试点工作的质量控制和技术指导单位,对全国监测工作进行了技术督导,对各监测机构上报的监测数据进行了统计分析,向卫生部提交了《2012年医用辐射防护

监测信息系统调查汇总报告》，并组织完成了“2010 年全国放射诊疗防护情况调查工作技术分析报告”，该报告作为“全国放射诊疗防护情况调查工作的报告”的重要组成部分，已提交卫生部并作为卫生部医用辐射安全领导小组在加强医用辐射防护监管决策方面的重要技术资料。医用辐射防护监测网的建立运行是为实现医用辐射防护监管的及时、科学和有效，确保放射诊疗安全和放射卫生事业发展的重要工作内容，通过近 2 年的监测，我国医用放射诊疗质量得到显著提高。

为了解掌握介入放射学工作人员的受照剂量水平和核医学工作场所辐射水平，2012 年卫生部监督局在医用辐射防护监测网的基础上又启动了放射性职业病监测哨点工作，本所较好地完成了监测哨点工作方案的制定和技术指导工作。

为更加深入了解基层医疗机构放射诊断防护情况，2012 年卫生部监督局开展了部分省份乡镇卫生院辐射防护专项检测工作，本所做为国家级技术机构，参与了此项工作。在检查过程中发现基层医疗机构普遍存在缺乏辐射防护意识，辐射防护工作不到位现象。

2. 放射性职业病防治工作　2011 年 12 月 31 日，新修订的《职业病防治法》颁布实施。根据监管部门职能分工，卫生部负责对医疗机构放射性职业病危害控制的监督管理。为贯彻落实《职业病防治法》，保障放射性职业病防治监管工作顺利调整，按照卫生部要求，本所及时开展了《放射卫生技术服务机构管理办法》和《放射诊疗建设项目卫生审查管理规定》等部门规章及配套的技术文件的修订工作，并组织完成了江苏省疾控中心等 7 家放射卫生技术服务机构甲级资质延续，1 家放射卫生技术服务机构的甲级资质申报的技术审查和现场技术考核工作。根据《放射诊疗建设项目职业卫生审查规定》要求，本所在 2012 年还组织专家对送审的 12 份建设项目的职业病防护设施设计和评价报告进行技术审查和专家评审。

同时，鉴于辐射安全所在全国放射卫生防护领域的技术优势，为全面促进《职业病防治法》的实施，本所在国家安全生产监督管理总局组织的职业卫生技术服务机构甲级资质延续现场考核工作中提供放射防护方面的技术支撑工作，参与完成了职业卫生技术服务机构放射资质认可条件和审定标准等工作。通过上述工作，确保了放射性职业病防治工作持续发展。

放射工作人员职业健康管理工作一直是职业病防治工作重要内容。2012 年，本所继续加强开展放射工作人员职业健康管理工作，开发完成了放射工作人员证件管理子系统，汇总编写了 2011 年度的全国放射工作人员个人剂量报告。

3. 公众照射控制工作　在成功应对日本福岛 311 核事故后，及时提出了加强全国食品和饮用水监测能力建设方案，建议将食品和饮用水中放射性监测工作纳入国家食品安全风险监测网和国家饮用水卫生监测工作中。此建议得到了卫生部高度重视，卫生部于 2012 年正式开始在运行核电站和在建核电站周围地区开展常规监测工作，此项工作的开展，对掌握全国食品和饮用水放射性本底数据，为在事故情况下，提出公众健康影响建议提供了依据,同时对推进全国放射卫生工作的发展,保持和加强全国放射卫生专业技术力量起到了巨大作用。本年度,本所组织制定了《2012年食品和饮用水中放射性物质监测工作手册》,举办了两期技术培训班,设计完成了监测数据直报系统,组织开展监测工作的8省市监测机构的技术交流,完成了2012年全国食品饮用水放射性监测情况汇总,为卫生部决策提供了技术支撑。

环境中高放射性对公众健康影响问题一直是国家和公众关注的热点。2012年,继续进行"广东省阳江地区放射流行病学研究"、"高本底地区居民遗传学调查"和"氡致肺癌的机制研究"等工作,通过开展环境中高放射性对公众健康影响流行病学调查,对修制订国家有关标准和推进公众照射防控措施提供了依据。

(二)放射卫生领域技术支撑工作

1. *放射卫生政策研究支撑工作* 受卫生部监督局委托,2012年度总计提交了55份技术性文件,包括《全国各省、市(地)、县级疾病预防控制机构放射卫生能力建设和工作规范》等32个规范、指南与操作手册;《2012年全国外照射个人剂量监测技术水平调查与评价》等4份专项工作报告;《乳腺数字X射线摄影质量控制检测规范卫生标准》等12个标准和方案;1份规划;6份其他技术文件。

2. *全国放射卫生专业培训与技术指导* 为提高全国卫生监督机构和技术支持机构技术能力,加强了卫生监督文化建设,由卫生部和中华全国总工会联合举办首届全国卫生监督技能竞赛。根据卫生部要求,本所选派专家参加了放射卫生个人剂量监测实验室盲样考核、竞赛题库组建核竞赛专家组的工作。在整个竞赛过程中,本所及选派的专家严谨认真,高度负责,为大赛的圆满成功奠定了坚实的专业技术基础,受到了卫生部直属机关党委和卫生监督局的表扬。

作为"全国放射卫生培训基地",按照年度培训计划完成了"放疗与核医学设备质量控制检测培训班"等5个放射卫生培训项目,培训人员713名,颁发学分证书614本。

受卫生部委托,继续组织"全国放射工作人员个人剂量监测系统比对"、"全国放射性核素γ能谱分析方法比对"、"全国水中总α总β放射性测量比对"和"全国生物剂量估算方法比对"等4项专项技术考核工作,本年度共有196家机构参加了考核,参加单位数和考核合格单位数较2011年都有所增加,评选了考核优秀单位;全年还接收新疆疾控中心等单位17名专业人员来所进修。

全年共组织专家和专业人员百余人次赴多省市进行了现场调研和技术指导,开展了"西藏地区放射性工作人员个人剂量监测情况调研"等专项调研与评估工作。

3. *开展职业病危害评价与技术服务* 本所作为放射卫生技术服务机构,辐射安全所除承担国家行政机构技术支撑任务外,在2012年还分别获得了由卫生部和国家安监总局颁发的放射卫生技术服务机构甲级资质和职业卫生技术服务机构放射卫生甲级资质;组织完成了32项建设项目职业病危害预评价报告/控制效果评价报告书的编制工作;对外出具了包括放射防护器材防护质量检测等各类检测报告766份、校准报告225份。

(三)放射防护标准体系建设工作

全年组织召开了4次标准审查会议,审查送审标准40项,通过审查已报批标准20项,发布2项标准。同时,积极开展放射卫生法规标准的宣传工作,举办了《临床核医学的患者防护与质量控制规范》等放射卫生防护标准师资培训会议,对新发布的医疗照射标准进行了师资培训,加强了标准的宣贯和普及工作。

(四)信息交流工作

本年度《中华放射医学与防护杂志》按时发刊,文章质量继续提高,杂志数字化全面推进,目前已实现了杂志全文上网,网上稿件管理系统运行正常,全年收到稿件约500篇,6期刊发180余篇。在日本福岛核事故一周年,推出"日本福岛核事故"的重点号,其中"日本福岛第一核电站事故的卫生应对"论文在本年获得最高点击率。

为有关部门和领导及时了解国内外放射卫生工作动态,全年编辑印制了36期《公共卫生事件(放射卫生)媒体相关信息监测工作通报》、12期《辐射与健康通讯》和16期《辐射安全所工作通报》,及时送交相关部门与领导。

三、核事故医学应急准备与能力建设

2012年,正逢我国卫生应急工作开展十周年,也是圆满完成日本福岛核事故对我国公众健康影响应对工作一周年之际。为总结经验、存史资鉴,交流技术,不断发展,本所组织开展了一系列总结、宣传和技术交流活动。年初,在《中华放射医学与防护杂志》2012年第32卷第2期中开辟了日本福岛核事故应对专栏,选刊包括《核与辐射突发事件公众沟通、媒体交流与信息发布》等12篇高水平论文;整理编辑了《福岛第一核电站事故卫生应对论文集》。年中,分别在浙江和贵州召开了全国"日本福岛第一核电站事故卫生应对"工作经验交流及核和辐射突发事件卫生应急工作研讨会。年底,成功组织了首届卫生应急学术论坛——中毒事件与核和辐射事件应急处置分论坛活动,确定了"核能技术与卫生应急"分论坛主题,选录了29篇论坛投稿稿件,论坛交流了10篇报告。

为不断夯实核事故医学应急基础,着力做好卫生应急准备和能力建设工作。一年来着重开展国家核和辐射卫生应急队伍能力建设,组织编写了核和辐射卫生应急培训教程,开展全国核和辐射应急培训及全国核和辐射生物剂量估算培训班,研制开发了核辐射救治基地应急能力状况及工作信息报告系统,起草了核和辐射突发事件风险沟通与心理援助应急预案,继续开展核和辐射应急药品储备工作及本所承担的国家卫生应急队伍能力建设工作。

四、学科建设与科研工作

(一)课题申请和执行情况

本年度共组织申报“十二五”国家科技支撑计划项目、国家自然基金等 26 项科研项目,获批准项目 12 项。卫生行业科研专项“辐射危害控制与核辐射卫生应急处置关键技术研究及其应用”、国家自然科学基金项目、国家“709”项目和卫生标准研制项目等 39 项在研课题,以及“核应急实验室运行维护与突发公共卫生事件处置”等九大类公共卫生专项进展顺利。其中“辐射危害控制与核辐射卫生应急处置关键技术研究及其应用”项目于 2012 年 10 月通过了卫生部组织的项目年度评估,评估结论为项目研究进度和经费执行情况良好。本年度有 14 项科研课题研究完成,并顺利通过结题验收。

(二)科研创新成果丰硕

苏旭研究员荣获了第十三届吴阶平—保罗·杨森医学药学奖(“吴杨奖”)。该奖项旨在表彰、奖励在医药卫生领域努力钻研并做出突出贡献、被社会及同行广泛认可的 55 岁及以下优秀医学卫生工作者,是卫生界权威奖项之一。本所和孙全富研究员分别荣获中国卫生监督协会“健康卫生杯”集体和个人奖。本所研制的“不留余影的 ESD 测量袋”和“核医学模体”获得了国家知识产权局国家实用新型专利。

(三)论文和获奖情况

2012 年,科技人员发表论文 44 篇;编写出版《戈壁风采录》等多部书籍。

为表彰在 2011 年所取得科研成绩,组织召开了 2011 年度辐射安全所科技奖励暨学术年会,18 篇学术报告进行了大会交流。根据辐射安全所科技奖励办法对 2011 年度 11 项获资助的课题组、在正式刊物上公开发表的 100 篇学术论文作者给予了奖励。

五、教育培训

(一)研究生培养

目前辐射安全所在职博士研究生导师 2 名、硕士研究生导师 12 名。2012 年度辐射安全所共指导、培养研究生 29 名,其中指导在站博士后 1 名,博士研究生 7 名,硕士研究生 21 名。本年度毕业研究生 5 名,新招博士研究生 2 名,硕士研究生 5 名。

(二)职工在职教育

辐射安全所积极为职工提供多渠道的学习教育机会,每年都有职工考取硕士、博士和获得各类专业技术证书。本年度辐射安全所对中层干部进行了相关管理业务培训和"管理干部的能力建设"培训，共有 29 人次参加了相关的管理技能培训。组织了 2011 年和 2012 年新入职人员参加北京市卫生监督所举办的放射工作人员岗前培训班，有 13 人获得了相应的资质证书。

六、合作与交流

本所与解放军第二炮兵总医院于 2012 年 6 月 18 日签署了战略协作备忘录，启动了双方在科学研究、人才培养、实验室设备条件利用和医学临床应用等方面的合作。

积极开展与世界卫生组织和国家原子能机构等国际组织的合作，继续开展双边合作。12 月，与日本放射线医学综合研究所(NIRS)续签了 2012 - 2017 年度合作备忘录，双方同意在以前合作的基础上，在辐射流行病学、辐射医学应急等方面继续加强合作。同时，作为世界卫生组织辐射应急救援网络(REMPAN)在中国的联络机构，积极向 WHO - REMPAN 投稿，与 WHO 保持大量的日常信息交流。本年度，接待外宾 4 批共 6 人次。11 批共 13 人次出访日本、英国、奥地利、瑞士等国参加放射卫生领域的国际交流。

(秦斌　冒煦)

农村改水技术指导中心

一、项目管理和业务工作

1. 农村饮水安全集中供水工程监测工作　农村饮水安全集中供水工程监测工作是改水中心负责执行的一项医改重大公共卫生服务项目。2012 年组织完成了全国 31 个省(自治区、直辖市)和新疆生产建设兵团农村饮水安全集中供水工程枯水期和丰水期的水质卫生监测工作。通过制定实施细则、调整监测方案、加强基层人员培训、数据审核和现场督导等措施,控制项目实施进度和质量。利用转移支付资金 1.2 亿元,全年累计完成了 2007 个县的 4.9 万余座农村饮水安全集中供水工程的水质卫生监测工作,采集、检测饮水安全集中供水工程水样约 20 余万份。起草了上交卫生部监测报告和工作报告,并代起草了上交国务院的监测报告。

2. 全国农村环境卫生监测项目　在总结 2011 年度监测工作经验和成果的基础上,对 2012 年监测技术方案进行修订完善,编制了新版软件供数据录入和资料管理。举办了全国及各省市农村环境卫生监测项目启动培训会,进行了督导检查,并对各地上报监测数据进行审核、整理和汇总。2012 年利用转移支付资金 2800 万元,监测覆盖 31 个省(自治区、直辖市)和新疆生产建设兵团的 700 个县。起草了上交卫生部监测报告和工作报告。

3. 全国农村饮用水水质卫生监测工作　2012 年,承担了卫生部卫生监督局的“全国农村饮用水水质卫生监测工作”,将全国 25%的涉农县(县级市)辖区纳入国家饮用水卫生监测网络,全年共采集全国 27 个省(自治区、直辖市)和新疆生产建设兵团农村集中式供水水样 2.4 万余份、分散式供水水样 3000 余份。完成了监测报告。

4. 科技部“十二五”科技支撑课题“村镇安全供水管理与监控技术及信息系统开发”　该课题由中国水利水电科学研究院负责,包括了 12 项子课题,计划 2015 年结题。改水中心参与其中三项子课题“县级农村供水信息管理与监测系统的开发、农村集中供水水质风险管理系统构建、农村供水水质健康风险评估技术研究”。目的是以现有农村饮用水水质卫生监测网络为依托,通过农村集中式供水水质风险评估管理系统构建,辅助科学决策,提升信息的综合服务水平。

5. 农村地区集中式供水隐孢子虫污染与儿童感染现状调查研究　为进一步了解农村集中式供水饮用水中“两虫”(隐孢子虫、贾第鞭毛虫)的污染情况和儿童的感染现状,为相关疾病的预防控制工作提供科学依据,改水中心依托全国农村饮用水水质卫生监测系统,2012 年先期在北京市和湖北省开展了农村集中式供水地区的隐孢子虫污染状况与儿童感染现状的调查研究,共采集水厂水样 20 余份,儿童粪便近 3000 份。

6. 乡镇卫生院和村卫生室水与环境卫生现状调查　为了解我国乡镇卫生院和村卫生室的水与环境卫生设施运行管理现状,2012 年改水中心组织开展了乡镇卫生院和村卫生室的水与环境卫生现状调查,项目在 10 个省的 77 个县开展,调查对象包括辖区内的 385 个乡镇卫生院和 770 个村卫生室,调查内容包含基本情况、供水情况、饮水与洗手设施、厕所和粪便处理、医疗废弃物收集与处理、医疗污水收集与处理以及病房卫生等。

7. 淮河流域癌症综合防治项目　作为淮河流域癌症综合防治项目的参与单位,2012 年继续做好淮河流域癌症综合防治项目农村饮用水监测的组织管理,完成了 2011 年监测数据整理和统计分析,制定了 2012 年工作计划和经费预算,组织 4 省 14 个项目县按照监测方案开展了枯水期和丰水期水质卫生监测工作。

8. 农村集中式供水水质卫生风险管理机制建设　开展了农村集中式供水水质卫生风险管理机制建设,并承担了相关技术标准研究。完成了 4 省 5 县农村集中式供水系统基础信息和风险信息的现场调查,以及系统需求调研、基本框架和功能的设计。

二、教育培训与研究生管理

2012 年 3 月和 5 月分别开展了"农村饮用水水质卫生监测技术培训"和"农村集中式供水工程卫生学评价技术培训"继续医学教育培训班。继续开展援疆援藏工作,为新疆自治区疾控中心举办农村饮用水与环境卫生监测培训班。

2012 年培养在读硕士研究生 4 名、在职博士研究生 1 名,全日制硕士研究生毕业 2 名。

三、国际交流与合作

1. 联合国儿童基金会合作项目　2012 年继续开展农村环境卫生全覆盖项目。该项目由全国爱卫办和联合国儿童基金会立项,由改水中心具体执行,项目在 5 省、5 县、50 个村开展,执行期为 2011 - 2015 年。主要是通过参与式方法进行健康教育和卫生知识培训,提高村民卫生意识,促进农民主动建造卫生厕所,达到项目村农村卫生厕所普及率和卫生厕所使用率 100%的目标。

2. 世界卫生组织合作项目　继续与世界卫生组织联合举办饮水安全计划培训班,推广和实施世界卫生组织在《饮用水水质准则》(2004)中提出的饮水安全计划(WSP)。

2012 年卫生部批准了双年度合作项目"中国西部农村集中式供水风险管理体系建立"。

3. 国际交流　2012 年 6 月,2 人次赴柬埔寨参加由联合国儿童基金会组织的"社区主导的环境卫生全覆盖项目和环境卫生市场化培训和考察"。9 月,2 人次参加了在印尼巴厘岛举办的“第三届东亚环境卫生部长级会议”,并参与编写了“中国农村改厕进展报告”。

四、获得荣誉

改水中心获全国爱国卫生委员会授予的“全国爱国卫生先进集体”荣誉称号。

陶勇同志被全国妇联和妇基会授予“中国妇女慈善奖”。

张娜同志在卫生部“小金库”专项治理工作中获通报表扬。

樊福成同志被淮河项目国家办公室授予“2007－2011年度淮河流域癌症综合防治工作先进个人”。

（陶勇　夏云婷）

妇幼保健中心

一、全国妇女儿童保健技术指导及培训

（一）妇女常见疾病保健工作

1. 重大公共卫生服务项目妇幼卫生项目　完成撰写相关报告及方案:《农村妇女宫颈癌检查项目评估研究报告》、《2012 年农村妇女“两癌”检查项目管理方案》、《农村妇女乳腺癌检查项目技术方案》、《农村地区宫颈癌监测方案》、《卫生部、财政部、全国妇联关于进一步加强农村妇女“两癌”检查工作的意见》、《关于 HPV 预防性疫苗的使用效果及在我国应用的可行性报告》、《关于 HPV 筛查技术在我国推广应用相关情况的报告》和《乳腺癌社区健康管理培训项目基线调查方案》。

负责农村妇女宫颈癌检查项目的国家级数据管理、审核、汇总工作;开展“两癌”项目地区实施监督和技术指导;修改和完善《农村妇女“两癌”检查项目个案登记表和季报表》内容。开展乳腺癌筛查信息管理的培训。

2. 进一步修订完善　《妇女常见病筛查工作规范(讨论稿)》、《妇女常见病筛查管理办法(讨论稿)》,完成《妇女常见病筛查技术指南》编写。

（二）孕产期保健工作

(1)通过儿基会的母子保健综合项目的相关活动,落实《孕产期保健工作规范》和《孕产期保健工作管理办法》要求。

(2)按项目实施计划完成中国农村地区产后出血防治试点项目各项活动,对项目地区进行监督指导与评估;组织专家讨论产后出血防治模式并完善产后出血防治项目评价指标;进行终末评估,完成项目总结报告,召开项目总结会议。

(3)继续推广孕产妇危重症评审技术,扩充国家级专家队伍,为各级医疗保健机构提供技术支持,支持各地医疗保健机构开展孕产妇危重症评审。

(4)完成《孕产期保健技术指南》及《孕产妇危重症评审指南》编写。

(5)开展淮河流域癌症综合防治工作中出生及出生缺陷监测工作。完成了 2011 年数据分析报告。举办监测地区出生缺陷诊断技术培训班。举办“淮河流域出生及出生缺陷监测项目专家组成立暨讨论会会议”、“淮河流域出生及出生缺陷监测数据培训班”和“淮

河流域出生及出生缺陷监测工作会议”。修改《淮河流域出生及出生缺陷监测方案》及《监督评估方案》,并对河南、江苏和安徽进行督导。修改淮河流域肿瘤综合防治项目的工作技术方案。编写《出生缺陷临床诊断手册》。

(6)开展妊娠危险因素及其结局的队列研究。在淮河流域出生及出生缺陷监测的基础上,在江苏省金湖县建立队列,对每一例妊娠结局进行随访。4月召开阶段性总结会。

(7)开展企业接触职业危害因素女职工保健工作干预措施研究,完成终末的现场调查和评估工作,并撰写终末调查报告。

(三)预防艾滋病、梅毒和乙肝母婴传播工作

2012年,中央转移支付经费支持的预防艾滋病、梅毒和乙肝母婴传播工作继续在全国31个省(自治区、直辖市)的347个地(市、州)的1156个县(市、区)开展,覆盖全国640万的孕产妇。常规开展全国预防艾滋病、梅毒和乙肝母婴传播工作相关数据的收集、上报、整理及分析。设计、开发了“预防艾滋病、梅毒和乙肝母婴传播管理信息系统”,2012年已完成信息系统的需求分析评审、系统设计论证等相关工作。在新疆召开2012年全国预防艾滋病、梅毒和乙肝母婴传播工作会议。举办了2期“全国预防艾滋病、梅毒和乙肝母婴传播技术强化培训班”、1期“全国预防艾滋病、梅毒和乙肝母婴传播信息管理培训班”。修订工作监督指导与评估方案,并组织国家级专家对山西、浙江和广东三省开展现场监督与指导。制定2012-2015年中央补助地方经费预算、任务考核要求及中央本级工作经费预算。汇总统计2012和2013年各省预防艾滋病母婴传播抗病毒药品招标采购需求。

修订梅毒报告相关报表;出版《妊娠梅毒及先天梅毒防治技术指南》和《在生殖健康领域主动提供艾滋病检测咨询服务指南》等书籍,修订《预防艾滋病母婴传播》教材。开展了“预防艾滋病、梅毒和乙肝母婴传播服务模式研究”、“预防艾滋病母婴传播综合干预技术研究”、“预防艾滋病、梅毒和乙肝母婴整合服务项目”、“感染妇女生殖健康现状研究”以及“梅毒感染产妇所生儿童生长发育状况队列研究”等应用性科学研究。

(四)儿童保健工作

1. 儿童保健服务技术规范、指南制定及贯彻落实工作　组织讨论完成《新生儿访视技术规范》、《儿童健康检查服务技术规范》、《儿童营养性疾病管理技术规范》、《儿童喂养及营养指导技术规范》的修改,4月20日由卫生部正式颁布。组织全国省和计划单列市儿童保健主任培训班,并利用学术会议、到省级督导调研等形式对上述规范进行解读,宣传和促进规范的贯彻落实。完成《托儿所幼儿园卫生保健工作规范》,由卫生部正式发布实施。

10－11月举办3期全国托幼机构卫生保健工作管理师资培训班。

组织专家讨论，开展相关调研，完成“儿童心理保健技术规范”、“儿童眼及视力保健技术规范”、“儿童口腔保健技术规范”和“儿童耳及听力保健技术规范”的制定。8月已形成最终稿，提交卫生部。

组织制定妇幼保健机构儿童保健门诊规范化设置标准。召开专家研讨会对各个门诊标准进行讨论，并赴广西柳州、山东泰安、江西南昌等地进行现场调研，了解各地儿童保健门诊开展现状，并根据调研结果对儿童保健门诊设置规范进行修改。目前已初步制定完成市级、县(区)级妇幼保健机构儿童保健门诊设置标准，将继续进行社区卫生服务中心和乡(镇)卫生院儿童保健门诊规范化设置指导意见的制订。

9月启动“0～6岁残疾儿童筛查技术规范”制定工作，联合残联、卫生系统有关视力、听力、智力、肢体、孤独症五大类残疾方面的有关专家，成立专家组，2012年10月31日召开第一次专家研讨会，目前已完成初稿的撰写工作。

2. 儿童保健科学研究

(1) 中国母乳喂养婴儿生长速率监测与标准值研究：完成所有研究对象3～4岁阶段的研究数据收集，6月在北京召开项目工作年会，部署2012－2013年度研究计划和工作重点。目前已完成0～1岁城市母乳喂养婴儿体格发育参考值和参考曲线的构建及相关论文的撰写；启动农村部分体格发育数据的相关模型探索工作，初步构建了城乡母乳喂养儿童大运动指标参考值和相关参考曲线的统计分析模型。完成1～4岁组研究数据的逻辑审查，目前正在完成相关基础统计分析。

(2) 中国婴儿睡眠健康促进研究：已完成对腕表、家长睡眠日记以及相关问卷调查共计20多个研究数据库的清理工作，并对研究数据和结果进行统计分析和总结，其中关于婴儿期睡眠行为特点、婴儿睡眠相关影响因素分析以及婴儿睡眠与认知发育等3个专题的数据统计分析工作已基本完成。本研究结果在第四届睡眠学术会议上获得睡眠领域同行专家的高度认可。

(3) 科学应对儿童饮食行为问题研究：12月启动该研究项目，项目周期3年。项目目标：推广儿童饮食行为问题干预工具，提高儿童保健人员的儿童饮食行为问题诊断和临床干预技能，指导儿童家长关注和积极应对儿童饮食行为问题。项目主要内容：面向区(县)级及以上妇幼保健机构儿童营养门诊医生举办培训班，每年组织一次全国“儿童饮食行为高峰论坛会议”。在全国选取30家妇幼保健机构的儿童营养门诊开展喂养行为试点活动，对儿童饮食行为进行诊断和干预；在幼儿园进行宣教活动试点，宣传儿童饮食行为问题的重要性，培养儿童良好的饮食行为。

(4) 0～6岁儿童单纯肥胖干预研究项目：继续在10个省实施并定期收集数据。对3～5岁学龄前儿童进行为期一年的干预，对于BMI高于50百分位的儿童，增加体重监测频率、由父母描记生长监测图等措施。

3. 儿童保健项目

(1) 消除婴幼儿贫血行动:各项目县自年初陆续开展了培训、社会宣传、营养包发放和健康教育等项目活动,国家级组织专家对6个项目省和项目县进行督导。完成基线调查,并撰写基线调查报告,提交卫生部、全国妇联和中国儿童少年基金会。10-11月,开展项目中期评估的现场工作,评估项目开展情况及多种微量营养素补充对项目地区儿童贫血流行情况的改善作用。12月完成调查数据的录入、分析,撰写中期调查报告。

(2) 贫困地区儿童营养干预试点项目:该项目于10月15日启动,目的是预防婴幼儿营养不良和贫血,提高贫困地区儿童健康水平,项目由卫生部与全国妇联合作,利用中央财政专项补助经费,为10个省8个国家连片特殊困难地区的100个县的6～24月龄婴幼儿免费提供营养包。国家级项目管理办公室设在妇幼保健中心,已完成项目管理和技术方案、健康教育材料、培训教材等资料的撰写,组织专家组赴项目省开展培训。

(3) 新生儿窒息复苏项目:组织专家翻译"新生儿复苏教程(第六版)"7月已正式出版。组织专家赴河北、天津、河南、广东4省进行新生儿复苏项目现场调研。组织专家赴深圳、湖南进行新生儿窒息卫生经济学调查督导,目前正在进行数据分析,12月底前完成研究报告。7月在北京召开了第二周期新生儿复苏项目高层研讨会。举行第二周期新生儿复苏项目省级师资培训班、帮助婴儿呼吸(HBB)国家级师资培训班。

(4) 母乳喂养咨询项目:2月在北京召开了母乳喂养咨询项目总结暨新周期启动会,项目单位扩展到44家;对新增项目单位开展母乳喂养现状调查;举办2期母乳喂养咨询师培训班;编写、发放母乳喂养健康教育处方;在新疆乌鲁木齐举办了"2012年母乳喂养周现场交流活动",促进了西部少数民族地区母乳喂养工作的开展。

(5) 胎婴儿健康促进项目:组织专家制定了《胎婴儿健康促进与健康教育服务指南(试用)》。对广东省妇幼保健院、广州市妇女儿童医疗中心、湖北省妇幼保健院、湖南衡阳市妇幼保健院进行了调研。8-10月开展了"胎婴儿健康教育与健康促进项目课件展示活动",11月召开"胎婴儿健康促进项目交流会"。此外,还为项目单位发放了《平面健康教育材料设计制作使用与评价》一书,以帮助其提高健康宣教水平。

(五)妇幼卫生信息化建设

1. 全国妇幼保健机构监测工作　完成机构监测系统改版,继续组织全国各级妇幼保健机构完成机构监测数据上报,并提供业务和技术支持与咨询,完成了河南省机构监测系统使用的培训,参与卫生部妇社司有关内部管理、运行机制和机构监测在四川省的现场调研,完成了2011年度全国妇幼保健机构资源与营运状况分析报告撰写,并印发全国各地。参加全国妇幼卫生信息工作技术培训会并报告2011年机构监测数据的主要结果。完成"妇幼新世纪"机构监测工作组织管理奖和数据利用奖的评奖、省市县三级妇幼保健机构综合实力排名。召开机构监测专家研讨会并完成机构监测督导评估方案。完成机构监测系统改版招标采购工作，需求说明书撰写，配合公司对新开发系统进行全面测试。

2. *妇幼卫生信息标准研究与信息化建设* 完成了卫生信息标准12个《妇幼保健基本数据集》修订。组织专家编写完成《妇幼保健信息系统基本功能规范(征求意见稿)》，向全国各级妇幼保健机构征求意见，修改后上报卫生部。完成《妇幼保健服务信息系统技术规范》初稿。9月组织召开全国妇幼卫生信息化建设管理培训班暨经验交流会，介绍“十二五”全国妇幼卫生信息化发展规划、妇幼卫生信息标准体系及居民健康卡标准等，并与各试点单位在信息化建设方面相互交流经验。

3. *孕产妇与儿童健康管理信息系统建设项目* 完成项目总体技术方案、具体建设方案的专家评审，5月完成对试点单位的技术培训，9月组织各项目试点单位赴新加坡参加2012年亚太区HIMSS大会。围绕孕产妇及儿童健康管理信息系统规范化建设需求，开展了监管系统统计指标体系及标准研究，完成了项目监管系统和数据中心建设公开招标的前期准备工作。完成了国内外妇幼卫生信息化建设发展文献研究，全国妇幼保健机构信息化建设现状调研分析报告。10月在北京召开项目阶段性总结会。12月在云南普洱市召开项目试点工作交流会。

(六)政策研究

1. *妇幼保健机构人员继续医学教育模式研究* 开展现场调研，组织专家论证，确定专家撰写培训教材“妇幼保健机构专业人员继续医学教育培训大纲”，教材包括11章57节，总计约20万字，涵盖妇幼卫生总论、妇幼保健管理、妇幼卫生信息、健康教育、妇女保健、围生保健和儿童保健，教材内容定位于妇幼保健机构不同岗位人员必须掌握的基本知识和技能，将推荐用于全国各级妇幼保健专业人员岗位培训。

2. *妇幼保健专科建设研究* 制定研究方案。5月和8月分别赴广东省妇幼保健院、广东省中山市妇幼保健院、广西自治区柳州市妇幼保健院进行现场调研，实地考察了三院妇幼保健专科设置、服务内容、服务流程、服务设施设备以及服务提供情况。起草“妇幼保健机构专科目录”和“妇幼保健专科建设指南撰写格式”，并组织专家进行论证。组织专家撰写、修改并完成了26个妇幼保健专科建设指南。

3. *妇幼保健机构试点建设项目* 组织专家对新形势下各级妇幼保健机构的功能任务进行研讨，完成“妇幼保健机构管理与运行机制”课题报告中关于各级妇幼保健机构的功能定位内容；对前期研究产出“妇幼保健机构建设规划、建设指导意见”做补充研究和修改，并撰写“妇幼保健机构试点建设项目方案”。

4. *制定“妇幼保健机构科室设置指南”* 为配合妇幼保健机构试点建设项目，引导妇幼保健机构试点建设方向，受卫生部委托，制定省、市、县三级妇幼保健机构科室设置指南，明确三级妇幼保健机构科室设置要求，明确各级机构科室职能任务。

5. *专题调研* 4月参与卫生部组织在四川省开展的妇幼保健机构管理与运行模式和

妇幼保健机构监测现场调研,共调研了省市县三级共5所妇幼保健机构。听取当地关于妇幼保健机构发展介绍,实地考察妇幼保健机构的房屋、业务开展情况,了解各地对促进妇幼保健机构发展的政策,以及目前妇幼保健机构发展面临的问题。

8月参与全国政协组织在黑龙江省哈尔滨市和大庆市开展的儿童医疗保健服务体系调研,共调研了儿童医院、综合性医院儿科、妇幼保健院、制药厂等7所机构,实地考察儿科建设、儿童就诊、儿科医务人员配备和工作负担、儿童药品生产等情况,撰写"加强儿童医疗保健服务体系建设的意见和建议"报告,提交全国政协。

(七)健康教育

1. 妇幼保健健康教育基本信息　组织设计、制作、印刷基本信息手册,组织基本信息的下发工作,组织完成妇幼保健健康教育基本信息释义的编写。

2. 健康教育教材——孕妇学校教材开发项目　组织专家审稿会,完成对孕妇学校教师用书和学员用书的审定及出版。

3. "健康教育角"项目　为规范妇幼保健机构健康教育场所的设置,加强妇幼保健健康教育工作,开展"健康教育角"项目,为妇幼保健机构免费提供"健康教育角"设施。现已完成第一批省级妇幼保健机构征订工作,19家机构已开始签署协议、实施安装。

4. 妇幼保健健康咨询热线　组织召开专家研讨会,进行项目的可行性研究,根据专家意见继续修改工作方案。

5. 编写"儿童护理手册"　组织专家讨论确定提纲,组织专家编写具体内容。召开专家研讨会,完成组稿、审核、校对工作。

(八)全国妇幼保健机构沟通与交流

组织"妇幼新世纪"系列活动,包括全国妇幼保健学术交流会、妇幼保健专项工作表彰及综合实力排名、省级妇幼保健机构文艺汇演、省级妇幼保健机构体育比赛、全国妇幼保健机构摄影作品征集活动、全国妇幼保健机构成就展示画册等。组织召开全国省级妇幼保健院院长年会,全国省级妇幼保健机构办公室主任工作会议,省级妇幼保健机构儿童保健主任工作会议等。

(九)母婴保健法律证件管理工作

顺利完成了当年母婴三证印制的招标采购工作;编制各类预算;组织母婴三证生产、发运,保障全国用证;组织开展了2013年度母婴三证印制采购项目的招标采购工作;组织相关专家开展督导,掌握证件使用中存在的问题;参与了联合国儿童基金会与出生医学证明相关的项目工作,推进《出生医学证明》信息化建设;编制、发放《出生医学证明管理工作指导手册》;召开全国出生医学证明管理培训班;组织开展《出生医学证明》的改版工作。编写《出生医学信息报告卡》并纳入全国妇幼卫生调查制度。

（十）学术刊物出版

1.《中国妇幼卫生杂志》 编辑、出版并下发杂志2012年6期。每期印刷7000册，发至全国3000多家妇幼保健机构。

2.《孕·育》杂志 《孕·育》杂志为妇幼中心主办的面向孕产妇人群的健康教育读物。2012年出刊9期,每期印刷5万册,免费向全国各级妇幼保健机构发放。

二、对外交流与合作

（一）国际合作项目

1. 联合国儿童基金会项目

(1) 母子健康综合项目:组织修订并下发了项目执行文本,召开项目年度工作会议。组织专家修改《母子系统保健服务指南》、《母子健康手册》、《母子健康手册乡村人员使用手册》等技术材料。组织专家编写《妇幼保健咨询卡》、《特殊情况母乳喂养指南》、《产后出血防治培训教材》、《妇幼卫生项目管理培训教材》、《孕产期营养培训教材》等项目健康教育和培训材料,印刷并分发项目地区。举办婴幼儿喂养、产后出血及新生儿复苏等师资培训班。为项目地区采购并分发基本产科和儿童保健医疗设备。完成《妇幼保健项目管理教材》初稿的撰写。

(2) 城市流动人口妇幼保健服务项目:组织制定了项目执行文本,召开了国家级和区级项目启动会,组织项目地区建立多部门协作机制,制定项目健康交流计划,在项目地区开展了项目基线调查。举办婴幼儿喂养和健康交流技能师资培训班及区级逐级培训,开展国家级、省级、区级监督指导工作,开展国家级流动人口妇幼保健政策回顾研究和区级应用性研究。制定贫困流动人口妇幼保健服务优惠政策,提供流动人口妇幼保健服务,开展流动女职工健康保护工作。

(3) 婴儿死亡原因及影响因素调查:完成了470例婴儿死亡的临床原因及根本死亡原因的推断,整理分析数据,7月提交项目报告。

(4) 预防艾滋病、梅毒和乙肝母婴传播项目:召开项目年度工作会议,并组织现场经验交流活动。为四川美姑、云南瑞丽、新疆伊宁项目地区项目管理及专业人员举办预防艾滋病、梅毒和乙肝母婴传播强化培训班。开展项目监督和技术指导。分析撰写项目地区基线调查报告及2012年度项目地区数据分析报告。继续开展“预防艾滋病、梅毒和乙肝母婴传播督导与评估指标体系研究”,申请“梅毒感染孕产妇妊娠结局及所生儿童生长发育状况研究”。

(5) 贫困家庭儿童健康促进试点项目:制定 2012－2014 年项目文本,明确项目周期主要活动。制定 2012 年项目地区基线调查方案。8 月 8 日在北京召开国家级项目启动会,9 月、11 月分别在甘肃会宁县、湖南湘乡市、广东越秀区 3 个项目县(市、区)召开县级项目启动会,同时对县级调查员进行培训,协助项目县(市、区)开展基线调查,调查儿童及看护人近 3000 人,对基线调查结果进行录入、分析,撰写调查报告。

(6) 玉树灾区妇幼卫生支持项目:举办产后出血和新生儿复苏技术师资培训班,并在玉树州的 6 个项目县组织逐级培训。组织 30 名来自乡镇卫生院的妇产科、儿科、妇幼保健专业人员到州级医院进修。为项目地区配发产包 138 个,集血器 46 台,为 3 个乡镇卫生院配发了棉帐篷用于建立待产室,为玉树州卫生局配备工作用车一台,用于开展督导和培训等工作。开展了玉树地区妇幼卫生状况调查,对 1751 名 3 岁以下儿童看护人进行了问卷调查,为 3 岁以下儿童进行了体格测量和血红蛋白浓度测量,了解项目地区 3 岁以下儿童健康状况、孕产妇及儿童看护人知识水平等。

(7) 儿基会农村卫生项目:整理分析“农村地区医疗保健机构产科床位设置研究”数据,并撰写报告,提交卫生部和儿基会。撰写“绩效考核方式对实施基本公共卫生服务的影响研究”课题计划书及调查方案,开展现场调查;整理分析调查数据,撰写调查报告。

(8) 社区关怀项目:讨论制定项目工作计划,在四川美姑县、云南瑞丽市和新疆伊宁市正式开展社区关怀项目。开展项目监督和技术指导,申请了“艾滋病感染孕产妇生殖健康状况研究”,修改完善《艾滋病感染妇女和儿童社区服务包》。

(9) 卫生部—儿基会妇幼卫生指标体系研究:2012 年 10 月,制定妇幼卫生指标体系研究的方案,11 月 8 日召开专家研讨会,对研究方案进行论证。年底完成对妇幼卫生指标的初步梳理。

2. 联合国人口基金项目

(1) 反对针对妇女暴力项目:制定项目基线调查方案、开展基线调查、撰写调查报告。举办社会性别与针对妇女暴力、针对妇女暴力医疗干预培训班。提供针对妇女暴力医疗干预服务。开展健康教育活动,修改并印刷健康教育台历,开展监督指导工作。召开项目 2012 年年度工作会议,制定 2013 年项目工作计划。

(2) 联合国多部门合作预防和应对家庭暴力项目针对妇女暴力医疗干预子项目:编写培训教材、举办针对妇女暴力医疗干预培训班、开展监督指导工作;提供针对妇女暴力医疗干预服务;指导项目地区开展倡导活动;协助联合国人口基金会开展项目外部评估工作。

(3) 促进国家生殖健康政策实施项目:完成《中国生殖健康政策文件回顾报告》、《生殖健康工作监督评估相关指标回顾报告》,完成生殖健康政策实施情况现况调查,撰写现况调查报告。设计并完成“妇女常见病防治工作监督评估指标体系框架”,回顾国际国内生殖健康培训教材并撰写回顾报告。完成项目倡导暨年会。编制项目预算,制定国家级

2013 年项目工作计划。

(4) 少数民族地区文化敏感性孕产期保健服务项目:5 月在三个项目县召开项目协调动员会,并赴试点乡村进行考察。开展两轮乡级孕产期保健适宜技术培训,加强了乡级开展产前检查和高危识别等方面的服务能力。8 月在南涧县开展文化敏感性培训。5-12月开展社区参与的健康促进活动。12 月在云南省芒市召开项目年度总结会,总结了项目经验与问题,讨论制定 2013 年工作计划。

(5) 青少年性与生殖健康项目:完成国际青少年保健服务相关规范回顾并撰写报告,完成青少年性与生殖健康教育核心信息指南的开发(包括倡导版、学校版、校外版、家长版和医院版),完成《综合医院青少年友好服务操作指南(讨论稿)》,并分别在项目地区开展的相关医务人员培训。组织项目地区相关服务人员赴惠州现场培训。组织开展综合医院内的协调会议。完成项目地区的督导工作。开发适合我国的青少年保健服务规范。新增对农村留守青少年生殖健康状况定性研究项目。

(6) 灾后生殖健康应急服务项目:在项目地区举办“灾后生殖健康应急服务倡导会”,动员开发领导。开展项目基线调查,分析数据,撰写调查报告。国家级、省级、县级分别制定《灾后生殖健康服务应急预案》。在云南省德宏州举办灾后生殖健康应急服务项目培训班。

3. 中澳卫生与艾滋病合作项目

(1) 中澳促进中国农村贫困地区儿童保健管理项目:组织开展第二批 6 个项目县的培训和现场调研,整理分析调查数据,撰写调查报告。召开项目总结会,顺利通过了项目完工审批。

(2) 探索农村地区建立新生儿窒息复苏有效机制试点项目:3 月 5-6 日,在深圳举办中澳“探索农村地区建立新生儿窒息复苏有效机制试点项目”完工会,项目完工报告获得中澳项目专家组的肯定。

(3) 中国农村地区妇女常见病防治策略的可行性研究项目:撰写完成《项目完工报告》、《项目基线调查报告》、《项目终末调查报告》、《最佳案例分析报告》、《推广建议报告》、《项目活动汇编》。3 月召开项目总结与经验交流会,顺利通过评审。项目产出的《妇女常见病筛查技术指南》,并准备出版。

4. 世界卫生组织项目

(1) 妇幼保健机构绩效考核评价指标研究:3 月在河北省石家庄市鹿泉市、平山县和赞皇县进行了“县级妇幼保健机构绩效评价指标体系”预实验,对评价指标体系的科学性和可行性进行验证。

(2) 妇女保健项目:翻译并改编 WHO 产后出血培训教材,制定 A 类及 B 类项目地区产后出血培训方案,翻译并改编项目管理与监督指导手册,完成项目地区的督导和培训。

组织专家编写《预防艾滋病、梅毒、乙肝母婴传播整合服务培训教材》。开展世界卫生组织支持的信息管理工作现状调查与分析项目。撰写完成“西部地区预防艾滋病、梅毒和乙肝母婴传播随访服务模式试点项目”实施方案,并在重庆启动项目。开展项目基线调查。

5. 嘉道理项目　修改新周期项目申请书,新项目申请书“社区参与,促进农村健康积极老龄化”已通过审批。该项目以家庭基础的保健服务、开展老年人五官保健、防跌倒、开展丰富多彩的健康教育、开展老年人友好服务为主要策略。

6. 美国疾控中心艾滋病防治项目　启动预防艾滋病、梅毒和乙肝母婴传播整合服务项目,并对项目地区人员进行培训,组织开展对四川省凉山地区的现场技术指导,开发预防艾滋病、梅毒和乙肝母婴传播信息管理工作方案;设计艾滋病感染孕产妇宫颈癌感染现状调查方案,申请2012-2013年度新项目。

(二)国内横向合作

1. “亨氏杯”妇幼保健事业成就奖　为推动妇幼保健事业的持续发展,提高妇幼卫生服务能力,促进妇幼卫生领域优秀专科的建设和发展,2012年评奖活动的主题为“妇幼保健优秀专科奖”。在各级妇幼保健机构自主申报的基础上,组织专家评选出95个“妇幼保健专科建设贡献奖”,并对获奖的机构予以奖励。

2. 妇幼保健分子遗传医学研究专项计划　与海南主健生物医学科技有限公司在北京签署“在全国妇幼保健机构全面实施妇幼分子遗传医学检验项目合作协议书”,开始新一轮合作。2012年开始在全国妇幼保健系统内组织实施“妇幼保健分子遗传医学研究专项计划”。“妇幼保健分子遗传医学研究专项计划”首批指定招标类课题1项、自由申报类课题4项的招标指南。经过课题申报、审核、评审等过程,现已确定50家妇幼保健机构作为首批指定课题的实施单位。

3. 合生元母婴营养与健康研究项目　与广州合生元生物制品有限公司合作,设立“合生元母婴营养与健康研究基金,于2012年在全国范围内组织实施。主要资助妇幼保健领域各项业务活动中具有科学价值或应用前景、具有科技支撑作用、较短时间内可取得一定进展或成果的科研项目。项目初设3年,每年向各级妇幼保健机构发布课题招标指南。2012年共有23项科研项目获得资助。2012年已完成项目的中期检查。

4. 城市学龄前儿童身高偏离早期干预项目　与金赛药业合作开展“城市学龄前儿童身高偏离早期干预项目”。2012年完成项目启动会和培训班。增加柳州市妇幼保健院作为项目协作单位。在我国东、中、西部地区8个项目地区开展基线调查。已完成2次基线调查、一次随访的调查表回收及数据库录入,完成转诊、家长培训及健康教育材料开发制作等工作。开发的健康教育材料有:《身高健康家长读本》、身高尺、身高曲线图等,已下发至项目单位。

三、制定技术指南、会议、培训与应急事件处理

制定技术规范、指南、方案、操作手册、管理办法等共127个。举办全国性会议28个，参加人数约3806人。举办各类培训班49次，培训人数3647人次，内容涉及健康传播技能、社区健康教育活动的开展方法、使用手机传播健康信息的方法、婴幼儿喂养，儿童紧急医疗救援、灾后儿童传染病预防与控制、受灾时的儿童保健、灾后儿童的社会和心理支持、灾后信息管理与评估、减灾应急预案，托幼机构卫生保健工作相关内容、工作规范、管理办法、膳食管理、营养计算、疾病管理、卫生消毒和伤害等相关内容，胎婴儿健康促进，流行病学与卫生统计学方法培训，儿童保健系列规范等。提高了省级专业技术人员及项目地区技术人员的工作能力；赴基层调研86次，约353人次参加了调研。

四、内部管理工作

（一）人力资源管理

截至2012年12月31日，中心各类人员总数为97人，其中在编在职职工56人，退休1人，长期聘用人员22人、临时聘用人员7人、其他(进修、借用、学生)11人。正式在编人员中，博士22人、硕士24人、本科10人，高级职称27人、中级职称23人。2012年接收应届毕业生3人、京内引进人才4名、在编人员调出4人，新聘用人员4人，续签劳动合同14人、提前解除聘用7人。

扩展用人机制，拓宽选拔渠道，实施公开招聘。2012年公开发布招聘信息4次，组织招聘面试9次，共计40余人次，组织考核14人次，聘任3名中层干部。完成2012年职称申报工作，申报正高级1人、副高级6人，转正定级4人。11月顺利完成岗位聘任工作。规范聘用人员的招聘管理工作，完善聘用程序。建立人力资源信息管理系统，完成在编人员信息采集工作。

（二）科研、继续教育管理

1. 科研管理　2012年共发表学术论文52篇，出版学术论著5部。

2. 研究生管理　完成4名统招研究生复试、调剂及录取相关工作；完成2013年推免研究生复试的组织工作；组织完成6名研究生开题工作；组织完成1名博士研究生、5名硕士研究生答辩、毕业相关管理工作。

组织申报2012年博导、硕导遴选材料；整理2012年毕业研究生学籍档案；上报2013年妇幼中心研究生招生计划；为毕业研究生办理调档手续；统计妇幼中心在校研究生住宿、通勤和联系方式等情况。完成MPH研究生课程的组织安排工作。

3. 进修人员管理　组织协调疾控中心安排进修人员1名；组织协调妇幼保健机构进

修人员6名。

4. 继续医学教育项目　完成妇幼中心继续医学教育项目的申报、备案等相关管理工作,科教部主办4期继续医学教育培训班。

(三)外事工作

办理因公出国9批13人次。对妇幼保健中心因公普通护照进行集中收缴管理,共保管因公普通护照22本、港澳通行证5本、赴台通行证5本,严格执行护照借用登记制度。对出国人员及涉外人员提出保密要求并进行保密教育。

(四)财务管理

本年度先后组织编制2013年度财政补助经费部门预算2次,公共卫生突发应急反应机制运行经费分配及执行预算2次,全国妇幼健康监测项目预算、中国疾病预防控制中心妇幼保健中心2013－2015年修缮购置工作规划预算,政府采购预算,住房改革支出预算,国库授权支付预算2次。完成2012年度财政资金及项目经费决算,住房补贴经费决算,政府采购经费决算,结余资金决算,医疗机构卫生报表决算等。截止到12月底,本年度共完成49 650张原始单据、142个子项目经费的核算及管理工作,上报各类财务报表87份,资金核算日支出量约为37.09万元。

监督预算的执行情况,并实行月报告制度,每月初向主管领导汇报专项经费执行情况,对执行进度缓慢的项目及时予以督促。2012年工作经费的预算执行率达到100%,按预算全部完成了任务。

认真细致地梳理了开展“小金库”专项治理工作以来的一系列工作,并对妇幼中心自开展“小金库”专项治理工作以来进展情况进行了总结和验收。完成各项专项治理工作任务,并取得了一定成效。加强会计档案管理,严格按照《会计档案管理办法》,规范整理会计凭证、会计账簿、会计报告等会计资料,并按照统一格式、统一要求装订成册,进行档案立卷,建立会计档案,确保会计档案资料完整性和安全性。

(五)行政后勤管理

2012年1月正式运行协同办公系统,制定并规范协同办公子平台相关工作流程、开展协同办公系统培训,确保了公文的高效率运转。处理公文3539份,其中收文716份、发文1110份、便函109份、请示1604份。撰写工作月报、大事记,撰写工作简报12期,提高中心网站信息发布数量及质量,共发布230条信息。撰写妇幼中心十年发展回顾报告。年度召开中心办公例会9次,党政联席会12次,及时撰写并上报会议纪要,催办落实相关决议。

完善职工住房档案、进一步规范物业费供暖费发放。规范资产采购、调拨、报废等程序。加强固定资产的自查和清查管理，实行政采季度计划制度，按计划进行采购及报账，并填报执行情况报表。截止到12月底，完成采购71件固定资产，总计金额为91.4万元;报废103件资产，共计64.15万元；公费医疗报销人数累积为228人次，报销金额累积为11.2万元。发放住房月补贴、级差补贴、一次性补贴以及其他住房补贴，合计约99.56万元。物业费供暖费发放累计约9.9万元。日常办公物品发放169种，共计6.78万元。

（六）党群工作

1. 党务工作　加强学习型组织建设,加强中心组学习,认真参加卫生部"每月一讲",利用中心党政联席会议,集中学习传达党的最新政策、文件精神。组织支部书记、委员学习,奠定党建工作的坚实基础。党总支共召开党建专题会议8次,落实上级工作精神,支持以支部为单位开展活动。创建"妇幼保健中心职工理论学习电子刊物",发行8期。做好"创先争优"群众评议工作,妇幼中心党总支在"组织开展活动情况"、"推动中心工作和重点任务完成情况"、"承诺践诺情况"、"为民办实事、做好事解难事情况"、"加强基层党组织和党员队伍建设情况"各项满意率达到100%。完成两个党支部、基层党总支进行分类定级,分类定级评分达到A^+。完成党支部换届选举工作,由原来的2个党支部扩大为3个党支部。发展2名预备党员,3名预备党员转正,1名列为积极分子。开展"我与医改"的主题演讲、"如何做一名好党员"、"廉政也是管理"等学习教育活动。加强领导班子建设,召开妇幼中心领导班子民主生活会。认真落实十八大的各项工作,组织全体党员做好候选人的推举工作。做好十八大报告的学习活动。掌握职工思想动态,在重大节假日、敏感日认真做好排查工作,切实做好群众的来信来访工作,及时排查矛盾纠纷,消除安全隐患。2012年,妇幼中心无违法违纪、无信访事件发生。

2. 工会工作　积极开展"合格职工之家"的申报工作,丰富中心广大党员干部和职工群众精神生活。为13名新会员办理并发放工会会员证。严格执行妇幼中心工会经费管理规章条例,足额按时收缴会费并按比例上交。严格执行工会经费审批程序,监督经费使用。继续做好年度职工体检工作。开展一系列活动包括:新春联谊会、庆祝"三八国际妇女节"系列活动、主题植树活动、职工聚餐活动、秋季健身活动等。

3. 共青团工作　认真做好团支部自身建设工作,积极开展团支部活动,学习党的十八大报告精神,理论联系实际,发挥团员青年的创新精神。

4. 纪检监察及内审工作　制定妇幼中心廉政风险防控方案,修订《妇幼中心权力明晰表》,制定《妇幼中心权力运行监控机制流程图》。充分发挥内部审计的作用,对举办会议(培训班)、工作委托及合同签署、出差管理等进行事前审计。

五、其他

(一)中国卫生思想政治工作促进会妇幼保健分会工作

2012 年 4 月,召开妇幼分会常务理事会。2012 年 8 月,在吉林省延吉市举办妇幼分会第二届理事大会,会上表彰了“妇幼新世纪—妇幼文化建设”主题征文获奖单位及个人,会议完成了换届选举相关议程,选举产生了第二届理事会、常务理事会以及会长、副会长、秘书长、副秘书长。

(二)中华预防医学会妇女保健分会工作

组织开展了“高级生命产科支持(ALSO)省级师资培训班”、“生殖健康最佳实践继续教育培训班”、“孕产期心理健康项目推广工具论证会及孕产期心理保健培训班”。组织召开“中华预防医学会妇女保健分会青年委员会成立大会”、“中华预防医学会妇女保健分会常委扩大会议”;组织“更年期保健学组”、“妇女常见病学组”换届及“乳腺保健和疾病防治学组”成立工作。编写农村妇女宫颈癌检查基层人员进修培训项目(第二周期)进修基地教学大纲及审核标准,并组织农村妇女宫颈癌检查基层人员进修培训项目(第二周期)启动会及培训班。编写《中华医学百科全书妇幼保健分卷》,召开专家会议,整理、汇总相关词条并出版。

(三)中国卫生信息学会相关工作

承担了中国卫生信息学会“全国妇幼卫生信息化建设现状与发展策略研究”课题,并完成数据分析和报告撰写。9 月与健康统计专业委员会在武汉共同举办了“妇幼卫生信息与健康统计”的学术交流大会。完成卫生信息学会第七届理事会候选人和妇幼保健信息专业委员会副主任委员候选人的推荐工作。获得中国卫生信息学会颁发的“卫生信息化推进优秀奖”。

(聂妍　薛艳萍)

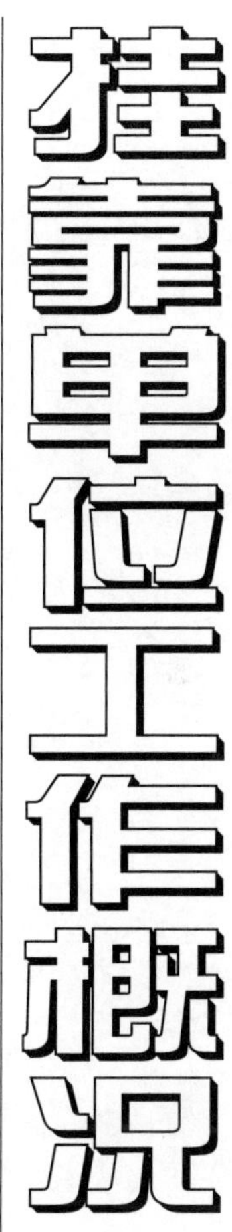
挂靠单位工作概况

地方病控制中心

一、中央补助地方项目和重大公共卫生项目

(一)2011 年度项目

协助卫生部于 3 月 27－28 日在江苏省无锡市召开了“2011 年度地方病防治项目总结会”,会上通报了 2011 年度项目完成情况,包括《2011 年度全国饮水型地方性氟中毒监测报告》、《2011 年度全国燃煤污染型地方性氟中毒监测报告》、《2011 年度全国饮茶型地方性氟中毒监测报告》、《2011 年度全国饮水型地方性砷中毒监测报告》、《2011 年度全国燃煤污染型地方性砷中毒监测报告》、《2011 年度全国碘缺乏病高危监测与应急补碘技术报告》、《2011 年度全国大骨节病监测报告》、《2011 年度全国克山病监测报告和全国非克山病病区扩张型心肌病患病调查结果的报告》。2011 年度各子项目报告以文件形式报卫生部疾病预防控制局,同时转发给相关项目省份。

(二)2012 年度项目

协助卫生部完成了 2012 年医改地方病防治项目的管理方案及经费预算等相关工作,印发了《2012 年重大公共卫生服务地方病防治项目实施方案》,其中包括《2012 年消除燃煤污染型地方性氟中毒危害项目实施方案》、《2012 年医改地方病防治项目实施方案》、《2012 年地方病健康教育项目实施方案》和《2012 年全国重点地方病防治专业人员培训实施方案》。2012 年 7 月 17－19 日在北京市召开了“2012 年度地方病防治项目启动培训会”。11 月 12－16 日地病中心派 8 名专家参加卫生部组织的“2012 年医改地方病防治项目中期督导”7 个省的现场督导工作,并撰写了《2012 年医改地方病防治项目中期督导报告》。

(三)2013 年度项目

协助卫生部编制、修改 2013 年医改地方病防治项目的管理方案及经费预算等相关工作。

二、重点地方病防治

(一)《全国地方病防治“十二五”规划中期考评方案》

按照《全国地方病防治“十二五”规划》要求,2013 年应对全国规划执行进度进行中期

考评，为此，受卫生部疾病预防控制局委托，地病中心起草了《全国地方病防治“十二五”规划中期考评方案》。

(二)《全国重点地方病防治规划(2004－2010 年)》执行情况终期评估资料汇编

完成了《全国重点地方病防治规划(2004－2010 年)》终期执行情况终期评估资料汇编，包括全国规划考评报告与方案、国家评估组对各省考评报告和各省自评报告三部分内容，主要是为了总结“十一五”期间全国地方病防控工作取得的成就，保存“十一五”期间地方病防控历史，更是为了明晰“十二五”期间面临的挑战。

(三)重点地方病监测方案修订

为了适应目前全国碘缺乏病、地方性氟中毒、地方性砷中毒防治工作需要，按照卫生部要求，地病中心组织专家对《碘缺乏病监测方案》、《饮水型地方性氟中毒监测方案》、《燃煤污染型地方性氟中毒监测方案》、《饮茶型氟中毒监测方案》、《饮水型地方性砷中毒监测方案》、《燃煤污染型地方性砷中毒监测方案》进行了修订，并起草了《全国高碘地区监测和高碘病区监测方案》，并以地病中心文件正式下发到各省（自治区、直辖市）疾控机构。

(四)完成了第六次全国碘缺乏病监测工作

我国自 1995 年开始实施全民食盐加碘防治碘缺乏病的策略以来，分别于 1995 年、1997 年、1999 年、2002 年和 2005 年 5 次在全国统一开展了碘缺乏病监测工作，这 5 次监测为制定和调整全国碘缺乏病防治策略提供了有力的技术支持。2011 年下半年开展了第六次全国碘缺乏病监测工作。2012 年上半年，完成了数据清洁、撰写报告、组织论证(包括 3 月份各省论证和 4 月份碘缺乏病专家组论证)工作，下半年完成了修改定稿工作。监测结果显示，我国居民户合格碘盐食用率为 95.3%，8～10 岁儿童 B 超法甲肿率为 2.4%，8～10 岁儿童尿碘中位数为 238.6μg/L，我国碘缺乏病自 2005 年以来一直处于可持续消除状态。本次监测也提供了新的《食用盐碘含量》(GB26878－2011)标准实施前的基线数据。

(五)碘盐监测平台修改与数据上报工作

按照卫生部疾病预防控制局工作任务调整，碘盐监测工作由地病中心负责。2012 年 4 月，地病中心 4 名同志赴京与 NTTST 商定了碘盐监测信息平台的管理办法。地病中心还派人到黑龙江省疾控中心、齐齐哈尔市疾控中心、铁锋区和富裕县疾控中心及河北省邢台市疾控中心开展碘盐监测平台调研工作。地病中心碘缺乏病防治研究所指定专人具体负责碘盐监测工作。2012 年,已完成对现有平台技术的修改,使各省利用该平台继续上报碘盐监测数据到地病中心。2012 年碘盐监测结果表明,全国碘盐覆盖率为 98.8%,合格碘盐食用率为 96.6%;河北等 21 个省份和新疆生产建设兵团 95%以上的县合格碘盐食用率超过 90%;全国碘盐覆盖率低于 80%的县有 17 个,其中青海省杂多县和囊谦县碘盐覆盖率仅为 18.0%和 2.3%,非碘盐问题非常严重,建议下一步应重点在这 17 个县开展碘缺乏病高危地区防控工作。

(六)饮茶型氟中毒现场流行病学调查

为了解内蒙古、青海和新疆饮茶型氟中毒病情,地病中心组织专家分别于 6 月 16 日-7 月 9 日赴内蒙古,7 月 16 日-8 月 16 日赴新疆和青海开展了饮茶型氟中毒现场流行病学调查。

2012 年 9 月,受中国疾控中心委托,地病中心组织专家组赴西藏自治区的 7 个地(市)8 个县的 35 个村(组)开展了饮茶型氟中毒流行现况调查,检查了 547 名 8～12 岁儿童氟斑牙患病情况,检查了 1320 名成人临床氟骨症患病情况,拍摄前臂和小腿 X 线片 800 张,采集并检测茶水样品 1300 份、尿样 1860 份、不同水源水样 45 份,采集砖茶样品 200 余份。调查结果显示,西藏自治区饮茶型氟中毒流行依然严重,成人临床氟骨症检出率为 46.06%,儿童氟斑牙患病率为 32.16%。不同地区病情差异较大,阿里、昌都、那曲、拉萨等地区以牧业为主的村组病情较重,氟骨症检出率均超过 50%,而山南、林芝、日喀则等农业地区病情相对较轻。

(七)氟砷实验室质量控制及认证年度评审

顺利完成了 2012 年度全国地方病防治机构实验室氟、砷检测质量考核工作。2012 年 11 月 29 - 30 日于合肥市召开了氟、砷检测质量控制工作会议,并向合格实验室发放了合格证书。本年度所有参加水中氟化物含量检测和尿中氟化物含量检测考核的省级实验室合格率为 100%;377 个参加水氟检测考核的地、市、县级实验室合格率为 97.61%;63 个参加尿氟检测考核的地、市、县级实验室合格率为 98.41%。14 个参加水中砷化物含量检测和尿中砷化物含量检测考核的省级实验室合格率为 92.86%,82 个参加水砷检测考核的地、市、县级实验室合格率为 91.46%;68 个参加尿砷检测考核的地、市、县级实验室合格率为 98.33%。整体检测质量较往年有所提高。

氟砷检测中心顺利通过了中国合格评定国家认可委员会和中国国家认证认可监督管理委员会的年度监督评审。

(八)《地方性氟中毒防治手册》修订

为了更好地开展地方性氟中毒防治工作,根据当前地方性氟中毒防治技术进展,地病中心组织全国有关专家对《地方性氟中毒防治手册》进行了修订,完成了《地方性氟中毒防治手册》的定稿工作,由人民卫生出版社正式出版。

(九)西藏昌都芒康县大骨节病调研

为了贯彻贾庆林同志关于研究建立青藏高原地区大骨节病防治长效工作机制,地病中心派专家于 6 月 25 日-7 月 1 日参加了由卫生部、统战部组织的 12 个部委联合组成的调研组,对昌都地区芒康县进行了大骨节病调研。调研结果显示,这些地区仍有大骨节病发生,表明在我国西部一些边远、交通不便的大骨节病病区还要继续落实防治措施,加强监测,决不能放松警惕。

(十)西藏昌都地区边坝县大骨节病防治效果评估

2012 年 8 月 26 日-9 月 4 日,应边坝县委、县政府要求,在卫生部疾病预防控制局的安排下,地病中心大骨节病所与四川省疾病预防控制中心地病所专家组成了国家级评估组,对边坝县大骨节病病区开展了现场评估。专家组听取县委、县政府和卫生局的工作汇报;查阅大骨节病防治工作相关文件和材料;阅读了 9 个病区乡 35 个病区村 1000 余张 7～12 岁儿童 X 线片,并对其中 770 张较为清晰的 X 线片做出诊断,同时依据 X 线片诊断结果对临床检查进行复核;现场调研了 5 个乡 15 个自然村,临床检查 7～12 岁儿童 428 名,并走访部分村民户。专家组一致认为边坝县儿童大骨节病新发病例已得到有效控制,边坝县所采取的针对学生普遍换粮防治大骨节病措施切实有效,在控制该县新发病例中起到了十分重要的作用,可作为大骨节病的长效防控措施加以完善和巩固。

(十一)编制大骨节病诊断图谱

为编制大骨节病诊断图谱所需材料,2012 年 7 月 3 - 18 日,地病中心专家赴陕西省和四川省收集成人大骨节病资料,包括西安交通大学、陕西省地方病防治研究所和四川省地方病防治研究所历史大骨节病病人 X 线片,还在四川省疾病预防控制中心地病所的协助下拍摄了部分阿坝州大骨节病病例临床照片和 800 余张 X 线片。7 月 26 - 30 日,在吉林省地方病第二防治研究所收集了大骨节病和其他骨关节疾病患者特征性改变的 X 线片和病理改变图片。12 月 11 - 13 日,赴尚志市拍摄成人大骨节病病人 X 线片。通过上述工作,基本完成大部分图谱的编写工作。

（十二）克山病病例复核

为进一步了解全国克山病发病情况，准确掌握克山病病情现状，受卫生部和地病中心委托，由地病中心、内蒙古地方病防治研究所、山东省地方病防治研究所等6位专家组成的调查组，于2012年7月3－11日对甘肃、陕西、山西、河北4省的部分克山病病区进行了考察，对部分小年龄组的亚急型、慢型和潜在型克山病病人进行了复核，了解当地克山病病情及防治情况。并于2012年7月12－14日，在陕西省西安市召开了“克山病病例专家研讨会”。本次会议明确了现阶段确仍有克山病病例发生，包括小年龄组慢克和潜克病例，个别地区不排除亚急克病例发生。

三、年报统计工作及卫生标准工作

（一）年报统计工作

1. 召开2011年地方病防治年报统计工作会议　2012年2月28日－3月2日，在桂林市组织召开了“全国地方病年报表统计工作会议暨全国重点地方病调查与统计工作培训会议”。在会上讲解了卫生统计学基础知识及常用统计方法、地方性氟中毒诊断及防治新进展、大骨节病诊断、控制与考核验收办法；核对了2011年全国地方病防治工作调查表数据；对各省地方病防治管理动态变化进行分析；各省交流了地方病年报分析报告；介绍了我国卫生统计调查表修订要求。

2. 编制全国地方病管理信息系统建设规划　为建立国家地方病管理信息系统，改变传统的信息收集方式，及时、准确、可视化地分析与反映地方病病情、防治措施落实情况、人员队伍及科研设备的配置情况，提高管理水平和工作质量，地病中心对全国地方病管理信息系统需求与规划作了进一步的修改，并组织专家进行了论证。

（二）卫生标准工作

1. 标准起草　按照标准制（修）订计划，组织起草了8项地方病标准，分别是“地方性砷中毒诊断”、“克山病消除”、“尿中碘的测定砷铈催化分光光度法”、“尿中碘的测定电感耦合等离子体质谱法”、“持续消除碘缺乏病考核评估方法”、“大骨节病控制和消除考核验收方法”、“克山病控制和消除考核验收方法”和“水源性高碘地区和高碘病区划定”。

2. 2012年度卫生部地方病标准专业委员会工作会议　2012年12月4－7日，在海南省三亚市召开卫生部地方病标准专业委员会2012年度工作会议。本次会议的主要内容有：秘书处对第六届卫生部地方病标准专业委员会2012年工作进行总结汇报；审议8个标准送审稿。

3. 2013年地方病标准制（修）订计划　完成了2013年地方病标准制（修）订计划项

目的上报工作。2013 年地方病标委会共计划制(修)订“地方性砷中毒病区判定和划分”、“燃煤污染型地方性砷中毒病区消除考核验收方法”2 项标准。

4. 卫生部对第六届标委会工作评估及经费检查　2012 年 5 月,由卫生部政法司、规财司和卫生部卫生监督中心组成的评估组,对第六届卫生部地方病标准专业委员会工作进行了现场评估,对标委会管理经费使用情况和 2012 年制(修)订计划项目执行进度及经费使用情况进行了联合检查。

四、科学研究与人才培养

(一)科学研究

目前,地病中心共承担各级各类课题 64 项,其中承担国家自然科学基金 15 项。2012 年获国家自然科学基金课题 4 项,获教育部博士点基金 1 项;合作承担卫生部行业基金 1 项;制定国家或行业标准 3 项;申报专利 3 项;共发表 SCI 论文 15 篇。完成了李立明教授主编的《流行病学(大参考书)》地方病部分编写工作,初步完成了中华医学会安排的《地方病科技名词》撰写任务。2012 年,加大了现场研究的力度,特别是地氟病防治研究所和碘缺乏病防治研究所多次到病区(内蒙古、山东、河北、山西、青海、新疆等),开展流行病学调查和采样。地病中心还按照卫生部疾病预防控制局要求,撰写了 2014－2015 年卫生部行业基金地方病研究项目建议书。

(二)学科建设

1. 组织全国有关单位撰写教育部“2011 计划”实施计划　为申报教育部高等学校创新能力提升计划(2011 计划),地病中心、西安交通大学和中国疾病预防控制中心作为牵头单位,组织全国 10 余家相关机构,准备筹建“地方病消除技术与生物医学协同创新中心”。于 2012 年 4 月 24－25 日,所有协作单位在西安召开研讨会,对项目申请书进行了研讨。

2. 黑龙江省高校重点实验室评估　按照教育厅省高校重点实验室评估的要求,认真准备迎检材料,于 2012 年 10 月 26 日接受了省教育厅专家组的抽检,顺利获得通过。

3. 组织申报黑龙江省高校重点实验室开放课题　省教育厅决定自 2012 年起,每年向黑龙江省高校病因流行病学重点实验室投入一定的资金用于支持开放课题。为了做好开放课题管理工作,起草了开放课题申报指南和管理办法,并组织全国地方病领域的同行申报,经过评审专家的严格把关,共有 15 项课题通过了评审。

4. 流行病与卫生统计学科获批　“十二五”哈尔滨医科大学优势学科,按照学校要求,上报了流行病与卫生统计学省重点学科“十二五”发展规划,以及哈尔滨医科大学优势学科“十二五”建设规划考核指标。

5. 孙殿军主任领衔的“环境相关重大疾病防治研究”团队获批　哈尔滨医科大学跨学科创新团队；孙殿军主任的研究生导师团队获批黑龙江省优秀研究生导师团队。

（三）人才培养

1. 学历教育　地病中心在读硕士研究生41名、博士研究生8名、在站博士后21名。其中，2012年地病中心招收硕士研究生12名、博士研究生3名，入站博士后8名；毕业博士4名、硕士21名，出站博士后6名。

2. 2012年度全国业务骨干培训班　受卫生部委托，地病中心于2012年8月14－15日在吉林省吉林市举办了“全国地方病高级业务骨干培训班”，来自全国32个省（自治区、直辖市）的80余名地方病防治骨干人员参加了此次培训。地病中心孙殿军主任作了“中国碘缺乏病防治进展及其相关问题的认识”的学术讲座；中国疾控中心公共卫生信息监测与信息服务中心应用技术室李言飞主任就“国家疾控信息系统建设及疫情上报系统的结构和功能”进行了详细的介绍；中国疾控中心寄生虫病所疾控应急办李石柱主任讲解了“血吸虫病防治进展及信息系统建设”情况；哈尔滨医科大学卫生统计学教研室李康主任讲授了“医学研究中的统计思想及常见的统计错误”。在每位专家的讲解结束后，与会代表对讲解内容踊跃提问，授课专家对提问进行了详细解答，并与代表进行了深入的讨论。培训班还组织代表就地方病防治工作中存在的问题和今后的工作思路作了研讨。

3. 全国克山病诊断技术培训班　受中国疾控中心委托，2012年8月28日－9月1日在黑龙江省黑河市举办了国家级继续教育项目“全国克山病相关卫生标准”培训班，来自河北、河南、山东、黑龙江、吉林、辽宁、陕西、山西、内蒙古、湖北、四川、重庆、云南、甘肃、贵州15个省市的全国克山病防治工作基层专业人员36名参加了培训。本次培训采取理论讲授与案例结合的方式，讲解了克山病临床诊治方法，提高了学员实际操作能力。

五、健康教育

（一）“5.15”碘缺乏病日工作

完成了2012年“防治碘缺乏病日”活动方案及活动通知的起草；设计了2012年“防治碘缺乏病日”主题宣传海报；参与完成了2012年“防治碘缺乏病日”公益广告的修改和发放工作；参加了“防治碘缺乏病日”前的新闻媒体沟通会；为中国网络电视台提供了2012年“防治碘缺乏病日”宣传素材，参与了CNTV专题报道的有关准备工作。相关内容已刊登在中国网络电视台健康台网页上；完成了《碘缺乏病防治手册》大众版和医生版封面及排版设计和编辑校稿工作，按儿基会要求完成了手册印刷采购，并于5月15日前下发至全国各省份；完成了2012年“防治碘缺乏病日”宣传活动报道的撰写工作。

(二)地方病健康教育资料收集整理工作

2012年继续面向全国地方病防治专业机构收集地方病防治宣传教育资料并进行整理,不断充实健康教育资料库内容;并为相关省份提供地方病防治宣传资料素材。

向卫生部医改办提供了2012年需要重点研究和破解的医改课题(地方病健康教育部分);按照卫生部疾病预防控制局地方病防治管理处要求,完成了纪念爱国卫生运动60周年活动有关地方病方面材料的上报工作;完成了上报由中共中央对外宣传办公室开展的迎十八大"聚集中国之科学发展"外宣项目——"医药卫生专题"地方病方面的有关图片和文字材料。

(三)《食用盐碘含量》新标准宣传筹备工作

按照卫生部疾病预防控制局要求,起草了实施《食用盐碘含量》标准的宣传筹备工作方案,完成了向全国各省份征集新标准知识问答题的工作,在征集的所有问答题中最终经专家遴选出24道题,以电子版的形式发至全国各省份,并组织有关专家完成了《食用盐碘含量》制标背景、新闻通稿的起草任务。

(四)《中国地方病防治史展》有关工作

2012年,中国地方病防治史展已接待国家、各省份卫生行政部门、疾病预防控制中心(地病所)领导和专家及海外学者、校内领导、中心职工、学生等近百人次参观。完成了卫生部部史展调研组来地病中心调研《中国地方病防治史展》有关接待和交流工作,为调研组提供了相关资料。完成了黑龙江省高校博物馆(展览馆)有关情况调查统计表的上报工作。

(五)地病中心网页更新与网络维护工作

组织召开了本年度中心网络管理与网页更新会;及时发布了地病中心工作新闻、《地方病动态》及2012年中央补助地方公共卫生专项资金地方病防治项目相关资料;完成了中心各部门网页的更新工作;维护中心各部门网络正常运行。

六、技术咨询

(1)协助卫生部疾病预防控制局,编制了《全国地方病防治独立专业机构能力建设规划》,对全国省、市、县级地方病防治独立专业机构房屋建筑和仪器设备需求进行了测算。协助卫生部补充《重大疾病地方病防控体系建设与发展规划》相关内容。

(2)参加了卫生部组织的"吕梁山片区重点地方病干预项目调研",撰写了调研报告,并对地方病干预项目进行了测算。

(3)按照卫生部要求,回复3个人大和政协提案,包括“关于四川省阿坝地区扶贫开发综合防治大骨节病项目的有关问题”和“关于甘肃省成人大骨节病治疗费用问题”。

(4)受卫生部委托,撰写了“公共卫生服务均等化—地方病”相关材料。

(5)协助卫生部,开展了福建、安徽、山东省新标准碘盐浓度试点工作。

(6)受卫生部委托,完成了《食用盐碘含量》标准实施技术指南的修订工作。

(7)黑龙江省鸡西市卫生部门发现当地甲状腺癌的病例较多,为此请求地病中心与其联合开展流行病学调查,地病中心审定了鸡西市卫生局的甲状腺结节调研方案,并赴鸡西市就甲状腺疾病防治开展了讲座。

(8)为卫生部提供了“十二五”农村安全饮水规划电视电话会议素材资料。

(9)受卫生部疾病预防控制局委托,制定了“成人大骨节病治疗指导意见”,并协助卫生部在青海省西宁市召开了专家论证会。

(10)参加了2012-2013年度全国卫生专业技术资格考试审题工作,审核卫生专业技术资格考试试题。

七、学术交流

(一)《中国地方病学杂志》正式更名为《中华地方病学杂志》

经国家新闻出版署批准(新出审字〔2012〕278号),从2012年5月3日起《中国地方病学杂志》正式更名为《中华地方病学杂志》,卷次延续,主管、主办、办刊地点不变,在中华医学会网站和哈尔滨医科大学校报上刊登了相关报道。2012年度《中国地方病学杂志》在近2000本杂志中总排名353。

(二)国外学术交流

邀请美国田纳西大学健康科学中心基因探索与发现中心主任顾维宽教授来地病中心交流;邀请美国摩斯大学魏育丹副教授协作开展相关研究工作;接待比利时代表团,并为其作“中国大骨节病防治研究”概况介绍;接待朝鲜代表团,介绍了我国碘缺乏病防治工作。孙殿军主任等2人参加了在波兰举办的第30届国际氟学术会议;申红梅等4人参加了在印度尼西亚举办的第十届亚太地区甲状腺学会学术会议。派出2人分别赴美国和英国进行交流学习;派出1人到挪威攻读博士学位;1人在美国交流学习后回国。

八、国际合作

(一)减轻砷中毒危害

1. 编写地方性砷中毒诊断图谱　2011年启动了中文版“地方性砷中毒诊断图谱”编

写工作。2012年6月7-8日,在哈尔滨市召开了该图谱编审会。本项工作在联合国儿童基金会支持下,由地病中心牵头,组织中国医科大学、贵阳医学院、内蒙古地方病防治中心、山西省地方病防治研究所、贵州省疾病预防控制中心、解放军第44医院等单位,经过一年多的工作,终于完成图谱编写工作。

2. *举办地方性砷中毒诊断技术培训班* 在卫生部疾病预防控制局的领导下和联合国儿童基金会的支持下,地病中心以编写的《地方性砷中毒诊断图谱》为教材,举办了基层人员地方性砷中毒诊断技术培训班。本次培训分2期举办,分别是2012年11月21-23日在新疆维族自治区乌鲁木齐市举办的新疆地区培训班和2012年11月28-30日在安徽省合肥市举办的全国地方性砷中毒病区和高砷区培训班。两次培训针对影响我国目前地方性砷中毒防治的主要技术瓶颈,以提高县、市级专业技术人员的地方性砷中毒诊断技术和数据处理能力为目标。来自全国地方性砷中毒病区和高砷区110余名基层专业技术人员参加了会议。

(二)碘缺乏病防治项目

1. *新疆南疆地方性克汀病防控情况调查复核* 按照卫生部工作要求,对新疆南疆地区新发克汀病防控情况开展调查复核,为此地病中心制定了新疆南疆地区地方性克汀病调研方案,并于10月28日-11月8日,组织全国有关专家开展现场调研复核工作。地病中心组织了全国地方病学、临床内分泌学、神经内科学、心理学、实验室检测等10余名专家,由地病中心主任孙殿军任组长,对历史上缺碘较为严重的和田地区洛浦县和克州地区阿克陶县进行了碘缺乏病防治现况调查。通过调查,确认新疆自治区在国家支持下通过落实应急补碘和免费供应碘盐措施,使新疆南疆地区碘缺乏病病情得到有效控制,没有发现小年龄段地方性克汀病病人,8~10岁儿童B超法甲肿率在5%以下。

2. *水源性高碘地区标准及防控措施项目* 2011年联合国儿童基金会与全球营养改善联盟共同资助的"水源性高碘地区标准及防控措施项目",通过历时一年的调查,圆满地完成了各项工作,并于8月28日在哈尔滨市召开了项目总结会。会上地病中心和各项目省详细总结了项目的研究结果,与会代表还对我国高碘地区防治策略进行了研讨。

3. *孕妇碘营养项目* 2012年9月27日在甘肃省兰州市召开了项目启动会,来自吉林和甘肃两个项目省的10余人参加了会议。在启动会上,大家对方案内容进行了研讨,并达成了一致意见。会后,地病中心与吉林和甘肃两个项目省分别签订了项目协议,并拨付了项目款。

4. *"支持普遍食盐加碘——分享经验并加强能力建设"研讨会* 为系统回顾普遍食盐加碘进程,了解当前部分亚洲国家食盐加碘情况,加强部分亚洲国家间的交流,确定未来几年这些国家面临的挑战和要达到的目标,全球营养改善联盟和联合国儿童基金会于2012年11月13-16日在菲律宾马尼拉组织召开了亚洲地区"支持普遍食盐加碘—分享经验并加强能力建设”研讨会。会议邀请了孟加拉、中国、印度、印度尼西亚、巴基斯坦和菲律宾 6 个国家参会。卫生部疾病预防控制局地方病防治管理处、地病中心派代表参加了会议。会上，全球营养改善联盟、联合国儿童基金会等国际组织完全认可中国防治碘缺乏病取得的成绩，认为中国是实施普遍食盐加碘项目的榜样，今后应继续坚持普遍食盐加碘防治碘缺乏病策略。

（孙殿军　申红梅　魏红联　陈晶）

性病控制中心

一、积极协助卫生部贯彻落实《梅毒控制规划》,起草制定相应技术文件

1. 起草、制定(或修订)重要文件　主要包括《性病防治管理办法》修订稿征求意见及政策解读、2012年全国性病防治工作要点、性病门诊哨点监测方案等。

2. 积极协助卫生部组织开发与《中国预防与控制梅毒规划》(以下简称《梅毒控制规划》)相配套技术文件　主要包括医疗机构梅毒规范化服务达标方案（修改稿)、梅毒防治培训工具、《医疗机构防治指南》、《梅毒防治实用技术手册》、《性传播疾病临床诊疗指南》等相关技术文件、教学PPT及业务指导书。

3. 及时完成卫生部交办的各项应急性、临时性任务　主要包括艾滋病性病主要措施落实质量考评方案、疾病预防控制机构绩效评估指标、《卫生事业发展"十一五"规划纲要》相关内容、皮肤性病防治机构建设与发展规划、住院医师规范化培训标准总则、妇女与儿童发展的两纲材料及指标等。

二、进一步提高性病病例报告的质量,完成疫情监测系统的优化和疫情监测资料的综合分析与利用

1. 制定2012年全国性病监测工作相关技术文件、考核指标及指南等　2012年1月制定全国性病监测工作年度计划,内容包括开展梅毒病例报告准确性现场核查、漏报调查与督导和加强国家级性病监测点工作;3月制定2012年全国性病防治工作考评方案中监测考核指标,即国家级性病监测点梅毒报告病例现场核查准确率;5月印发《性病病例报告工作指南》5000册到各省。

2. 对全国梅毒与淋病疫情进行月、年度分析　在每月5日前完成上月全国梅毒与淋病疫情分析报告,与艾滋病疫情合编为《全国艾滋病性病综合防治数据信息月报》,并及时反馈到各省性病预防控制机构。

3. 对105个国家级性病监测点进行疫情分析与反馈　对全国105个性病监测点性病疫情按季度和年度进行分析,撰写分析报告并及时上报。同时,将全国性病监测点性病疫情季报与年报及时反馈到31个省份和105个国家级性病监测点。

4. 召开全国性病监测工作会议　2012年4月9-11日在南京召开全国性病疫情监测与防治工作会议,31个省(自治区、直辖市)和新疆生产建设兵团疾病预防控制中心(皮

肤性病防治所/中心)性病防治科室负责人、各国家级性病监测点负责单位分管性病监测工作领导或科室负责人,会议邀请世界卫生组织负责性病工作官员、中国疾病预防控制中心性艾中心、妇幼保健中心有关专家等174名代表参加会议。卫生部疾病预防控制局艾防处焦振泉副处长亲临会议提出工作指示。会议总结2011年全国性病监测及防治工作,讨论与交流工作经验及存在不足,布置2012年工作任务。

5. *对我国梅毒疾病负担进行评估* 2012年12月4-6日在重庆市召开梅毒疫情评估专家研讨会,与会专家18人,来自中国疾病预防控制中心性病控制中心、中国疾病预防控制中心性病艾滋病预防控制中心、世界卫生组织、北京大学公共卫生学院、四川大学华西公共卫生学院及有关省份专家。与会专家认为,对我国梅毒疫情进行估计具有必要性和重要意义,所采用Workbook法具有科学性与可行性;在进行梅毒疫情估计时,要对数据质量进行评估,在具有多个数据时,应选择使用高质量数据。此次会议使用中位数法、均数法和Meta分析法进行梅毒疫情计算,为我国首次对梅毒疫情及疾病负担进行评估,对落实梅毒控制规划、争取资源有重要现实意义。

6. *制定性病哨点门诊监测方案* 目前性病病例报告中存在报病不准确等问题,尤其是医疗机构对梅毒病例报告问题较为突出。我们在国家级性病监测点中选择部分医疗机构的皮肤性病门诊作为哨点,开展性病哨点门诊监测试点工作。2012年6-8月制定《性病哨点门诊监测方案》(草稿),并制定性病报告附卡,同时,经过征求省、监测点和医院意见,选择20家性病门诊作为哨点。同年8月28-29日,组织有关专家在云南昆明召开性病哨点门诊监测方案专家研讨会,以进一步修改和完善此方案。

2012年9月20日由性病中心下发文件,正式在所选择20家性病门诊开展哨点监测。选择部分哨点门诊开展试点工作目的是在试点门诊通过加强管理工作,做到性病报病标准化,在试点机构反映疫情变化趋势,同时为加强其他国家级性病监测点性病病例报告管理摸索出经验。通过性病哨点门诊监测,可探索更加准确地评估梅毒和其他性病疫情变化趋势的监测方法,并为评估《梅毒控制规划》实施成效提供准确可靠的信息;探讨在性病哨点门诊常规使用传染病报告卡基础上,使用性病报告附卡收集相关信息可行性和有效性,取得经验,以便进一步推广。

7. *开展性病监测工作督导和病例报告准确性核查* 组织国家与省级专家分别于2012年6月13-16日、6月25-29日、6月30日-7月4日、11月5-8日、12月2-4日赴山西太原市与大同市、广西玉林市与柳州市、新疆乌鲁木齐市与阿勒泰市、辽宁沈阳市和平区和鞍山市铁西区、重庆市渝中区与沙坪坝区进行性病监测工作督导和病例报告准确性核查,在5个省份10个地区检查各类医疗机构29家,包括综合医院、妇幼保健院,督导检查科室包括防保科、皮肤性病科、妇科、产科、新生儿科、检验科等。通过督导检查,发现存在问题,有力地促进当地性病防治工作。

三、建立健全全国梅毒实验室检测网络，建立全国、省(市)和县(区)三级梅毒实验室质量管理系统

1. 组织召开2012年全国性病实验室质量管理工作研讨会　3月23－25日在大连召开2012年度性病实验室质量管理工作研讨会。来自全国31个省(自治区/直辖市/新疆建设兵团)分管性病实验室负责人60余人出席会议。会上详细解读2012年性病实验室考核指标及评奖方案、性病实验室信息平台，明确2012年度性病实验室质量管理工作具体要求，落实实验室质量考评指标具体实施方案和细则，为进一步推动各省更好地开展性病实验室质量管理等方面工作奠定基础。

2. 组织开展全国省级性病中心实验室创建验收工作　2012年2月份邀请4家疾控机构和3家皮防机构负责性病实验室领导对《省级中心实验室创建验收方案》(试行稿)进行讨论，8月份通过网络发预通知，由各单位组织申请，本中心对申请实验室进行材料审核，遴选符合试行稿相关要求的4家单位(天津、广东、江苏、云南)，在10－12月期间由性病控制中心邀请全国性病实验室领域专家共同对4家单位进行现场验收，对部分需要整改项目在规定时间内进行整改。

3. 2012年全国性病实验室室间质量评价活动　性病控制中心自2006年起开始组织全国性病实验室室间质量评价活动。各省级性病中心实验室、各省一家省级综合医院、全国淋球菌耐药监测点、国家级性病监测点辖区内两家医疗机构和一家试剂生产厂家参与评价活动。2012年，参加全国性病实验室梅毒血清学检测、淋球菌分离鉴定和沙眼衣原体检测室间质量评价单位依次为278家、235家和240家。

4. 淋球菌耐药监测工作　继续开展全国淋球菌耐药监测工作，完成2011年全国12家淋球菌耐药监测点1317株淋球菌对5种抗生素药敏资料的收集整理、结果核对、汇总与分析工作；开展全国淋球菌耐药监测室间质评工作，2011年对全国13家耐药监测点发放耐药盲样考核样品，对12家耐药点耐药室间质评结果进行收集整理、汇总分析、结果反馈、证书发放等；开展2012年淋球菌耐药质控工作，完成制备质控品、质控品相关性能观察、耐药监测点质控品发放、抗生素粉发放；做好WHO西太区淋球菌耐药监测室间质评考核工作，完成复苏传代、6种抗生素MIC测定及结果上报工作；提供2012年南京地区淋球菌临床分离株收集登记表、标签及标本保存液。

5. 下发2012年全国艾滋病性病防治主要措施落实质量考评方案　2012年2月18日在南京组织召开全国性病实验室考核指标研讨会，制定2012年度实验室质量管理考核指标，并于3月份在大连实验室质量管理工作研讨会上下发。考核指标主要分为两部分：一部分考核各省组织参加中国疾控中心性病控制中心组织的性病检测实验室能力验证参与率及合格率，另一部分考核各省自己组织的梅毒血清学检测实验室能力验证参与率及合格率。12月初，性病控制中心再次联系各考核单位，确保各单位能够在12月底

前上报统计结果。

6. 开展临床治疗淋病抗生素使用情况调查　为了解我国目前临床治疗淋病时临床医生使用抗生素情况，我们组织针对临床医生治疗淋病抗生素使用情况调查。收集调查问卷 385 份，遍及全国 15 个省、178 个医疗卫生机构，其中包括皮肤性病专科医院(50.64%)、综合性医院(42.60%)、民营医院(1.04%)、妇幼保健医院(1.56%)、疾病预防控制中心门诊部(2.08%)、中医医院(1.56%)。中国目前治疗无并发症淋病患者主要是头孢曲松钠，但是治疗剂量存在很大差异，临床医生抗生素使用很少依据药敏结果。目前已经出现头孢曲松钠治疗淋病失败病例。

7. 梅毒临床诊断试剂评估　2012 年度梅毒试剂评估工作由性病控制中心参比实验室、广西、辽宁、江西和山东等 6 家单位参加。11 月 12 - 16 日完成试剂评估检测任务。完成 6 种 RPR 试剂 306 份样本、7 种免疫层析试剂 306 份样本，9 种 ELISA 试剂 316 份样本、1 种化学发光试剂 316 份样本和 1 种凝集法试剂 316 份样本现场检测工作。完成对不符合结果样本复检工作、现场检测结果记录复核和纠正工作、检测结果数据录入和复核工作。对检测不相符标本进行 WB 试剂检测工作和结果报告。

8. 实验室自身能力建设与管理　2012 年 4 月，中国合格评定国家认可委派评审组对实验室进行复评审。4 月 15 - 17 日接受现场评审，5 - 6 月份对不符合要求之处进行整改、编写整改报告并及时提交至认可委，7 月份顺利通过中国合格评定国家认可委的复评审。

制定实验室质量体系运行中的年度计划，包括管理评审计划、质量监督计划、质量控制计划及培训计划等，并根据制定各项计划完成相应工作及报告，其中包括：管理评审 2 次、内审 2 次、外审 1 次、质量监督 11 次、文件修订 28 份、出具报告 8 份、参加培训及会议 11 批次。

2012 年度参加美国疾控中心、卫生部临检中心等 4 家专业机构组织的 14 批次性病实验室能力验证，验证结果均合格。

四、医疗机构梅毒规范服务、梅毒筛查及转介工作

1. 医疗机构梅毒规范服务调查　在年初各省工作任务中，布置医疗机构梅毒规范服务调查内容，收到全国 20 多个省市反馈。2012 年，组织对海南、安徽、青海、吉林 4 省 12 家疾病预防控制中心、21 家医疗机构进行梅毒规范服务现场调查，基本掌握各地梅毒医疗服务现状及需要解决的问题。

2. 梅毒规范化服务及梅毒筛查转介工作专项检查　2012 年下半年对云南、黑龙江、江西、北京等 4 省(市)12 家疾病预防控制中心、18 家医疗机构进行梅毒筛查转介及规范化服务现场调查。调查发现各地在梅毒筛查和转介中存在的问题及解决方法，撰写并上报调查报告。

3. 医疗机构梅毒规范服务达标及质量控制　制定医疗机构梅毒规范化服务达标方案及考核办法,召开全国性专家会,对方案进行讨论和修改。2012 年下半年,组织对广东、浙江、内蒙古 3 个省 11 家医疗机构进行现场考核,并与达标方案进行对照,在实践中进一步补充和完善该方案。

4. 建立梅毒防治培训专家组及开发培训工具　成立包括各省、中华医学会皮肤性病学分会、部分大学附属医院专家在内梅毒防治培训专家组,并于 2012 年 9 月底在深圳召开研讨会,布置培训工具开发任务,12 月中旬举办审稿会,进一步修改和完善所开发培训工具。

5. 梅毒规范化服务研讨会　2012 年 9 月,在深圳召开梅毒规范化服务研讨会,来自 WHO、妇幼中心、江苏省人民医院、上海市皮肤性病医院、广东省皮肤性病中心、山东省皮研所、深圳慢病院、上海华山医院等单位 20 多名专家出席研讨会,就梅毒规范化服务标准、考核、推广等进行讨论并达成共识。

五、信息平台建设

1. 全国性病防治管理信息系统构建　为实现全国性病防治工作信息化管理,确保《梅毒控制规划》中总体目标及工作指标实现,年内组织召开全国性病防治管理信息系统构建会议及预试验启动会,目前本系统正在试运行、进一步完善中,拟于2013 年全面推行使用。

2. 本年度对性病控制中心网站进行全方位改版　2012 年 8 月,对性病控制中心网站进行全方位改版(版式、内容、功能等),增设互动功能区,提供网络课堂(教学视频区)、会议/培训资料下载区、梅毒预防控制/规范化性病诊疗服务专题区等。新网站具备强大导航功能,与全国性病防治信息管理系统实现链接。10 月 24 日全新上线后,月访问量逾 2.5 万,更新文章 150 余篇;接待热线求询者 1500 余人次。

3. 编发内部交流刊物　全年编发《性病情况简报》8 期 12 000 册,及时下发至各省、市、县性病防治机构及国家级性病监测点。

4. 国际交流与合作　全年接待国内外性病、麻风病专家、学者等来访 9 批 76 人次。其中,国外来访 3 批 7 人次(蒙古国、英国、澳大利亚);国内来访 6 批 69 人次。性病控制中心专家应邀参加中国性病艾滋病研究前沿研讨会、2012 年世界艾滋病大会、性工作者及嫖客性病艾滋病预防治疗指南开发研讨会、先天梅毒预防控制研讨会、第 13 届 IUSTI 世界大会 40 余人次。

六、重要会议、培训及主要活动

1. 组织召开全国性会议　年内组织召开全国性工作会 3 期,包括:全国性病疫情监测暨防治工作会议、性病实验室质量管理工作研讨会、全国淋球菌耐药监测工作研讨会等防治工作会议，覆盖全国各省性病防治机构、国家级性病监测点及淋球菌耐药监测点等单位。

组织召开第六届全国性传播疾病防治学术研讨会，来自全国各省(自治区、直辖市)、各级疾病预防控制机构、皮肤性病防治机构、慢性病中心、妇幼保健院及医疗机构性病艾滋病防治人员410余名代表出席本届会议，为全国性病艾滋病防治领域同道们构建良好的交流平台。

组织召开全国性专题研讨会7期，包括：中国控制淋球菌耐药行动计划研讨会、性病哨点门监测试点方案研讨会、梅毒规范化医疗服务研讨会、先天梅毒诊断标准专家研讨会、梅毒防治培训工具开发专家研讨会及定稿会、全国梅毒疫情估计专家研讨会。

2. 组织举办全国性培训，并为全国各地提供培训师资及技术支持　组织举办全国性培训班6期，主要包括全国性病门诊干预服务培训会、MSM人群性病服务能力培训班及性病门诊规范服务培训，接受培训人员逾200人。

此外，性病控制中心通过调研、督导、培训、参会等方式，对20余省性病防治工作进行指导和支持。

3. 开展的主要活动　全年组织陕西省、福建省的性病、艾滋病综合技术督导；组织针对广西、山西、新疆、辽宁、重庆等省(市)性病监测专项督导；组织开展针对广东、浙江和内蒙古相关医疗机构进行《梅毒规范化医疗服务达标方案》推行和现场调研工作3次；组织开展对海南、安徽、吉林、青海等4省医疗机构梅毒规范服务状况现场调查。此外，我们积极参与防艾工作，与玄武区疾病预防控制中心、玛丽斯特普江苏你我健康中心等机构共同组织策划“世界艾滋病日”进高校等系列防艾宣传活动，同时在医院门诊楼开展宣传咨询活动。

七、教学带教

1. 研究生教育　目前中心有8名在读研究生，其中7名博士生、1名硕士生。

2. 进修生教育　作为性病控制中心临床基地和中国皮肤科医师协会性病临床培训基地，全年接受来自全国各地9名进修生学习性病临床和实验室检测，接受5名本院医师和9名研究生性病临床轮转学习，为全国各级医疗机构和疾病预防控制机构培养人才，创造较大社会效益。

八、科研成果

1. 科研项目　国家科技重大专项：“十一五”防治性病对预防艾滋病的作用研究结题、“十一五”创新药物研究开发技术平台建设、“十二五”创新药物研究开发技术平台建设。

(1) 国家及江苏省自然科学基金。国家青年自然科学基金“淋球菌分子流行病学研究及耐药基因研究”、江苏省自然科学基金项目“梅毒螺旋体膜蛋白的表达及致病机制的研究”。

(2) 国际合作项目。WHO“先天梅毒诊断标准的研究”、WHO新型梅毒快速检测方法的临床评估研究、WHO的项目“性病艾滋病资料多角度分析项目”、中美艾滋病防治合作项目—编写新版《性传播疾病临床诊疗指南》及《国家梅毒控制技术指南》、美国UNC梅毒螺旋体对阿奇霉素耐药项目、美国NIH合作项目“实验性和人淋球菌感染的先天性和获得性免疫”、中澳卫生与艾滋病项目“通过提供梅毒筛查与治疗服务加强艾滋病的检测、监测和干预”。

(3) 其他项目。卫生部卫生政策法规司性病标准制定项目“尖锐湿疣诊断标准”、性病性淋巴肉芽肿诊断标准编制、软下疳诊断标准编制;中国医学科学院北京协和医学院创新基金“我国梅毒疫情地理信息系统方法的建立及初步应用”、“机体抗梅毒免疫中的miRNAs应答研究”。

2. *发表论文、著作* 作为通讯作者、第一作者发表SCI文章17篇,国内核心期刊文章20余篇。

主编并正式出版发行专著2部:《医疗机构性病防治指南》、《男男同性性行为者性病服务培训手册》。

(葛凤琴)

麻风病控制中心

一、防治任务

2012 年，麻风病中心协助卫生部制定下发了《全国消除麻风病危害规划实施方案》、研究制定了进一步加强流动人口麻风病防治工作的管理意见、编印《全国消除麻风病危害规划实施工作指南》、完成麻风病诊断标准的修改、完成 2002－2010 年中转麻风防治项目工作总结、起草 2011 年中转麻风防治项目执行报告、研究起草麻风病绩效考核指标、制定 2012－2013 年中央转付全国麻风病防治项目预算方案、编制高流行地区麻风病防治工作督导方案等。

（一）疫情监测

麻风病中心承担全国麻风病疫情监测任务，定期向卫生部和 WHO 报告全国麻风病疫情年度报告。为进一步加强麻风病现场防治与疫情监测工作，在各级麻风病防治负责单位的支持下，通过 3 年的努力，现已基本在全国范围内建立了麻风病防治管理信息系统（LEPMIS）。至 2012 年底共上报新发病历 492 800 条，复发病历 5500 余条，随访记录 120 余万条。截至 2012 年 12 月底，全国共发现新、复发麻风病患者 1290 例，发现率为 0.090/10 万。同时，积极为江苏、宁夏、新疆、湖南、广西、江西、天津、广东、福建、四川的 LEPMIS 培训提供技术支持。

（二）现场防治

麻风病中心组织国家医疗队在广东、贵州、云南等 11 个省为 917 例麻风畸残者实施了防盲治盲术、手足面功能重建及防癌变手术；对 2011 年 1 月－2012 年 9 月 30 日联合化疗后复发的麻风患者进行调查，同时对调查时皮损细菌仍有 2＋以上的患者进行活检做耐药监测；对云南和贵州 4 个地区接受 WHO 统一 MDT 方案的麻风患者进行随访，评价停药 4 年的疗效；收到 WHO 提供麻风 MDT 药品 1 批，及时分发现场确保麻风患者得到规范联合化疗。

（三）现场督导

2012 年，麻风病中心组织专家积极深入贫困地区如鄂西、湘西、重庆、陕西省宁强和略阳县、甘肃省康县和文县、四川省的青川县、云南省红河地区、湖南省湘西自治州和张家界市及所属的永顺县和永定区,对当地麻风病防治工作进行了专项调研和督导。现场检查了有关县(区)麻风流行和病例发现情况,以及当地防治机构和人员构成情况等麻风防治工作开展情况;检查麻风反应、复发、耐药和 DDS 不良反应处理情况;了解麻风村建设运转情况和院内外麻风病人管理情况,检查复核麻风现症病人和治愈者等。通过督导检查和现场分析,实事求是地向当地领导和有关部门进行情况反馈,肯定防治工作中成绩,也指出问题和不足,并提出合理建议。

(四)科普宣传及麻风节活动

麻风病中心编印下发 2013 年世界防治麻风病日宣传画(麻风核心知识版和年度麻风人物版);协助卫生部联合多部委发文开展"世界防治麻风病日"活动,制定活动主题并参加卫生部海南省海口市现场慰问和宣传活动;完成对"中国疾控中心麻风病控制中心"网站的改版以及日常维护工作。

(五)重要会议

2012 年,麻风病中心协助卫生部组织召开 2012 年全国麻风病防治工作年会、2011 年度全国麻风病疫情监测会议、消除麻风危害规划的实施工作指南研讨会、全国麻风病防治管理信息系统专家研讨会等,并负责起草有关会议工作报告和文件。

(六)国家级培训

配合中央财政转移支付麻风防治项目,麻风病中心举办全国麻风病防治骨干培训班、全国麻风病畸残预防和自我护理培训班、2012 年全国麻风病防治管理信息系统培训班以及帮助全国 15 个省开展相关培训等,加强麻风病防治能力建设。

二、国际交流与合作

2012 年,麻风病中心举办"国内外麻风 NGO 组织协调会",在中国的国内外 NGO 组织以及浙江、安徽、湖南省麻风协会等代表总计 53 人参会,针对我国目前麻风防治工作中关于麻风病人及康复者存在的问题共商对策与办法,并共同签署《在中国的国内外麻风 NGO 组织协调会倡议书》;陪同世界卫生组织西太区办公室 Osuga Katsunori 官员,赴四川省会理县和普格县调研麻风病的现场防治工作,并参加在成都召开的"全国消除麻风病危害规划实施工作指南研讨会";在荷兰麻风救济会和比利时达米恩基金会资助下,举办了"2012 年全国麻风病防治管理信息系统培训班"和两期"麻风病畸残预防和自我护理培训班",来自全国各省 120 余名基层麻风工作者参加培训;张国成和余美文赴菲律宾马尼拉参加“世界卫生组织西太区麻风病管理员会议”。

三、科研及成果

2012年，麻风病中心开展麻风复发及耐药现场监测、麻风病短程化疗随访等项目工作；本年度发表文章27篇(其中SCL 2篇)。

四、荣誉与表彰

麻风病中心张国成、严良斌分别被湖北、四川和陕西省的残工委评为麻风畸残矫治手术先进个人。

(孙培文)

结核病防治临床中心

一、重要会议

(一)召开结核病专科医院工作研讨会

在 2010－2011 年组织专家进行全国结核病专科医院调研工作基础上,由卫生部疾病预防控制局主办,临床中心承办的结核病专科医院工作研讨会于 8 月份在云南昆明召开。除西藏、青海以外的 29 个省、自治区、直辖市共计 50 家结核病专科医院的 70 余名代表及中国疾控中心有关专家参加了会议。会上,对公立医院改革进展与医院等级评审工作情况,深入开展临床路径管理工作,加强医疗质量管理与控制等方面进行了热烈讨论,并就结核病专科医院发展的实践与策略、结核病专科医院补偿机制、结核病专科医院医防合作及新医改工作经验等重点问题作了专题报告。

(二)2012 年全国结核病学术会议

与中华医学会结核病学分会及北京胸科医院合办的"2012 年全国结核病学术大会"于 10 月 12－16 日在杭州召开,来自全国各个结核病临床、防治、科研机构的近 600 余名代表参加了会议。本次大会的主题是"诊治结核病,需要多学科",大会报告内容涵盖结核病的外科及介入治疗、结核病相关疾病、特殊人群结核病,以及基础研究最新进展、新诊断技术、预防控制等,共有 85 位参会代表进行大会发言,特邀了十几位著名专家做大会报告。本次大会收录稿件 164 篇,评选出 10 篇优秀论文。

(三)结核病华人论坛

首届结核病华人论坛于 2012 年 10 月 13 日在杭州举办,来自美国 NIH 鲍靖博士、美国贝勒医学院马欣博士以及华山医院张文宏主任做了演讲,来自全国各地 200 余人参会。论坛充分进行中外结核病学术交流。

二、工作进展

(一)疾病预防与控制

1. 肺结核《临床路径》工作

(1) 肺结核临床路径的制定：临床中心组织编写了《肺结核门诊诊疗规范》、《初治菌阳肺结核临床路径》、《复治肺结核临床路径》以及《耐多药肺结核临床路径》，并于2012年1月由卫生部医政司正式印发。这些临床路径的实施将进一步完善结核病规范化诊疗体系，提高结核病防治服务质量。

(2) 肺结核临床路径培训：受卫生部委托，临床中心于3月和4月分别在北京和海南成功举办了两期“肺结核临床路径培训班”。来自全国31个省的220余名医务人员参加了培训。

2. 结核病定点医疗机构工作　组织7个单位专家撰写《结核病定点医疗机构投入及补偿机制论证报告》。

(二)公共卫生服务与管理

1. 建立“全国结核病远程医疗咨询及培训平台”　该平台依托卫生部—杨森耐药结核病项目，目前已经覆盖10个省份。

2. 督导　临床中心先后6次组织对结核病防治所、专科医院督导，促进诊疗规范化。

3. 建立全国结核病免费文献检索系统　该系统面向结核病防治人员，免费提供结核病有关的中外文文献。

4. 研讨“结核病实验室细菌学诊断指南”　国家结核病临床实验室与中国防痨协会及中华医学会结核病学分会合作，于11月组织结核病领域专家对“结核病实验室细菌学诊断指南”中牛分枝杆菌菌种鉴定技术的可靠性问题进行研讨，以提高实验室检测技术的可靠性。

5. 国家结核病临床实验室建立开发分枝杆菌菌种鉴定的专业软件　与中科院计算机所合作，在国内首次开发了用于分枝杆菌菌种鉴定的专业技术软件。目前软件已经具备基本功能，即将进入临床验证阶段。本软件的目的是希望解决目前以基因测序为基础的分枝杆菌菌种鉴定需要登录美国网站进行序列比对，为我国的分枝杆菌的基础与临床提供更专业、更便捷的服务。未来将与临床紧密结合，为不同分枝杆菌疾病的诊断和治疗提供技术支持。

6. 国家结核病临床实验室建立开发分枝杆菌菌种保存库的软件管理系统　开发了规范的分枝杆菌菌种保存库数据库管理系统，建立行之有效的日常管理模式，以实现安全、系统、规范、便捷的菌种保存库管理，提高资源的利用价值，同时能够借助资源优势，提高我国在结核病领域现有的科研水平，扩大科研产出。

7. 完成临床标本的实验室检测项目　样本量较2011年总体增长了近10%。

8. 开展新的检查项目　针对MGIT960培养阳性的菌株进行快速菌种鉴定检查，受到临床欢迎。

9. 实验室验收　PCR实验室通过北京市卫生局的专业验收。

(三)培训

1. 西部省份结核病培训　与礼来制药、中华医学会结核病学分会合作，临床中心先后于7月16-18日、7月24-26日、7月31日至8月2日分别对贵州、云南和宁夏进行结核病培训。临床中心从全国邀请优秀师资进行授课，培训人员400余名，有力促进了这些省份结核病诊疗水平。

2. 全国结核病影像培训班　由卫生部疾病预防控制局主办，中国疾控结核病防治临床中心承办的全国肺结核病影像学诊断培训班于8月20日-9月5日在北京后勤基地举办。本次培训班除西藏外，全国各省、自治区、直辖市及新疆生产建设兵团结核病定点医疗机构均派骨干临床医生或影像医生参加，共计学员65名。在两周培训过程中，学员系统学习了结核病影像基础、各类结核病鉴别诊断等知识，提高了影像诊疗技能。

3. 全国第四期结防机构新职工综合技能培训班　由卫生部疾病预防控制局主办，中国疾控中心结核病防治临床中心承办的全国第四期结防机构新职工综合技能培训班于11月5-23日在北京举办。来自全国27个省、自治区、直辖市及新疆生产建设兵团结核病定点医疗机构入职3年以内的新职工共计39人参训。本次培训班精心配备了全国肺结核病临床、基础、影像及防治领域优秀的师资进行授课，内容包括结核病防治发展史、结核病流行病学、各型肺结核的影像学表现、病理变化、诊疗手段及治疗进展等海量授课内容，除理论学习外，培训班还安排了学员到位于北京胸科医院的国家结核病临床实验室进行结核菌痰涂片、培养及药敏试验的操作学习，并于培训的第三周赴河北正定县进行现场实践。

4. 派遣培训师资及撰写培训教材

(1) 临床中心先后20余次派遣师资到各地进行授课，提高基层结核病学术水平。国家结核病临床实验室派多人次参加卫生部、中国疾控中心组织的技术督导、专业授课、技术手册编写等多项工作。

(2) 国家结核病临床实验室完成3名进修学员的带教工作。

(3)临床中心先后召开3次结核病培训教材编写会议，讨论培训教材撰写工作。

(四)图书出版

1. 出版《世界卫生组织耐药结核病规划管理指南2011年更新版》　由中国疾控中心结核病防治临床中心翻译的《世界卫生组织耐药结核病规划管理指南2011年更新版》中文版正式印刷出版，并分发至各地。

2. 出版《结核病实验室标准化操作教程》　由临床中心和国家结核病临床实验室共同制作的《结核病实验室标准化操作教程》即实验室操作视频DVD出版发行。该视频提供实验室基本检测技术即涂片、培养、鉴定以及药敏试验的操作，促进实验室技术规范化。

3. 翻译“肺结核临床医生研修教程电子版” 由临床中心翻译的“肺结核临床医生研修教程电子版”中文版正式启用。该系统是世界医学会培训教材的一部分，为全球提供结核病培训材料。

（五）健康促进

“世界结核病防治日”期间，本中心先后派多位专家进行结核病防治宣传，其中包括：

在北京电视台“健康大讲堂“和“养生堂”栏目介绍结核病防治；在北京广播电台、中国国际电台接受采访；接受新浪微访谈；为大庆电视台录制结核病宣传节目。

（六）科研

1. 国家科技重大专项课题 “十一五”重大专项课题“复发结核病治疗研究”以及“耐药结核病治疗方案研究”分别结题。同时成功申请“十二五”课题，完成课题继续滚动。

2. 中澳耐药结核病课题 “中澳耐药结核病”课题顺利结题。该课题研究耐药结核病发病机制，在乙胺丁醇以及吡嗪酰胺耐药基因突变方面获得进展。

3. 抗结核药品不良反应监测项目 该项目在 9 省 18 县开展，重点了解抗结核药品不良反应比例、分类以及危险因素。

4. 预防性保肝治疗指证研究 该研究在全国 15 家医院开展，预计 1200 患者纳入。该研究主要了解预防性保肝治疗指证。

5. 国家结核病临床实验室课题

(1) 申请获批国家自然科学基金 1 项，经费 60 万元。

(2) 申请获批北京市自然科学基金 1 项，经费 14 万元。

(3) 1 项“十一五”重大专项课题顺利滚动进入“十二五”，获得项目经费 250 万元。

(4) 1 人获得北京市卫生局“十百千”卫生人才培养专项经费资助，获得项目经费 3 万元。

(5) 2 人获得北京市结核病胸部肿瘤研究所课题资助，经费 6 万元。

6. 发表论文 2012 年，临床中心累计发表论文 6 篇，其中 SCI 论文 3 篇；国家结核病临床实验室发表学术论文 5 篇，其中 SCI 2 篇。

（七）国际合作

1. 举办“结核病-糖尿病双向筛查项目研讨会” 由世界糖尿病基金会资助，中华医学会结核病学分会、中国疾控中心结核病防治临床中心、国际防痨和肺部疾病联合会联合开展的“结核病—糖尿病双向筛查项目研讨会”于 5 月 28 日在北京召开，来自中外专家

50 余人出席了本次会议。会议介绍了结核病—糖尿病双向筛查项目结果,这是我国第一个结核病/糖尿病双向筛查项目,为制定结核病、糖尿病控制规划提供强有力的理论支持。

2. 成功申请 WHO 2012-2013 双年度项目　该项目为中西部的青海、广西、重庆的 3 个县级结防所提供技术支持,包括远程会诊、进修、选派专家出诊等。项目期 2 年。

3. 完成礼来耐药结核病Ⅱ期项目并成功申请Ⅲ期项目　2012 年完成礼来Ⅱ期项目即对 6 个西部省份进行结核病培训。2012 年还成功申请Ⅲ期项目,建立 6 个以结核病专科医院为中心的培训基地,对本省以及西部省份开展培训,培养专业人员,提高西部省份结核病诊疗水平。项目期 5 年。

4. 友好往来　2012 年,临床中心先后接待 8 批 13 人次国外专家来访,1 人次赴俄罗斯参观考察。国家结核病临床实验室与清华大学、中科院等机构建立合作关系,并开展课题合作。对外与美国爱因斯坦医学院、英国 Microsense 公司开展了技术方面的合作。

(八)人力资源

(1)临床中心李亮参加美国国立卫生研究院在巴尔的摩举办的“国际吡嗪酰胺耐药会议”,并在大会作“中国吡嗪酰胺耐药现状”报告,受到高度评价。

(2)临床中心弭凤玲、杜建分别参加在法国巴黎举办的国际防痨和肺部疾病联合会培训师培训班、国际防痨及肺部疾病联盟在越南河内举办的第 18 期国际结核病培训班。

(3) 2012 年分配新职工 2 人,在读博士 1 人,调离 1 人。

(4)国家结核病临床实验室:① 1 人赴澳大利亚参加实验室专家与技术培训;② 1 人赴韩国国家结核病研究所参加实验室专业技术培训;③ 2 名技术人员参加卫生部临检中心组织的 PCR 技术培训;④ 1 人获得 GCP 培训证书;⑤ 2 名硕士研究生在读。

(刘宇红　岳淑敏)

鼠疫布氏菌病预防控制基地

一、业务进展

（一）鼠疫

在四川省发生1起人间鼠疫疫情，发病1例，死亡1例。在青海、甘肃、西藏、新疆、四川、内蒙古、云南7省区的31个县（市、旗）发生动物鼠疫疫情，检出鼠疫菌88株（动物69株、媒介19株），抗体（IHA）阳性材料109份，抗原（RIHA）阳性材料6份。

新判定四川省甘孜藏族自治州理塘县和西藏自治区阿里地区改则县为新的鼠疫疫源县；全国鼠疫疫源县增加至301个。另外，在西藏自治区阿里地区措勤县首次检出抗体（IHA）阳性材料。

（二）布氏菌病防治

全国共有30个省（自治区、直辖市）有病例报告，报告发病总数40 994例，报告发病率为3.06/10万；与2011年比较疫情下降3.89%。其中，内蒙古和吉林省疫情下降明显，分别较2011年同期下降了38.51%和12.08%。

（三）督导检查

9月，指导各地鼠疫等突发急性传染病防控工作的规范开展，组织有关专家陪同卫生部应急办领导，对青海、西藏、贵州、福建等省（自治区）的工作进行了督导检查；派出专家组对湖南常德、四川乐山、甘肃酒泉等地进行了专题调研。

8－11月，组织专家对黑龙江省龙江县、吉林省洮南市、河北省张北县、内蒙古扎兰屯市等国家级布病监测点进行了督导检查。

（四）技术咨询

主持《人间鼠疫疫区处理标准》和《动物鼠疫监测标准》的修订工作；参加传染病标准委员会会审会议，并按照专家意见对《人间鼠疫疫区处理标准》作了进一步修改。

参加《国家布鲁氏菌病防治计划（2012－2020）（讨论稿）》编写工作；参加完成《布鲁氏菌病诊疗指南》制定；主持完成《布鲁氏菌病监测标准》修订；参加完成《人间布鲁氏菌病暴

发疫情处置工作规范》制定;参加“布鲁氏菌病中央转移支付项目实施技术方案”编写工作,形成最终稿并下发实施。

（五）人员培训

2月,组织专家为黑龙江省地方病培训班授课,内容为布病疫情形势及特点、布病诊断和治疗进展。3月,组织专家为贵州省的省级传染病培训班做鼠疫防治内容方面的授课;11月,组织专家在河北省布病培训班授课,内容为全国布病疫情形势特点及分析、国内外布病防控及实验室检测进展和发展方向、布病治疗原则和方法等。

（六）疫情处置

2012年9月8日,四川省甘孜州理塘县发生1起人间鼠疫疫情,鼠布基地按照卫生部应急办的指示,随即派遣有关专家赶赴疫区,指导、协助当地开展疫情卫生应急处置工作。

湖南省已多年没有疫情报告,但是2012年4月末在长沙市发现布病病例,鼠布基地立即派遣专家前往指导疫情判定,同时开展了专业人员培训,指导并参与疫区处理工作。

10月派专家对海南省布病疫情进行判定,指导和参加2个县(区)重点职业人群流行病学调查和实验室检测工作;同时开展了专业人员业务培训。

二、党群工作

以抓好党建和精神文明建设为工作主线,发挥党委的战斗堡垒作用、创新思想政治工作,不断提高职工的思想政治素质。认真组织开展保持共产党员先进性教育活动,购买各种教育读本,深入学习《保持共产党员先进性教育读本》、《中共中央关于加强党的执政能力建设的决定》、十八大文件等。针对征求意见中党员、群众反映比较集中的问题,积极发挥作用,及时整理,促进包括学风、效能建设、对外服务、队伍建设、组织建设、事业发展等多方面工作。

三、荣誉表彰

2012年鼠布基地被评为“全国卫生系统先进集体”。

（陈显赫）

儿少/学校卫生中心

一、业务工作

（一）分析、起草《中国2011年法定传染病发病与死亡报告》——学校传染病发病情况分析

中国疾控中心儿少/学校卫生中心受中国疾控中心委托，根据全国网络直报系统中《疾病监测信息报告管理系统》、《突发公共卫生事件报告信息管理系统》2011年度传染病监测数据，对学校部分数据进行分析，结果显示：

2011年大、中和小学学生中除鼠疫、传染性非典、脊髓灰质炎、人禽流感、白喉、新生儿破伤风、丝虫病无发病和死亡报告外，其他32种法定报告传染病共报告发病526 664例，死亡272人，报告发病率为240.54/10万，报告死亡率为0.12/10万，病死率0.052%。其中，甲乙类传染病报告发病131 017例，死亡269人，丙类传染病报告发病395 647例，死亡3人。广西、广东、河北、四川、湖北等人口大省的学生中法定报告传染病发病和死亡情况较为突出。大学生报告发病率最高，为142.66/10万，初中生最低为35.76/10万。小学生死亡率最高，为0.18/10万，高中生最低，为0.038/10万。

甲乙类传染病中，肺结核、乙肝、痢疾、猩红热及甲肝等前五位疾病占学生甲乙类传染病报告发病总数的87.95%。根据传染病分类来看，呼吸道传染病的报告发病数最多，占总报告发病数的39.38%，其次是血源及性传播传染病、消化道传染病，虫媒及自然疫源性传染病报告发病数最低。其中，肺结核和猩红热分别占呼吸道传染病报告发病数的59.01%和37.23%。乙肝占血源及性传播传染病报告发病数的84.02%。痢疾占肠道传染病报告发病数的74.32%。布病、流行性出血热、乙脑3种疾病报告发病数共占虫媒及自然疫源性传染病报告发病数的78.23%。

狂犬病、乙脑、艾滋病、肺结核和流脑占学生甲乙类传染病报告死亡总数的92.19%。其中，狂犬病死亡人数占甲乙类传染病死亡总人数的72.86%，是导致小学生、初中生死亡的主要法定传染病。

流行性腮腺炎、其他感染性腹泻、手足口病、风疹和流行性感冒，是导致学生群体发病的前五种丙类传染病，占全部病例人数的98.32%。其中，流行性腮腺炎共发生

251 941 例,占全部丙类传染病的发病总数的 63.68%。

与 2010 年相比,甲乙类传染病报告发病数和报告发病率均有所下降,丙类传染病报告发病数和报告发病率则有所上升。

(二)学校卫生标准研制

中国疾控中心儿少/学校卫生中心是卫生部学校卫生标准委员会的挂靠单位,负责研究制定学校卫生标准体系、规划以及年度计划;组织评审各项学校卫生标准等工作,同时也承担了大量的学校卫生标准研制工作。

本年度承担卫生部主要标准研制项目有:学校卫生标准发展报告、制定《儿童少年贫血血红蛋白筛查标准》、《中国儿童伤害报告》(跌倒分册)、参与起草《中国儿童伤害行动计划》、中小学校医队伍建设及对策调查报告。这些标准的制定与颁布,为规范学生健康评价方法;提高学生健康知识,转变观念,建立良好的健康行为;改善学校教育教学环境发挥重要的作用,同时是贯彻落实《学校卫生工作条例》以及各项学校卫生法律法规的重要技术依据,是执行学校卫生法规的重要工具,对贯彻执行学校卫生法规、加强学校卫生监督均有重要意义。

(三)学生重大疾病防控技术和相关标准研制及应用项目启动

青少年时期是身心健康发展的关键时期,青少年的健康不仅关系个人健康成长和幸福生活,而且关系整个民族健康素质和人才培养的质量。儿童青少年健康是贯彻党的十七大精神、更好实施人才强国战略的重要基础。但当前我国中小学生健康面临诸多挑战,如近视患病率居高不下、肥胖检出率大幅上升、各种传染病在学校高发、学校突发公共卫生事件社会危害严重。因此,加强学生重大疾病防控,对促进学生健康、体现疾病防治重心前移、实现全民健康总体目标和实施人才强国战略具有非常重要的作用。

学生重大疾病防控技术和相关标准研制及应用项目(简称"1147 计划")目标是:建立 1 个学生健康综合信息平台,制定完善 1 套卫生部认可的学生健康相关标准及学校卫生标准体系,研发近视、肥胖、学校传染病、突发公共卫生事件 4 个主要健康问题相应的防控关键技术,建立 7 个学生重大疾病防控适宜技术和相关标准研制及应用推广示范基地。通过项目实施,建立学生健康综合信息平台、制定学生健康相关标准,有利于学校卫生工作科学化、规范化、标准化;研发的近视、肥胖、传染病、学校突发公共卫生事件防控关键技术及示范基地建设,使得学生相关疾病防控技术更加完善和成熟、基层学校卫生工作者业务能力得到提高,也带动示范基地周边地区学校卫生工作的发展和提高;尝试建立疾病预防、卫生监督、教育管理的学校卫生工作平台,使得学校卫生服务模式和管理模式符合学校卫生服务发展的理念。

(四)出版《2010年全国学生体质与健康调研报告》

青少年学生体质健康调研工作是国民体质监测的重要组成部分,也是贯彻落实《中共中央国务院关于加强青少年体育增强青少年体质的意见》具体要求。中国疾控中心儿少/学校卫生中心作为全国学生体质与健康监测信息中心,负责组织、实施2010年中国学生体质与健康调研工作和数据整理分析,并在本年度出版了《2010年全国学生体质与健康调研报告》。

二、教学工作

1. 教学师资　儿少中心在2012年度共有教职工18人,其中教授4人,副教授6人;具有博士学位11人、硕士学位2人;具有博士生导师资格2人、硕士生导师资格10人。

2. 理论课教学　本学年度中心承担了15门北京大学医学部本科生、研究生理论教学工作,全年总学时数达到394学时,接受教学的总人数达到750人次。教学对象为公卫研究生,还开设了针对校内、校际本科生的选修课。为增加理论教学的可接受性和实用性、提高教学效果,采取了多种教学形式,包括多媒体讲课、电脑操作实例演示、课堂讨论等,并在实习课上进行了大量的互动式的练习,从而保证了教学质量。

3. 本科毕业生专题实习　2012年在儿少/学校卫生中心进行了毕业生专题实习的本科生共4名,实习内容包括查阅文献、立题和撰写开题报告、方案设计、编写问卷、现场调查、资料整理、数据分析、论文写作等,学习了社会学科研工作的基本方法,同时注意培养学生的协调工作能力与合作态度。实习过程中学生的积极性被充分调动、研究思路得到了开发,能够在研究过程中开创性地使用新技术和新方法,例如使用数字信息技术采集和处理调查资料等。

4. 研究生培养　2012年度儿少/学校卫生中心共毕业研究生8名,其中博士毕业1名、硕士毕业7名。

5. 医学继续教育　组织2012年度卫生行业科研专项"学生重大疾病防控技术和相关标准研制及应用"项目启动暨第二届北京大学儿童青少年健康论坛、北京—斯德哥尔摩儿童青少年健康研讨会、第三届北京大学儿童青少年健康论坛、北京大学儿童青少年卫生研究所30周年纪念暨2012年儿少/学校卫生高层论坛,参加人数662人。

三、科研工作

1. 科研项目　2012年度儿少/学校卫生中心申请了来自行业基金、卫生部、教育部、国家自然科学基金委、中国疾病预防控制中心、世界卫生组织、联合国儿童基金会及公司合作课题等 16 项科研项目,申请科研经费共约 2096.19 万元人民币。

2. 发表论文　2012 年度儿少/学校卫生中心工作人员以第一作者和通讯作者共发表学术论文 58 篇,其中在国外刊物上发表 SCI 论文 7 篇,国内核心期刊上发表论文 51 篇。

3. 出版各类教材及科普读物　2012 年度儿少/学校卫生中心出版著作 4 部。

四、组织会议及参加会议情况

2012 年度儿少/学校卫生中心共组织召开全国性会议 4 次,参加人数 662 人。

（马军）

精神卫生中心

一、执委会

为进一步配合医疗机构开展公共卫生服务，精神卫生中心执委会 2012 年度会议于 12 月 20 日在北京召开，北京大学精神卫生研究所王向群书记被推选为新一届执委会主席，26 位精神专科医院院长作为执委参会。卫生部医政司胡瑞荣和北京大学法学院孙东东分别做了关于推进临床路径工作和《中华人民共和国精神卫生法》适用概要的报告。

二、国家财政部、卫生部重点项目

“686”项目自 2005 年实施以来，一直由北京大学精研所公事部承担国家精神卫生项目办职能，到 2012 年项目已历时 8 年。截至 2012 年 12 月，中央财政总投入超过 3.76 亿元，地方配套 2.17 亿元。项目已覆盖全国 217 个市州和 4 个直辖市的 1578 个区县(不含新疆生产建设兵团 3 个师的 35 个团场，黑龙江省农垦总局的 3 个分局)，理论覆盖人口 10.42 亿，实际覆盖人口 8.21 亿。2012 年网络中有各种机构 40 万个，其中医院 1110 家。全国定期随访患者 200 万例，直接提供免费治疗患者 24.9 万例，提供免费住院治疗已超 4.1 万例，解除关锁患者 2000 余例，公共卫生服务的公平性和可及性得到了具体体现。

2012 年 7 月 25 - 26 日，由卫生部疾控局委托、国家项目办组织、沈阳市精神卫生中心具体承办了“2012 年重性精神疾病管理治疗项目培训班”。全国 30 个省(区、市)和新疆生产建设兵团的省级及指定示范市州项目办主任、技术负责人、数据质控员共 200 余名代表参加了培训。卫生部疾控局孔灵芝副局长出席培训班并做了重要讲话，强调精神卫生工作正处在发展的机遇期，党中央、国务院领导高度重视，重性精神疾病防治已被纳为创新社会管理的重要内容，精神卫生立法进入了冲刺阶段，中央财政的投入力度也在逐年增加；并指出各地应充分结合医改工作的各项政策和要求，健全领导协调机制，加快精神卫生工作体系建设，提高精神疾病管理治疗网络覆盖率，按照《重性精神疾病管理治疗工作规范(2012 年版)》要求，建立精神卫生专业机构与基层医疗卫生机构的双向转诊机制，强化患者规范化管理。培训重点介绍了 2012 年重性精神疾病管理治疗项目经费测算与实施要求、重性精神疾病信息管理办法、重性精神疾病管理治疗工作考评方案、精神卫生人力资源培训管理办法等内容，并对《重性精神疾病管理治疗工作规范(2012年版)》进行了详细解读。培训还设置了医疗和管理质量强化培训内容，对真实案例进行分组讨论分析，为今后管理治疗工作总结经验。

卫生部疾控局和综合处各级领导、北京市疾控处领导、国家项目办及专家组成员16人次共督导了3个省的5个市，其中行政督导2次，技术督导3次。

三、政策及法律

积极配合卫生部召开专家会议，组织专家编写培训教材，开展《中华人民共和国精神卫生法》相关培训，为贯彻落实精神卫生法提供技术支持。

配合卫生部疾控局修订《中国精神卫生工作规划(2013－2020)》(草案)，参与数据收集、相关资料汇总等。

配合卫生部疾控局制定了《重性精神疾病信息管理办法》并已下发使用；为有效落实该管理办法，中心制订了《国家重性精神疾病数据使用流程》，已上报卫生部疾控局。

配合精神科医师协会(CPA)和挪威医学会(NMA)在成都举办了“中国-挪威精神卫生法宣传骨干培训”，参加人员100名。

参与或牵头开展有关精神卫生机构建设、人力资源配置和培养标准等研究，为精神卫生政策制定提供科学依据。

参与卫生部举办的卫生行政管理人员精神卫生政策培训班。

四、信息与监测

(一)负责国家重性精神疾病信息管理系统(以下简称“系统”)

一期——“重性精神疾病基本数据收集分析系统”日常管理工作。具体包括：每月定时编写《重性精神疾病信息管理月报》，经中心内部审核后上报卫生部疾控局；对系统用户的日常管理，通过QQ群和公告栏等与省级业务管理员和数据质控员保持密切联系，及时回答相关问题；配合卫生部制定《重性精神疾病信息管理办法》和《国家重性精神疾病数据使用流程》，规范信息管理与利用，加强患者信息安全，保护患者隐私；进一步改进完善一期系统功能；开展相关培训，解答常见问题。

(二)负责系统二期——“重性精神疾病病例管理系统”的建设

1. *需求调研* 3月，由精卫中心组织专家先后赴北京市、浙江省、江苏省进行二期系统调研工作，实地考察三省(市)现有精神疾病信息管理系统的使用情况，形成国家重性精神疾病信息管理系统二期建设项目——病例管理系统需求报告。

2. *专家论证* 分别于6月和10月，协助卫生部疾控局组织二期系统专家论证/听证会，共同讨论二期系统的建设思路、业务需求、功能目标、技术路径等，达成一致共识。国家项目办据此修改完善了二期系统需求报告，并再次上报卫生部。

五、培训

1. 重性精神疾病防治培训 2011年，卫生部在中央补助地方卫生人才资源培训项目中设立了重性精神疾病防治培训项目。截至2012年底，全国共举办15个培训班，培训了1187名精神科医生。

2. 省级能力建设培训 2010年为全面加强各省培训和教学能力，精卫中心借助北大精神卫生学院和全国继续医学教育基地平台，启动了“蓝图千人骨干培训师计划”，培训对象主要为“686”项目执行单位人员，2012年共培训284人次。

3. 国际强化培训 2007年始，北大精研所联合香港中文大学、澳大利亚墨尔本大学开展了社区精神卫生服务体系系列培训。2012年共选送国内各级精神卫生医务工作者36人赴港接受培训。

六、合作交流

全年接待国外来访学者33人次，来自15个大学或机构，包括荷兰乌德勒支大学附属医院，挪威医学会、挪威奥斯陆大学，美国罗切斯特大学、美国自杀研究和预防中心，哈佛大学医学院、普林斯顿大学东亚研究所、普渡大学、南加州大学，澳大利亚墨尔本大学、亚澳精神卫生中心、西悉尼大学、澳大利亚国家精神卫生灾难应急委员会，香港大学，以及WHO经济合作发展组织(OECD)。

七、相关研究

为了更好的提炼、总结、分享“686”实践经验，扩大项目影响，促进我国精神疾病防治的科学发展，精卫中心开展了一系列相关研究。

(一)政策和服务研究

1. 中澳卫生与艾滋病项目——重性精神疾病管理治疗人力资源发展研究 研究实现了四项重要产出—《重性精神疾病管理治疗基层人力资源发展计划(草案)》、《低精神卫生服务资源地区开展重性精神疾病管理治疗的人力资源配置标准(西部版)》、《重性精神疾病管理治疗人力资源配置研究报告》和《重性精神疾病社区管理治疗工作导航》。上述产出有利于完善基层重性精神疾病防治体系建设，实现多部门协同开展重性精神疾病管理治疗，更好的贯彻国家基本公共卫生服务项目和《重性精神疾病管理治疗工作规范(2012版)》。项目产出对解决精神卫生人力资源问题有重要的政策参考性，在全部的44个项目中被中澳卫生与艾滋病项目专家组评为第一名。

2. 中国精神卫生机构床位资源配置研究　该研究为卫生部疾控局委托北大公共卫生学院课题，研究目标是提出适合我国国情的精神卫生机构床位资源配置方案，为制定国家精神卫生防治体系规划提供一定参考。精卫中心骨干参与研究设计、数据收集整理分析、现场调研、报告撰写等工作，已向疾控局提交正式报告。

3. 重性精神疾病同伴服务模式的社区干预研究　该项研究为国家自然科学基金资助课题。研究目标是探索建立一种较少依赖专业人员、能够在经济状况等各种条件不同的地区广泛推广的社区服务模式，评价服务的效果和效益，为在社区层面建立精神疾病复原的路径和模式提供参考。

（二）应用基础研究

1. 精神障碍流行病学调查　在卫生部公益性行业科研专项和“十二五”国家科技支撑计划的支持下，开展全国精神障碍的流行病学、疾病负担以及卫生服务利用情况调查。精卫中心作为牵头单位致力于开展国际高水平的调查研究，在项目组内各单位与国内外众多专家举办项目研讨会2次，并多次与北京大学中国社会科学调查中心、密歇根大学调查研究中心以及中国疾控中心慢病中心等国内外专家探讨研究方案，不断推进研究进展。目前已就抽样方案、访谈工具及数据系统、实地执行、质量控制、预实验调查等研究细节制定了科学、严谨、详实的方案。本项目得到了卫生部等相关领导的大力支持，研究结果将有助于我国精神疾病卫生法规、政策的制定。

2. 重性精神疾病病因学研究　在横向合作课题和国家自然科学基金资助课题的支持下，开展了以精神分裂症为主的重性精神疾病病因学研究，目标是识别贡献于精神分裂症及相关障碍发展的易感基因，并探讨环境因素和生物学因素在疾病发生发展过程中的作用。本中心承担了方案设计、研究平台维护、能力建设、研究质量控制、项目进度管理、数据分析和成果总结等工作。

3. 精神分裂症患者婚育状况研究　该项研究为在“686”项目平台上开展的多中心自主研究课题，调查社区中精神分裂症患者的婚育现况以及可能的影响因素。

八、财政管理

协助卫生部疾控局精神卫生处完成精神卫生中央本级经费的预算申请、项目督导和项目决算，并协助申请2012年度“686”项目经费，已获批下拨经费9387万元。

（马宁　吴霞民　马弘　黄悦勤）

老年保健中心

一、撰写规划与标准

负责制定卫生部“血清甘油三酯测定方法卫生行业标准”；

负责制定卫生部“血清胆固醇参考测量程序—分光光度法卫生行业标准”。

二、科研课题与经费

2012年新获科研课题17项，总经费2429万元。

国家“863”计划项目“慢性阻塞性肺病分子分型和个体化诊疗技术”，610万。

国家“十二五”科技支撑计划项目“老年代谢紊乱相关疾病防控研究”，310万。

国家“十二五”科技支撑计划项目“老年人健康服务支撑平台研发与应用示范”，101.4万。

国家“十二五”科技支撑计划项目“老年跌倒干预措施研究”，155万。

国家自然科学基金项目“抑制血小板功能对动脉粥样硬化炎症的影响及分子机制研究”，95万。

国家自然科学基金项目“miR－152和miR－200s在炎性因子诱导肝胰岛素抵抗发生中的作用及其机制研究”，80万元。

国家自然科学基金项目“蛋白磷酸酶4在肝脏甘油三酯蓄积中的作用及其调控机制研究”，75万。

国家自然科学基金项目“Wnt/beta－Catenin信号调节细胞外焦磷酸对慢性肾病患者血管钙化的影响及机制研究”，70万。

国家自然科学基金项目“11β－HSD1在肝脏脂代谢中的作用及其调控机制研究”，70万。

国家自然科学基金青年基金项目“转录因子Tbx20在动脉粥样硬化内皮细胞损伤中的保护作用及机制研究”，23万。

中国红十字会“中华骨髓库HLA高分辨基因检测的质量控制”，329万。

首发基金重点项目“单链抗体酵母展示文库的构建与应用”，90万。

首都卫生发展科研专项项目“半合成人源化单链抗体酵母展示文库的构建和在心肌疾病诊断中应用”，65.75万。

北京市科技新星计划项目“GWAS-based 北京人群 2 型糖尿病遗传病因学及初步转化研究”,28 万。

北京医院青年课题“蛋白磷酸酶 4 在肝脏甘油三脂蓄积中的作用及其调控机制研究”,2 万。

北京医院博士启动基金课题“老年慢性病患者远程健康管理服务平台建立”,2 万。

科技合作项目“保健品人体功能评价”,323 万。

三、论文与专利

2012 年共发表论文 59 篇,其中 SCI 31 篇,国内核心期刊 28 篇;授权国家发明专利 5 项,申请国家发明专利 13 项;获美国胆固醇参考方法实验室网络合格证书。

四、研究生培养

研究生 58 名,其中博士生 14 名、硕士 44 名;博士后 2 名。

五、举办会议

承办“世界卫生日主题活动暨中国老龄化与健康研讨会”;

承办中国老年医学和老年健康产业大会第四分论坛“老年健康的转化型研究论坛”;

与中国疾控中心慢病社区处合办“老年跌倒、骨质疏松防控综合培训班”;

与台北荣民总医院高龄医学中心合办“华人肌少症诊断与筛检共识大会”;

协办“第五届全国老年疾病营养支持的循证应用学术研讨会”。

六、学术交流

邀请或接待美国、加拿大、瑞士、日本等国家 20 位外宾来访,进行学术交流;选派本所 2 名研究人员到美国学习。

参加国际、国内学术会议,介绍我们的研究结果,提高影响力。2012 年在国际会议发言 12 人次、全国学术会议大会发言 26 人次。应邀外单位讲学 34 次。

(黎健　张毅)

人事人物

中国疾控中心各级领导

中心领导

主　　任：王　宇

党委书记、副主任 梁东明

党委副书记兼纪委书记：宫新生

副 主 任：杨维中　刘剑君　高　福　梁晓峰

机关处室负责人

处室	正职	副职
中心办公室	主任：王　健	副主任：席晶晶
人力资源处		副处长：张学清
规划财务处	处长：张　雁	副处长：刘丽芳
国际合作处		副处长：王晓琪
科技处		副处长：黄　辉
实验室管理处	处长：王子军	副处长：赵赤鸿　魏　强
设备条件处	处长：张戈屏	
教育培训处	处长：刘开泰	副处长：周海城 戴　政
基建处（内设工程建设办公室）	处长：张利民	
工程建设办公室		副主任（正处级）：郭　达
二期筹建办	主任：王　健（兼）	
后勤管理处	处长：杜　光	
新址管理办公室	主任：谭吉宾	
审计处	处长：袁灵华	
科技开发办公室	主任：王茂武	副主任：陈　晨
学术出版编辑部	主任：赵文华	
保卫处	处长：陈　峰	

部门	正职	副职
党委办公室		副主任:孟宪平
纪检监察办公室	主任:曹进华	正处级纪律检查员:管新建 副主任:白雪平
群众工作处	处长:李新焕	副处长、团委书记:刘海龙
离退休人员管理处		副处长:田占平
后勤服务中心	主任:栗　波	副主任:王彪峰
政策研究与健康传播中心	主任:王　林	
公共卫生监测与信息服务中心	主任:马家奇	副主任:苏雪梅 周脉耕 傅　罡
卫生应急中心	主任:冯子健	副主任:李　群
传染病处	处长:余宏杰	副处长:李中杰
公共卫生管理处	处长:倪　方	副处长:刘东山 李　蓉
慢性病防治与社区卫生处	处长:施小明	副处长:吴　静
免疫规划中心	主任:李　黎	副主任:王华庆 罗会明 崔富强
结核病预防控制中心	主任:王黎霞	副主任:成诗明 陈明亭 赵雁林
流行病学办公室		副主任:么鸿雁
全国 12320 公共卫生 公益电话管理中心		副主任:崔　颖
控烟办公室		副主任:姜　垣

直属单位所级领导

单位	领导	副职
传染病预防控制所	所　　长:徐建国	副所长:边志强 卢金星 张建中 阚　飙
病毒病预防控制所	所　　长:李德新 党委书记:武桂珍	副所长:董小平 毕胜利 舒跃龙
寄生虫病预防控制所	所　　长:周晓农 党委书记:陈晓红	副所长:许学年 潘嘉云 曹建平 肖　宁
性病艾滋病预防控制中心	主　　任:吴尊友 党委书记:韩孟杰	副主任:刘中夫 孙江平 汪　宁 党委副书记:刘康迈
慢病中心	常务副主任:王临虹 党支部书记、 副　主　任:李志新	副主任:马吉祥
营养与食品安全所	党委副书记:刘开泰	副所长:马冠生
环境与健康相关产品安全所	党委书记:高贵凡 党委副书记 兼纪委书记:张全增	副所长:白雪涛 徐东群

单位	领导	副职
职业卫生与中毒控制所	所　　长:李　涛 党委副书记:谭　枫	副所长:周安寿 郑玉新 孙承业 孙　新
辐射防护与核安全医学所	所　　长:苏　旭 党委书记:王志林	副所长:岳保荣 孙全富 丁库克
农村改水技术指导中心	常务副主任:陶　勇 党支部书记:陶　勇	副主任:田永建 张　荣
妇幼保健中心	主　　任:张　彤 党总支书记:徐春梅	副主任:金　曦

挂靠单位所级领导

单位	职务	职务
地病中心	主　　任:孙殿军 党委副书记:孙殿军	助　理:申红梅
性病中心	主　　任:王宝玺	副主任:陈祥生
麻风病中心	主　　任:王宝玺	常务副主任:张国成
结核临床中心	主　　任:许绍发	副主任:张宗德 李　琦
鼠布基地	常务副主任:张洪信 党委书记(副主任):丛显斌 纪检书记:谢景琦	副主任:周万军 王大力
儿少中心	主　　任:马　军	副主任:马迎华
精卫中心	主　　任:黄悦勤	常务副主任:马　弘
老年中心	主　　任:黎　健	副主任:张铁梅

全国政协委员

邵一鸣	中国疾控中心性艾中心

院　　士

曾　毅	中国疾控中心病毒病所
侯云德	中国疾控中心病毒病所
洪　涛	中国疾控中心病毒病所
徐建国	中国疾控中心传染病所

大事记

大 事 记

一 月

1月1日,中国疾控中心各直属单位协同办公系统节点正式开通。

1月5日,妇幼中心制定并向全国妇幼保健机构印发《妇幼保健健康教育基本信息》。

1月7日,“传染病监测技术平台”项目新版信息系统五大症候群录入功能正式上线投入使用,全年完成历史数据迁移、统计分析功能和变异分型信息管理等功能的开发和完善。

1月12日,传染病所与传染病预防控制国家重点实验室举办“传染病应对团山论坛第五届学术年会”。

1月31日,环境所白雪涛副所长和张岚、应波研究员赴广西自治区柳州市,参与镉污染的处置工作。

1月,第十轮澳大利亚政府“中国疾病预防控制精英培养”奖学金项目(ALAF - CDCLP)4名学员赴澳大利亚格里菲斯大学参加项目学习。

1月,完成全国甲肝减毒活疫苗过敏性休克异常聚集信号的监测处置工作。

1月,中国现场流行病学培训项目招收31名新学员;已毕业学员141人,分布在国家级及28个省级和地方疾控中心。

二 月

2月8日,在北京国家会议中心召开“疾控十年”座谈会暨全国疾控中心主任会议,当晚举行第九届国际元宵节联谊会。国家公共卫生机构国际联盟评估组的评估报告对中国疾控中心10年来的成就给予了充分肯定,也对中心未来的发展提出了一些建议,报告中提出“中国疾控中心的建设,使其在过去10年中成功实现了许多国家要花费几十年甚至上百年才能完成的发展。中国疾控中心在第一个10年中就取得了重大进步和卓越成就,为其他国家树立了榜样。”

2月23 - 24日,全国艾滋病性病防治工作会议在四川省成都市召开。

2 - 3月,云南省大理州宾川县发生疑似食源性寄生虫群体感染事件,寄生虫病所及时给予有效处置和治疗,挽救26例患者生命,被大理州领导誉为“大理州人民的救命恩人”。

2－4 月、7－9 月组织两批专家 13 人分别赴巴基斯坦和埃塞俄比亚执行为期 3 个月的现场技术援助任务,圆满完成任务。

2 月,组织相关专家完成《手足口病预防控制指南(2012 版)》的编写。

2 月,与美国疾控中心和 WHO 合作,建立了中国遏制脊灰传播项目(STOP 项目)。

2 月,积极回报和沟通,促进商务部最终将援助巴基斯坦开展脊灰消灭项目列入 2013 年援外计划中。

三 月

3 月 1 日,“@ 全国卫生 12320”官方微博在新浪和腾讯网开始试运行,3 月 20 日正式开通。

3 月 20 日,在全国范围内首次开展 12320 主题宣传活动。

3 月 20 日,中国疾控中心与美国礼来基金会在北京签署了耐多药结核病防治合作项目谅解备忘录。

3 月,对贵州省 2 起 AEFI 死亡事件开展调查和处理,撰写了调查报告,并及时向卫生部汇报。

3 月,改水中心完成《农村环境卫生全覆盖项目(2011－2015 年)规划》,完成《农村环境卫生全覆盖项目 2012 年实施方案》。

四 月

4 月 12－13 日,国家安全生产监督管理总局相关领导及专家对辐射安全所召开职业卫生技术服务机构甲级资质延续现场考核工作。评审组同意辐射安全所通过现场评审。

4 月 13 日下午,卫生部副部长刘谦一行 6 人来中心调研科研及实验室生物安全工作。

4 月 18 日,全国职业病防治技术工作会议在重庆市召开。

4 月 24－27 日,启动农村集中式供水水质卫生风险管理机制建设项目。

4 月,完成中心学委会换届工作,成立第四届学位评定委员会及 9 个学位分委会。

五 月

5 月 6－13 日,辐射安全所参加援藏工作,选派专家进行授课,并对拉萨地区部分医疗卫生机构进行了放射防护监测工作。

5 月 7 日,传染病所与青海省地病所联合鼠疫监测实验室基地于启动第三年度工作。

5 月 17 日,完成病毒病所 BSL－3 实验室进行内审;21－22 日中国合格评定国家认可委员会对病毒病所 BSL－3 实验室(迎新街)进行复审后的第一次监督评审,同意继续维持认可资格。

5 月 18－20 日,营养食品所承办了食品安全风险交流国际研讨会,对各级疾控机构的食品安全风险交流工作者进行培训。

5 月 28 日,病毒病所承办第一届 WHO 中国乙脑参比实验室会议。

5－9 月,对多个省份 O139 霍乱病例菌株分子分型比对,判定上海、浙江,湖南、广西、湖北、四川、安徽、北京等省(市)疫情性质。

5 月,BSL－3 实验室排风高效过滤系统完成安装施工、竣工验收,并通过和取得第三方检测合格报告。

5 月,国家审计署对一期工程进行简要审计。

5 月,广西自治区柳州市柳江县里高中学甲肝暴发疫情,中心派遣专家参与调查。

5 月,完成新疆百日咳暴发调查和 WHO 对新疆 AFP 监测评估。

5 月,开展北京阿贡纳沙门菌 PFGE 图谱成簇菌株比对。

5 月,柬埔寨暴发重症手足口病疫情,中心迅速启动应急作业,拟定技术援助方案,选派 3 名专家赴柬指导疫情处置工作。

5 月,性艾中心起草并上报了《全国不同地区艾滋病流行水平分类标准》,为落实《中国遏制与防治艾滋病“十二五”行动计划》要求的对艾滋病流行水平不同的地区实施分类指导的工作原则提供了依据。

5 月,由妇幼中心组织编写的《托儿所幼儿园卫生保健工作规范》、《新生儿访视技术规范》、《儿童健康检查技术规范》、《儿童喂养与营养指导技术规范》、《儿童营养性疾病管理技术规范》由卫生部正式发布。

六　月

6 月 1 日,卫生部正式批复将“传染病监测技术平台”项目 10 个课题列入 2012 年传染病防治重大专项。

6 月 2 日,朝鲜卫生部结核病防控负责人 Jong Mu Rim 等一行 4 人到结核病预防控制中心进行为期两周的结核病防治情况的考察和学习。

6 月 8 日,《新英格兰医学杂志》发表了中心专家撰写的题为《中国结核病耐药性调查》的研究成果。研究结果显示,我国有严重的耐药结核病流行。

6 月 12 日,卫生部/联合国人口基金生殖健康应急服务项目在云南省腾冲市启动。

6 月 12－13 日,中国疾控中心党委书记梁东明一行到四川省凉山州布拖县就艾滋病防治工作进行调研,并举行了"大手拉小手情暖凉山娃"活动启动仪式。

6月15日,寄生虫病所与复旦大学生命科学学院在上海签署合作框架协议,启动联合实验室共建等4项合作工作。

6月16-17日,寄生虫病所、瑞士热带病与公共卫生研究所和世界卫生组织在上海共同举办"首届消除热带病监测应对体系论坛"。

6月19日,中国疾控中心新址动物中心接受北京实验动物管理办公室组织的实验动物使用许可证评审。7月2日,获得市科委颁发的实验动物使用许可证书。

6月,第11轮ALAF-CDCLP项目获澳大利亚政府批准,共有4名疾控专业人员将于2013年1月赴澳大利亚格里菲斯大学学习。

6月,《生物医学和环境科学》(BES)杂志在SCI中的影响因子达到1.345,创历史新高。

6月,组织专家制订、印发《全国消除疟疾监测方案》,积极推动我国消除疟疾工作。

6月,传染病所完成美国—俄国奥拉宁堡沙门菌感染疫情PFGE图谱比对。

七　月

7月2日,国际癌症研究机构(IARC)专家访问中国疾控中心。

7月22-27日,第19届世界艾滋病大会在美国首都华盛顿国家会展中心召开,我国举办中国卫星会议。中国疾控中心性艾中心主任吴尊友作为中国代表在2次高级别论坛上向与会人员介绍了中国艾滋病防治进展和措施。

7月25日至8月31日,受卫生部人才交流服务中心委托,中国疾控中心信息中心在全国范围内组织开展了公共卫生信息化人才队伍现况调查。形成了《中国公共卫生信息化人才队伍现状与发展策略研究报告》。

7月29-30日,在北京召开了首次全国卫生监督技能竞赛——放射工作人员个人剂量监测盲样考核结果专家评审会。

7月,传染病所开展北京山夫登堡沙门菌PFGE图谱比对和全国溯源。

7月,传染病所开展乙型副伤寒沙门菌(美国)、单增李斯特菌(美国)、斯坦利沙门菌(比利时—德国—匈牙利)等国际协查。

八　月

8月7日,在云南召开"传染病监测技术平台"项目"十二五"工作部署会,就项目"十二五"工作重点和方向达成共识。

8月13日,卫生部副部长徐科一行赴青海省对鼠疫防控工作进行调研。

8 月 21 - 22 日，第一届中国健康生活方式大会在北京召开。

8 月 22 - 25 日，由公安部信息安全等级保护评估中心、检查行动办公室和国家商用密码检测中心相关人员组成的信息安全检查小组网络与信息安全现场抽查工作。检查组充分肯定了中国疾控中心为实现网络及信息安全做出的努力。

8 月 24 日，中澳艾滋病亚洲区域项目完工总结会在云南省昆明市召开，标志着为期 4 年的项目圆满结束。

8 月，来自美国 CDC 的长期国际顾问 Robert Fontaine 博士结束为期 8 年的 CFETP 工作离开中国。2012 年 10 月底，美国 CDC 的专家 Conway George 博士开始在中国 CFETP 的顾问工作。

8 月，中国疾控中心积极和有关部门一起开展“黄金大米”论文事件调查。

8 月，传染病所就美国鼠伤寒沙门菌引起相关暴发疫情发布预警。

九　月

9 月 7 日，云南省昭通市彝良县地震后，中心累计派出 18 人次的专业人员前往灾区开展灾后卫生防疫工作，确保了灾区疾病防控工作科学、有序、安全地开展。

9 月 10 日，传染病所腹泻病室与 PulsNet China 办公室联合疫情涉及省份疾控中心开展了 O139 群分离株的分子分型比对分析。发现 6 个省份出现相同带型菌株，指出甲鱼等水产品是形成本年度多省 O139 霍乱暴发的重要原因之一。

9 月 17 日，中国疾控中心与美国密歇根大学签署《密歇根大学董事会代表公共卫生学院和中国疾控中心学术和科研合作谅解备忘录》和《美国密歇根大学与中国疾控中心学者交换协议》。

9 月 17 - 21 日，在北京承办了“世界卫生组织 2013 年南半球疫苗组分推荐会”。

9 月，在全国传染病自动预警系统中增加了急性血吸虫病预警功能，实现了急性血吸虫病预警试运行工作。

9 月，完成新型冠状病毒引物探针向全国发放工作。

十　月

10 月 15 日，卫生部与全国妇联合作实施的贫困地区儿童营养改善试点项目在山西省太原市启动，卫生部部长陈竺、全国妇联副主席、书记处书记赵东花出席会议。项目国家级管理办公室设在妇幼中心。

10 月 23 日，世界卫生组织（WHO）正式命名中国疾控中心传染病预防控制所为“世界卫生组织媒介生物监测与管理合作中心”，任期 4 年。值此，我中心目前有现任 WHO

合作中心增至 7 个(其他为职业卫生、慢性非传染性疾病社区综合防治、流感参比和研究、疟疾、血吸虫病和丝虫病、食品污染物监测、人畜共患病)。

10 月,BSL - 3 实验室、生物安全柜、生物安全柜过滤器通过并取得第三方检测合格报告。

10 月,国家发展改革委委托北京市工程咨询公司完成对一期工程的后评价工作,并将评价报告正式上报国家发改委,报告对一期工程建设结果给予较高评价。

10 月 10 日,传染病处派员赴湖北黄石协助当地卫生部门开展霍乱暴发疫情调查处置工作

10 月,WHO 宣布中国如期实现消除新生儿破伤风。

10 月,“中国疾控中心预期寿命分析工具”开发完成,并在浙江省杭州市和海南省海口市进行试用评估。

10 月,国家脊灰实验室、麻疹实验室均以 100 分的成绩通过 WHO 2012 年的职能考核。

10 月,全国 17 个省轮状病毒监测点接受了世界卫生组织轮状病毒检测及分型的盲样考核,考核结果各省均成绩优秀。

10 月,妇幼中心组织编写的《出生医学证明管理工作指导手册》由卫生部正式印制下发。

十一月

11 月 5 日,病毒病所向科技部生物技术发展中心资源与安全处递交《高等级病原微生物实验室建设审查申请书》,并通过答辩。

11 月 5 - 6 日,传染病所举办第八届 PulseNet 亚太工作会议,来自国内的 10 家区域中心实验室,以及美国、加拿大、新西兰、泰国、印度、日本等 36 人参会。

11 月 12 - 17 日,卫生应急中心组织中心应急队员开展野外生存技能培训。

11 月 24 日,中国疾控中心新址信息系统建设项目中总体集成应用平台项目通过验收并正式投入使用。

11 月,实施 2011 年岗位设置与聘任工作。历经 3 个月摸底调研、分析预测、核定指标、征求意见、修订条件、动员实施等准备工作,2012 年 11 月中心实施岗位设置与聘任工作,12 月份基本完成。聘任后中心专业技术人员高、中、初岗位比例为 39%、40%、21%,低聘率 3%。

11 月,随着云南腾冲基地挂牌,寄生虫病所先后建立了湖北江陵、安徽贵池、四川甘孜、广西横县、云南腾冲等 5 个防治实验基地。

11 月,制定并开始实施《驻华国际机构参与中国艾滋病防治相关工作评估方案》。

十二月

12 月 2 日，中国疾控中心与中国科学院生命科学与生物技术局全面战略合作框架协议签约仪式暨新发突发重大传染病联合研讨会在国家会议中心召开。

12 月 4 - 5 日，慢病中心在成都市组织召开疾控系统口腔卫生工作研讨暨培训会。这是疾控系统第一次组织召开全国性的口腔卫生工作会议。

12 月 5 日，中国疾控中心病毒病所获得卫生部批复同意建设“卫生部医学病毒和病毒病重点实验室”。

12 月 14 日，国家三级卫生信息平台公共卫生综合试点应用工作启动。

12 月 26 - 27 日，协调中国合格评定国家认可委员会对性艾中心 BSL - 3 实验室进行现场评审，有力推动了 BSL - 3 实验室认可进程。

12 月，中国疾控中心工会与四川省疾控中心、成都市疾控中心共同举办了全国疾控系统“天府杯”保龄球邀请赛，24 个省市疾控中心组队 140 余人参加比赛。

12 月，首次从我国新疆喀什地区 2011 年采集的蚊虫标本中分离和鉴定出西尼罗病毒。

12 月，寄生虫病所获国家实验室认证认可证书，通过项数达 26 项。

附录

2012年度中国疾控中心获奖科研成果

中华医学科技奖二等奖

化学污染物分析技术与暴露评估及其食品安全监控标准

——中国疾病预防控制中心营养与食品安全所

吴永宁　李敬光　周群芳　任一平　章宇　闻胜　刘稷燕　赵云峰　李筱薇　苗虹

中华医学科技奖三等奖

1. 中国流行的小肠结肠炎耶尔森菌分子特征研究

——中国疾病预防控制中心传染病预防控制所

景怀琦　王鑫　郝琼　夏胜利　杨晋川　陈继永　肖玉春　邱海燕

2. 中国维持无脊髓灰质炎十年间脊髓灰质炎疫苗衍生病毒的研究

——中国疾病预防控制中心病毒病预防控制所

许文波　张勇　祝双利　梁晓峰　李黎　严冬梅　朱晖　王东艳

3. 中国艾滋病综合防治实践与对策研究——全国艾滋病综合防治示范区

——中国疾病预防控制中心性病艾滋病预防控制中心

韩孟杰　陈清峰　孙江平　刘康迈　张福杰　吕繁　吴尊友　王晓春

4. 医学科普作品《谨防肺吸虫病》

——中国疾病预防控制中心寄生虫病预防控制所

周晓农　陈韶红　陈家旭　顾承文　张永年　洪加林

2012年度中国疾控中心获奖科研成果摘要

中华医学科技奖二等奖

化学污染物分析技术与暴露评估及其食品安全监控标准

——中国疾病预防控制中心营养与食品安全所

吴永宁 李敬光 周群芳 任一平 章宇 闻胜 刘稷燕 赵云峰 李筱薇 苗虹

以建立国家食品安全污染监测与国家风险评估能力为目标，利用全球环境监测/食品污染监测与评估规划平台，在发展中国家率先成功开展WHO极力推动的总膳食研究(TDS)，开发污染物监测检测技术并达全球最多。

创新点为发展持久性有毒污染物一体化技术，将稳定同位素质谱稀释技术引进热点污染物与真菌毒素，开发配套净化专利技术，TDS技术接近发达国家，获得铅、镉、汞、砷、铝、碘、硒、锌、铜、铁、丙烯酰胺、呕吐毒素、伏马菌素、二噁英等热点污染物在中国膳食中暴露量基础数据来制定国际/国家标准。

针对持久性有机污染物履约成效评估，在代表国家分析能力二噁英超痕量检测建设基础上，对公约新增名单多溴联苯醚建立与二噁英、多氯联苯在食品和母乳中一体化检测，率先将在线凝胶渗透—色质(低分辨)联用技术应用于复杂生物基质减少分析成本与时间，且多溴联苯醚灵敏度接近昂贵高分辨方法；对公约新增全氟化合物分析特有难点提出有效解决方案，灵敏度和可靠性显著提高；建立公约潜在增补六溴环十二烷和四溴双酚A等溴代阻燃剂检测技术。参与WHO、UNEP和欧盟对公约规定和潜在增补项目分析能力验证考核并连续6年成绩优秀，全氟化合物成绩最好为靶心并纠正国际权威母乳标准物质定值错误。成功开展TDS和母乳、血液样品背景值调查，是唯一不送样品到WHO母乳二噁英参比实验室而自行测定母乳国家，确保我国奥运环境安全。升级有机锡检测技术，开发氢化衍生和膜气液分离器接口，实现液相色谱与表面发射火焰光度检测在线联用分析甲基锡形态，综合前者前处理简单与后者灵敏度和选择性高且价廉的优点。成功将稳定性同位素质谱技术用于加工过程中的热点污染物，建立丙烯酰胺、三聚氰胺、孔雀石绿、氯丙醇等监测技术。率先建立液—质联用高通量检测真菌毒素检测技术(35种以上)，发明配套的低成本前处理净化柱。在一系列国际能力验证考核中证明其所建方法准确可靠，保证我国监测数据被国际认可；提交数据被FAO/WHO采纳(WHO技术报告系列TRS 559高氯酸盐、560、569铝)，这在发达国家为数不多。建立一套并与国际接轨并从点评估到概率性评估的膳食暴露评估技术，获得中国食物消费量的国家参数，在此基础上制定出符合中国实际并使健康充分保护的污染物限量和真菌毒素限量国家标准。如镉限量中大米为 0.2mg/kg（CAC 为 0.4 mg/kg），铅限量基于消费量鱼和肉适当放松，使 2007 年铅膳食暴露量较 2000 年减低 37.3%，镉减少 7%，有效保护了我国人群的健康。首次获得膳食碘 63.5% 来自于加碘盐和烹调损失 24.6%，为国家科学补碘并各省决定下调食盐加碘量提供科学基础；其他营养素过量风险低，为国家污染物管理取消硒、锌、铜、铁限量而仅进行营养监测提供科学基础。数据已用于参与起草 CAC 二噁英、氯丙醇、丙烯酰胺、赭曲霉素等操作规范和铅、氯丙醇、三聚氰胺等限量的国际标准，牵头制定了大米无机砷限量(第 4 步)。

本项目获得发明专利 2 项，发表 SCI 论文 50 篇，SCI 他引 690 次，著作 3 部，国家标准 10 余项，国际标准 6 项。

中华医学科技奖三等奖

1. 中国流行的小肠结肠炎耶尔森菌分子特征研究

——中国疾病预防控制中心传染病预防控制所

景怀琦　王鑫　郝琼　夏胜利　杨晋川　陈继永　肖玉春　邱海燕

小肠结肠炎耶尔森菌是世界各地广泛分布的一种重要肠道病原体。本研究在全国 20 个省市开展了小肠结肠炎耶尔森菌感染病例调查和宿主动物感染状况监测；收集病人、宿主动物(家养、野生动物)、食品等标本 5 万余份；分离到小肠结肠炎耶尔森菌株 3000 余株；掌握了小肠结肠炎耶尔森菌在中国人群和动物中流行的分子特征。同时已在全国各地建立起一支小肠结肠炎耶尔森菌监测研究工作队伍；截至 2010 年 6 月，已发表 SCI 收录英文论文 7 篇、中文核心期刊主要论文 38 篇；出版论著 1 本。

本研究主要研究成果为：

1. 通过本研究阐明，我国小肠结肠炎耶尔森菌地域分布广泛、宿主多样、血清型众多。而流行的致病性菌株仅有 O:3 和 O:9 血清型，O:3 型致病性菌株主要为生物 3 型，国外主要流行的生物 4 型的 O:3 型菌株则非常罕见；O:9 血清型致病性菌株则与国外流行情况相似，均为生物 2 型。

2. O:8 型菌株是造成欧美、日本等国人类感染甚至暴发流行的致病株的重要血清型之一。而通过本研究发现，中国 O:8 型菌株不具有典型的毒力因子，属于非致病性菌株；但通过腹腔注射途径对国外流行的高致病性 O:8 型菌株感染具有很好的保护力。该发现为制定我国小肠结肠炎耶尔森菌感染防控策略提供了科学依据。

3. 在国际上首次提出了致病性小肠结肠炎耶尔森菌在野生啮齿动物中以家畜家禽(尤其是猪)为中心向外感染率递减的“同心圆分布”的理论，属于原创性理论，并得到了国际同行的认可。

4. 首次发现除了猪之外,我国部分地区农家犬也是人群小肠结肠炎耶尔森菌病的一个潜在的传染源。

5. 构建了3000余株小肠结肠炎耶尔森菌的菌株资源信息库和4个分子分型数据库(菌株流行病学及病原学信息数据库、核糖体分型数据库、PFGE图谱数据库、MLVA数据库与MLST数据库),丰富了中国与国际小肠结肠炎耶尔森菌研究数据资源,并相应建立了数字化管理体系(小肠结肠炎耶尔森菌监测信息管理系统)。

6. 首次发现了小肠结肠炎耶尔森菌重要毒力因子黏附素(ail)的一个新基因型;通过构建致病性菌株双精氨酸分泌系统C基因(tatC)突变株,证实了小肠结肠炎耶尔森菌的Tat系统与它本身的形态、生化代谢的密切联系。

7. 作为世界上完成小肠结肠炎耶尔森菌全基因组测序的第二家实验室,完成中国常见致病性小肠结肠炎耶尔森菌O:9型菌株的全基因组序列测定与分析,与国外高致病性小肠结肠炎耶尔森菌基因组同源性为95%,并发现了一个新的Ⅲ型分泌系统(T3SS)。

8. 完成了对小肠结肠炎耶尔森菌的致病与代谢相关的重要基因—铁草胺菌素基因(foxA)的序列多态性研究,在国际上率先建立和评价了以该基因为靶基因的PCR检测和鉴定标本中小肠结肠炎耶尔森菌的方法,在国内得到广泛应用。

9. 研制了O:3、O:8、O:9血清型单克隆抗体,准确性好,特异性高,成本低廉,已广泛应用于全国各省小肠结肠炎耶尔森菌血清型检测。前后编制3版《小肠结肠炎耶尔森菌假结核耶尔森菌实验室分离与鉴定手册》广泛下发全国各疾控机构,用于该病原体监测工作。

2. 中国维持无脊髓灰质炎十年间脊髓灰质炎疫苗衍生病毒的研究

——中国疾病预防控制中心病毒病预防控制所

许文波　张勇　祝双利　梁晓峰　李黎　严冬梅　朱晖　王东艳

随着口服脊髓灰质炎(脊灰)减毒活疫苗(Oral polio vaccine,OPV)在我国的广泛使用,从1995年至2000年,我国无本土脊灰野病毒病例,世界卫生组织于2000年宣布,包括中国在内的西太平洋地区已经证实无脊灰。然而本研究发现部分儿童接种OPV后,OPV疫苗病毒在人体内复制,并会随着粪便向外环境排泄,在未免疫或未全程免疫的儿童中循环,循环一段时间后,疫苗病毒会发生核苷酸突变,VP1区核苷酸变异率≥1%,就称为脊灰疫苗衍生病毒(Vaccine - derived poliovirus,VDPV),其经常发生一些毒力位点回复突变和基因重组,从而带有脊灰野病毒的一些表型特征。

研究方法和技术路线

为了评估我国消灭脊灰野病毒之后,OPV的使用与VDPVs出现的关系,评估VDPVs的出现对我国维持"无脊灰状态"带来的挑战,评估在全球证实消灭脊灰野病毒后停止OPV免疫的策略与对策,本研究团队通过采用统一的细胞系、统一的病毒分离和鉴定方法在全国脊灰实验室网络中系统地开展了急性弛缓性麻痹(Acute flaccid paralysis，AFP)病例脊灰病毒学监测和研究，及时发现了多起脊灰疫苗变异株、循环 VDPV 和免疫缺陷患者服苗后 VDPV 引起的脊灰病例。使用全基因组核苷酸序列分析技术，转基因小鼠神经毒力试验，以及生物信息学的方法对这些 VDPV 进行了分子生物学性状研究。

创新点和主要贡献

1. 建立了高质量的脊灰病毒监测体系。国家脊灰实验室作为世界卫生组织西太平洋地区脊灰参比实验室，对省级脊灰网络实验室开展技术培训、盲样考核、现场认证等质量控制，构建了敏感、特异的脊灰实验室监测网络体系。

2. 连续 10 年 AFP 病例的脊灰病毒学监测。在全国 8000 余所医院监测到 51 032 例 AFP 病例，共采集 102 064 份便标本，同时采集了 12 000 多份 AFP 病例接触者和健康人便标本，对上述标本系统地开展了脊灰病毒学监测和研究。及时发现了我国 2001－2010 年由脊灰疫苗变异株或 VDPV 引起的脊灰病例，并证实无脊灰野病毒病例，确保了我国维持无脊灰状态。

3. VDPV 基因变异或重组与其神经毒力关系的研究。在国际上首次阐明了中国脊灰疫苗变异株和 VDPV 循环早期的重要生物学性状：发现在我国消灭脊灰野病毒之后，II 型脊灰疫苗病毒 VP1 区变异 3～4 个核苷酸即可引起其 2 个已知的毒力位点完全回复突变并引起聚集性 AFP 病例；证明循环的 VDPV 和人肠道病毒重组与其神经毒力的升高和传播力的增强没有必然的联系；确认 I 型脊灰病毒 5′非编码区 G－480 位点不是其最重要的神经毒力决定位点。

应用推广情况

研究结果为我国卫生行政部门制定脊灰疫苗强化免疫策略所针对的人群、年龄组和地理区域提供了重要的科学依据，为早期控制和阻断疫苗变异株或 VDPV 的循环和传播赢得了时间，保证了我国维持无脊灰状态。

社会及经济效益

本研究成果对我国维持无脊灰具有重要的社会和经济价值，其成果支持了我国 VDPV相关事件应急预案的制定，推动了我国自主研发脊灰病毒灭活疫苗的决策和进程，同时，也为全球和我国在维持无脊灰阶段疫苗使用策略的制定、疫苗种类的选择和新型 OPV 的研制提供了重要的科学依据。

3. 中国艾滋病综合防治实践与对策研究——全国艾滋病综合防治示范区

——中国疾病预防控制中心性病艾滋病预防控制中心

韩孟杰　陈清峰　孙江平　刘康迈　张福杰　吕繁　吴尊友　王晓春

2001 年到 2003 年间，我国艾滋病疫情快速增长，部分地区既往采供血途径感染者进入集中发病和死亡，疫情从高危人群向一般人群传播扩散，形势十分严峻。与此同时，我国艾滋病防治缺少有效工作机制和模式，缺乏适宜的政策和技术策略，防治队伍和人员能力严重不足。安全套推广使用、药物维持治疗和清洁针具交换等国际防治实践与我国现行法规、制度和文化传统存在明显冲突,试点工作存在较大社会争议。探索适合我国国情的防治机制和模式成为重大课题。为应对日益严峻的艾滋病挑战,2003 年初,卫生部在全国 11 个省份建立 51 个以县区为单位的艾滋病防治示范区,探索我国艾滋病综合防治模式。

本课题研究以示范区工作为平台,从公共卫生领域转化医学的角度,采用实施科学的思维,边研究、边实践、边总结、边推广,早期运用探索研究法、中期运用经验总结法,全程贯穿行动研究法,开展了我国艾滋病综合防治的实践和对策研究。其主要成果和创新点可概括为"一个机制,两个模式"。具体就是:艾滋病防治工作机制、综合服务模式和科学管理模式。首先在示范区范围内探索建立了"政府领导、卫生牵头、部门协作、社会参与"的艾滋病防治工作机制,以此为基础,将其制度化、法律化,在《艾滋病防治条例》中固定下来。逐步实践并确立了符合我国实际的宣传教育、高危人群干预、监测检测、抗病毒治疗、预防母婴传播和救助关怀服务模式;按照疫情分布和特点,从能力建设入手,注重质量效果,采取以县为基础的四级分级管理、分类指导、专家指导分片包干的科学管理模式。

示范区成果不断得到推广应用,2004 年示范区扩展到 127 个,同时,10 个省份先后建立了 117 个省级示范区。示范区经验和成果作为最佳实践已纳入 2009 年联合国艾滋病承诺进展报告,在国际社会分享。同年,卫生部在示范区成果和经验基础上,又启动了覆盖 750 个县的第二轮示范区。全国妇联和共青团中央在全国更大范围内继续开展示范区创建的"面对面"活动,已形成有广泛影响的公益宣传品牌,社会组织参与的数量和范围不断扩大。

通过项目研究和实践,示范区取得明显成效,为全国的艾滋病防治做出了重要贡献。截至 2010 年底,我国艾滋病疫情快速上升的势头有所减缓,病死率有所下降,社会歧视有所减少,艾滋病病毒感染者和艾滋病病人的生活质量明显改善。

本项目是我国公共卫生领域第一次大规模应用转换医学的模式开展艾滋病防治实践和对策研究,成效显著,为我国艾滋病防治的工作机制、防治政策和策略的确立提供了坚实的实践基础。

4. 医学科普作品《谨防肺吸虫病》

——中国疾病预防控制中心寄生虫病预防控制所

周晓农　陈韶红　陈家旭　顾承文　张永年　洪加林

近年来,由于人口的流动,人们的饮食习惯发生了很大的变化,由此造成了一些寄生虫病谱也随之发生了改变,从卫生部 2003 年在全国 31 个省、自治区、直辖市组织开展的人体重要寄生虫病现状调查发现,肺吸虫病、华支睾吸虫病、带绦虫病、囊虫病和旋毛虫病等食源性寄生虫病呈急剧上升趋势,并已经成为影响我国食品安全和人民健康的主要因素之一。从 2000－2002 年在北京、上海等一些大中城市出现了数千例的肺吸虫病病人,在这样的背景下，食源性寄生虫病的科普教育是当下迫在眉睫之事，为此，在国家科技部《重要寄生虫病虫种资源标准化整理、整合及共享试点》项目（2005DKA21104）的资助下，科普教育片《谨防肺吸虫病》于 2006 年 1 月正式立项，经过剧本的撰写、脚本形成、拍摄、后期制作，于 2007 年 11 月由中华电子音像出版社正式出版发行。

由于传统的宣教形式比较呆板，受众面比较狭窄，针对目前宣教形式和手段的不断更新，为了达到比较理想的宣教效果，我们选择的电视科普片的形式，以发行为手段进行“肺吸虫病”知识普及推广，通过寓教于乐的形式，更好地让民众容易接受。我们在拍摄制作过程中，考虑到专业知识普通民众很难理解，经过推敲，我们用平实的语言表达出专业的医学术语，让民众更好的理解和接受。通过近几年的发行和推广，让更多民众获得了“肺吸虫病”的控制和预防方面的知识，达到我们预防和控制食源性寄生虫病传播与阻断的目的。

从媒体的制作方面，与当下国内外的制作标准同步，科普制作水平较高。从涉及的技术面来看，寄生虫病的传播和其他传染病类似，包括传染源、传播途径和易感人群。因此，针对每一环节中人的行为进行健康教育，将会提高人们对寄生虫传播过程的认识，从而使人们采取有效的自我保护措施，阻断寄生虫的传播过程，对寄生虫病防治将收到意想不到的效果。科普教育片《谨防肺吸虫病》采用了动画与实物相结合的原则，把肺吸虫的传染源、传染方式、传播途径、如何预防及生活史的每个环节用视频的形式充分展示在人们的眼前，不仅让人们了解寄生虫病的传播途径，更重要的是让人们知道了如何切断传播途径，以减少肺吸虫病的发生。《谨防肺吸虫病》DVD 光盘在全国各大新华书店的发行，让普通民众获得了寄生虫病专业知识，提高了他们的防病意识，改进了人们的饮食习惯，也为各地疾病控制机构和医学院校的寄生虫教学课提供了视频教材，从而形成一个良性循环。

2012 年度中国疾控中心个人获奖情况

奖励名称	所在单位	姓名	授奖单位	授奖时间
卫生部有突出贡献中青年专家	中国疾控中心	梁晓峰	卫生部	2012.12
卫生部有突出贡献中青年专家	病毒病所	武桂珍	卫生部	2012.12
2012 年享受政府特殊津贴	寄生虫病所	周晓农	人力资源和社会保障部	2013.2
2012 年享受政府特殊津贴	病毒病所	舒跃龙	人力资源和社会保障部	2013.2
2012 年享受政府特殊津贴	营养食品所	杨晓光	人力资源和社会保障部	2013.2
全国卫生系统先进工作者	性艾中心	邵一鸣	人力资源社会保障部、卫生部	2012.12
中国女医师协会五洲女子科技奖	病毒病所	武桂珍	中国女医师协会	2013.4
中国女医师协会五洲女子科技奖	寄生虫病所	张　仪	中国女医师协会	2013.4
2012 年“国家特支计划”百千万工程领军人才	病毒病所	舒跃龙	人力资源和社会保障部	2012.12
先进个人	中心机关	王　健	全国医药卫生系统创先争优活动指导小组	2012.8
先进个人	环境所	班海群	全国医药卫生系统创先争优活动指导小组	2012.8
2009 - 2011 年度卫生部直属机关优秀团员	传染病所	侯雪新	卫生部直属机关	2012.10
2009 - 2011 年度卫生部直属机关优秀团员	职业卫生所	丁春光	卫生部直属机关	2012.1
2009 - 2011 年度卫生部直属机关优秀团干部	妇幼中心	夏继强	卫生部直属机关	2012.1
全国五好文明家庭(第八届)	职业卫生所	徐　茗	全国妇联	2012.5

2012年度中国疾控中心集体获奖情况

奖励名称	获奖单位	评奖单位	授奖时间
全国爱国卫生先进集体	改水中心	全国爱国卫生运动委员会	2012.11
先进集体	中国疾控中心党委	全国医药卫生系统创先争优活动指导小组办公室	2012.8
中央国家机关文明单位	传染病所	中央国家机关精神文明建设协调领导小组办公室	2012.5
中央国家机关文明单位	性艾中心	中央国家机关精神文明建设协调领导小组办公室	2012.5
中央国家机关文明单位	营养食品所	中央国家机关精神文明建设协调领导小组办公室	2012.5
中央国家机关文明单位	职业卫生所	中央国家机关精神文明建设协调领导小组办公室	2012.5
中央国家机关文明单位	辐射安全所	中央国家机关精神文明建设协调领导小组办公室	2012.5
中央国家机关文明单位	改水中心	中央国家机关精神文明建设协调领导小组办公室	2012.5
中央国家机关文明单位	病毒病所	中央国家机关精神文明建设协调领导小组办公室	2012.5
中央国家机关文明单位	妇幼中心	中央国家机关精神文明建设协调领导小组办公室	2012.5
中央国家机关文明单位	慢病中心	中央国家机关精神文明建设协调领导小组办公室	2012.5
全国巾帼建功文明岗	规财处	全国妇联	2012.3
“妇幼新世纪”妇女工作项目奖	妇幼中心	中央国家机关	2012.3
中央国家机关青年文明号	传染病处	中央国家机关	2012.10